역사의 故鄕으로 떠난 사람들

우리책

역사의 故鄕으로 떠난 사람들

초판인쇄 · 2011년 7월 10일
초판1쇄 · 2011년 7월 20일
초판2쇄 · 2011년 9월 10일

지은이 · 윤여덕
대　표 · 김남석
펴낸이 · 김정옥
발행처 · 우리책
등록 · 2002년 10월 7일(제2~36119호)

주소 · 서울시 강남구 일원동 640-2
전화 · 02-2236-5982
전송 · 02-2232-5982

책값은 뒤표지에 있습니다.

ISBN 978-89-90392-23-7 03900

역사의 故鄕으로 떠난 사람들

근 백년 민족의 수난과 육탄혈전(肉彈血戰)의 현장 르포

윤여덕 지음

■ 들어가는 말

　한 벽안(碧眼)의 대학교수가 "나를, 사회를, 세계를 이롭게 하는 홍익
인간은 작은 실천(행동)에서부터 시작한다."라며 간밤의 촛불 집회가 휩
쓸고 지나간 청계광장에서 열심히 쓰레기를 줍고 있는 모습을 보고 우리
는 지금껏 공허한 거대 담론(談論)에 사로잡혀 마치 먼 산만 바라보고
뛰는 노루처럼 바로 발끝에 차이는 돌부리는 보지 못하는 우(愚)를 범하
고 있는 것은 아닌지 자신에게 되묻지 않을 수 없었다. 다시 말해서 각론
(各論)보다는 유달리 총론에 강하다는 뜻이다.
　그리고 우리는 나라나 사회가 어려움에 부닥치게 되면 자신을 가리켜
'위기에 강한 민족'이라고 곧잘 자기최면(催眠)을 건다. 그러나 말이 좋
아 '위기에 강한 민족' 운운하고 둘러대지만, 막상 국난을 한 번 겪게 되면
그때는 이미 나라는 절단 나고 백성은 어육(魚肉)이 되고 난 후의 일이다.
사후약방문(死後藥方文)조차 처방하기 어려운 경우가 많다.
　지정학적인 이유도 있겠지만 우리는 유난히 많은 국난을 겪은 나라다.
그때마다 풍전등화와도 같은 국운을 부여잡고 얼마나 많은 의사와 열사
가 피를 뿌리고 죽어갔던가. 거기에다 이름 없는 무고한 백성의 희생은
또 얼마나 처참하고 가슴 아팠던가.
　'역사에서 교훈을 얻지 못하면 그 나라 그 민족은 망할 수밖에 없다.'라

던 한 선인의 말이 그래서 더더욱 가슴에 와 닿는지도 모른다. 그런데도 우리는 조금만 숨결이 트였다 하면 그 뻔한 패착(敗着)의 행진을 되풀이하고 있다. 마치 하루살이 떼가 모닥불 구덩이로 달려들듯이 말이다.

불과 백 년도 안 되는 일제침략의 역사는 바로 우리 아버지 할아버지 대(代)가 직접 겪은 고난의 기록이다. 그들의 피와 땀과 기운이 지금 우리 몸속에서 살아 숨 쉬고 있는데도 우리는 애써 그것을 외면하거나 잊고 산다.

단지 '망국의 백성으로 태어난 죄밖에 없다.'라고 울부짖으며 죽어간 그들의 원혼은 그래서 지금도 구천(九泉)을 떠돌고 있는지도 모른다.

타도해야 할 일제라는 대적이 바로 눈앞에 있을 때는 솔직하게 말하면 일종의 생존[자위(自衛)]본능으로 전의(戰意)를 불태우다가도 그들이 일단 물러가고 나면 언제 그랬느냐는 듯 또다시 분열과 갈등의 제자리로 돌아와 도루묵이 되고 마는 것이 언제부터인가 마치 우리네 속성(屬性)처럼 굳어버린 것이다.

이를 보다 객관적으로 말하면 밖을 향해 구심(求心)작용으로 뭉쳤던 에너지가 안으로 향하게 되면 구심력을 잃고 분산하는 원심(遠心)작용으로 전환되는 것을 이르는 것인데 그 진폭(振幅)이 유달리 큰 것이 우리의 고질적인 병폐라는 것이다.

일제는 그들의 소위 천황을 중심으로 일치단결하여 싸운 2차 대전에서 패배했으나 참혹한 전화(戰禍)의 잿더미 위에서 이번에는 우찌노 가이샤(우리 회사)를 위해 온 국민이 합심 협력하여 헌신한 결과 전후 경제부흥에 성공하게 된다.

그런데 우리는 일제와의 투쟁에서 발휘했던 민족의 역량을 자기가 소속한 집단과 개인의 이익추구에 매진, 집단 이기주의화함으로써 좋은 대조를 이루고 있다. 오늘 우리가 겪고 있는 사회상은 바로 그 연장선에 있다고 해도 과언이 아니다.

일찍이 율곡(栗谷) 이이(李珥)가 그의 『성학집요(聖學輯要)』(1575)에서 개인이나 국가사회의 모든 병폐가 사심(私心)을 앞세우는 데서 비롯된다고 갈파한 바로 그 사심, 즉 이기주의를 두고 하는 말이다.

명분이 없거나 힘이 모자라서가 아니다. 멀리는 한말 일제의 침략을 당할 때나 6·25를 비롯한 최근의 연평도 사건에 이르기까지 모두 힘을 하나로 모으는 데 실패했기 때문에 일어날 수밖에 없는 이미 예고된 사건들이다. 나라의 흥망이 결국은 국민 역량의 결집 여하에 달려 있다는 것을 실증하는 좋은 본보기들이라고 할 수 있다. 구심점이 절실하게 요구되는 이유다.

분열에서 허점이 생기게 마련이고 따라서 무너지는 균형을 노리고 제3의 힘이 밀려들어 오는 것은 너무도 당연한 자연의 법칙이다. 디바이드 엔드 룰(divide and rule)이 강대국의 지배원리가 된 것은 결코 우연이 아니라는 것이다.

그래서 이 책 갈피마다에서는 지난날 우리 아버지 할아버지가 겪었던 피비린내 나는 일제하 수난의 역사와 이웃 열강의 '동물적 본능'을 있는 그대로 가감 없이 적나라하게 전하려고 노력하였다. 그것은 격동기를 살아가는 이 나라의 젊은이들에게 잊혀가는 내 나라 내 민족에 대한 역사의식을 일깨우고 영원한 '민족의 고향'을 향한 노스탤지어를 함께 앓는 동반자이기를 바라는 마음에서다.

이 책을 쓰면서 일일이 다 셀 수 없이 많은 분의 도움을 받았다. 그 중에도 대종교의 산 역사로 불리는 우원상(禹元相)선생과 조준희(趙俊熙)교화사로 부터는 첫 구상단계에서부터 점차 사라져가는 역사현장 추적에 이르기까지 함께하는 아낌없는 협조를 받았으며 이미 고인이 되었지만, 생전에 손을 잡고 이끌어주었던 이형석(李炯石) 박사와 역사의 과

학화라는 대명제에 도전하고 있는 과학사가 이종호(李鐘鎬) 박사, 답사
기록의 달인 김세환(金世煥) 선생, 고조선 유적 답사회 김석규(金錫奎)
선생의 지도에 힘입은 바 크다. 이 자리를 빌려 도움을 주신 모든 분께
깊은 감사를 드린다.

2011. 5.
안양 박달로 우거(寓居)에서
尹汝德(윤여덕) 근지(謹識, 기록)

역사의 故鄕으로
떠난 사람들

2장 혼돈(混沌)의 세월

제4장 초종교 초이념의 표상

제5장 "아직도 단군의 피가····"

제6장 시련(試鍊)을 딛고

제7장 역사 침략의 먹구름

제8장 민족의 고향 역사의 고향

제9장 새벽을 기다리며

제10장 남과북, 좌우의 본류(本流)

제11장 단군신앙과 숭모사업

제12장 단군전의 역사

1장
국혼(國魂)을 깨우다

고운 최치원　홍암 나철　해학 이기　손암 오기호　무원 김교헌　백포 서일

단애 윤세복　호석 강우　근재 이현익　지산 정원택　봉우 권태훈　단재 정훈모

치우 능과 치우상　7개의 치우능 중에 수능(首陵)으로 꼽히는 산동 문상(汶上)의 치우능. 우는 중국이 급조한 소위 삼조당(三祖堂) 내의 치우상(좌측)

1. 나철(羅喆)의 순교(殉敎)

나철(羅喆, 1864~1916)의 죽음은 그 이후 줄기차게 전개될 항일독립전쟁의 화구(火口)를 여는 신호탄이기도 했다.

온 천하 동포의 죄를 대신 지고

내가 이제 가달 길에 떨어져 고통 받는 온 천하 동포 형제자매의
죄를 대신으로 받을 지라(금대보천하동포 今代普天下同胞 형제자매
兄弟姉妹 미진침망 迷眞沉妄 경타고암자지죄 竟墮苦暗者之罪)
이에 한 오리 목숨을 끊음은(자결일루지명 玆決一縷之命)
천하를 위하여 죽는 것이다 (이순우천조자 以殉于天祖者)

그가 마지막 남긴 순명삼조(殉命三條: 목숨을 바치는 세 가지 이유)
제3장에서 그는 그의 목숨을 고통 받는 2천만 동포의 죄업을 대신 갚기
위해 바친다고 분명하게 밝히고 있다. 말하자면 우주를 주재하는 하늘께
올리는 천제 제단에 스스로 희생(犧牲: 천제를 지낼 때 제단에 바치는
소나 양 돼지 따위 짐승을 말함)이 될 것을 자청한 것이다.

이른바 피의 대속(代贖, atonement redemption: 서양에서는 원래 전당

포에 저당 잡힌 물건을 대신 갚아주고 찾아 준다는 뜻으로 쓰던 말인데 기독교에서 그리스도의 속죄 또는 구속(救贖) 구원의 뜻으로 전용하여 더 많이 쓴다.)이다.

그는 죽어서 뿐 아니라 살아 있을 때에도 대속을 몸으로 실천한 사람이다. 대종교(大倧敎)가 국내에서 일제의 모진 탄압을 피해 만주 화룡현(和龍縣) 청파호(靑坡湖)로 총본사를 옮긴(1911년) 그 이듬해 가을 무송현(撫松縣) 단촌(檀村)이라는 마을에 괴질이 발생하여 많은 사람이 죽어나갔다. 돌림병의 위세가 어찌나 대단했던지 겁을 잔뜩 집어먹은 주민이 병든 가족을 버리고 도망을 치는 사태까지 벌어졌다. 이 무렵 국권회복을 기원하는 장장 72일간의 단식기도를 마무리 중이던 나철은 이 소식을 전해 듣고 바로 현지로 달려가 신통 경지의 영력(靈力)을 발휘하여 41명의 주민을 병마로부터 구한 전설 같은 이야기가 전해오고 있다.

이런 대속 행위를 두고 대종교에서는 이신대명(以身代命)이라는 말로 표현한다. 내 한 몸 던져 뭇 사람의 목숨을 구한다는 뜻이다. 즉 살신성인의 희생정신을 말하는 것이다. 대종교가 열악하기 이를 데 없는 조건을 무릅쓰고 대적 일제와 맞서 기적에 가까운 무장투쟁을 효과적으로 수행할 수 있었던 원동력도 바로 이와 같은 대속정신에서 우러나온 것이었다.

그의 영통력은 여기서 끝나지 않았다. 광복 30년 전에 광복을 예언하고 남북분단과 6·25까지 내다본 유명한 예언시가 지금 다시 보아도 감탄과 외경을 금할 수 없다.

1915년에 임시정부의 숨은 외교통이자 대종교의 원로 남파(南坡) 박찬익(朴贊翊 1884~1949)이 나철로부터 얻어 전해온 것인데 1980년대 초에 출간된 <한국중흥종교교조론>(신철호(申哲鎬) 지음)에 수록되어 있다.

을유년 칠월칠석(8월15일) 일제가 패망하니　(鳥鷄七七 日落東天)
패권주의 이념투쟁 남북분단 가져오고　　　(黑狼紅猿 分邦南北)

양보 없는 극한대결 금수강산 잿더미로　　　(狼道猿教　滅土破國)
냉전대립 외래사조 온 세계 분탕질하니　　　(赤青兩陽　焚蕩世界)
백두산 천신대도(대종교) 중창기운 솟는 날　(天山白陽　旭日昇天)
이념과 종교 하나 되는 홍익인간 이화세계　(食飲赤青　弘益理化)

내 한 몸 던져 이신대명 (以身代命)

　일반적으로 대속이라 하면 고대사회에서 재물을 내고 죄를 면하게 해주는 속죄를 의미하는데 지금의 보석금쯤으로 이해하면 될 것 같다. 한편 기독교의 대속은 예수가 십자가에 못 박혀 죽을 때 그의 좌우에 역시 못 박혀 죽음을 기다리던 행악자(行惡者 범죄자)와 땅바닥에 떨어진 예수의 속옷을 서로 차지하기 위해서 제비뽑기를 하던 로마 군병(軍兵)들을 사(赦: 죄를 용서함)하여 달라고 성부(聖父)(God the Father: 기독교에서 말하는 창조의 신, 즉 하나님)에게 기도했다는 데서 유래하는 말이다.(누가복음 23절)

　예수는 자신의 몸과 마음과 영혼을 갈기갈기 찢고 피로 물들인 자들이 자기가 저지른 죄를 깨닫지 못하는 것은 무지한 너와 나 그리고 우리 모두의 죄 때문이라고 깊이 자책하고 그 죄를 홀로 대신 지고 가겠다는 것이다.

　나철이 순명 3조에서 대속의 대상으로 삼은 가달길(망령되다. 즉 언행이 보통사람과 달라 정상적이지 않다는 뜻)에 떨어진 동포의 죄는 예수의 그것에 비해 그 범주를 범민족적으로 넓혔을 뿐 아니라 명분 또한 누구나 공명할 수 있는 공동선(共同善)임을 부인할 수 없다.

　그러나 그 발상 자체는 영락없는 닮은꼴이다. 이 점을 기독교의 목사 맞잡이인 선도사 원영진(元永鎭, 1951년생)에게 물어보았다. 그러자 그는 대종교 경전 제10장 도연원(道淵源), 즉 '대종교의 뿌리를 찾아라.'편을 펼쳐 보이며 유무상통(서로 있고 없음을 융통하는 일)하는 타 종교와

의 융통자재(融通自在: 자유자재로 서로의 장단점을 보완함)한 포용정
신을 그 근거로 들었다.

만교(萬敎) 합일의 이상(理想)

과연 그가 펼쳐 보인 경전에는 선가(仙家: 중국의 도교와 구별되는 우
리나라 고유의 종교)의 천선(天仙: 하늘에 산다고 하는 신선) 종조(宗祖:
맨 위 조상)를 비롯하여 석가(釋迦: 부처)의 제석(帝釋: 불법을 지키는
최고의 신) 존숭, 유씨(儒氏: 유도)의 상제(上帝: 하늘을 맡아 다스린다는
신) 임여(臨汝: 항상 곁에 있는 것처럼 모심), 야소(耶蘇: 예수)의 야화화
(耶華和: 여호와 Jehovah 유대교의 유일신)와 회회(回回: 마호메트)의 천
주(天主: 알라신) 신봉 등 세계 5대 종교의 최고신들을 망라하는 경문이
당당히 교리로 채택되어 있음을 볼 수 있었다.

그뿐만이 아니다. 교인으로서 지켜야 할 일종의 내규에 해당하는 봉교
과규(奉敎課規) 15번째 항목(19개 항목 중)을 보면 타 종교로 개종과 타
종교로부터의 입교를 금하지 않고 자유롭게 입 출교할 수 있도록 허용하
고 있다. 여기에서 한 걸음 더 나아가서는 이단(異端: 일반적으로 한 집단
의 전통이나 권위를 부인하거나 훼손하는 행위를 말하는데 종교적으로는
종단의 종지에 반대하거나 왜곡하는 행위를 말한다.)에 대해서도 불공(不
攻: 공격하지 않는다.)한다고 한배 검(대종교에서 단군을 높이 부르는 말)
의 관홍(寬弘)한 대도(大度)를 우러러 기리고 있다.

대종교의 이와 같은 신앙 행태는 유일신 신앙의 특징이라고 하는 배타
성을 배제한다는 뜻이다. 종국에는 모든 종교가 정점에서 하나로 만나기
마련인데 굳이 내 것 네 것을 가려봐야 별 의미가 없다는 것이다. 민족
항일기 만주에서 독립운동을 할 때 독립운동단체들을 하나로 묶는다는
취지로 귀일당(歸一黨)이라는 당을 다 조직했을 정도로 대종교의 통합정

신의 뿌리는 바로 이와 같은 대종교의 신앙행태와 맞닿아 있다.

대종교의 벼리는 삼신일체(三神一體)

이를 두고 일부 학자는 유일 신적 다신관(多神觀)이라고 부른다. 앞뒤가 서로 모순되는 말을 조합해서 만든 이 말은 과연 무슨 뜻을 지닌 것일까?

『삼국유사』첫 장에서 환웅이 하늘에서 태백산정으로 내려올 때 이끌고 온 무리 3천과 풍백(風伯)·우사(雨師)·운사(雲師) 이야기를 다시 읽어 보면 이 말뜻을 쉽게 이해할 수 있을 것이다. 즉 구름과 비바람, 우뢰 그리고 해와 달과 별들을 담당하는 신장 등이 모두 유일신인 하나님의 부리심(사역)을 받는 기능신(機能神)의 역할을 수행하고 공자와 노자 예수 같은 성철들은 하나님의 분신으로서 더불어 할 수 있는 만교합일(萬敎合一)의 이상을 실현할 수 있다고 보는 것이다.

대종교의 핵심교리랄 수 있는 삼신일체(대종교용어로는 세검 한 몸) 역시 기독교의 삼위일체(三位一體)와 그 이름부터 비슷하여 얼른 구별이 되지 않을 정도다. 그러나 대종교가 체용(體用: 사물의 본체와 그 운용을 말함)의 논리로 접근하고 있는 데 반해 기독교의 삼위일체는 대속의 연장선상에서 성부(聖父 창조주 하나님)가 성자(聖子), 즉 구속주(救贖主)를 선택하면 선택받은 메시아(예수)가 이를 직접 집행하고 성령(聖靈)은 구속을 완성하는 각각 구속이라는 공동사업을 가지고 역할분담을 하는 식으로 사역하는 형태를 취하고 있다. 그래서 기독교를 일명 '구속의 종교'라고 하는 이유가 바로 여기에 있는 것이다.

다시 본론으로 돌아와 보면 대종교의 삼신일체는 환인·환웅·단군 3대에 걸친 역사기술을 부인하고 조화신(造化神), 즉 하나님(한임, 환인) 교화신(敎化神: 한웅, 환웅) 치화신(治化神: 한검, 단군) 등의 3대 권능을 두루 갖추었을 뿐 아니라 각각 다른 소임(작용)으로 분화된 한얼님(하나님)의 발현으로 승화시킨 대종교 신앙체계의 벼리(綱)라고 할 수 있다.

앞에서 본 바와 같이 대속 사상과 삼신일체 등 근본교리상의 명칭이 비슷하다는 이유로 대종교와 기독교를 수평 비교할 수는 없다고 대종교 측에서는 주장하고 있다. 두 종교의 원천이라고 할 수 있는 하나님 문제 때문이다.

대종교의 한얼님, 즉 하나님은 삼신일체의 주신(主神)으로서 우주창조 기의 암흑한 한울, 즉 혼돈(混沌, chaos)시대에 크게 빛을 발하여[광명이세(光明理世)] 상계(上界)에 계시면서 그 모습은 보이지 않았으나 만물을 끌어내고 온 누리를 주재하는 무량한 권능으로 만물을 감싸 안고 열을 쪼이고 또 번성케 하는 이치, 즉 우주순환법칙에 의해 세상을 다스린다[이화세계(理化世界)]고 하였다.

이는 기독교처럼 유일 절대신인 창조주가 명령 한 마디로 사람과 짐승들을 하나하나 만들어내는 것이 아니고 광명이라는 우주의 원소가 일정한 기간을 거쳐 우주를 형성케 하고 이치로서 만물을 진화 조화시키는 과정을 통해 이룬 것이다.(강수원의 환단고기 해제 중에서).

2. 하느님과 하나님

이와 같은 우주현상계의 부단한 순환질서는 목적이 없는 것 같으면서도 목적이 있는 이른바 무목적적 목적(無目的的目的)운동으로 계승되고 있다는 우주순환운동 그 자체를 말하는 것이다.

빛과 열과 광명의 대명사

이런 운동을 가능케 하는 보이지 않는 손 또는 힘(기 또는 파장)의 오묘함과 신비함에 놀라 무릎을 꿇고 언어도단(言語道斷)의 경지에서 외쳐대는 외마디 소리 그것이 곧 '하나님'이라고 역(易)철학자 최봉수(崔鳳秀, 1928년생)는 그의 책 『心』(1986)에서 말하고 있다. 발가벗은 인간의 처지에서 보면 울림(공명)이 뜻밖에 큰 신선한 접근이다. '굴러 온 돌이 박힌 돌 뽑는다.'라는 말이 있다. 하나님의 명호(名號)가 바로 그 좋은 예다. 원래 하나님은 순수한 우리 고유어다.

현정준(玄正晙, 서울대)의 글 「하늘」(1989, 『한국민족문화대백과』, 권 23)에 보면 삼국시대 이전 역사의 여명기에 신앙하던 감신(국토를 창조 생육하고 지배하는 신성한 존재)을 비롯하여 닭신(계림과 같이 신성한 땅의 수호신) 그리고 광명(光明), 즉 태양을 숭배하는 밝신 등 동체이명(同

體異名)의 삼신(三神)을 한데 묶어 '한알님'이라고 하였다. 그 뒤 '한알'이 '한울', '한얼'로 변하였고 한의 ㄴ이 아래로 내려앉아 '하날', '하눌' 또는 '하늘'로 부르기도 하였는데 'ㆍ' 음은 'ㅏ', 'ㅓ', 'ㅗ', 'ㅜ', 'ㅡ'의 음질(音質)을 함축하고 있기 때문에 천지신명을 의미하는 님 자를 붙여 인격화한 하나님이나 하느님이나 다 같은 뿌리에서 파생된 말임을 알 수 있다.

다만 하느님의 하늘이 시공(時空)을 초월하는 영원불변 항구성을 표상하는 대신 하나님의 하나는 우주의 근본은 유일무이하다는 종교상의 신을 가리키는 것이 다르다면 다를 뿐이다. 우리 민족의 유일신은 빛과 열과 광명을 주는 태양을 말하는 데 비해 기독교의 유일 절대신은 우주 만물을 시차(時差)를 두고 명령 한마디로 창조하였다는 엄격하고 권위적인 신이다. 그들의 성경(구약) 원문에 보면 이 신의 이름은 히브리어로 야훼(JHVH)인데 이를 영역(英譯)하여 여호와(Jehovah)라고 부른다. 야훼이즘(Jahwism)이란 야훼를 이스라엘 국가와 민족의 수호신으로 받드는 고대 히브리인의 종교이다. 바로 오늘의 유대교다.

그런데 기독교가 한국에 들어올 때 성경을 번역하는 과정에서 그들의 신인 여호와 대신에 우리의 하나님을 그 자리에 대치시킴으로써 한국선교의 신천지를 개척하게 된다. 신앙의 본체라고 할 수 있는 하나님이라는 용어를 선점함으로써 백만 원군에 비견될 만한 프리미엄을 얻은 그들은 거기에다 한술 더 떠서 개신교는 하느님 아닌 하나님을 내세워 그들의 유일신적 특성을 유감없이 발휘(?)하고 있다.

이렇게 해서 하느님을 고수하는 천주교와 하나님을 앞세우는 개신교가 정작 이 용어의 원산지이자 선민(選民) 아닌 천손(天孫)민족의 긍지와 겨레 얼이 시퍼렇게 살아 있는 이 땅에서 쟁패를 벌이는 아이러니한 사태가 벌어지고 있는 오늘이다. 십 수 년 전 한 민족종교단체에 의해 제기된

'하나님 명호 반환소송'의 역사적 배경이기도 하다.

하나님 명호 되찾기 소송도

1992년(11월 11일11시 11분) '한 세계 인류 성도종'이라는 불교계 종단의 종정인 정근철에 의해 제기된 정식 소송명은 '하나님 명호도용 및 단군성조의 경칭침해 배제 청구의 소(92 가합71999호)'이다. 가톨릭을 비롯하여 기독교총연합회, 기독교교회협의회, 대한성서공회, 천주교성경인쇄소, 영한성경인쇄소 등을 피고로 하는 본안소송 주문에서 정근철은 1. 피고들은 여호와를 하느님 하나님으로 불러서는 아니 된다. 2. 여호와를 하느님 하나님으로 표기한 일체의 성경 등 서적을 인쇄 출판 발매하여서는 아니 된다. 3. 위 제 항(諸項)은 가집행할 수 있다고 주문하고 '원래 하나님이란 명칭은 한민족의 고유어인데 그동안 기독교 측에서 허락도 받지 않고 무단으로 사용했기 때문에 이에 대한 보상으로 1억 원을 내라는 손해배상 청구소송도 동시에 제기하였다.

그러나 재판부는 사건의 피해자가 분명치 않다는 이유를 들어 두 번이나 기각하였는데, 피해자를 한민족의 뿌리이며 조상인 단군으로 지정하여 다시 제기한 세 번째 소송에서 정근철은 '대한민족은 하나님 사상이 투철하므로 이를 수용하기 위해 예수그리스도의 아버지인 여호와를 하나님으로 부르기로 성경 공동번역위원회에서 결의'(가톨릭 대사전)한 것과 '이제는 하나님이란 말이 예수 그리스도의 아버지인 여호와로 인식되고 있다'라는 부분을 명호도용의 결정적인 증거라고 제시하였다.

이에 재판부는 '하느님', '하나님'이란 용어는 원고(정근철) 측이 종단을 설립하기 훨씬 이전(약 150년 전)부터 사용되어온 일상용어로써 어느 특정인이나 특정 종교만이 사용하도록 제한된 것이 아님을 상기시키면서 원고 패소 판결을 내렸다. 이 당시 원고 측 변호인은 석가탄신일(사월 초

파일) 공휴지정을 이끌어 낸 용태영(龍太瑛)이다.(월간 정치사상 저널 1997년 10월호 인용)

백보를 양보해서 이스라엘의 민족종교(야훼교)에서 시작된 여호와신이 한민족 고유의 하나님으로 그 이름이 바뀐 것까지야 어쩔 수 없다손 치더라도 밖에서 들어온 하나님이 오히려 주인행세를 하는 역전 현상이 이 땅에서 벌어지고 있다. 그들은 자신들이 사용하고 있는 하나님의 자손(天孫)이자 한민족의 뿌리인 단군을 우상으로 몰고 그 역사까지도 부정하고 있으니 말이다.

하느님의 역사는 우리 역사가 시작되기 전 환인 시대로까지 거슬러 올라간다. 이것이 고구려의 동맹(東盟)과 같은 제천사상으로 계승되었으며 고려 태조 왕건이 후삼국을 통일하고 통일전쟁의 최후의 결전장이었던 '황산벌'의 안산인 황산을 천호산(天護山)으로 이름을 바꾸어 하늘의 도움을 받아 통일을 이루었음을 기리고 있다.

조선조 들어서는 세종 때 지은 <용비어천가(龍飛御天歌)> 첫머리에 '해동(海東)에 육룡(六龍)이 나라사 일마다 하늘이 주신 복이니.'라고 하늘의 은덕을 찬미하고 있다.

그런데 이 하늘이 '하늘님'이라는 호칭으로 인격화되기는 조선조 명종 때의 문인 노계(蘆溪) 박인로(朴仁老,1561~1642)의 <노계가(蘆溪歌)>가 처음이 아닌가 싶다.

때로 머리 들어 북쪽 임금 계신 곳을 바라보고
남모르는 눈물을 하늘 한쪽에 떨어뜨리는 도다.
일생에 품은 뜻을 비옵니다 하나님이시어 !

이와 같이 하나님을 청자(聽者 듣는 자)로 설정하여 작자가 청자에게 강렬한 염원을 제시하는 주체적 양식을 취하고 있다. 요즘 말로 하느님을

향해 기도하는 식이다.(최진원 崔珍源의 <노계가> 중에서)

이처럼 이미 400여 년 전부터 쓰인 우리 고유의 하나님을 들어온 지 120여 년밖에 안 되는 기독교가 도용했다는 취지로 인용한 하느님의 역사다.

하나님과 나는 하나의 개념

한학자 이동길(李東吉 전 성균관 전의)의 '하늘'은 그 논리가 한 치의 틈도 허용치 않는 조밀(稠密)함 그 자체다. 마치 교과서를 쓰듯 일목요연하게 정리해주고 있다.

'한울'은 눈에 보이는 현상을 표현한 말이다. 한울의 '한'은 하나(一) 크다(大) 바르다(正) 같다(同)는 뜻을 내포하고 있다. 둘이 아닌 것을 하나(一)라 한다. 대전(大田)을 한밭이라고 하는 것은 크다는 뜻이요. 정오(正午)를 한나절이라고 하는 것은 바르다는 뜻이며 장년(壯年)을 한창때라고 하는 것은 씩씩하고 장하다는 뜻이고 '~와 한가지다'라고 할 때는 같다(동일)는 뜻이다.

또 '울'은 울타리 또는 동우리 등을 뜻한다. 따라서 한울이라고 하면 우리 눈에 보이는 큰 울타리를 가리키는 것이다.

'하늘'의 '늘'은 언제나 항상 변함없는 것을 말한다. 우리는 흔히 변함없는 것을 '늘 그러하다'라고 한다. 즉 시간과 공간을 초월한 절대적 존재, 세상이 생기기 전이나 세상이 없어진 후에도 한결같이 존재하는 그 어떤 대상을 지적하여 '하늘'이라고 한 것이다.

'한얼'의 '얼'은 정신적인 면을 표현한 말로 하늘의 성품을 말할 때 쓴다. 사람은 사람 나름대로 성품이 있고 짐승과 물고기 나는 새 더 나아가서는 초목까지도 제각기 나름대로 성질이 있다. '한얼'은 곧 우주의 주재자인 하늘님의 성능을 지칭한 말이다.

하나는 우주의 근저, 즉 근본이 되는 절대자를 표현한 것으로 종교상으로는 신(神)을 말할 때 쓰인다. 그런데 우리 민족은 하나를 믿음으로 응결시킬 때 '하나님'이라 하여 '님'을 붙여 사용한다. 이 '님'은 낱말의 끝에 오면 그대로 '님'이요 낱말의 앞에 오면 '임'으로 변한다.

'임'은 '이다'[대(戴)]는 뜻이다. 머리에 무엇을 '이다' 또는 '이고 있다'의 뜻이며 줄여 쓸 때 '임'이 되는 것이다. '임'이라고 하는 것은 무엇을 머리에 이고 있다는 것으로 모시고 있다거나 함께 계신다는 뜻이다. 우리의 근본이 되는 하나님을 모시고 함께 있다는 뜻이 된다.

그런데 타 종교에서는 '하나님이 옆에 계신다.'라고 하여 하나님과 자기를 별개의 개체로 보고 있는 데 반해 우리 민족은 하나님과 자신을 동일체로 보고 하나님과 나를 하나의 개체로 보는 천인일체(天人一體)의 개념으로 파악하고 있는 것이다.(현정지, 顯正誌 1997. 현정회 창립30주년 기념특집) 앞의 하늘의 '늘'이나 하나님의 '임'에 대한 해석은 의미상으로는 수긍이 되나 음운학(音韻學)적인 측면에서 정곡(正鵠)을 찌르지는 못한 것 같다는 느낌이 든다.

삼신일체와 삼위일체(三位一體)

「환인(桓因)·환웅(桓雄)·환검(桓儉: 단군)은 곧 '하나님'이다」는 논문으로 1960년대 초 단군신화 논쟁을 불러일으켰던 신학자 윤성범(尹聖範, 호 해천 海天, 1916~1980)은 신학의 토착화 내지 한국적 신학을 주창했던 기독교 측에서 보면 이단아 같은 그런 존재였다. 이 논문 전문(前文)에서 그는 '한국의 기독교는 단군설화가 내포하고 있는 종교적 의미가 기독교의 빛 아래서 해명되어 우리 민족이 정신적으로 소생할 때에야 비로소 꽃피우리라고 믿는다.'라고 말하고 있다.

그는 달레(Ch. Dalet)의 『한국 천주교회사』(1874)를 인용하여 한민족의 하나님 관념을 조상숭배 오륜(五倫) 상제(上帝, 천(天)과 혼동된) 사직(社稷)과 극가수호신에 대한 국가의식(儀式) 등으로 정리하고 있다. 그리고 상제에 대해서는 '최고 존재' 또는 '세상의 창조자이며 보존자,'라고 말하기도 하고 '천(天)'에 대해서는 곡식을 생산 보존, 그리고 수확을 위한 따라서 질병을 물리치기 위한 등의 섭리(攝理 세상만사를 다스리는 하나님의 뜻) 능력으로 본 것이다. 중국인의 하나님 이해를 그대로 습용하고 있다고 본 것이다.

그러나 한국의 하나님이 '하늘'과 '님'의 합성어라는 점에 대해서는 동의하지 않으면서도 '님'에 대한 해석은 탁견(卓見)이라고 전제하고 '님'을 '주(主)' 혹은 '주님'이라는 뜻과 동일시하고 있다. 그래서 한국의 '하나님'은 '사랑'이나 '빛'(광명)이나 '생'이나 '기쁨'과 같은 본질이나 속성이기 이전에 먼저 '주님'이라는 사실을 명심할 필요가 있다고 하였다.

그러면서 『삼국유사』 기이편(紀異編) 단군신화에 등장하는 삼신(환인 환웅 환검, 즉 단군)을 기독교의 삼위일체론과 비교함으로써 단군신화가 지닌 종교적 의미를 음미하고자 시도하고 있음을 볼 수 있다.

그는 삼신이 다 같이 '남성적'으로 표현된 것에 주목한다면서 기독교의 삼위일체론에서도 '아버지' 되시는 하나님 '아들' 되시는 하나님, '성령(聖靈)' 되시는 하나님, 이렇게 해서 부(父)·자(子)·령(靈)으로 삼분되는데 환인은 아버지 하나님에 환웅은 성령 되시는 하나님에 그리고 환검은 아들 되시는 하나님에 각기 대응된다고 볼 수 있다고 주장하고 있다.

부자령이 다 같이 '남성'으로 표시되는 기독교 신학의 해석과도 일치한다는 것이다. 앞서 '대종교의 벼리 삼신일체론'을 말할 때 설명한 바 있지만, 논리적인 구조는 비슷한 점이 있으나 삼신의 각 개 신의 기능 면에서는 상용할 수 없는 차이점을 가지고 있다.

3. 마지막 불꽃

나철의 죽음은 서울을 떠날 때부터 마지막 날까지 치밀한 계획에 따라 진행된 단 한 치의 오차도 허용치 않는 한 편의 드라마 같다. 그 중에도 죽음의 무대를 삼성사로 선택한 것은 그 효과를 극대화할 수 있는 그 다운 발상이 아닌가 싶다.

나철과 그 일행이 삼성사에 도착한 것은 그가 유명(幽明: 이승과 저승)을 달리하기 꼭 아흐레 전인 음력으로 8월 6일(1916) 밤이다.

순교지를 삼성사(三聖祠)로 택한 이유

삼성사를 품고 있는 구월산은 높이 945m로 우리나라 4대 명산 중 하나이다. 아사달산(阿斯達山) 또는 궁홀산(弓忽山), 백악(白岳), 증산(甑山), 삼위(三危) 등으로도 불린다.

단군에 관한 유적이 특히 많은 것으로 유명한 이 산에는 삼성사 외에도 단군이 옮긴 서울로 알려진 장당경(藏唐京) 옛터, 단군이 올라가 나라의 지리를 살폈다는 단군대(臺), 활을 쏘는 데 사용했다는 사궁석(射弓石) 등이 지금도 남아 있다고 한다. 삼성사 주변의 현장 분위기를 좀 더 생동감 있게 그리기 위해서 은율(殷栗)에 고향을 두고 월남했다는 이병철(李

秉哲, 1977년 당시 문화공보부 문화과 근무)의 '단군대의 추억'(계간 현
정, 顯正)을 한번 인용해 보기로 하자.

　　"구월산 중에서도 대찰로 이름난 패엽사(貝葉寺) 바로 앞 높은 봉 위
에 단군대가 있다. 수십 길의 암벽이 직립하고 그 위에 사람이 앉을 만한
천연의 석대(石臺)가 있는데 다시 그 위로 평평한 바위가 앞으로 향해
덮개처럼 덮여 있어 그 아래 대상(臺上)에서는 비바람을 피할 수 있게
되어 있다. 대 위에 곧추서 있는 암벽 정면에는 '檀君臺' 석 자가 크게
새겨져 있다. 아득한 옛날 단군이 이곳에 서서 국도(國都: 나라의 도읍지)
의 지경(地境: 땅의 경계)을 전망하였으며 세사(世事)를 모두 마치고 다
시 하늘로 오를 때 딛고 올라갔다는 발자국이 선명하게 남아 있다. 그래
서 단군대는 어천대(御天臺: 단군이 세사를 마치고 하늘로 오를 때 디디
었다는 바위)로도 불린다. 단군대에서 삼성사 옛터(이때는 삼성사가 이미
훼철된 뒤임)로 오는 중간 노변에는 또 단군이 과녁 아닌 관석(貫石)으로
삼고 활을 쏘았다는 시궁석이 있다. 길가의 바위에는 화살이 꽂혔던 자국
이 여러 개 나 있고 바로 그 앞에서 화살을 뽑느라 무릎을 꿇었던 자리라
고 전하여오는 무릎 자국이 널따란 바위 위에 아직도 그대로 선명하게
남아 있다. 사궁석의 맞은편 산기슭에 환인·환웅·단군의 삼성을 봉사하던
삼성전의 옛터가 있다."

황폐일로의 전각 고쳐 세우고

　　삼성사는 남으로 향하여 지은 본전이 12간이요 그 뜰 밑 서녘에 제관
쉬는 집 2간이 동으로 향하여 서 있고 향축관(香祝館)과 재실 16간 수복
방(守僕房) 6간 등을 합해 38간이 모두 활 한바탕 거리(활을 쏠 때 살이
미치는 거리)에 추녀 끝을 맞물고 물리면서 잇대어 늘어서 있다. 사당집
안에 펴져 있던 돗자리는 헤져서 먼지가 수북이 쌓여 있다. 집 밖에는
부서져 내린 기왓조각들이 어지러이 널브러져 있고 군데군데 담까지 무

너져 이가 빠진 듯 휑하니 을씨년스러운 풍경을 연출하고 있다.

그런데 기이하게도 성전 앞뜰에는 사슴의 발자국이 없고 처마에는 그 흔한 참새 둥지 하나 보이지 않는다. 제관들이 쉬는 집과 향촉각은 다만 네 기둥만 덩그렇게 남아 있고 재실은 네 벽과 기둥이 심하게 썩어서 거처할 수 없으므로 그나마 그 중 좀 나은 편인 수복방을 빌려서 쓰기로 하였다.

다음날(8월 7일) 나철은 인근 마을에서 목공을 불러서 허물어져 가는 사당과 제관 쉬는 집부터 우선 수리하도록 하였다. 마지막으로 그가 주관할 선의식(襢儀式: 대종교에서 행하는 천제의식) 봉행을 위한 준비 작업이 진행되었다.

조선조 들어서만 사당집의 중수는 모두 다섯 차례가 있었는데 가장 최근에 행한 수리가 광무 6년 임인(壬寅, 1902)에 황해감사 윤덕영(尹德榮)이 임금의 명을 받들어서 한 것이니 꼭 15년 만에 손을 보는 셈이다.

그 다음 날(8월 8일)에는 사당 안에 펴놓은 돗자리를 새것으로 바꾸고 삼신의 위판(位版)을 고쳐 써서 봉안하였다. 여기서 위판을 고쳐 썼다 함은 원래 북벽에 단인천제(檀因天帝) 동벽에 단웅천왕(檀雄天王) 서벽에 단군부왕(檀君父王)이라고 써서 모셨던 3대(三代) 신위를 한인(桓因)천제 한웅 천왕(桓雄天王) 한검 인종(桓儉人宗) 하는 식으로 대종교의 교리에 좇아서 세검 한 몸(三神一體)의 뜻으로 바로잡았다는 말이다. 즉 역사적인 단군의 가계(家系)를 초월하여 신앙적인 교조로서의 단군으로 그 위상을 재정립했다는 것을 말한다.

삼성 신위의 내력을 살펴보면 딱히 어느 때라고 꼬집어서 말할 수는 없으나 고려 초기에 건립된 것으로 전해지는 삼성사에는 원래 목상으로 봉안했었다고 한다. 당시 국교였던 불교문화의 영향이었을 것이다. 그런데 유교를 국시로 채택한 조선 초기 태종 때 하륜(河崙)의 건의로 모든 사당의 목상을 없이 할 새 삼성사의 목상도 함께 철거되고 위판(신주)으로 바꾸었다는 기록이 성종실록(권 15. 2월조)에 나타나 있다. 이 기록으로 미루어 보아 그 이후 적어도 정부 차원의 묘우에 단군의 영정이나 조각된 상은 없었다는 방증이 된다.

이 신주 위패는 경술국치 이듬해 일제가 삼성사를 훼철할 때 대종교인 심근(沈槿, 1887~1939)이 넘겨받았다고 황해도지 신천군(信川郡) 편에 기록하고 있다.

이와 같은 사실(예부터 전래하는 단군 영정이 없었다는)을 보다 구체적으로 뒷받침하는 또 하나의 역사적인 증거로는 근대사에서 단군 영정에 관해 국민의 관심을 고조시킨 민족지 동아일보의 단군 영정 현상 공모를 들 수 있다.

동아일보는 창간 기념 첫 사업으로 전개한 이 현상 공모 광고문(1920. 4. 11일 자)을 통해서 그 취지를 '우리 민족의 종조시오 가장 신성하신 대 위인인 단군의 존상을 구하여 독자와 공히 배하려고 한다.'라고 뚜렷이 밝히고 있다. 또한 응모 주의 사항에서는 '존상은 고래로 보관되었던 것을 발견하여 모사함도 양호하며 역사적 색채를 포함케 하고 신성과 숭엄과 고상을 상징케 하여 창작한 존상을 특히 환영함.'이라고 천명하고 있다. 그러나 3차에 걸쳐 마감을 연기했는데도 만족할 만한 작품이 없어 부득이 사업을 중단케 되었다고 한다.

초아흐렛날에는 사당 안팎의 창문을 모두 수리한 뒤 천수(天水: 하늘이 열린다는 자시(子時)에 퍼 올린 물)를 드리고 천향(天香: 백두산에서 많이 난다는 백단향(白檀香)을 이름)을 피우는 의식, 즉 경배식을 행하였다.

4. 천진(天眞)을 분신처럼

초 열흘 날, 제관들이 쉬는 방 2칸 수리를 마치고 그리로 나철과 시자들이 함께 옮겨 앉았다. 수도실을 겸한 이 방 북벽에 모셔놓은 천진(天眞 단군의 영정)은 나철이 원근을 불문하고 출입할 때마다 항상 받들고 다니던 단군사진이라고 한다.

신비(神秘) 더한 1천 년 전 솔거(率居)

내가 지금 옮겨 쓰고 있는 이 대목 글의 원전인 김교헌(金敎獻, 대종교 2세 교주) 편 『홍암신형 조천기(弘巖神兄朝天記)』에 따르면 1천여 년 전 솔거(率居, 신라의 화성)의 전설을 전재하여 에둘러 단군영정의 출처임을 시사(示唆)하고 있다.

다시 김교헌의 역사서 신단실기(神檀實記, 1914)로 돌아와 보자. 그 신이징험(神異徵驗)편을 보면 편명 그대로 언제 들어도 신비롭고 감동적인, 옛날이야기에 흔히 등장하는 몽중(夢中) 체험으로 우리를 안내한다.

붓 대신 칡뿌리로 바위 화판 위에 줄을 긋고 밭매던 호미 끝으로 흙모래 위에 구도(構圖: 미적 효과를 얻기 위하여 전체 도면을 조화롭게 구성함)를 잡으며 스승도 없이 혼자서 그림을 익히던 솔거가 어느 날 밤 꿈에 나타난 할아버지로부터 받은 한얼 붓[몽득신호(夢得神毫)]으로 그린 단군상(천진)이 근 천장에 이르고 이 그림을 기리는 백운거사(白雲居士) 이규보(李奎報: 1168-1241, 고려 때 대표적 문장가)의 찬(贊: 서화의 글제로 쓰는 말) 또한 유명하다고 소개하고 있다.

'재 밖 집집이 내건 한배(단군) 얼굴 상이[영외가가조신상(嶺外家家神祖像)] 당년에 거의가 이름바치[명공(名工) 솔거를 일컬음]에게서 났다[당년반시출명공(當年半是出名工)]'고 기린 찬의 내용으로 보아 이때 단군상이 민간에도 널리 보급되었음을 암시하고 있다. 날아가던 산새들이 부딪쳐 떨어졌다는 경주 황룡사의 소나무 그림으로 유명한 솔거의 명성 때문에 더욱 에스컬레이터 된 단군상의 이미지는 부동의 생명력까지 얻게 되었다. 이와 같은 내용이 조선조 말에 나온『동국유사 (東國遺事)』라는 문헌에도 기록되어 있다.

다시 확인한 희생(犧牲)의 도리

단군상 문제를 이토록 장황하게 늘어놓는 이유는 그 상징성이 너무도 큰데다 상징성이 큰 만큼 그 정체성에 대한 집착 또한 강하고 최근 들어서는 단군 단체 사이에 과민반응까지 일으키는 경향이 있기 때문에 일단 그 근원으로 거슬러 올라가 한 올의 실마리라도 찾기 위해서이다. 이 글 뒤에 가서 다시 한 번 이 문제를 거론할 기회가 있겠지만 민족항일기, 만주 일대에서 전개된 독립운동 전선의 향도 구실을 했던 단군상은 '이념과 종교를 초월해서 누구나 자긍심을 느낄 수 있는 민족의 깃발'이자 공통분모였다.

다음날(11일) 나철은 손수 주련(柱聯) 한 짝[전수연삼진리(專修硏三眞理) 보구리오고계(普救離五苦界)]을 써서 사당 앞 기둥에 붙이고 곧

문을 닫은 채 수도에 들어갔다.

마치 죽음의 시간을 향해 카운트다운이라도 하듯 시시각각 흘러가는 시간에 맞추어 한 땀 두 땀 수(繡)를 놓는 심정으로 써 내려갔을 그의 마지막 비명(碑銘: 비에 새긴 글)은 그래서 더욱 비장하고 웅혼(어느 한 군데 막힘없이 웅대하다)했는지 모른다.

이때 방 안에서는 다만 종이 펴고 먹 가는 소리만 들리었다는 폭풍전야의 정적과도 같은 수도실 안팎 분위기를 절묘하리만큼 생생하게 묘파(描破: 막힘없이 그려냄)하고 있다.

이튿날(12일) 밤 사당 안에서 거행된 경배식에는 나철의 선성을 듣고 찾아와 새로 입교한 신도들이 때마침 불어 닥친 비바람을 무릅쓰고 근동에서 달려와 가뜩이나 가라앉은 듯한 분위기에 한 가닥 활기를 불어넣어 주었다.

13일은 이틀 후에 거행할 제천의(祭天儀), 즉 선의식(禪儀式: 대종교의 제천의식) 절차를 미리 익히기 위하여 예행연습을 하는 날이다. 제수(제물)는 나라의 준례에 따라서 10변(籩: 참대그릇에 담는 열 가지 제물) 10두(豆: 나무접시에 담는 열 가지 제물)로 정하고 제복은 흑단령(黑團領: 관리가 공무를 볼 때 입는 제복)을 입기로 하였다.

14일에 나철은 목욕재계하고 손톱을 깎고 새 옷을 갈아입는 등 자신을 하늘, 즉 세검(삼신)에게 바칠 희생으로서의 도리에 충실하고자 하였다. 이날 친히 쓴 주유문(奏由文: 제사 때 축문과 같다)에서도 그는 이 사실(희생의 도리)을 승냥이와 수달의 의리로서 다시 확인시켜주고 있다. 늦가을에 산 짐승을 통째로 바쳐 제사 지내고 이른 봄이면 물고기를 바쳐 제사 지내는 승냥이와 수달처럼 말이다.

이승의 고별식된 마지막 선의식(禪儀式)

15일 새벽 1시에 나철은 시자를 포함한 교인 31인이 참사(제사에 참여함)한 가운데 주사(主祀: 제사를 주관하는 헌관, 제주)가 되어 이승의 고별식과도 같은 선의식을 엄숙하게 봉행하였다.

선의식을 모두 마치고 나철은 전에 없이 정겹고 화기 넘치는 표정으로 천강(千江)을 함께 비춘다는 휘영찬 한가위 보름달 달빛 세례를 받으며 사당 뜰로 나섰다. 그가 대종교를 중광한 지 8년 만에 비로소 이 유서 깊은 성지에서 선의를 받듦으로써 수십 년래 끊겼던 향화 불을 다시 지폈다는 자부심과 대종교 교주로서 마지막 책무까지도 완수했다는 안도감이 한데 어우러져 빚어낸 순수한 인간적인 표정 말이다.

그는 사당 옆 야트막한 등성이에 올라 북을 향해 망배하고 또 남을 향해 망배했다. 북으로는 한울메(하나님)에 마지막 인사를 올린 것이고 남으로는 부모님과 조상을 향해 올린 것이다. 산등성이에서 내려와 그 길로 수도실에 들어가서는 문을 걸어 잠그고 '오늘 상오 3시부터 3일간 단식 수도하니 누구든 이 문을 열지 마라.'(자금일상오세시(自今日上午三時) 위시삼일간(爲始三日間) 절식수도(絶食修道) 절물개차문(切勿開此門))고 그 문중방에 써 붙여 놓았다. 시자들은 전에도 절식 수도하는 일이 자주 있었으므로 이번에도 전례(前例)와 같겠거니 생각하고 큰일을 치르고 난 뒤의 해방감에 취해 모두 풀 사이 개천가에서 노닐다가 날이 저물어서야 돌아왔다. 이날의 당직시자인 엄주천(嚴桂天: 호 보본(普本), 1897년생)과 안영중(安英中)은 저녁 10시쯤 잠자리에 들었는데 그때까지도 수도실에서는 사각사각 먹 가는 소리가 들리었다고 한다.

이튿날(16일) 오전 5시에 시자들은 모두 일어났으나 수도실 안은 아무 기척도 없이 고요하기만 하였다. 이때 비로소 의심이 난 시자들이 선생님을 네 번이나 연거푸 불렀으나 여전히 응답이 없는지라 손으로 창문을 밀고 들어가 보니 그는 천장을 향해 반듯이 누워 양손을 아래로 드리운 채 양발을 쭉 펴고 돌아간 지 이미 오래인 것을 알 수 있었다. 그는 전날, 뜻깊은 겨레의 명절인 가경절(嘉慶節, 한가위) 새벽하늘과 조상에게 하직 인사를 고하고 5천 년 전 한배님(단군)이 하늘로 오르시었던 신령한 땅에서 목숨을 끊는다고 한 유서[여러 개의 유촉(遺囑)과 밀유(密諭) 순명(殉命)의 목적 등을 밝히는 글을 남겼는데 그 중 가장 직접적이고 구체적인 당부를 한 봉하지 않은 두 통의 유서 가운데 하나]를 통해서 밝히고 있다. 그는 스스로 목숨을 끊었다고 밝히고 있는데 <삼법회통(三法會通)>이라는 대종교 경전상의 수련법 가운데 하나인 조식법(調息法: 숨 쉼을 고루함)을 구사하여 숨으로 숨을 거두어들인 것이다.

숨으로 숨을 거두어들이다

그런데 엄격하게 말하면 조식법으로 숨을 끊었다는 말은 말 그 자체가 성립될 수 없는 말이다. 왜냐하면 조식법은 글자 그대로 숨 쉼을 고르게 하는 것이고 도가(道家)의 양생법 중 하나인 양기연성(養氣鍊成: 기를 기르고 단련함)하는 도인법(導引法)과 같이 오히려 생명에 활기를 불어 넣고 사람을 살리는 활인법(活人法)인 것이다. 더구나 건강과 장수를 목적으로 하는 수련인데 죽는 법을 가르칠 리는 없을 것이기 때문이다.

그렇다면 정확하게 말해서 지식법(止息法) 또는 폐기법(閉氣法)이라야 맞다. 숨을 그친다는 뜻인데 조식법이 순법(順法)이라면 지식법은 역기(逆氣)다. 즉 자연의 순리를 거슬러 숨을 끊는 것을 말한다. 따지고 보면 조식법의 연장선상에서 생겨난 말이긴 하나 결과는 정반대로 나타난다. 그래서 대종교에서도 금하고 있는 호흡법이다. 그러나 숨을 모으는 축기(畜氣)나 유기(留氣)와는 또 다르다. 그 능력에 따라서 호흡의 고수들이 자연호흡(3초)보다 긴 호흡을 하는 것을 말한다.

한때 독서계를 풍미했던 「단(丹)」(김정빈 지음)이라는 소설로 더 잘 알려진 이 소설의 실제 모델인 도인 권태훈(權泰勳, 1900~1994, 호 봉우(鳳于)대종교 총전교 역임)의 수제자 박종호(朴宗鎬, 1921년생)는 이 문제에 대해 상당히 과학적인 접근을 시도하고 있다. 그는 "자연의 운행과 일치하는 순법은 초음(超音)도 쉬지 않고 움직이는 우주의 호흡, 즉 순환질서와 일치하는데 경락(經絡: 오장육부에 생긴 병이 몸 거죽에 나타나는 자리)유통과 기혈순환으로 신체기능을 정상화시키고 생체에너지 창출의 원동력을 얻게 된다."고 그 효용성을 구체적으로 열거한 뒤 한 걸음 더 나아가서는 영성계(靈性界)와 회광반조(回光返照: 삼생, 즉 전생과 현생 후생까지도 동시에 비추어 봄)의 경지까지도 넘나들게 된다는 것이다. 다시 말해서 이는 일관된 도력으로 육체의 생리작용을 버리고 정령(精靈: 생명력의 근원을 이루는 초자연적 존재로서의 영혼)을 돌이키는 백일승천(白日昇天: 육신을 가진 채 신선이 되어 대낮에 하늘로 올라감)으로 설명할 수 있다.

이를 현대 의학적으로 다시 풀어보면 호흡은 호(呼)식과 흡(吸)식 두 동작으로 나뉘는데 우리는 의식을 잘못하지만 각기 명령하는 중추신경이 따로 있으며 바로 우리 몸의 대뇌가 이를 조절하는 컨트럴타워 구실을 한다. 그런데 지식법으로 역기를 할 때 이 신경 시스템이 교란(攪亂) 파괴되면서 기능을 상실, 죽음에까지 이르게 된다는 것이다.

그런 의미에서 나철의 순명(殉命)은 바로 몸과 정신을 분리한다는 옛 도가의 우화등선(羽化登仙) 아니겠느냐고 그는 말했다.

신라 말의 대학자 최치원(崔致遠 857-?)이 세상을 등진 물외인(物外人)으로 산수 간을 떠돌다 가야산에서 자취를 감추었는데 이를 두고 속설이긴 하나 후인들이 우화등선과 결부시키는 것은 결코 우연이 아니다. 우리나라의 고유 신앙으로 일컬어지는 선교의 맥을 거슬러 올라가다 보면 만나는 인물이 바로 최치원이다. 그가 난랑비서문(鸞郎碑序文)에서 포함삼교(유(儒)·불(佛)·도(道)) 하였다는 현묘지도(玄妙之道) 또는 풍월도(風月道)가 대종교에서는 신교(神敎)라는 이름으로 제도화된 것인데 한국민족문화대백과(한국정신문화연구원, 1989)의 최치원 항목(최병헌/집필)에서 제기한 최치원의 자살 설을 보고 맨 먼저 연상되는 것이 바로 나철의 죽음이었다. 둘 다 우리 고유의 선교 수련법의 고수이므로 그 연맥 상에서 볼 때 최치원의 죽음 또한 별반 다르지 않았겠느냐고 미루어서 짐작해 보는 것이다.

풍류(風流)의 핵심은 '사우'와 '터지지'

전설적인 동양철학사상가 김범부(金凡父: 본명은 정설(鼎卨), 1897~1966)가 그의 처음이자 마지막 저서인 「풍류정신(風流精神)」(1986)에서 '화랑(花郎)을 바르게 이해하려면 먼저 화랑이 숭봉한 풍류도(風流道)의 정신을 이해해야 하고 풍류도의 정신을 이해하려면 모름지기 풍류적 인물의 풍도(風度: 풍채와 태도)와 생활을 완미(翫味: 잘 생각하여 음미함)하는 것이 요체'라고 하였다. 그 대표적인 인물로 물계자(勿稽子: 신라내물왕 때)와 그의 제자 백결(百結: 신라 자비왕 때)을 꼽고 있는데 그들 사상의 핵심은 사우(조화)와 터지지[융통투철(融通透徹)]로 요약될 수 있다. 일생을 검술과 거문고와 향가로 물들인 물계자는 검술을 배우러 오는 사람에겐 음악부터 가르치고 음악을 배우려는 자에겐 검술부터 가르쳤다. 숨 쉬는 호흡법 속에 일류검객의 묘리가 담겨 있다고 하였다. 풍류도로서 모든 판단의 기준을 삼았던 악성 백결은 '살려 지이다'를 주장하고 '사람을 살려 지이다', '물건을 살려 지이다', '힘을 살려 지이다', '재주를 살려 지이다', '나라를 살려 지이다' 등으로 생(生)의 철학을 강조하였다.

한국사상의 원류를 말할 때 단골로 인용되는 최치원의 <난랑비서문> 가운데 포함삼교(包含三敎)라는 말은 언제 보아도 항상 나에게는 알쏭달쏭한 미로처럼 헷갈린다. 『삼국사기』에 있는 이 비문의 전후 문맥을 살펴보면 분명히 유불도(儒佛道) 삼교인데 보통은 유불선(仙) 삼교를 아우른다고 한다. 그러나 그 뜻이 삼교를 포함한 것도 아니고 통합한 것도 아니고 세 가지 도를 내재적(內在的)으로 겸유한 독특한 진리라 할 수 있다. 우선 나 자신부터 유불선으로 많이 쓰다 보니 지금까지는 선(仙)과 도(道)를 명쾌하게 구별하지 못하고 다소 애매하게 써온 게 사실이다.

대체로 도가 중국에서 전래한 신선교인데 반해 선은 우리나라에서 자생한 고유종교라는데 이의를 다는 사람은 아무도 없을 것이다. 그러나 이는 개괄적인 분류이고 구체적인 쓰임새에 들어가서는 선과 도를 혼용하는 바람에 그 경계가 무너져 버리는 수가 많다.

이를 깔끔하게 교통정리 한 것이 신채호(申采浩, 1880~1936)의 「동국고대선교고(東國古代仙敎考)」(1910 대한매일신보)이다. 그는 선과 도의 5가지 차이점을 들고 있는데 우선 시기적으로 선(仙)·천선(天仙)·국선(國仙)·대선(大仙)이 삼국 이전과 삼국초의 문헌에 보이지만 도교경전은 고구려 말 영류왕 때 처음 들어왔으며 또 불교 수입을 기준으로 할 때도 선은 이전부터 있었고 도는 후에 들어왔다. 그 연원을 따져보아도 『삼국사기』(동천왕 21년 조)에 단군을 선인(仙人) 왕검이라고 하였으니 노자와는 2천 년의 차이가 난다. 거기에다 우리나라 선인[동명성왕 대무신왕 명림답부(明臨答夫) 김유신 등]들은 도교처럼 방사(方士)다 불사약을 구하지 않았으며 마지막으로 도교는 피세(避世) 외사(畏死: 죽음을 두려워함)의 도로서 성신(星辰: 별)을 받드는 초제(醮祭)를 주관하지만 정치적 실권은 누리지 못하나 선교는 김유신처럼 나라를 위해 기도하고 삼국

통일을 완수하는가 하면 고구려의 대선 명림답부(明臨答夫, 67~179)처럼 폭군(차대왕)을 폐하고 외적[후한의 현토태수 경림(耿臨)의 군]을 대파하는 등 국사를 주도하고 전장에 임해서는 기꺼이 목숨까지 바치는 용감한 장수로서 현실세계에 참여하고 있다. 결론적으로 말해서 선교의 궁극적 목표는 단순한 자기완성에 그치는 것이 아니고 세상을 널리 이롭게 하려는 홍익인간의 구세관념(救世觀念)과도 상통하는 것이다.

5. 나철 표 도덕외교의 한계

선교의 이처럼 특유한 현실참여 정신으로 해서 나철의 구국운동은 더욱 빛을 발한다. 그런데 그의 초기 운동(독립) 궤적(軌跡)을 추적하다 보면 얼른 이해가 가지 않을 정도로 극단에서 극단으로 흐르고 있다. 대일외교와 을사오적 처단 그리고 대종교 개창을 두고 하는 말이다.

5년 동안이나 유배지(제주도) 시봉을 하리만치 끔찍이도 존경했던 스승이자 대종교 중광의 동지이기도 했던 한말의 외교통(대한제국 외부대신) 운양(雲養) 김윤식(金允植, 1841~1920)의 영향으로 일찍이 외교에 눈뜬 그는 일본을 전후 네 차례나 오가며 도덕적인 입장에서 선의에 바탕을 둔 외교활동을 전개하였다. 이른바 나철 표 도덕외교다. 굳이 이런 이름을 붙이는 이유는 그 특유의 도덕외교를 통해서 그의 인간적인 면모를 가장 확실하게 엿볼 수 있기 때문이다. 항일독립운동가 나철의 연구는 최근 들어 활기를 띠고 있으나 심여철석(心如鐵石)같은 추상적인 용어 말고 그의 생애를 일관하는 인간 그리고 품격 신조 같은 것을 다룬 '인간 나철'을 접하지 못했다. 다시 말해서 그의 투쟁적인 면모라던가 통상적 이력 말고는 그의 내면을 들여다볼 수 있는 소재가 별로 없어 고민하던 차에 그의 '도덕외교'를 만난 것이다. 그는 '공법(公法)과 약장(約章)을 잘 지키고 다른 나라에 대하여 지킬 도리를 다한다면 상대방 역시 명분이 없으므로 한국을 공격할 수 없을 것이다. 왜냐하면 명분이 없는 침략은 천하가 모두 잘못이라고 생각할 것'이기 때문이라고 도덕외교의 핵심인 이른바 대의(大義)명분론까지 동원하여 그의 주장의 정당성을 역설하고 있다.

일견 너무나 순박하고 요순시대에나 통할 법한 이런 외교관을 가지고 더구나 당시(19세기 말~20세기 초) 이리떼와 같은 제국주의 세력을 상대로 하는 외교 무대에서 어떻게 살아남으려 했던 것일까.

외교에는 도덕적 원소(元素)가 없다

나철보다 꼭 1세대(30년) 먼저 태어나 일본 명치시대의 주역으로 활약했던 사상가이자 교육가인 후쿠자와 유기치(福澤諭吉, 1834~1901)를 통해서 우리는 다시 한 번 나철의 도덕외교의 무력감을 절감하게 된다. 개화파의 주역으로 갑신정변(1884)을 이끌었던 김옥균(金玉均, 1851~1893)의 후원자로도 유명한 후쿠자와는 외국과의 교제, 즉 "외교는 내국의 정략과는 다르다"고 전제한 뒤 "국내정치는 강대한 권력에도 대의명분이 있고 도덕상의 의리도 있으며 개인의 행동이 명분이나 도덕에 의존하기도 한다. 그러나 외국과의 교제에서는 특히 전략 구사에 있어서 거의 도덕의 원소가 없으며 대의 명분론은 쓸모가 없다."고 주장하고 있다.

도덕의 원소가 없는 후쿠자와의 이른바 '부도덕' 외교와는 달리 비록 한미한 양반가에서 태어났으나 당시의 엘리트 코스라고 할 수 있는 과거에 장원급제까지 한 나철에게는 이미 철저한 유교적 교육과 정신이 몸에 배어 있었을 것이다. 그 정신이란 다름 아닌 춘추필법(春秋筆法)을 이르는 말로 대의명분을 밝혀 세우는 사필(史筆)의 준엄한 논법에 따라 그는 단련되고 무장되어 있지 않았겠느냐고 보는 것이다.

실제로 그는 1차 대일외교에 실패하고 돌아와 차선의 방법으로 을사 5적을 처단하기 위해 조직한 자신회(自新會, 1907) 거사에도 실패, 평리원(平理院: 오늘날의 법원)에 낸 자수서에 해당하는 청원서를 겸한 자현장(自現狀) 내용을 보면 '황제폐하의 승인을 얻지 않고 마음대로 을사늑약을 체결한 것은 정부 여러 간신의 죄이므로 이들을 죽이는 것은 춘추대의(春秋大義)'라고 대의명분론을 앞세우고 있어 춘추대의야말로 당시 우리나라 지식인 사회의 보편적 가치이자 덕목이었음을 알 수 있다.

그것이 소위 일본 천황과 일본정부에 보내는 글에도 뚜렷이 나타나 있다. 일본은 1904년 러일 전쟁 선전포고를 하면서 당시 가장 요긴한 최전방 병참선(兵站線)이었던 조선정부의 협조를 이끌어 내기 위해 '짐짓 대한제국의 완전한 독립'을 담보하겠다고 약속한 것을 환기하면서 일본이 이 약속을 도덕적인 입장에서 지킬 때 조선의 독립은 유지될 수 있을 것이라는 전망을 하고 있다. 여기서도 역시 도덕을 강조하고 있는 나철의 일관된 도덕주의를 통해서 올곧은 그의 성품과 검질긴 의지를 읽을 수 있을 것 같다.

나철의 이력을 추적하는 과정에서 뜻밖에도 중대한 오류가 하나 발견되어 이 대목에서 바로잡고 넘어가야 할 것 같다. 민족문화를 지키는 마지막 방파제를 자임하는 『한국민족문화대백과』(1989, 한국정신문화연구원)의 '나철'(권5, 필자 박현서(朴賢緒))과 '대종교'(권 6, 필자 김정신(金正珅)) 항목을 보면 똑같이 나철이 구국 활동을 전개하기 위해 호남출신의 지사들을 모아 제일 처음 조직한 단체를 유신회(維新會)라고 해 놓았다. 유신회라면 매국노 송병준(宋秉畯 1858~1925)이 이끌던 악명 높은 친일단체 일진회의 전신이 아니던가. 이후 일진회는 이용구(李容九, 1868~1912)가 이끌던 동학계의 진보회(進步會)와 합류하면서 본격적인 친일 매국의 길을 걷게 된다. 을사 5적을 처단하기 위해서 1907년에 조직한 행동단체 자신회(自新會)를 유신회로 착각한 것 같다.

어떻게 해서 이런 오류가 일어날 수 있었는가 근원을 거슬러 올라가 보니 대부분의 대종교 관계기사의 전거가 되고 있는『대종교중광 60년사』(대종교총본사, 1971, 강천봉 편저)가 그 발원지임을 알게 되었다. 이 책 부록 대종교 중광제현(諸賢) 약력 제3편 중광제현의 첫 번째 '고(故) 사교(司敎) 동산(東山) 최의(崔顗: 전남 여수 출신) 도형' 가운데 '을사(乙巳, 1905) 연간에 홍암대종사(전남 구례)를 비롯한 오기호(吳基鎬, 전남 강진) 이기(李沂, 전북 김제) 등 호남지사의 비밀결사인 유신회에 가담하여' 운운하는 대목이 그것이다.

그러나 호남지사들이 유신회에 가담하였다는 을사년(1905)에 나철(당시 이름 나인영) 등은 일본에서 구국외교에 전념하고 있었으며 그해 12월 30일에야 부산을 통해 귀국한 것으로 되어 있다. 그리고 송병준의 유신회는 그 전해(1904) 8월 18일에 결성되었으니 바로 그 유신회일 수밖에 없다는 결론에 이르게 된다.

노용필(盧鏞弼, 서강대)의「대한제국기 자신회 관련 고문서에 대한 검토」에 따르면 자신회 결성 취지문의 연기(年紀)가 광무 11년(1907)으로 되어 있는데 정확히 말하면 광무 11년은 없고 융희 1년이라야 맞다. 그러나 순종은 이미 국권을 상실한 후이기 때문에 광무를 그대로 습용(襲用: 그전대로 그냥 눌러씀)한 것 같다.

자신회라는 명칭은 남이 새로워지기를 기다리는 것이 아니라 우리 스스로 새로워진다는 뜻으로 쓰였으며 단체의 성격 또한 지금까지 을사 5족 처단을 위한 행동단체로만 알려졌었으나 취지문에 보면 을사 5족 처단 외에도 '부패한 정치를 다시 살리고 거칠어진 강토를 다시 일으키며 노예로 전락한 2천만 인구(국민)를 면하게 하기 위한다.'는 폭넓은 결성 취지를 담고 있다.

나라는 망해도 겨레 얼은 살아 있다

시대적인 맥락(脈絡)을 좇아서 설명한다면 후쿠자와의 주장을 공격적인 강자의 논리로 나철의 그것을 방어적인 약자의 논리로 볼 수도 있다. 또 그런 측면이 전혀 없다고 부정하기도 어렵다. 그러나 나철이 그의 스승(김윤식)으로부터 장년(長年)에 걸쳐 익히고 보았을 '외교교본' 가운데 이런 기본적인 상식이 없고 몰라서 그리했을 거라고는 생각지 않는다. 그보다는 오히려 이런 실상을 너무도 뼈저리게 느끼고 있기 때문에 이를 초월할 수 있는 한 차원 높은 단계의 전략으로 도덕외교를 주창한 것은 아니었을까.

그가 대종교 중광의 명분으로 내세운 국망도존(國亡道存: 국수망이(國雖亡而) 도가존(道可存)의 줄임말로서 비록 나라는 망했으나 정신은 가히 존재한다는 뜻)이 바로 그것이다. 여기서 도(道)란 민족정신, 즉 겨레 얼을 말하는 것이다. 이는 백암(白巖) 박은식(朴殷植, 1859~1926)이 찾아 지키고자 했던 국혼(國魂)으로 이어졌고 단재(丹齋) 신채호(申采浩, 1880~1926)의 국수(國粹)를 낳았다. 원래 국수의 본뜻은 나라나 겨레의 고유한 정신이나 물질상의 장점을 지키고자 하는 자기 정체성(Identity) 그 자체를 말하는 것이다. 그런데 이 말끝에 주의가 하나 더 붙어 국수주의(chauvinisme)가 되면 그 뜻이 확 달라진다. 흔히 자기 나라의 국민적 특수성만을 가장 우수한 것으로 믿고 행동하며 남의 나라 것은 배척하는 공격적 민족주의로 변질하여 버리고 만다. 물론 전전(戰前) 일본의 국수보존사상(國粹保存思想)처럼 그 이름에서 풍기는 방어적인 민족주의에 머물지 않고 팽창 군국주의로 발전하는 위장 국수도 있긴 하다. 그러나 신채호는 국학진흥을 통한 순수한 국수를 추구했던 역사가이자 사상가였다.

국학의 주류는 제2세 교주 김교헌(金敎獻, 1868~1923)으로부터 싹트기 시작한 민족사의 연구 정립이 한 축을 형성하고 한 흰샘 주시경(周時經, 1876~1914)의 한글(민족어)연구가 또 다른 한 축을 이루고 있었다. 역사회복과 언어주권 회복은 곧 독립전쟁의 정당성 확보와 함께 동력(動力)을 제공하는 정신적 원천이었다.

민족사학의 핵심은 우리 고대사의 무대를 한반도가 아닌 요동으로 설정한 이른바 대륙사관에 있다. 그리고 요동 이동의 여러 종족(9족)이 모두 단군의 후예라는 대조선주의적 동이관(東夷觀)으로 집약된다. 오늘날 소위 강단사학(講壇史學)과 갈등의 골을 빚고 있는 주요 원인도 바로 여기에 있다 할 것이다.

광복 이후 60여 년 동안 계속된 재야사학(민족사학의 또 다른 현대적 이름)과 강단사학 간의 싸움은 지금도 역시 진행형이다. 때로는 날 선 논쟁으로 또는 법정 싸움으로, 때로는 물리적인 충돌로까지 확대되기도 한다. 이 문제는 주제별로 뒤에 가서 다시 논급할 기회가 있을 것이다.

2장
혼돈混沌의 세월

 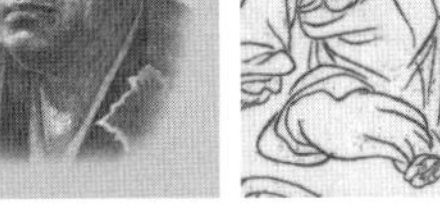 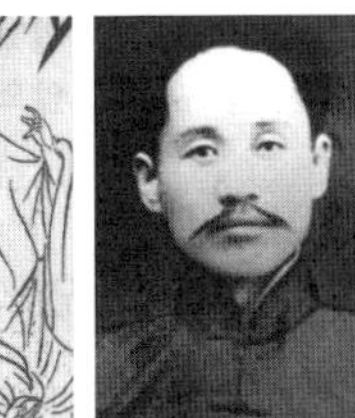   

의상대사　　행촌 이암　　단재 신채호　　백암 박은식　　석주 이상룡　　한흰샘 주시경

백연 김두봉　　고루 이극로　　육당 최남선　　민세 안재홍　　외솔 최현배　　한암당 이유립

탁자식 고인돌과 단군 제단 무게가 8톤에 이르는 중국 최대의 개주(蓋州) 탁자식 고인돌, 우측은 내몽고 파림좌기 요(遼) 나라 태조 아율보기(阿律保機) 능 앞에 있는 석곽묘식 단군 제단. (현지 박물관 안내원이 확인)

6. 대조선(大朝鮮)주의의 여명(黎明)

이제 민족사학의 요람이라고 할 수 있는 대종교를 중심으로 항일 무력투쟁의 시대적 배경과 그 주요동인(動因) 등을 먼저 살펴보기로 하겠다.

당시 대종교가 당면한 초미의 과제는 대종교 교도가 중심이 된 항일 무력투쟁을 보다 효과적으로 수행하려면 역사교육을 통한 애국심의 함양과 고취가 그 무엇보다도 절실하고 시급했을 것이다. 제2세 교주 김교헌이 이 점에 착안하여 그 이론적 근거로 저술한 책이 바로 1914년의 『신단실기(神壇實記)』와 『신단민사(神壇民史)』이다. 대종교의 종사(倧史: 대종교의 역사란 뜻)를 중심으로 다룬 『신단실기』 단군강역고(檀君疆域考) 편에서 그는 '옛 조선의 강역을' 동으로 큰 바다[창영(滄瀛)]에 이르고 남으로 새재[조령(鳥嶺)]를 넘으며 서로는 요하(遼河)를 건너고 북으로 검물[흑수(黑水)]에 이르렀다'고 전제한 뒤 대동강 위에 있던 임검성(壬儉城)을 평양(平壤)으로만 알고 또 어떤 학자는 대동강을 패수(浿水)라고 주장(한백겸: 韓百謙 등 일군의 실학자와 그 영향을 받은 이병도(李丙燾) 사학)하나 옛날 지나(支那, 중국)사기를 상고해 보면 요양(遼陽)도 광녕(廣寧)도 영평(永平)도 또한 평양으로 이름 하고 있다. 따라서 헌우락(撋于濼)·요하·난하(灤河)가 모두 패수로 불린다고 하였다.

단재(丹齋)사학의 생명력, 실증(實證) 우선

일부 실학자들이 허탄(虛誕 허황하고 망녕됨)한 고담쯤으로 치부하던 단군 신화를 그는 문헌적 근거에 입각하여 서술함으로서 당당한 역사로 복원해 낸 것이다.

단군을 정점으로 역사체계를 재구성하고 그 연장선상에서 김교헌은 만주에서 홍기한 요(遼)와 금(金)의 역사까지도 아우르는 대 조선주의를 지향하게 된다. 이후 이상룡(李相龍, 1858~1932)이 발표한『서사록(西徙錄)』을 비롯한 많은 사론(史論)과 박은식의『한국통사(韓國痛史)』등이 김교헌이 지핀 민족사학의 불길을 더욱 가열 심화시킴으로서 다음에 올 신채호의 단재사학시대의 개막을 예고하고 있다.

특히 박은식은 백두산을 단군이 발상한 땅으로 보고 우리 민족의 기원 또한 백두산으로 설정하는 백두산 중심의 민족사 계승의식을 강조한다. 백두산이 민족의 성지로 주목받기 시작한 것도 이때부터가 아닌가 싶다.

이와 같은 성지의식은 대종교인에게는 목숨 바쳐 지켜야 할 소중한 가치였고 이후 전개되는 수많은 독립전쟁을 승리로 이끄는 동력의 원천이 되었다.

결론부터 말한다면 신채호의 민족사학은 앞에서 든 세 사람의 영향력을 많이 받았음에도 신앙에 우위(優位)를 두고 역사를 해석하려는 대종교인과는 달리 실증에 우선을 두고 신앙적 역사해석까지도 흡수하려는 데서 그 생명력을 찾을 수 있다.(한영우의 1910년대의 신채호의 역사인식 중에서)

그 자신도 독실한 대종교도였던 신채호는 1920년 전후의 저술로 알려진『조선상고문화사』에서 '단군조선 전반기 1천년의 정치와 문화는 고대에 가장 선진적인 것으로 중국을 비롯한 동양 각국의 원류가 되었다고 전제하고 그 영토가 북으로는 헤이룽 강, 남으로는 대한해협, 서로는 중국 연안(산둥 지방)과 연(燕), 몽골 그리고 동으로는 태평양까지 미치는 수만 리에 이른다고 했다. 그 권역을 김교헌의『신단실기』에서보다도 훨씬 더 광활하게 잡고 있다. 단군조선은 이 넓은 지역을 통치하려고 전국을 3경 (京) 5가(加, 또는 부 部) 9족(族, 또는 부)으로 나누었는데 그 중 3경은 아사달(일명 부소량 夫蘇樑, 지금의 하얼빈 부근)과 오덕지(五德地 태백 의 서남 요동의 요양 해성(海城) 지방), 백아강(白牙岡: 태백의 동남)이 다. 여기서 태백은 백두산을 이르는 말이다.

그리고 기자(箕子)조선을 비롯한 위만(衛滿)조선 한사군(漢四郡) 등 한족(漢族)의 침략사를 우리 정통사에서 배제하고 단군조선 부여 고구려 로 이어지는 한(韓)민족의 순수 정통사를 수립하였다. 그것은 앞에서 든 세 침략사가 모두 단군조선의 전(全) 강역을 포괄한 것이 아니고 요서(遼 西) 요동의 일부지역을 점령하는 단군조선의 주변사라는 이유에서다. 결 과적으로 이는 기존의 사관을 180도 뒤집는 이른바 단재(丹齋)사학의 새 로운 역사체계로 자리 잡게 된다. 외세와 결탁한 신라 중심의 정통사를 지양하는 고구려 중심의 새로운 정통사라고 할 수 있다. 현재 북한이 채택 하고 있는 역사체계로서 우리 학계가 정통 사서로 채택하고 있는『삼국사 기』와『삼국유사』의 역사체계를 정면으로 부정하는 것이기도 하다.

동이(東夷) 대조선주의와 친일시비

김교헌의『신단실기』교화원류(敎化源流)편에 보면 '한 옛날에 흑수 (黑水) 곧 헤이룽 강으로부터 한수(漢水, 한강) 남쪽까지 적은 나라 아홉 이 있어서 제가끔 한 곳을 지키니 견족(畎族)과 우족(于族) 방족(方族)과 황족(黃族) 백족(白族)과 적족(赤族), 현족(玄族)과 풍족(風族), 양족(陽 族)이 그들이다. 이른바 동방구이(東方九夷), 즉 동이를 이르는 말이다.

동이가 한민족의 근간이 된 예맥족을 포함하고 있는 것은 사실이나 그렇다고 동이가 곧 한민족이라고 단언하기는 아직 이르다는 견해도 있다. 그런데 일부 사학자들이 김교헌이 제창한 9족을 아우르는 대 조선주의를 두고 일제 말 태평양전쟁을 정당화하려는 명분으로 내걸었던 소위 대동아공영권(大東亞共榮圈) 건설구상에 이용되었다고 친일시비를 걸고 나온 것이 그것이다.

김교헌이 대 조선주의를 제창하고 있는 『신단실기』 등을 지은 것은 1914년이고 일본외상 마쓰오카(松岡洋石, 1880~1946)가 대동아 공영권 구상을 처음 제창한 것은 그로부터 26년이나 지난 1940년이다. 김교헌이 일본의 대동아공영권 구상을 미리 알고서 대 조선주의를 제창한 게 아니라면 그 상관관계는 극히 희박할 수밖에 없고 무리한 비약이라는 비판을 면하기 어려울 것이다. 게다가 그 권역(圈域) 또한 일치하지 않는다. 김교헌이 가리키는 동이(九夷)의 분포지역은 북으로는 헤이룽 강에서 남으로는 한수 남쪽까지의 지역을 말하는데 일제의 대동아공영권은 일본을 중심으로 만주와 중국을 포함하는 동북아뿐 아니라 자원의 보고인 동남아 지역까지를 그 범위 안에 포함시키고 있다. 설사 그것이 대동아공영권 구상에 이용되었다 하더라도 어찌 그것이 김교헌의 허물이 되겠는가! 더구나 이를 두고 친일 운운하는 것은 말이 되지 않는다.

당시 일본은 만주 전역과 중국 내륙 깊숙이까지 이미 석권하고 일단 중국공략에서 승기를 잡자 그 여력으로 최종목적지인 동남아 공략에 집중하고 있었다.

그런데 이 대동아공영권 건설을 추진하면서 그 중심을 백제의 마지막 도읍지 충남 부여(扶餘)로 잡고 있었다는 사실을 아는 사람은 그리 많지 않다. 역사적으로 유래가 깊은 일본과 부여 백제와의 유착관계는 우리 사서보다는 『일본서기』에 더 잘 나타나 있다. 이 책 권27에 보면 서기663년에 일본 구원군이 백촌강 전투에서 나당연합군에게 참패하고 백제부흥군의 마지막 거점인 주유성(州柔城: 일본서기의 쓰누로 삼국사기의 주류성(周留城: 현 충남 서천군 한산(韓山)이 가장 유력))까지 떨어지자 '나라 사람들이 주유가 항복했으니 이제 어찌 할거나. 백제의 이름도 오늘로 사라지고 말았구나. 조상이 묻힌 묘소에도 이제 두 번 다시 못 가게 되었구나.'라고 한탄하는 대목이 손에 잡힐 듯 생생하게 표현되어 있다.

대동아공영권의 중심은 부여(扶餘)?

그래서 백강구 전투에 일본이 구원군을 보낸 것은 일종의 귀소본능(歸巢本能)과 같은 것이라고 말하는 사람도 있다. 그것은 당시 일본의 지배층이 대부분 백제인으로 구성되어 있었으며 이들이 모두 끈끈한 혈연관계로 맺어져 있었다는 것을 말해주는 것이다. 이런 깊은 역사적 인연 때문에 지금도 부여를 찾는 일본인 후예들은 서슴없이 제2의 고향을 찾아왔노라고 말한다는 것이다.

5·16 쿠데타 후 부여 문화원장으로 있던 이 모(李某)의 우연찮은 친일 발언이 대동아공영권의 부여 중심설을 뒷받침해주고 있다. 한 유력 월간지와 가진 광복절 인터뷰에서 그는 차마 발설해서는 안 될 말까지 무심결에 뱉어버린 것이다. 광복절 감상을 묻는 기자의 질문에 '한두 해만 더 늦게 해방되었더라면 부여가 무척 발전할 수도 있었는데' 정말 아쉽다는 투로 말이다. 그의 시계는 아직도 군국일본시대에 그대로 머물고 있었던 것이다.

일제는 왕년의 해양강국 백제의 기상과 정신이 깃들어 있는 부여에 콤파스의 중심축을 박고 한 바퀴 돌린 원내에 들어가는 권역이 바로 그들이 구상하는 대동아공영권과 일치한다는 것을 알고 있었던 것이다.

그들은 언제나 도시건설의 기준점으로 일본정신의 상징인 신궁을 먼저 짓는다. 더구나 대동아공영권의 중심도시를 건설하는 역사(役事)이니만큼 부여 신궁 건조에 쏟는 그들의 열성은 대단했다. 신궁 건축에 소요되는 목재는 저 멀리 대만의 원시림에서 벌채하여 들여왔다. 목재는 해류를 따라 뗏목으로 운반되었는데 뗏목으로 만들어 끌고 오는 과정에서 바닷물에 절이게 되면 목질도 견고해질뿐더러 병충해도 막는 이중의 효과를 기대할 수 있기 때문이라는 것이다.

지금은 한 지방의 소도시로 영락했지만 금강의 하항(河港)으로 당시 전국의 3대 물산집산지인데다 부여로 가는 길목, 강경(江景)포구에는 이렇게 해서 저 멀리 대만에서 해류를 타고 들여온 목재가 미창(米倉: 일제가 수탈한 쌀을 저장하던 창고로 당시 호남, 논강(論江) 평야 일대에서 수집한 양곡은 금강을 통해 군산항으로 운송되었다.)과 연결되는 샛강까지 강물이 보이지 않을 정도로 가득 밀려 들어와 있었다.

이때 필자는 경상도 거창(居昌)에서 살다가 국민학교(현 초등학교) 5학년 때 이곳 학교로 전학을 왔는데 여름철이면 또래들과 함께 이 목재 위에서 건너뛰기 놀이를 하며 놀던 기억이 아직도 생생하게 남아 있다. 장정 두 아름드리만 한 굵고 곧은 나무는 대만에서 주로 많이 난다는 삼(杉)나무라고 했다.

지방 상업학교지만 전국의 명문으로 꼽히던 강경상업(商業: 현 강경산업정보고) 학생들이 누르딩딩한 교련복에다 게 토르[각반]를 친 차림에 저마다 삽자루를 둘러매고 부여 신도시 건설 노력동원을 떠나는 행렬을 자주 목격할 수 있었다. 이때 동원된 학교는 부여 인근의 몇 개 학교에 그치는 것이 아니고 전국의 중학(당시는 중학교 5년제였음) 이상 학교는 모두 동원되는 그야말로 거국적인 성지(聖地) 조성사업이었다.

대동아공영권은 결국 일선동조론에 그 뿌리를 두고 있었으며 민족말살의 흉기로 둔갑한 내선일체의 음모는 이렇게 착착 현실화되고 있었다.

내선일체 빌미 준 불함문화론(不咸文化論)

특히 김교헌 사학의 영향을 많이 받은 것으로 알려진 육당 최남선(崔南善, 1890~1957)은 1925년에 그의 생애 최고의 역작 「불함문화론(不咸文化論)」을 발표하게 되는데, 이 논문이 또 다른 친일시비를 부르게 된다.

일제가 민족 말살정책의 하나로 추진한 내선일체의 이론적 근거인 일선동조론에 결정적 빌미를 제공하는 논지를 폈기 때문이다. 일찍이 신채호가 일제의 음모를 간파한 바로 그 일선동조론을 분쇄하기 위해서 한국 고대사 연구에 뛰어들었던 것과 같은 맥락에서 최남선도 고대사 연구에 투신하게 된다. 「불함문화론」과 「단군론」은 그 대표적인 결과물이다. 그는 이 논문에서 단군말살의 주역인 이마니시(今西龍, 1875~1931, 당시 일본 교토대 교수)가 '단군신화는 고려 중기 이후 불교·도교에 의해 짜맞추어진 작품'이라고 폄훼(貶毁: 깎아내리고 헐뜯음)한데 대해 그것은 단지 그 전승 과정에서 일부 습합(習合: 서로 다른 교리 등을 절충하거나 조화하는 것)된 것을 마치 전체인 양 의도적으로 호도(糊塗: 속임수의 조처를 함)하는 것이라고 반박했다.

그러나 단군설화의 원류를 추적하는 과정에서 단군을 신화적 존재로 보는 일인 학자의 입장을 일부 수용하고 일본을 단군 중심문화의 일익으로 끌어들였을 뿐 아니라 국조 단군을 일본의 조신(祖神)인 아마테라스 오오미카미(天照大神, 이하 아마테라스)와 동열에 놓고 비교하는 우(愚)를 범하게 된 것이다.(수원대 김성준 교수의 최남선, 친일 반역자의 길 중에서)

현란할 정도로 해박 다식한 민속적 용어의 선택과 접근으로 단군문화의 재조명을 시도했던 그의 의욕과 의도는 좋았으나 결국 이것이 한일문화 동근론(同根論)으로 변질하면서 자연스럽게 일선동조론이 힘을 얻게 되고 그 연장선상에서 소위 내선일체라는 물리적 동화정책으로 한국인을 내몰게 된 것이다. 내선일체는 그 이후 창씨개명(創氏改名: 성을 일본식으로 바꿈)으로 이어졌고 징병, 징용제 실시, 학병 강권, 일본군 강제위안부 동원 등 일제의 핍박과 전횡은 최후발악적인 말기적 현상으로 치닫게 되었다.

일본신화의 고향은 경북 고령(高靈)?

경북 고령 가야대학 경내에는 일본인이 그들 신화의 고향이라고 동경하는 '고천원(高天原 다카마노하라) 고지비(故地碑)'가 서 있다. 고령(高靈)이라는 지명 자체가 일본 최고의 여신 아마테라스의 아들(아메노오시호미미노미코도 天忍穗耳尊)과 북방계 종족인 고황산령신(高皇産靈神 다카미무스비노가미, 일명 고목신 高木神)의 딸(다꾸하다지지히매 拷幡天天姬)을 혼인시켜 낳은 천손 니니기노미코도(瓊瓊忤尊)를 지상에 강림시켜 일본국을 건설하게 되는데 외조부 되는 고황산령신(高皇産靈神)이라는 이름 자체에 들어 있는 고령(高靈) 두 글자가 이곳이 고천원(高天原) 고지라는 결정적인 근거가 된다는 것이다. 그리고 니니기가 신성한 이불(마코도오후스마[眞床追衾])에 싸여 처음 내려온 땅이 구주의 다카치호노미네다. 일명 구시후루라고도 하는데 구시는 바로 가락국 건국의 시조 김수로왕이 하늘에서 홍폭(紅幅)에 쌓여 내려온 김해의 구지봉(龜旨峰)의 전음(轉音)이라는 것이다. 그러니까 니니기의 천손강림은 바로 김수로왕의 강림을 그대로 본뜬 것이라는 말이다. 그리고 현대적으로 재해석하면 천손강림 사실은 북방의 선진족(가야)이 대한해협을 건너 일본에 진출한 것을 미화한 것에 불과하다.

고천원 고지비는 한일학자와 일본 황실 관계자가 참석한 가운데 고증을 거쳐 세워졌다고 하며 매년 10월에는 이를 기리는 기념식을 거행하고 있다. 그뿐만 아니라 일본에서는 지금도 새 임금이 등극할 때는 천조(踐

祚 임금의 자리를 이음) 대상제(大賞祭)라는 의식을 거행하는데 이때 김수로왕이 지상에 내려오는 강림의식을 니니기가 그대로 모방한 것을 비공개로 재현한다는 것이다. 장막에 가리어진 신비의 의식, 대상제는 그래서 더더욱 사람들의 호기심을 자극하는지 모른다.

과거에 일본 학자들은 일선동조론을 말할 때 반드시 일본은 본류, 즉 본가이고 한국은 분가(分家)라는 논리를 펴왔다. 고천원 고지비는 비록 주객은 바뀌었다 하더라도 의도했건 안 했건 간에 먼 훗날 일선동조론의 또 다른 빌미가 되지 않을까 염려된다.

1970년대 초 주 일본대사관의 무관으로 부임하던 한 공군 장성(김상직 金祥稷 1933년생)이, 공항에서 택시를 타고 시내로 들어가는 길에 운전사의 명찰을 보니 '우두(牛頭)'로 되어 있더라는 것이다. 하도 신기해서 발음을 어떻게 하느냐고 물어보았더니 대뜸 '소머리'라는 대답이 돌아왔다. 훈(訓, 한자의 뜻으로 새김)으로 읽은 순수한 우리말이 분명한데 언제부터 그렇게 읽느냐고 묻자 할아버지 아버지 때부터 그렇게 불렀기 때문에 나도 그렇게 따라 부를 뿐이라고 대수롭지 않게 대답하더라는 것이다.

그는 한국에서 건너간 사람의 후예가 분명한데 우연하게도 우리나라에는 우두산이 여러 군데 있다. 그 중 대표적인 곳이 춘천의 우두산(높이 133m)이다. 춘천은 아예 시 휘장을 우두산의 상징인 하늘소[천우(天牛)]로 택했을 정도이다. 이 산허리에 '솟을 뫼'라는 고총이 하나 있는데 이 고총의 이름에 얽힌 숨은 이야기가 예사롭지 않다. 목동들이 매어놓은 소가 아무리 묘를 파헤치고 들쑤셔 놓아도 이튿날 아침이면 말끔하게 본 모습으로 돌아와 있다는 것이다.

춘천 우두산(牛頭山)에 스사노의 무덤?

아들 못 낳는 부녀자들이 묘를 수리하면 아들을 낳는다는 속설을 믿고 밤을 도와 서로 다투어 흙을 파다 메우고 다져놓기 때문이라고 한다. 옛날부터 내려오는 기자신앙(祈子信仰)인데 그러면 이 묘에는 누가 묻혔기에 이토록 영험이 있다고 믿는 것일까? 강원대학교 교수 박한설(朴漢卨, 국사학)에 따르면 솟을 뫼는 곧 소머리와 통하고 일본신화에 나오는 소시모리(曾尸茂梨)에서 전화된 말이라는 것이다. 『일본서기』 신대기(神代記,下)에 보면 일본신화 최고의 신인 아마테라스의 남동생 스사노오노미코도(素戔鳴尊, 이하 스사노)가 신라국에 강도(降到: 내려옴)하여 소시모리라는 땅에 오셨다고 하여 소시모리를 한반도 남부의 한 지명으로 비정하고 있다. 여신인 "아마테라스가 남동생인 스사노의 흉포한 행동에 화를 내고 고천원의 암옥(岩屋)에 숨자 갑자기 천지가 깜깜해지더니 만 가지 요기(妖氣)가 일어났다"라고 하는 사건의 죄를 물어 유배된 땅 네노구니(根國)가 곧 소시모리라는 것이다. 그래서 솟을 뫼에는 스사노가 묻혀 있을 것으로 추정하는 것이다. 일본에서도 오사카 히라카다(枚方)시에 있는 백제신사와 교토의 기온지(祈園寺)에서 모시고 있는 우두(牛頭) 천왕이 모두 스사노를 의미한다는 것으로 미루어 볼 때 우두는 지명으로 쓰이고 동시에 인명으로도 쓰인다는 것을 알 수 있다.

이렇게 우두산 이야기를 좀 장황하다 싶게 늘어놓는 이유는 일제가 태평양전쟁 말기에 우두산에 내선일체비(內鮮一體碑)를 세우고 신사까지 지으려다 광복으로 백지화되었다는 사실을 현지인으로부터 전해 듣고 역사적으로 확인되지도 않은 한낱 전설 류(類)의 속설을 동원해서까지 민족 말살의 흉계를 끝까지 추진하려고 광분한 저들의 집요한 야욕을 밝히기 위해서다.

이런 인연 때문인지 몰라도 광복 이후 최근까지도 자칭 소시모리 후예라는 일본인의 우두산을 찾는 발걸음이 부쩍 늘고 있다고 한다.

7. 어문(語文) 민족주의

앞에서도 언급한 나철의 도(道, 國亡道存)는 그가 중광한 대종교라는 종교적 가치에만 머물지 않고 민족정신을 환기(喚起)시키고 한글연구와 보존을 통한 어문민족주의의 토대를 마련하는 데 결정적 역할을 하게 된다.

주시경(周時經)과 김두봉(金枓奉)

나철은 국사 국어뿐 아니라 국학 전반에 걸친 중흥운동을 전개하여 일제의 민족말살 책동에 감연히 맞섰다. 겉으로만 보면 단순히 국학진흥을 선도하는 정신운동으로 비칠 수 있을 것 같지만 실제로는 대종교 항일운동의 동력이 되었으며 이후의 항일 무력투쟁도 바로 이런 정신적 기반이 있었기에 가능했던 것이다.

그 중에도 특히 어문민족주의는 교리의 연구와 해설은 물론 교우와 주고받는 서신 그리고 마지막 남긴 유서에 이르기까지 나철 스스로 심혈을 기울여 실천한 부분이다.

한글연구의 선구자이자 개척자였던 한흰샘 주시경(周時經, 1876~1914)은 그때까지 언문 또는 반절(半切) 암클 등으로 불리던 우리글에 최초로 '한글'이라는 이름을 붙여준 말하자면 한글연구에 푯대를 세운 인물이다.

그는 또 기독교계 학교인 배재학당에 다닐 때 세례까지 받은 기독교인이었으나 졸업과 함께 대종교인으로 개종하고 그 당시 이미 독립운동의 산실(産室) 구실을 하던 대종교에서 독립운동과 한글연구를 병행하는 디딤돌이 되었다. 우리나라 고유 언어인 한글을 체계적으로 정리하고 연구 보급하는 일이야말로 침략자에게 빼앗긴 언어 주권을 되찾아 국권회복의 토대를 마련하는 길이라고 그는 굳게 믿고 있었던 것이다.

그의 이런 뜻을 충실히 계승한 제자가 바로 백연(白淵) 김두봉(金枓奉, 1895~1960)이다. 동시에 김두봉은 대종교 창시자인 나철의 수제자이기도 했다. 나철의 마지막 순교 당시를 곁에서 지켜본 그는 누구보다도 스승의 심중을 깊이 헤아리는 제자였다.

그는 일찍이 중국으로 건너가 1922년 망명지 상해에서 자그마치 30만 단어가 수록된 『깁더 조선말본』(정해 조선어문전 精解 朝鮮語文典)을 출판하여 한글연구사상 불후의 금자탑을 세운다. 이처럼 대종교와 한글연구에서 모두 다 뛰어난 위치에 있었던 그는 중국에서 국내에 있는 제자를 멀리서 조종할 만큼 카리스마를 지닌 가위 국어 학계의 대부(代父)와도 같은 존재였다.

그러나 정치적으로는 임시정부의 정통성을 인정하지 않고 팔로군(八路軍: 후의 중공군 전신)의 근거지인 연안(延安)으로 들어가 조선독립동맹을 결성하고 그 주석으로 취임한다. 광복 후에는 북한으로 귀환하여 지금의 조선로동당 전신인 북조선로동당 위원장을 비롯하여 김일성대학 총장, 조국통일전선 의장단 의장 등 고위직을 두루 역임하다 1958년 연안파(친중파) 숙청 때 추방되어 2년 뒤 지방의 한 협동농장에서 쓸쓸히 생을 마감하게 된다.

김두봉의 가장 충실한 제자인 고루(固陋) 이극로(李克魯 1893~1978)는 대종교의 후원으로 독일 베를린 대에 유학하여 그 대학에 최초로 조선어학과를 설치하고 직접 강의까지 했던 한글의 국제적 전도사이다.

유학을 마치고 국내에 돌아와서는 1931년 조선어학회 간사장으로 취임하여 1945년 광복 때까지 실질적으로 회를 이끌었다. 이때 그의 주도로 시작한 『조선어 큰 사전』 편찬사업은 광복 후까지도 계속되어 1967년 한글학회에 의해 28년 만에 완간을 보게 된다. 이 밖에도 한글날 제정 한글날노래(지금 노래는 그의 월북 후 새로 지은 것) 작사 등이 모두 그의 업적으로 기록되고 있다. 이때 최초의 한글 전용 교과서도 만들어진다.

그는 가장 시급한 당면과제로 문맹 퇴치를 꼽았다 '광복기념으로 3천만이 모두 한글을 깨쳐 문맹을 없앴으면 한다.'라는 그의 말을 통해서 그의 진솔한 한글관과 우리가 처했던 당시 상황을 가늠할 수 있을 것 같다. 그의 이와 같은 한글 사랑은 도를 넘어 한자폐지운동으로까지 이어진다. 실제로 그는 한자(漢字) 폐지회까지 만들어(1945년 11월) 그 회장에 취임한다. 한자를 해독하는 데 소비하는 정력에 비해서 문화 향상에 끼치는 기여도가 너무 낮다는 이유에서다. 여기서 그가 말한 문화 향상에 끼치는 기여도란 바로 문맹 퇴치에 걸림돌이 된다는 뜻일 게다. 그의 한글전용운동은 당시 무려 83%에 이르는 문맹 퇴치라는 명분과 시대적 상황에 편승하여 힘을 발휘했지만 21세기 신문명시대를 살아가는 오늘날의 지식정보화시대에는 오히려 폐쇄적인 문화쇄국주의로 전락할 우려를 배제할 수 없다.

어학회 이끈 이극로(李克魯)의 공과(功過)

『큰 사전』을 편찬할 때 너무나 열정적으로 몰두하여 물불을 가리지 않는다고 해서 '물불'이라는 별호까지 얻었던 그는 1948년 남북회담 때 건민회(健民會) 대표로 참석했다가 북에 잔류하여 활동하게 된다. 북한 초대내각에서 무임소상(相)을 지내고 이어서 조국전선 중앙위 의장과 조평통(祖平統) 위원장 등을 역임하게 되는데 그곳에서도 한글과의 인연은 계속되어 과학원 산하의 조선어연구소장으로 소위 문화어운동을 주관하게 된다.

1966년부터 시작된 이 운동은 표준어를 서울말에서 평양말로 바꾸는 작업이다. 광복 후 북한에서는 한글과 한자를 병용해오다가 1949년부터 한자를 폐지하고 한글 전용을 해왔는데 이것도 역시 이극로가 주도했을 것으로 보고 있다.(그러나 1966년부터 한자 교육을 부활시켜 지금은 대학까지 3천 자를 가르치고 있다.) 이상 이극로에 관한 기사는 졸고「한글전용의 허와 실」(2009)에서 전재한 것이다.

한편 이극로가 월북한 이듬해 조선어학회를 인계한 외솔 최현배(崔鉉培, 1894~1970)는 역시 열렬한 대종교 신자였다. 그는 일생을 일관한 애국 애족의 사상과 민족주의적인 계몽사상을 고취한「조선 민족 갱생(更生)의 도(道)」(1930년)에서 하나님을 믿는 대종교가 우리 민족의 심정 속에 깊이 뿌리 박혀 있다고 전제하고 구원(久遠)한 민족 신앙의 갱생을 대종교를 통해서 이루어야 한다고 주장하고 있다.

이극로 이후 20년 동안 한글학회로 이름을 바꾸어 이끌어 온 그는 한창 전쟁 중이던 1951년에서 1954년까지 두 차례나 교육부(문교부) 편수국장을 역임하면서 담당 업무 분야였던 각급 학교 교과서의 한글전용 제도화에 이바지하게 된다.

앞에서도 잠시 언급했듯이 일제강점기 때의 한글연구와 보급운동은 곧 애국운동이요 항일운동의 일환이기도 했다. 태평양전쟁의 와중(1942년)에서 일제가 악의적으로 조작하여 수많은 한글학자를 비롯한 당대의 지식인들을 한꺼번에 구속하고 악형을 가해 2명이나 죽음에 이르게 한 저 악명 높은 조선어학회사건이 그 대표적인 사례라고 할 수 있을 것이다.

이때 일제는 열차에서 한국말을 사용했다는 이유로 한 여고생의 일기장을 단서로 수사 끝에 그의 국어 담당교사였던 정태진(丁泰鎭, 1903~1952)이 조선어학회에서 사전편찬에 참여하고 있다는 사실을 알아내고 미리 만든 사건의 얼개, 즉 각본에다가 두드려 맞추는 수사를 강행했다. 그러나 그들 자신도 명분이 약한 무리한 수사라는 것을 알고 고심하던 차에 마침 이극로의 책상 위에서 우연히 한 장의 편지를 발견하고 내심 쾌재를 불렀다.

어학회사건과 임오교변(壬午敎變)

문제의 편지는 만주의 발해고도 동경성에 있는 대종교 본사에서 제3세 교주 단애(檀崖) 윤세복(尹世復, 1881~1960)이 직접 보낸 것이었다. 그것은 윤세복이 이극로에게 대종교의 성가인 한얼노래[신가(神歌)]작사와 작곡을 의뢰하는 내용이었다.

한때 윤세복이 만주 환인에 세운 동창(東昌)학교에서 교편을 잡은 경험이 있는 그는 이때 받은 깊은 감화를 잊지 못해 그리워하고 있던 차에 이런 제의를 받고 기꺼이 작사(26곡) 작곡(작곡가 채동선(蔡東鮮) 등 7명)하여 보냈는데 지금도 이 신가는 대종교에서 널리 불리고 있다 한다.

그러나 이 한 장의 편지는 당시 만주지방에서 활약하던 독립운동의 마지막 보루인 대종교와 기맥을 통하고 있는 조선어학회를 반일독립운동단체로 모는데 결정적인 단서가 되었다. 그런데 이극로가 의뢰받은 신가를 작사 작곡해서 보낼 때 함께 보낸 한 통의 편지 '널리 펴는 말'은 그렇지 않아도 눈엣가시 같은 존재였던 대종교까지도 그 뿌리를 뽑는 데 다시없는 호재가 되었다.

이극로는 이 글에서 당시 동경성 내에 건립을 추진하고 있던 천진전(天

眞殿: 단군의 영정을 모시는 전각)과 대종(大倧)학원을 통해서 교세의 부흥과 억센 일꾼의 육성을 강조하면서 '일어나라 움직여라 한배검(단군)이 도우신다.'고 마무리한 마지막 구절이 꼬투리가 잡힌 것이다.

없는 사실도 곧잘 꾸며대는 간악한 일제는 아예 이 글 제목부터 '조선독립선언서'로 바꾸고 마지막 절을 '봉기하자 폭동을 일으키자.'로 일본어 번역을 하여 증거라고 들이댔다. 그리고는 어학회사건을 조작해낸 지 꼭 6개월 만에 교주 윤세복을 비롯하여 대종교의 핵심간부 25명을 일제 검거하여 악명 높은 액하(掖河)감옥에 투옥시켰다. 이때 혹독한 고문에 못 이겨 끝내 숨을 거둔 대종교 간부만도 10명에 이른다. 세칭 임오교변이라 한다. 우리가 칠흑 같은 어둠 속에서도 한 가닥 희망으로 위안을 삼고 있던 어학회와 대종교라는 두 기둥을 한꺼번에 잃었지만 일제는 목에 걸린 가시 같던 두 가지 골칫덩어리를 그것도 거의 동시에 해결하는 일석이조의 성과를 올린 셈이다. 이 두 사건의 중심에는 조선어학회를 대표하는 이극로가 있으며 그의 철두철미한 학자적 소신은 대종교라는 신앙을 통해서 더욱 견고하게 다져지고 담금질 되었다.

그의 바통을 이어받은 최현배 역시 그에 못지않은 학자적 소신과 신앙적 자부심을 느끼고 있었음은 앞에서 설명한 그대로이다.

또 하나 우리가 여기서 간과해서 안 될 것은 광복 이후 그들이 비록 남과 북으로 갈리어 각기 다른 체제를 살았으나 엄혹한 일제강점기에 국권회복이라는 공동목표를 실현하기 위해서 기꺼이 몸과 마음을 던질 수 있었던 끈끈한 동지적 유대와 불굴의 학문적 소신만은 높이 평가받아 마땅하다고 생각한다.

그러나 지금은 그로부터 자그마치 80년, 광복 이후부터 친다 해도 60년 넘게 세월이 흘렀다. 단지 세월만 흐른 것이 아니다. 그 사이 동족상잔(同族相殘)의 쓰라린 경험도 겪었지만 우리 민족 특유의 근면성과 성실성 그리고 유례없이 높은 교육열에 힘입어 바야흐로 선진국 대열에 진입할 단계에까지 이르렀다. 이는 이제 교육이나 문화뿐 아니라 모든 분야에서 양(量)보다는 질(質)로 경쟁할 때가 되었다는 것이기도 하다. 아직도 문맹 퇴치운동 때의 총아(寵兒)였던 한글전용을 고집하는 것은 오히려 문화향상에 역행한다는 것을 이 장(章)을 마무리하면서 결론 삼아 다시 한 번 말해 두고자 한다.

8. 분열과 갈등(葛藤)

　　백봉(白峰)은 신앙인으로서의 나철을 있게 하고 대종교의 뿌리가 되는 인물이다. 그런데 기이하게도 그의 이름조차 알 길이 없다. 그냥 백봉으로만 통한다. 이름뿐이 아니다. 그의 영향을 가장 많이 받은 나철조차 그를 단 한 번도 만난 적이 없다는 인물이다. 백봉 허구설(虛構說)이 제기되는 이유이다. 나철은 다만 백봉의 문도(제자)인 두만(頭滿), 백전(伯佺)과 미도(彌島), 두일백(杜一伯) 등을 통해서 포교구국의 대명(大命)을 전수받은 것으로 되어 있다.

　　『대종교중광 60년사』백봉신사(神師)편에 보면 태백산 산중에서 10년간 도천(禱天: 하늘에 빌다) 끝에 대황조성신(단군) 의 묵계(默契: 말 없는 가운데 우연히 서로 뜻이 들어맞음)를 받아 단군교 경전과 단군조실사(檀君朝實史)를 얻어 나철을 통해 세상에 공포하는 것으로 되어 있다. 장백천봉(長白千峰)을 의미하는 백봉이라는 호로 미루어 볼 때 백두산과는 떼려야 뗄 수 없는 깊은 인연이 있는 것 같다. 백봉이 손수 지었다는 단군교포명서(佈明書)의 선포와 동시에 나철은 백봉에 의해 계승된 단군교의 영계(靈戒: 신자에게 자격을 부여함)까지 받는다. 대종교에서는 백봉에게 신사(神師)라는 최고의 존칭을 사용한다. 반면 나철은 교질(教秩:

교단내의 품계)상의 최고위인 신형(神兄)과 대종사로 높여 부른다.

벼랑 끝에서 생방(生方)을 찾다

이와 같은 백봉의 행적은 대부분 <포명서>에 기재되어 있는 것들이다. 그럼에도 백봉의 실존 여부에 계속 의문을 제기하는 사람들에게 『60년사』는 또 이렇게 말하고 있다.

참된 도(道)를 체득한 진인(眞人) 백봉은 그때 이미 백수 고령으로 평생 숙원이던 구세제민(救世濟民)의 도통(道統)을 나철에게 전수하고 난 뒤 세출사영(世出事營: 세상 밖으로 나가 일을 경영함)의 번념(煩念: 번거로운 생각)을 훌훌 털어버리고 성지 어느 깊은 골짜기에서 조용히 조천(朝天: 대종교인의 죽음을 이름)하였을 것이라고.

청우(靑牛)를 타고 함곡관(函谷關)을 나선 후 행방이 사연해진 중국의 노자를 비롯하여 노래에 가야산에 입산한 후 선계(仙界)로 올랐다고 세전 되어오는 신라의 고운(孤雲) 최치원(崔致遠), 가까이는 순명삼조를 남기고 구월산에서 수행 교도도 모르게 조천한 홍암(弘巖) 나철, 그리고 비장(悲壯)한 유시(遺詩)를 읊조리면서 밀산(密山) 후강(後岡: 뒷동산) 수림 중에서 돌베개를 베고 순명한 백포(白圃) 서일(徐一, 1881~1921)의 실례를 들어 백봉의 최후도 그들과 다르지 않았을 것이라고 말이다.

'국운이 다 하였는데 어찌 이 바쁜 시기에 쓸데없는 일로 다니시는가. 곧 귀국하여 단군 대황조의 교화를 펴시오. 이 한마디가 마지막 부탁이요' 적지 일본 땅까지 백봉이 두 번째로 보낸 포교사절 두일백(당시 69세)의 마지막 당부이자 경고였다.

1908년 12월 5일 객수가 깊어가던 초겨울 저녁, 일경의 삼엄한 감시를 피해 두 번째로 옮긴 숙소 개평관(蓋平館)에서 우연히 만난 두일백과의 해후가 나철에게는 절처봉생(絶處逢生: 벼랑 끝 같은 궁지에서 생방을 찾음)과도 같은 그런 사건이었다. 이번이 나철에게는 네 번째 도일이었고 그즈음 그의 최대 관심은 온통 구국의 정치외교 행각에 집중되어 있을 때였다. 그러나 단지 의욕과 혈기만으로 밀어붙이기에는 너무 벅찬 일이 있는지 모른다. 일의 진척은 지지부진한데다 동지들(그중에도 특히 동향 선배 이기)의 도움으로 겨우 마련한 여비마저 바닥이 드러날 즈음이었다. 나철은 그 길로 귀국길에 오른다.

그리고 이듬해(1909년) 음력 1월 15일 종로구 재동(齋洞) 한 초가집[취운정(翠雲亭)]에서 대황조 단군 신위의 위패를 제왕 남면(南面)의 원리에 좇아 북벽에 모시고 수십 명의 동지와 단군교를 포명 선포하니 비로소 단군교의 교문이 열린 것이다.

반만년 역사의 원(原) 단군교 중광(重光)

그러나 나철은 이를 창교라 하지 아니하고 중흥시킨다는 뜻으로 중광(重光)이라고 불렀다. 이때 핵심 구성원으로 참여한 손암(巽菴) 오기호(吳基鎬, 일명 혁(赫) 1863~?), 해학(海鶴) 이기(李沂, 1848~1909), 강석화(姜錫華), 박호암(朴湖巖), 석농(石濃) 유근(柳瑾, 1861~1921), 단재(檀齋) 정훈모(鄭薰模) 등은 처음부터 나철과 행동을 함께한 인사들이다. 그 이듬해 나철은 우선 일제 탄압의 예봉을 피하고 합법적인 포교를 전제로 하는 현실적 필요, 그리고 정훈모의 친일행위로 말미암은 내분 등에 대처하고자 우선 교명부터 단군교에서 대종교(大倧敎)로 바꾸게 된다.

여기서 종(倧)이란 상고신인(上古神人) 혹은 '한배님'의 뜻을 지닌 것으로 한임[환인(桓因)], 한웅[환웅(桓雄)], 한검(桓儉: 단군)이 혼연일체가 되어 있는 존재, 즉 삼신일체를 말하는 것이다.

대종교의 개명에 반기를 들고 나온 정훈모는 지금까지 실가는 데 바늘

가듯 모든 행동을 나철과 함께해온 동지 중의 동지였다. 그뿐만 아니라 백봉으로부터도 나철과 똑같이 구국포교의 사명을 부여받은 두 사람 가운데 한 사람이다. 이렇게 해서 정훈모는 단군교 교명 그대로 분립하게 되는데 분립의 진짜 이유는 교단의 개명에 있는 것이 아니라는 주장이 제기되어 시선을 끌고 있다.

일본인으로서는 최초로 단군을 주제로 하여 서울대에서 박사 학위를 받은(2003년 4월) 삿사미츠아키(佐佐 充明)의 학위논문「한말 일제시대 단군신앙운동(韓末 日帝時代 檀君信仰運動)의 전개(展開)」에 따르면 당시 서울 북부지사(支司)의 책임자로 있던 정훈모는 교단 측으로부터 징계처분을 받은데 앙심을 품고 있었는데다 이 틈을 노린 이유형(李裕馨), 유탁(兪鐸, 또는 유진구 兪鎭九), 서창보(徐彰輔) 등이 교단 내에서 자신의 권력 확대를 도모하려고 교단분립을 획책하고 부추겼다는 것이다. 이 세 사람 중에서도 특히 이유형이 분파 소동을 주모한 핵심인물이라고 주장했다.

이쯤에서 자칫 헷갈리기 쉬운 교단명을 정리하고 넘어가는 것이 순서일 것 같다. 처음에 단군교로 교문을 열었다가 대종교와 단군교로 분립한 것이니 우선 앞의 단군교와 후의 단군교의 같은 점과 차이점, 두 단군교와 대종교와의 관계를 말하는 것이다. 이후 앞의 단군교를 원 단군교 뒤에 것을 그냥 단군교로 부르기로 한다.

원 단군교는 <단군교포명서> 첫머리에 쓰인 그대로 단군이 개국한 지 4237년(서기 1904년)째 되는 해의 음력 10월 3일 날 개극입도지경절(開極立道之慶節), 즉 개천절에 백두산 대숭전 동무고경각(東無古經閣) 단군교 본부에서 13인의 백봉 제자가 자리를 같이하여 작성하고 서명한 <단군교포명서>를 공포한 단군 건국과 함께 처음 개창한 바로 그 본디 단군교다. 이 단군교를 나철이 중광시킨 것이니 어째서 나철이 창교라

하지 않고 중광이라고 했는지 그 뜻이 더욱 분명해질 것이다. 나철이 대종교로 교명을 바꾸면서 나뉜 두 교단은 교리나 교단 체계 등이 별로 다르지 않다. 그럴 수밖에 없는 것이 모두 백봉 한 사람에게서 나온 것이기 때문이다. 단지 그 구성원이 다를 뿐이다. 구성원이 다르다 보니 그 지향성(指向性) 또한 다를 수밖에 없는 것이 당연하다. 대종교가 진즉에 동북 만주로 본거지를 옮기고 항일 독립투쟁의 선봉에서 구국의 투혼을 불살랐지만 단군교는 친일의 앞잡이로 민족과 조국을 배반하는 카인의 후예로 전락하고 만 것이다.

친일로 전락한 신(新)단군교

1910년 8월 15일 대종교와 갈라선 정훈모는 단군교 교주인 도교장(都敎長: 대종교의 도사교(都司敎)에 해당)이 되고 당시의 친일파 각료였던 박영효(朴泳孝, 1861~1939 중추원의장)와 민병한(閔丙漢, 1861~? 궁내부대신), 정두화(鄭斗和) 등을 입교시킴으로써 총독부의 공인을 받아 자유로운 포교활동의 길을 연다. 이에 힘입어 단군교는 각지에 산재해 있던 다양한 단군신앙집단을 지방지부로 편입하여 한때 군소집단들을 보호하는 보호막 역할을 하기도 하였다. 그러나 단군교의 바탕 자체가 친일세력으로 형성되어 있는데다 은밀히 총독부의 지원까지 받고 있는 상황에서 그들의 활동에는 한계가 있을 수밖에 없었다.

특히 1920년대 말쯤 안순환(安淳煥, 서울 식도원 주인)이라는 자산가를 만나 그의 전폭적인 지원을 받으면서 단군교의 변질은 더욱 가속화되었다.

우리나라 최초의 주자학자로 알려진 안향(安珦, 일명 안유(安裕) 1243~1306)의 후손인 안순환은 일찍이 조선 중기의 유학자 주세붕(周世鵬, 1495~1564)이 안향을 기려 주자(朱子)의 백록동(白鹿洞) 서원을 본떠 백운동(白雲洞) 서원(우리나라 최초의 서원, 후의 소수서원 紹修書院)을 세운 것처럼 관악산 아래 신록동(新鹿洞 시흥)에 녹동(鹿洞)서원을 세우고 그 안에 단군교 본부를 설치한다.

역시 안순환이 이끌던 조선유교회(1932년 설립)와 제휴관계를 맺은 단군교는 단군사상과 유교사상의 융화를 시도함으로써 일제가 창도한 대아시아주의, 즉 흥아(興亞)사상으로 변질하고 마는 것이다. 단군을 아시아, 즉 유교문화권의 성인으로 간주하기는 하되 결과적으로 저들의 흥아사상을 뒷받침하는 하부사상으로 흡수시킴으로써 일제의 고등전략의 함정에 빠지고 만다.(삿사 마츠아키의 논문 중에서 인용)

정훈모의 친일행각 중에 빼놓을 수 없는 것이 소위 일본제국 의회에 제출한 <조선 내정독립청원서>사건이다. 내정의 자치권을 요구한 것인데 결국 일제 식민통치의 정당성을 인정해준 꼴이 되었으니 임시정부를 비롯한 국내외에 던진 충격이 이만저만이 아니었다.

이처럼 정훈모는 나철에게 가장 부정적인 영향을 미친 인물로 평가되고 있다.

1938년(7월) 말기로 접어드는 일본의 군국주의가 단군교의 해산을 명령하여 사실상 소멸하였던 단군교(임원 등 잔여 세력)는 해방되면서 만주에서 독립운동을 하다 돌아온 대종교와 통합을 모색하였으나 결국은 실패하고 1980년대 들어 정훈모의 아들이 시흥 녹동(현 구로구 독산동 고개 밑 빌라 주택 추정) 단군전(단성전(檀聖殿))마저 팔아먹는 바람에 단군교의 공식적인 명맥은 끊어지고 만다. 이때 대종사 정봉화를 주축으로 하는 단군교교단을 끝까지 지키고 있던 마지막 종무총장 송원홍(宋元弘. 1943년생)이 전북 무주(설천면 내북리 신선동)로 내려와 환웅과 단군상을 모신 신불사(神市寺, 신시가 아닌 신불이라고 하는 것은 환웅의 명호와 관계가 있다고 함)를 중심으로 하는 신앙공동체를 개척하게 되는데 스스로 단군교의 명맥을 잇고 있다고도 했다.

한편 단군교가 폐교될 당시 일제로부터 영정 대신 위패를 모시고 제례만 올리는 조건부허가를 받은 바 있는데 이의 실행단체로 구성된 단군봉찬회가 6·25 전란 후에 그 기능을 잃게 되자 녹동서원 당시 행정관할 구역에 속했던 안양의 몇몇 유지가 이를 인수하여 유지해오다가 얼마 전 재야 사학자인 송호수(宋鎬洙, 1931년생, 개천대학장)가 이를 넘겨받아 이끌고 있다고 한다.

나라사랑의 마지막 죽비(竹篦)

반면에 해학 이기는 15살이나 위의 동향 대선배이면서 나인영(羅寅永, 나철의 초명) 시절부터 그와 행동을 함께해온 둘도 없는 동지였다. 그런데 나철과 이기 역시 결정적인 순간에 교리의 해석상 이견(異見)으로 서로 갈라서게 된다. 삼신 설에 대한 정의와 신시(神市) 개천(開天) 단군기원(紀元) 등 핵심문제를 두고 벌인 논쟁의 결과다.

일반적으로 알려지기로는 나철이 원 단군교를 개창할 당시(1909년 1월 15일) 이기가 핵심 구성원으로 참여한 것으로 되어 있으나 신흥종교연구가 이강오(李康五)에 따르면(『민족문화대백과』 권6 단단학회 항목) 교리상의 이견으로 나철이 먼저 원 단군교를 일으키고 두 달 뒤인 3월 16일 대영절(大迎節: 어천절에 해당)날 이기는 단학회(檀學會: 후의 단단학회) 조직을 결의한 것으로 되어 있다. 그 뒤 이기는 일제의 강제 합방이 임박했음을 예견하고 비분강개한 나머지 한성의 한 여관에서 단식 끝에 스스로 목숨을 끊어 나라사랑의 마지막 죽비(竹篦, 좌선할 적에 쓰는 대나무 채찍)를 울렸다.

단학회는 종교단체이기보다는 이름 그대로 학회로서의 성격이 더 강했던 것으로 보인다. 단학회 조직 결의 당시 채택한 강령 3장(1. 제천보본

(祭天報本) 2. 경조흥방(敬祖興邦) 3. 홍도익중(弘道益衆))이 후에 단학 강령 3장으로, 각 장에 1. 이구진실(以求眞實) 2. 이구화평(以求和平) 3. 이구통일(以求統一)을 더 하여 민족주권 회복을 위한 이론체계를 확립하기에 이른다.

1910년 10월 3일 강화도 마니산 참성단에서 거행된 단학회 발족 제천의식 때는 삼신일체상제(三神一體上帝,하느님)를 중심으로 환국(桓國)의 시조 천제(天帝) 환인(桓因)씨, 신시의 시조 환웅천황(桓雄天皇)씨 조선의 시조 단군왕검(檀君王儉)씨를 배향함으로써 3대(代)의 역사를 인정하고 있는 것이 대종교와는 다른 점이다.

단학회 또한 대종교와 비교할 바는 못 되지만 그 나름으로 만주에서 독립투쟁에 헌신하다가 광복을 맞아 귀국하게 된다. 이유립(李裕岦)이 이끌던 단학회는 광복직후 북한(평양)에 둥지를 틀었으나 공산당의 탄압에 견디지 못하고 월남하여 강화도 마니산 기슭에 정착하면서 1965년 회이름을 단단(檀檀)학회로 고쳐 오늘에 이르고 있다.

나철에게 영향을 미친 사람 중에서 특히 이기에게 주목하는 이유는 그가 한말의 대표적인 계몽사상 논객으로서 그때 이미 정치적으로는 민권주의와 법치사상, 인민평등을 주장했으며 공화제 정체(政體)를 찬양하는 등 보통 사람보다 몇 걸음 앞서 가는 선견지명이 있었다. 자신이 한(漢)학자이면서 국문을 통한 교육을 적극적으로 권장하였으며 교육목표를 국권회복으로 설정하는 등 오로지 애국과 독립의 숙원에 목이 마른 열혈 지사로 일관했다. 이런 그의 열린 사상과 지식이 나철과 대종교에 어떤 형태로든 영향을 미쳤을 것으로 보인다.

9. 환단고기의 진실게임

거기에다 이기는 위서(僞書)논란이 있음에도 딱히 언제부터인지는 모르겠으나 재야사학계 교본처럼 통용되고 있는『환단고기(桓檀古記)』를 감수한 역사가이기도 하다는 점에 주목할 필요가 있을 것 같다.

한 가문(家門)이 지킨 고조선사

1911년에 평북 선천 출신의 계연수(桂延壽, 단학회 창립 구성원 중 1인)가 처음 엮은 이 책은『삼성기(三聖記)』,『단군세기(檀君世紀)』,『북부여기(北夫餘記)』,『태백일사(太白逸史)』라는 각기 다른 네 종류의 책을 하나로 묶은 것인데 이들 중 가장 핵심적 저서인『태백일사』의 원본이 이기의 소장본이었다는 사실이다.

거기에다 이 책을 감수한 이기는 바로『태백일사』의 저자인 일십당(一十堂) 이맥(李陌, 1455~1528)의 12대 직계손이며『단군세기』의 저자로 알려진 행촌(杏村) 이암(李嵒, 1297~1365)에게는 16대 직계손이 된다. 그리고 동시대인인 석주(石洲) 이상룡(李相龍, 1858~1932 임정 국무령 역임)과 원 편저자 계연수로부터『환단고기』를 물려받은 제자 이유립에 이르기까지 모두가 고성이씨(固城李氏) 가문의 후예라는 공통점을 가지고 있다. 그것도 직계 손으로 한 가문의 가승(家乘: 가문의 내력과 역사)을 통해서 반만년 역사가 전승됐다는 놀라운 사실을 발견하게 된다.

이로 미루어 비단 사상적인 면뿐 아니라 역사적인 면에서도 나철에게 영향을 미칠 수 있지 않았겠느냐는 것이다.

유문사(有文史) 이래 수많은 외침의 와중에서 특히 우리 역사서의 수난은 참혹하고 철저했다. 역사는 바로 한 나라의 정통성과 직결되는 문제이기 때문에 심지어 나라 안에서 일어나는 왕권 교체를 통해서 전조(前朝)의 역사는 승자의 구미에 맞게 유리한 방향으로 재구성되게 마련이다. 고려의 역사가 그 좋은 예다.

거기에다 조선조 들어서는 숭유사대(崇儒事大)라는 이념적 굴레에 갇혀 외적으로부터 지금껏 자신을 지켜온 주체적 역사를 핍박하고 말살하는 자해(自害)행위도 서슴지 않았다.

이런 악순환의 소용돌이 속에서 가까스로 살아남은 몇 안 되는 역사서마저도 근대 들어 일제의 엄혹한 식민통치하에서 다시 불타 없어지거나 왜곡되어버리고 만다.

글자 그대로 만신창이가 되었다. 비록 위서 논란이 있기는 하나 한말의 우국지사 이기가 7백 년 가승을 통해 전해 내려왔다는 『환단고기』 또한 예외가 아니다.

책의 내력 그대로라면 조선조 5백 년을 마치 메마른 강바닥 밑을 복류(伏流) 하듯 한 가문(고성 이씨)의 직계후손들 손에서 손으로 전승되어 내려온 『환단고기』가 공교롭게도 한 일본인에 의해 일어로 처음 번역되었다는 사실 앞에 할 말을 잊고 만다. 그것도 일제의 식민통치 하가 아닌 광복 30년을 헤아리는 대명천지에서 말이다.

애초에 시작이 잘못되었으니 결과는 보나 마나 뻔할 수밖에 없었다. 왜곡이라기보다는 변조되었다고 하는 편이 오히려 나을 성싶다.

일본 신도(神道)가 세계 종교의 중심?

도대체 책의 어느 부분이 어떻게 왜곡되었는가를 알아보려고 그 두꺼운 책을 힘들여 다 읽을 필요도 없다. 책 끄트머리 장에 그려 넣은 종교사상나무라는 그림 하나만 보면 일본인 번역자가 노리는 것이 무엇인가를 일목요연하게 금방 알 수 있다.

마치 공룡 발톱처럼 험상궂게 땅바닥을 움켜쥐고 선 고목 뿌리 위로 뻗어 올라간 나무 둥치(줄기) 상단 중심에 '신도(神道)'라는 둥그런 팻말을 하나 그려 놓았는데 그 내용인즉슨 천조(天照, 아마테라스-스사노)라고 쓰여 있다. 아마테라스(여신)는 신화 상의 일본 국조다. 스사노는 그녀의 말썽꾸러기 남동생이고. 그리고 바로 그 오른쪽으로 뻗은 가지에다 신도 팻말의 절반쯤 되는 둥근 원 안에 단군교라고 내걸고 그 밑에 단군-환인, 괄호 안에다는 제석천(帝釋天)과 환웅을 올려놓았다. 그 옆 곁가지에는 불교와 밀교(密敎)를 각각 올려놓고 왼쪽 가지에는 똑같은 크기의 유대교 , 그리스도교를 이슬람교와 유교 도교는 그 바로 옆 곁가지에 그려 놓았다. 한마디로 전 세계 종교의 중심이 일본의 신도라는 것이다.

1942년 태평양 전쟁을 막 일으킨 일본은 그들의 역사가 진무(神武)로부터 기산해서 2600년이라고 떠들어댔다. 지금은 건국절로 그 이름이 바뀌었지만 전전(戰前)에는 기원절(紀元節)이라고 해서 2600년 역사를 자랑삼던 그들이다. 그런데 여기에다 아득한 신화시대의 아마테라스를 올려놓은 것은 『환단고기』상의 7천 년사를 흡수 포용하려는 사전 포석으로밖에는 볼 수 없다.

실제로 재야 역사학자 김영돈(金玲敦, 김일성대학 출신)은 「『환단고기』 일어판 먼저 출간된 진짜 이유」(한배달, 1997. 6월호)라는 글에서 이런 사실을 낱낱이 적시하면서 저들의 흉계를 폭로하고 있다. 즉 『환단고기』가 공개된 마당에 지금까지의 일본 기원 2600년 가지고는 세계 3대종교사상연대와는 비교할 가치가 없어졌다고 판단한 것이다.

그래서 궁리 끝에 짜낸 음모가 1920년대에『삼국유사』고조선기를 신화로 날조하여 일본기원 2600년을 유지하려던 과거의 수세적(守勢的)이고 방어적인 역사날조에서 탈피하여 한국사의 뿌리인『환단고기』를 가져다가 일본역사의 뿌리로 대체시키겠다는 속셈을 드러낸 것이라고 했다. 이른바 종교사상나무에다 일본 신도가 인류 종교의 주간(主幹: 중심 줄기)이라고 마치 환상(幻想)소설 같은 유치한 발상을 하고 있다고 공격했다.

'그는 일본의 문화스파이다' 뒤늦게 일본인(가지마)의 술수에 속은 것을 알게 된 박창암(朴蒼岩)이 분통을 터트린 것도 이 무렵의 일이다.

일인 손에 변조(變造)된『환단고기』

그렇다면,『환단고기』원본은 어떻게 해서 일본인의 손에 넘어간 것일까.

일어판 번역자인 가지마 노보루(鹿島昇, 1925년생 변호사 요코하마 출신)는 이 책 후기에서 그 경위를 이렇게 설명하고 있다. '1979년 가을 서울의 자유(自由)사 대표 박창암(朴蒼巖, 1921~2003)의 집에서 태백교(太白敎) 이유립(李裕岦)씨로부터『환단고기』를 넘겨받았다'고. 그러나 월간『신동아』(2007년 11월호)의 '『환단고기』의 진실- 제2부 계연수와 이유립'에 보면 등장하는 인물은 같지만 그 경위는 좀 다르다. 당초 이유립은 자신이 직접 한글 번역을 하고 주석까지 붙인『환단고기』원고를 박창암에게 맡겼다는 것이다. 원고를 맡긴 정확한 이유는 알 길이 없으나 아마도 출판사를 하는 박창암에게 출판을 전제로 맡기지 않았겠느냐는 추리를 가능케 한다.

그 뒤 이유립은 자신의 원고가 일본인에게 넘어간 것을 알고 측근 제자인 전형배(全炯培, 당시 50세 청해출판사 대표)로 하여금 박창암에게 원고 반환을 요구토록 하였다는 사실을 전씨가 스스로 털어놓음으로써 그 전모가 밝혀진 것이다. 그러나 이유립이 국문 번역하고 주석까지 달아 넘겼다는 그 『환단고기』 원본에 대해서는 더 이상의 언급이 없다. 그리고 박창암은 왜 그 원고를 직접 출판하지 않고 가지마에게 넘겼는가 하는 데 대한 이해할 만한 이유가 발견되지 않고 있다.

『환단고기』 출판을 앞두고 한국에 온 가지마와 두어 차례 만난 적이 있다는 우원상(禹元相, 대종교 선도사)은 그(가지마)가 출판사를 경영하는 딸의 부탁을 받고 한국에서 출판꺼리(일본말로 다네 種)를 찾던 중에 『환단고기』를 만났다고 하더라는 말을 전했다. 그리고 『신동아』 기사 중에 '대종교를 배신한 강모씨 운운' 부분에 대해서는 실제 사실과 다르다고 해명했다.

당시 항간에서는 강씨가 한문에 능통해서 가지마의 번역 작업에 깊숙이 관여했으며 이 과정에서 『환단고기』의 내용을 일본 신도에 유리하게 왜곡했을 수도 있다는 의혹에 대해 그는 한문보다는 오히려 일어에 더 조예가 깊어 가지마가 일어판을 내자(1982년 7월) 이에 자극을 받아 제일 먼저 한국어판(1985년 11월, 桓檀古記 온누리 국학총서 1)을 내게 된 것이라고 했다. 그는 이 책 일러두기에서 '번역 원본은 단단학회 편 『환단고기』(1979년 발행)를 사용했으나 가지마 노보루역 『환단고기』(일본 新國民社)를 참고했다고 솔직하게 인정한 점으로 보아 가지마 번역본의 영향을 많이 받은 것으로 보인다.

여기서 강모씨는 전북 고창(高敞) 출신의 강수원(姜壽元, 1916년생)을 이른다. 그는 고창고보를 나와 동경 센슈(專修)대학을 졸업하고 일본에서 독립운동을 하다가 1943년 일경에 체포되어 히로시마 형무소에서 복역 중 45년 광복과 더불어 귀국했다. 한때 이리 남성(南星)고등학교에서 국사선생으로 재직했다. 원폭피해자 협회장을 역임하고 대종교에서 총전리(總典理, 행정책임자) 삼일원장(교리연구 및 포교 책임) 등을 지낸 골수 대종교인이다.

강씨에 이어서 영문학자 임승국(林承國, 1928년생 문학박사, 경희 숭실 명지대 교수 역임)이 독자적으로 한글 번역 주석본(1986, 한단고기, 정신세계사)을 출간하였다.

필자 자신부터 『환단고기』에 대해 언급할 때는 반드시 '위서 논란이 있기는 하나'라는 단서를 글 서두에 붙이는 습관이 있다. 이 책이 재야사학계에서 차지하는 비중이 큰 만큼 그 신뢰도가 미치지 못하는 데 따른 불안감의 발로라고 할 수 있다.

『환단고기(桓檀古記)』 진위론(眞僞論)

『환단고기』 유래에 대해서는 그 범례(일러두기)에 비교적 자세하게 나와 있다. 즉 계연수가 소장해온 『삼성기(三聖紀)』 전(全) 상편(신라고승 안함로 安含老 찬 撰)과 태천(泰川,평북) 백(白)진사 관묵(寬默)에게서 얻은 『삼성기』 전 하편(원동중 元董仲 찬) 역시 백진사에게서 얻은 『단군세기』(고려말 문신학자 행촌(杏村) 이암(李嵒) 편) 삭주(朔州) 뱃골[梨洞]의 이(李)진사 형식(亨栻)의 집에서 얻은 『북부여기』(상하 휴애거사(休崖居士) 범장(范樟) 찬) 끝으로 해학(海鶴) 이기 소장 『태백일사(太白逸史)』(일십당주인(一十堂主人) 이맥(李陌) 편) 등 4종 5권을 모두 이기의 감수(監修)를 거친 다음 계연수가 정성을 다하여 선지(繕紙: 상하좌우로 줄 친 종이)에 글(판각을 위한 글 본)을 한 자 한 자 옮겨 베끼고 계연수의 벗 홍범도(洪範圖, 1868~1943)와 오동진(吳東振, 1889~?)이 돈을 대고 여러 사람에게 부탁해서 나무판자에 새기게 되었다는 것이다.(안창범(安昶範) 해석 참조) 여기까지가 이 책 편저자인 계연수의 기록이다.

　기록 연대는 신해(辛亥), 즉 1911년 5월이다. 거기에다 고종의 연호인 광무(光武) 15년을 병기했는데 연표상 광무연호는 10년으로 끝나기 때문에 사실상 광무 15년은 존재하지 않는다. 그래서 위서라는 주장이 제기되기도 하나 민족 주체성 진작을 위한 역사서의 머리말에 일제 침략을 부정하는 의미에서 연호를 늘려 사용한 것은 심정적으로 충분히 이해가 가는 일이다. 그것은 숫자 이전의 문제로 보아야 한다. 같은 맥락에서 이기가 사망(단식 자진)한 것이 1909년인데 그 2년 뒤인 1911년에 어떻게 책 감수를 할 수 있느냐는 물음에 대해서도 그들은 사제지간이었고 이기가 결성한 단학회를 그의 사후에 계승 발전시킨 계연수와의 사이에는 일찍부터 역사에 대한 깊은 교감이 있었을 것으로 보기 때문에 이기가 생전에 감수했다고 해서 조금도 부자연스러울 것이 없다는 결론에 이르게 된다.

　앞에서도 말한 것처럼 『환단고기』 중 핵심을 이루는 두 책(단군세기 태백일사)과 고성 이씨 가문을 통한 깊은 인연으로 얽힌 이기가 『환단고기』 출간을 예비한 사실상의 산파역이라고 볼 수도 있다.

　한편 계연수는 한때(1919년) 이상룡(李相龍, 임정 국무령 역임)의 막하에서 '참획군정'이라는 직책으로 공을 세우고 이듬해(1920년) 만주 땅에서 숨을 거두었는데 운명할 때 제자인 이유립에게 『환단고기』 원본을 넘겨주면서 반드시 경신(庚申, 1980)년에 가서 세상에 내어 놓으라는 참언(讖言)류의 유촉을 남겼다고 한다. 그러나 이 부분에 대해서 밝혀진 정확한 직접 근거는 하나도 없다. 다만 생전에 이유립이 계연수를 스승이라고 밝힌 적이 있었다 할 정도이다. 이 대목에서 지적되는 것 중의 하나가 이때 이유립의 나이가 불과 13살밖에 안 되는데 어떻게 이런 중차대한 문제를 스승으로부터 넘겨받을 수 있었겠느냐는 것이다. 이에 대해서는 월간 『신동아』(2007. 11)에 실린 '『환단고기』의 진실(계연수와 이유립을 찾아서)'을 인용해보기로 한다.

　　평북 삭주에서 태어난 이유립은 어려서부터 재능이 출중했다고 한다. 4살 때 한문공부를 시작한 그는 6살 때『동몽선습(童蒙先習)』(명종 때 학자, 박세무(朴世茂) 지음)을 배웠는데 '한(漢)나라의 무제(武帝)가 이를(위만조선) 토멸하고(한무제토멸지 漢武帝討滅之)'라는 문구에서 '우리나라를 멸망시킨 자를 치켜세우는 글을 읽기 싫다'며 동몽선습 공부를 중단할 정도로 역사의식이 투철했다고 한다.

　　비록 나이는 어리나 이유립의 이런 역사에 대한 소양은 그의 집안 내력과 깊은 관계를 맺고 있는 것으로 알려졌다.『단군세기』의 저자로 알려진 고려 말의 문신학자 이암으로부터 전승된 주체적인 역사의 맥이 그의 현손(玄孫, 고손) 이맥(李陌)대에 이르러『태백일사』라는 또 하나의 큰 봉우리를 일으켰다함은 앞에서도 언급한 바와 같다. 그 뒤 이맥의 손자 이방(李滂)이 삭주도호부사로 부임(1545, 인종 1)하여 삭주에 눌러살면서 자손을 잇게 되는데 그로부터 20세손 되는 사람이 바로 이유립이다.

　　삭주는 중국과의 국경선인 압록강 변(수풍댐에서 5km 거리)에 있는 국경도시인데 계연수가 사는 평북 선천과는 80km 거리밖에 안 된다. 역시 이암의 후손으로 선조 따라 이주한 전북 김제에서 태어난 이기는 '호남 최고의 천재'라는 말을 들을 정도로 머리가 좋았다고 한다. 따라서 계연수는 지연적인 인연으로 이기는 같은 고성 이씨 문중으로 이유립의 아버지 이관즙(李觀楫)과는 진즉부터 자식 교육을 맡기고 맡을 정도로 두터운 세교(世交 대대로 사귀어오는 교분)가 있지 않았겠느냐고 보는 것이다

한자(漢字) 오역이 부른 위서론

　　이로써 계연수와 이유립의 사승(師承: 스승을 계승함)관계와『환단고기』전승에 따른 의념은 어느 정도 그 실마리가 풀릴 것 같다.

　　이밖에도 시간적인 비약이 큰 용어례, 예를 들면 고구려 때의 평민교육

기관인 경당(扃堂)이라든가 관등의 하나인 욕살(褥薩) 청(淸)대의 지명인 영고탑(寧古塔)과 근대적인 용어의 사용례(문화(文化), 원시국가(原始國家), 남녀평권(男女平權) 등)는 위서론을 뒷받침하는 또 다른 복병이다.

『환단고기』범례에 대해서는 앞에서도 설명한 바 있거니와 제주대 교수 안창범(安昶範)은 이 가운데 선사(繕寫)와 기궐(剞劂)이라는 두 단어가『환단고기』의 진위를 판가름하는 핵심이라고 주장한다. 위서론자들은 '선사'라는 단어를 고쳐 쓰다, 옮겨 쓰다, 정서(淨書)하다, 필사하다로, '기궐'은 인쇄 또는 편집으로 오역하고 있다는 것이다.

『환단고기』등 이른바 재야사서 연구에 비교적 객관적 시각을 가지고 접근하고 있다는 이도학(李道學, 한국전통문화학교 교수) 역시『환단고기』(『한국민족문화대백과』권25, 1989)라는 항목에서 이 대목을 '각기 다른 네 종류의 책을 하나로 묶은 다음 이기의 감수를 받고 묘향산 단군암에서 필사한 뒤 인쇄하였다'로 해석하고 있다. 이 해석대로 계연수가 1911년『환단고기』를 필사하여 인쇄하였다면 이유립이 그 인쇄본을 가지고 있었어야 하고 인쇄본을 가지고 있었다면 1949년에 굳이 오형기(吳炯基)에게 정서를 위촉할 필요가 없다는 얘기가 되는 것이다. 이렇게 될 때『환단고기』의 입론(立論) 근거 자체가 사라지게 되는데 안창범은 '선사'를 상하좌우로 바둑판처럼 줄 친 종이에 한 자 한 자 또박또박 베껴 쓰다로 해석하고 '기궐'은 나무판자에다 조각칼과 조각 끌로 글자를 새기다로 해석하고 있다. 다시 말해서 '선사'는 판각(板刻)하려고 글씨 필본을 뜨는 것으로 바둑판처럼 줄 친 칸마다 글자를 써서 판자 위에 붙여놓고 여러 사람에게 부탁해서(부제 付諸) 한 자 한 자 새긴다는(기궐) 뜻이다. 결론적으로 말해서 인쇄본은 없고 대신 이때 만들어진 판각본이 있을 것인데 그 소재는 알 길이 없다는 것이다. 계연수가 이유립에게 전한 것은 그가 묘향산 단군암에서 쓴 원본일 것이고 판각본은 부피가 클 것이기 때문에 이동이 어렵다는 난점을 고려해서 판각지 어딘가에 숨겨두었을 가능성이 있다고 보고 있다.

3장
다물多勿의 영토

난하(灤河)와 갈석산(碣石山) 사학자 윤내현에 의해 제기된 고조선의 경계. 종래의 통설인 요하에서 서쪽으로 더 들어가 있다. 우측은 난하 하류에 있는 갈석산으로 역시 고조선의 경계를 긋는 푯대가 되었다.

10. 무오(戊午)독립선언

기미(己未)독립선언서가 3·1 만세운동의 촉매제라면 무오독립선언서 (일명 대한독립선언서)는 청산리 대첩의 기폭제였다.

독립전쟁의 신호탄을 쏘다

이처럼 만주 일대에서 전개된 모든 무장독립운동의 밑바탕에는 우리 민족 최초의 독립선언인 무오독립선언의 육탄혈전(肉彈血戰) 정신이 흐르고 있었다. 그런데 아이러니하게도 청산리전투를 비롯한 많은 독립전쟁을 다룬 글마다 그 서두에는 '삼일 운동 이후'라는 표현을 서슴지 않아 마치 삼일독립선언의 영향을 직접 받은 것 같은 착각을 불러일으키게 한다. 시기적으로 보면 삼일운동 이후이기 때문에 논리적으로 틀린 말은 아니다. 그러나 엄격하게 말한다면 우리나라 독립의 대의(大義)를 내외에 천명한 그야말로 문자 그대로 선언적 의미가 더 강한 삼일독립선언이 청산리 대첩 같은 무력투쟁에 직접적 영향을 미쳤다 함은 앞뒤가 맞지 않는 말이다.

그러면 우리가 잘 아는 삼일독립선언서의 내용으로 한번 들어가 다시 한 번 그 의미를 되새겨 보도록 하자.

'금일 오인(吾人)의 소임은 다만 자기의 건설이 유할 뿐이요. 결코 타의 파괴에 재(在)치 아니하도다. 엄숙한 양심의 명령으로 자가(自家)의 신운명을 개척함이요. 결코 구원(舊怨)과 일시적 감정으로서 타를 질축(嫉逐: 샘내어 내쫓다) 배척함이 아니로다.

선언서 중간쯤에 있는 이 대목을 통해서 그나마 삼일운동의 성격을 어느 정도 가늠할 수 있는데 당시에도 선언서 내용이 너무 온건하다는 비판이 있었다고 한다. 그래서 사실상 이 운동을 주도한 만해(萬海) 한용운(韓龍雲)이 추가한 공약삼장(公約三章)으로 만세운동의 실천방향을 제시할 수 있었다고 한다.

일종의 행동강령이라고 할 수 있는 공약 중에서도 특히 '최후의 일인까지 최후의 일각까지 민족의 정당한 의사를 쾌히 발표하라'라는 제2장에서 그 절정을 이루는데 앞뒤의 두 장에서는 배타적 감정의 절제와 질서 존중을 강조함으로써 본문의 내용을 다시 확인하는 수준에 머무르고 있다.

육탄 혈전(肉彈血戰)으로 독립을 완성하라

이에 비해 무오독립선언서는 직설적 화법을 구사하여 일본을 공공의 적으로 규정하고 마땅히 응징해야 한다는 독립전쟁의 대의를 당당히 밝히고 있다. 그리고 하늘의 뜻과 사람의 도리(天意人道), 정의 법리(正義法理)에 근거해서 만국의 입증(立證)으로 합방의 무효를 선포한다는 칼날 같은 논리와 감히 범접할 수 없는 위엄이 마치 넋을 잃은 적괴(賊魁)가 앉았던 의자에서 떨어져 주저앉을 만큼 서릿발 같았다는 천 년 전 최치원의 명문 「황소적격(黃巢賊檄)」을 방불케 한다.

그 뒤로 이어지는 불후의 명문 '섬은 섬으로 돌아가고 반도는 반도로 돌아오고 대륙은 대륙으로 회복할지어다'가 피멍으로 얼룩진 가슴을 후

벼 파는 듯한 원초(原初)의 아픔으로 되돌아온다. '육탄혈전으로 독립을 완성하라'라고 선언서가 그 대미를 장식하기까지 독립전쟁의 불기둥이 이제 막 그 꽃 심지를 돋우어 올리고 있다.

'정의는 무적의 칼이니 이로써 하늘에 거스르는 악마와 나라를 도적질하는 적을 한 손으로 무찌르라'라면서 또 다른 한 손으로는 '독립군이여 궐기하라.'를 소리높이 외치고 있다.

그리고 전 한족(全 韓族)을 향해서는 '한 번 죽음은 사람의 면할 수 없는 바인즉 개돼지와도 같은 일생을 누가 원하는 바이리오. 살신성인(殺身成仁)하면 이천만 동포와 동체(同體)로 부활할 것이니 일신을 어찌 아낄 것이며 집안이 기울어도 나라를 회복하면 삼천리 옥토가 모두 나의 옥토이니 일가(一家)를 희생한다 한들 무엇이 아까울 것이 있겠느냐?'고 처음서부터 끝까지 희생과 헌신을 요구하고 있다. 이는 동아시아의 적이자 국제법규의 악마 인류의 적으로 규정한 일제에 대한 선전포고이다. 앞으로 전개될 치열한 독립전쟁에 대비하여 동북만주 일대에 둥지를 틀고 살아가는 전 한족에게 총동원령을 내린 거나 다름없다는 뜻이다

앞장에서 설명한 삼일독립선언이 있기 직전에 동경유학생들이 발표한 2·8독립선언이 있었고 그 이전에 무오독립선언이 발표되어 무장독립투쟁의 심지에 불길을 지폈다.

2·8독립선언서도 혈전(血戰) 경고

이상 세 차례에 걸친 독립선언 중 최초의 무오독립선언에서 육탄혈전을 선언한 이래 춘원 이광수가 기초한 것으로 알려진 2·8선언의 말미에서 제시한 4개 항의 결의문 중 마지막 항에서 앞의 3개 항(1. 한일병합조약 폐기와 조선독립, 2. 민족대회 소집, 3. 만국평화회의에 민족대표 파견)이 실현되지 않으면 그 목적이 달성될 때까지 영원한 혈전을 벌일 것을 선언

하고 있다.

2·8독립선언의 실행위원 10명 가운데 한 명(늘봄 전영택 田榮澤)이 신병으로 사퇴한 뒤 그 공석을 메우기 위해 1919년 1월 초 이광수가 베이징에서 돌아와 선언문을 기초하였는데 무오독립선언서가 발표된 것도 이 무렵을 전후해서 이광수(당시 와세다(早稻田)대학 재학 중)가 베이징에 머무르고 있을 때와 일치한다. 우연한 일치인지 몰라도 이광수가 2·8선언에서 주창한 '영원한 혈전'이 무오선언의 '육탄혈전'과 여러모로 근사하다는 점에 대해서는 어떻게 설명해야 할까.

이 무렵 이광수가 베이징에 머무른 것은 여의사 허영숙(許英肅)과의 애정도피행각 중이었음을 상기할 때 독립선언과 같은 거대담론과는 거리가 있다는 반론도 있을 수 있으나 특히 안창호 같은 지도자의 영향을 많이 받은 그의 애국 애족정신은 이때만 해도 대단히 투철했던 것으로 알려졌다. 이와 같은 시대적 배경이 2·8선언을 무오선언과 연계해서 생각해 보고자 하는 이유이다.

이와는 달리 2·8선언이 3·1독립선언에 미친 영향은 거의 절대적이라 해도 과언이 아니다. 2·8독립선언서는 최남선이 3·1독립선언서를 기초할 때 직접 참고한 문헌으로 이광수의 문장을 한층 다듬었으나 문맥은 같다고 박성수(朴成壽, 한국정신문화연구원 교수)는 이팔독립선언(『한국민족문화대백과』 권18, 1990)이라는 글에서 간접화법 아닌 직접화법으로 주장하고 있을 정도이다.

거기에다 '온건하게 쓰라'라는 손병희의 지시에 따라 이팔선언서의 과격한 표현을 대폭 연화(軟化: 온건하게 표현함)시킨 흔적을 드러내기까지 한다고 했다.

저간(這間)의 사정이 이러하다면 이팔선언의 원조격인 무오선언과 삼일독립선언과의 거리가 얼마나 크리라는 것은 가히 짐작하고도 남음이 있을 것이다. 따라서 삼일독립선언이 항일무력투쟁의 직접적인 기폭제가 될 수 없음이 명백하다 하겠다. 무력투쟁을 격발시킨 도화선이 바로 무오 선언의 불심지와 맞닿아 있다는 사실을 재확인할 수 있다.

무력투쟁이든 평화적인 시위든 간에 그 지향하는 마지막 목표는 독립 쟁취로 모인다. 그런데 그것이 어떠한 형태의 독립이어야 하느냐 하는 이른바 국체(國體: 국가의 주권 소재에 따라 각기 다른 국가의 형태)를 세우는 최초의 선언이 이미 있었다.

1917년의 <대동단결선언>이 그것이다. 앞의 세 선언이 전투에 있어서 구체적인 전투의 운용법, 즉 전술적 접근이라고 한다면 <대동단결선언> 은 전투를 총합적으로 시행하는 수단, 즉 전략적인 방법을 제시한 선언이 라고 할 수 있을 것이다.

이 선언을 한마디로 정의한다면 국민주권설에 기초한 임시정부수립을 제창한 것이다. 국민주권설과 망명정부 수립은 각기 다른 두 개의 개념이 지만 사실은 상호보완적인 연동(蠕動: 근육의 수축파(收縮波)가 서서히 이행하는 것과 같은 모양의 운동)관계에 있는 연결개념으로 봐야 할 것 같다. 일제의 강제병합에 의해 주권을 포기한 융희 황제(순종)의 군권(君 權)은 자동으로 국민에게 귀속된다는 국민주권설의 이론정립이 이때 이 루어진 것이다.

이로써 13도의군의 의암(毅菴) 유인석(柳麟錫, 1842~1915)과 신한혁 명당의 보재(溥齋) 이상설(李相卨, 1870~1917) 만주에 최초의 독립운동 기지를 건설한 우당(友堂) 이회영(李會榮, 1867~1932) 등에 의해 몇 차 례 시도되었던 광무제(光武帝, 고종)의 망명계획으로 상징되는 복벽(復 辟)주의(왕정복고)시대의 막이 내리고 망명정부 대신에 임시정부 수립의 이론적 근거를 마련하게 된 것이다.

윌슨 민족자결주의의 허(虛)와 실(實)

'걸핏하면 윌슨의 민족자결주의가 마치 모든 독립운동의 촉발 동기가 된 것처럼 말하는데 그렇다면 그 이전에 전개된 한말 의병전쟁이나 수많은 독립운동은 어떻게 설명해야 하느냐?'라고 대종교의 대표적 이론가 우원상(禹元相)은 학계의 천편일률적인 원인진단에 이의를 제기했다. <무오선언>이나 <기미선언>이 단지 윌슨의 민족자결원칙 같은 외부의 자극에 의해 이루어진 것이 아니고 그동안 축적 강화된 민족역량과 독립운동의 연장선상에 있다는 주장이다.

민족자결원칙이란 1차 대전 중인 1918년 윌슨 미국대통령이 평화조건으로 제시한 14개조 가운데 하나를 말한다. 대전종결 직후 개최된 파리강화회의가 마치 피압박 약소민족의 해방을 담보하는 멘토(mentor) 같은 구실을 한 것도 윌슨의 민족자결주의에 대한 기대가 그만큼 컸기 때문일 것이다.

그런데 알고 보니 이와 같은 원인진단의 시원은 우리가 아니고 일제였다는 사실에 놀라움을 금할 수 없다. 그러니까 우리는 일제가 쳐놓은 선수(先手)에 말려든 셈이라는 것이다. 즉 일제는 파리강화회의에의 대표파견이나 3·1운동 임정 수립 등 일련의 독립운동이 모두 윌슨의 민족자결주의 제창에 기인한 것이라고 선제적(先制的)인 예단을 내린 것이다. 즉 그들은 우리가 스스로 배양하고 축적한 독립투쟁 역량의 결과물로 인정하기보다는 외적인 요인에 의해서 일어난 것으로 의미 축소를 하고 싶었을 것이다. 문제가 있다면 이를 여과 없이 받아들인 우리 학계 쪽에 있을 것이다.

윌슨이 민족자결을 제창하기 이전인 1917년 <대동단결선언>을 전후한 독립운동계에서는 이미 파리강화회의 참석이나 임정 수립 등 획기적인 사건들이 계획되거나 예견되었다는 것이다.

이에 대해 조동걸(趙東杰, 국민대 교수)은 그의 논문「임시정부 수립을 위한 대동단결선언」에서 '윌슨의 민족자결주의 제창이 희망적이고 자신감을 갖게 하는데 보탬이 된 것은 사실이지만 그것에 기인한 것은 아니라는 점을 명확히 알 수 있다'라고 거의 단정적으로 말하고 있을 정도이다.

약소국 동맹회 등 여러 국제회의에 참석하여 독립외교를 펼치고 <대동단결선언>의 서명자 가운데 한 사람이기도 한 우성(宇醒) 박용만(朴容萬, 1881~1928)은 1년 전에 이미 파리강화회의 개최사실을 알고 있었으며 그에 대한 대응을 제기하기까지 했다. 그뿐만 아니라 같은 해에 연거푸 개최된 스톡홀름 대회라든가 뉴욕대회 등에서 그는 활발한 독립외교를 펼쳐 운동역량을 계속 확충해 나아갔다.

이런 배경에서 무오독립선언, 2.8 독립선언이 나왔고 연이어 일어난 3·1운동을 계기로 상해임시정부를 비롯한 무려 7개의 임시정부를 탄생시키기에 이른다. 이 모두가 <대동단결선언>에 의해 정립된 국민주권설이 임시정부 수립의 이론적 토대를 마련했기 때문에 가능한 일이었다.

의병(義兵) 맥(脈) 이은 중광단(重光團)

이제 다시 이 장의 주제(무오독립선언)로 돌아가 보자. 이 선언의 핵심은 뭐니 뭐니 해도 선언 말미를 처절하게 물들이고 있는 육탄혈전'일 것이다. '마지막 남은 한 몸 한 목숨까지 다 바쳐 독립제단에 피를 뿌리라'라고 2천만 동포의 이름으로 요구하고 있는 것이다.

거슬러 올라가 보면 국권회복을 위한 무력투쟁의 뿌리는 한말 의병전쟁과 맞닿아 있다. 애초 명성황후시해사건(민비시해사건)으로 촉발된 의병전쟁은 경향 각지의 유림이 주축이 되어 봉기한 국모 시해라는 국가적인 치욕을 씻고자 봉기한 불공대천지수(不共戴天之讎)에 대한 설욕전의 성격이 더 강했다. 그럴 수밖에 없는 것이 군주국가에서 국가는 곧 임금과 동일시되기 때문에 왕후시해에 대한 복수는 곧 나라의 원수를 응징하는 것이었다.

복수보형(復讎保形: 원수를 갚고 전통을 보존하며) 항일수구(抗日守舊: 일제에 항거하고 옛것을 지킨다.)라는 기치를 내 걸고 1895년 충북 제천에서 첫 의병을 일으킨 의암(毅菴) 유인석(柳麟錫, 1842~1915)은 한때 충주 단양 원주에 이르는 중부 일대를 석권했으나 최후 거점인 제천성 전투에서 관군에게 패퇴하여 그 길로 잔여부대를 이끌고 압록강을 건너 만주 회인현(懷仁縣)으로 들어갔다. 그러나 현지 중국당국에 의해 무장해제를 당하고 만다.

그 뒤 왕산(旺山) 허위(許蔿, 1855~1908)는 13도 의병연합부대를 이끌고 서울 탈환작전에 나섰다가 역시 패함으로써 국내 의병전쟁은 사실상 막을 내리게 된다.

이 맥(脈)이 대종교인 백포(白圃) 서일(徐一, 1881~1921)에 의해 만주에서 조직된 최초의 항일 운동단체인 중광단(重光團)으로 이어진다. 국내에서 의병활동을 하다가 압록강 두만강을 건너 만주로 망명한 의병들을 모아 결성한 이 단체는 중광(重光)이라는 이름에 걸맞게 대종교의 이념으로 무장한 항일독립운동을 선도하고 이후 강력한 무장단체로 거듭나 청산리대첩과 같은 청사에 빛나는 독립운동의 이정표를 세우게 된다.

그 뒤 중광단은 동북만주의 대종교도를 중심으로 정의단(正義團)으로 재조직되었다가 같은 해 8월 군정부로 다시 북로군정서로 재편되면서 본격적인 전투태세를 갖추게 된다.

무오독립선언의 중심에 대종교가 있고 이 선언에서 스스로 천명한 무장독립투쟁을 주도하게 된다. 그렇다면 애초에 중광단 결성의 고리가 되었던 대종교 이념이란 무엇인가. 대종교 경전 어디를 보아도 무력투쟁을 정당화하거나 찬양하는 구절은 없는 데 말이다.

한 나라의 국사와 국어는 곧 그 민족의 정체성을 가늠하는 잣대가 되며 하나로 결속시키는 응집소(凝集素) 구실을 하게 된다. 그런 의미에서 대종교는 단군을 정점으로 하는 민족신앙과 민족사 교육을 일체화함으로써 구성원의 역량을 극대화하게 된다. 물론 이것이 무력투쟁을 뒷받침하는 중요한 간접적 요인임은 틀림없지만 무력투쟁 그 자체는 아니므로 종교와 전쟁의 관계는 어떤 것이고 또 어떠해야 하는가를 다시 한 번 생각하게 해준다.

오래전 이야기지만 한 대권 후보자(박모)가 선거운동 차 대종교 본사에 들렀다가 한배검(단군) 경배(敬拜)식에 참석하여 입교절차까지 밟은 일이 있었다고 한다. 독실한 천주교 신자였던 이 후보자 아무래도 마음에 걸렸던지 당시 김수환 추기경에게 사실대로 고백했더니 '대종교 같으면 괜찮아' 하더라는 것이다. 한 종교 교단의 수장의 입에서 이런 말이 나왔다는 것은 대종교를 종교적인 경쟁 상대로서보다는 그때까지도 종교라는 형식을 빈 독립운동단체로 인식하고 있었다는 이야기다. 이것이 일제강점기 이래 한국인의 뇌리에 각인(刻印)된 대종교의 이미지다. 누구보다도 일제가 먼저 이 사실을 간파하고 대종교에 대한 탄압의 고삐를 늦추지 않았음은 익히 알려진 사실이다.

종교 이전 독립운동의 본향

새삼 대종교의 성격에 대해서 살펴보는 이유는 종교를 전면에 내세운 독립운동단체로서의 대종교가 무장투쟁 하는 것을 말하려는 것이 아니고 순수한 종교 교리 가운데 그런 근거를 찾을 수는 없을까 하는 기대 때문이다.

종교단체라는 속성상 대종교가 살인을 전제로 하는 무장투쟁을 정당화하는 데는 한계가 있었을 거라는 생각이 든다.

비록 시대는 다르다 할지라도 화랑 5계를 설하여 삼국통일의 동력원(動力源)을 제공했던 원광법사가 신라 진평왕 30년(408)에 당병(唐兵)을 청해서 적국(고구려)을 치고자 걸사표(乞師表,군대의 지원을 요청하는 글)의 저술을 임금으로부터 명받았을 때 '내가 살고자 타국을 멸하는 것이 불가(佛家)의 도리는 아니나 대왕의 땅에 살면서 대왕께서 주신 의식(衣食)으로 지금까지 목숨을 부지해 왔으니 어찌 대왕의 명을 따르지 않으리까.'라고 했던 호국불교의 고사(故事)를 떠올리게 된다.

더구나 나철이 대종교를 중광하면서 끝내 이루어지지는 않았지만 일제로부터 합법적인 포교활동을 보장받으려고 백방으로 노력한 점으로 미루어 볼 때 더욱 그렇다는 것이다. 우선 일제탄압의 예봉을 피하고자 종단의 내분을 감수하면서까지 단군교라는 이름부터 대종교로 바꾸고 용어 선택에도 저들을 자극할만한 민감한 대목은 가능한 한 온건하고 부드럽게 연화시킨 흔적을 발견하게 된다. 교문이 지향하는 근본교의(또는 취지)를 밝힌 이른바 대종교 시교문(施敎文, 1912) 속의 5대 종지를 통해서 이같은 사실을 재확인하게 된다.

대종교 중광의 주역 가운데 한 사람인 손암(巽菴) 오기호(吳基鎬)에 의해 작성된 이 문서는 대종교의 포교 관련 문서 중에서는 가장 오래된 것이다. 백봉(白峰)이 대종교의 전신인 단군교를 처음 일으킬 때 선포한 5대 종지(경봉천신(敬奉天神), 성수영성(誠修靈性), 애합종족(愛合宗族), 정구이복(靜求利福), 근무산업(勤務産業))를 믿고 따르면 이복(利福)을 누리고 영성에 통한다는 다분히 기복적(祈福的)인 내용을 담고 있다. 그 뒤 서일에 의해 완성된 <5대 종지강연>이라는 저서에서는 더 구체적이고 근원적인 접근을 하고 있다.

즉 첫째 종지인 경봉천신에서는 하나님의 신앙론적 위상을 설명하고 하나님을 받드는 자세와 방법, 그리고 그 공효(功效)를 제시했고 둘째 성수영성에서는 인간영성의 본질에 대해서 살펴보고 수행의 자세와 방법, 그리고 그 궁극적 목적이 무엇인가를 말하고 있다. 셋째 종지인 애합종족은 대종교의 인류동원설(人類同源說)인 9족 설을 근거로 한 인류관을 제시한 것인데 온누리가 사랑으로 하나가 되어야 한다는 당위적 논리를 설파함으로써 홍익인간의 이념과 연결하고 있다. 그리고 넷째 종지인 정구이복은 대종교의 선복악화론(善福惡禍論)을 토대로 하여 진실한 마음으로 선(善)을 추구하는 것이 고요한 행복을 찾는 지름길임을 설명했으며, 마지막 종지인 근무산업에서는 산업이야말로 인간생활의 근본이라는 전제하에서 하늘이 366사를 베푼 의미가 바로 인간에게 바르고 아름다운 삶을 유지하는 원리임을 강조하고 그 뜻을 올바르게 새기고 실천하는 것이 인간의 근본도리를 다하는 것이라고 설명했다. 흔히 종교하게 되면 신비스럽고 쉽사리 접근할 수 없는 신성성(神聖性) 같은 것을 연상하기 쉬운데 이상에서 설명한 종지만 놓고 본다면 대종교는 일상 속의 생활교훈 같은 편안함과 친근함이 묻어난다.

11. 안고기토(安固基土)

그런데 이 종지 가운데 하나가 그것도 무오독립선언이 추구하고 있는 육탄혈전의 정신적 뿌리와 연맥되어 있는 가장 상징적인 종지 하나가 중광 당시의 종지와 완전히 뒤바뀌어 있다는 사실이 최근에 확인되었다.

재발견된 대종교의 5대 종지(宗旨)

백봉이 단군교를 선포하고 이어서 1909년에 나철이 단군교를 중광 한 직후까지도 엄연히 존재했던 종지 가운데 하나다. 재야사서『환단고기』의 첫 번역본을 낼 때도 그랬던 것처럼 이번에도 이런 사실을 밝히는 데 결정적인 역할을 한 사람이 다른 사람 아닌 일본인 소장학자였다는 점에서 그들과의 질긴 인연의 끈을 절감하게 된다.

이 일본인 학자가 찾아낸 것은 대종교의 초기 자료 발굴에 그 무게가 실려 있는 것이지만 우리에게는 그 속에 담겨 있는 내용, 즉 최초의 종지를 찾아낸 것이 큰 수확이 아닐 수 없다. 이를 통해 대종교의 또 다른 얼굴을 만날 수 있기 때문이다. 앞에서도 인용한 바 있지만, 이 자료의 첫 발굴자는 단군을 주제로 하여 한국(서울대)에서 최초로 학위를 취득한 일본인 종교학자 삿사 미츠아키(佐佐充昭)다. 그가 2001년에 규장각 도

"

서에서 발굴한 <단군교 5대종지 포명서>(1909)가 바로 그 자료다. 지금까지 백봉이 나철에게 전수한 포고문 류로는 <단군교포명서>가 유일한 것으로 알고 있었는데 또 하나의 포명서가 있었다는 사실을 알게 된 것이다.

<단군교포명서>가 신교, 즉 단군교의 역사와 개요를 총론적으로 정리한 것이라면 <5대 종지포명서>는 단군개국 이래 겪은 단군교의 일곱 차례에 걸친 시련(試鍊)을 골자로 하여 고대사에서 근대사까지의 역사적 사건을 신교 사상사의 관점에서 정리한 것인데 고구려에서는 이를 입국정신으로 삼아 인민을 가르쳤다는 것으로 보아 아직 정교(政敎)분리가 채 이루어지지 않은 고대사의 한 단면을 보여주는 것이라고 하겠다.

5대 종지 가운데 1. 2. 3. 5번째 종지는 앞서 서일의 5대 종지 강연에서 설명한 것과 별반 다를 게 없다. 그 중 네 번째 종지가 정구이복과는 너무 거리가 먼 안고기토(安固基土)로 되어 있다. 그러니까 원래 '안고기토'였던 것이 '정구이복'으로 바뀌었다는 이야기다.

이와 같은 사실은 당시 신문을 통해 대외적으로도 발표된 일이 있다. 1910년 4월 27일 자 대한매일신보(총무 양기탁(梁基鐸)) 3면 잡보 란에 보면 '종지(宗旨)와 임원(任員)'이라는 소제목 아래 '단군교에는 5종지와 5임원이 유(有)하는데 5종지는 존봉조신(尊奉祖神), 감통영성(感通靈性), 애합족우(愛合族友), 안고기토(安固基土), 근무산업(勤務産業)'이라고 알려주고 있다. 당시 신문의 잡보 면은 범죄사건 미담 등 사회면 기사를 단신으로 다루었는데 아마도 단군교를 홍보하려고 주필 박은식이나 필진으로 있던 신채호가 기사화하지 않았나 여겨진다.

같은 해 5월 25일 자 황성신문에서는 역시 잡보란(1면)에다 이 문제를 2단통으로 자세히 설명해 놓았는데 단군교의 역사와 사상 중광의 취지 등을 기획기사 형식으로 다루고 있다.

이때 이 신문의 편집 겸 발행인이 대종교 중광의 주역 가운데 한 사람인 석농(石儂) 유근(柳瑾)이다. '단군교 필설기(筆說記)'라는 소제목으로 시작되는 이 기사에서는 이번에 발굴했다는 <5대 종지포명서>가 가감 없이 그대로 소개되고 있는데 대종사 백봉이 전면에 등장하는 것으로 보아 중광 초기의 단군교 중심은 백봉이라는 사실을 확인시켜 주고 있다.

그러니까 1909년 1월 15일에 단군교가 중광 되었고 이듬해 8월에 대종교로 이름을 바꾸면서 5대 종지의 내용도 함께 바뀐 것이 아닌가 여겨진다. 두 신문에 기사가 보도된 시점이 이를 말해주고 있다. 일제로부터 합법적인 종교단체로 인정을 받으려는 마당에 구강(舊疆)을 회복한다는 '안고기토'를 종지로 채택하는 것은 자충수(自充手)와 다를 바 없다는 생각을 하지 않았겠느냐는 것이다.

다물(多勿)은 '주어진 땅' 도로 찾는 것

'안고기토'를 축자적(逐字的)으로 해석하면 안고(安固)는 안전견고(安全堅固)의 준말로 태토(胎土) 또는 고토(故土)를 의미하는 기토(基土)가 붙어 '고토를 안전하고 견고하게 지킨다.'라고 풀이할 수 있다. 그런데 <5대 종지포명서>에서는 이 땅이 단지 강역을 의미하는 고토에 그치는 것이 아니라 천조께서 하늘로부터 나누어 받아 몸소 개척하시어 자손에게 물려준 성지로 명명하고 있다. 그러나 자손들이 그 근거지를 온전하게 지키지 못했다고 자신을 자책하고 있다.

본시 이 땅은 삼천단부(團部: 삼국유사에 환웅이 거느리고 왔다는 무리 3천을 가리킴)가 모여 나라를 세울 때 물려받은 형제들의 근거지로서 수천 년을 두고 네 땅 내 땅 구별 없이 서로 경계를 짓지 아니하고 지내왔는데 한(漢)나라 도적들이 침입하여 각 단부가 갈기갈기 찢어지는 아픔을 겪었다. 오늘날 이를 하나로 모아서 옛 근거지를 회복하는 것은 단군조선의 빛나는 영광일 것이라고 고토수복의 염원을 불태우고 있다. 이후

역대 제왕들은 '주어진 땅(고토)'을 존중하는 불문율(不文律)을 세우고
옛 강역을 회복하는 본교(단군교) 전래의 진리를 저버리지 않는 풍토를
정착시킴으로써 고구려 들어서는 '주어진 땅'이라는 뜻을 국천왕(國川
王, 이름 용(勇), 무신대왕 백고(伯固)의 동생의 2자) 고국원왕(故國原
王, 16대), 고국양왕(故國壤王, 18대), 광개토대왕 하는 식으로 이름 위
에 새겨 단 하루도 그 뜻을 잊지 않으리라 자신에게 다짐하기도 했다.

구강회복의 염원을 달성하기 위해 끝없는 정복전쟁을 벌였던 광개토대
왕의 '안고기토' 정신을 일러 다물(多勿)이라고 하는 것이다. 그 이름이
아직은 생소해서 '다물'하면 재야사학계에서나 쓰는 용어쯤으로 이해하
는 사람이 많다. 그러나 이 말은 재야사서에도 등장하지만, 엄연히 우리가
정사(正史)라고 하는 『삼국사기』에 나오는 말이다.

앞으로 설명하겠지만 이스라엘의 시오니즘은 잘 알면서 그보다 몇 천
년 앞서 일어났던 구강회복의 대명사 '다물'에 대해서는 어째서 잘 모르
는 것일까.

역대 왕 이름에 새긴 다물 정신

『삼국사기』(이병도 역주본) 권 13 고구려본기 동명성왕 2년 6월조에
보면 '비류(沸流) 국왕 송양(松讓)이 나라를 들어(以國) 항복함에 왕은
그곳을 다물도(多勿都)라 하고 송양을 봉하여 그곳의 주(主)를 삼았다.
고구려어에 구토의 회복을 '다물'이라 하므로 그와 같이 이름 한 것이라
고 기술하고 있다. 역주자는 이에 대해 호암(湖巖) 문일평(文一平,
1888~1936)의 되물, 즉 되물려 설을 소개하면서 지나치게 현대어에 입각
한 설이라고 하여 좇지 아니한다 하였고 다만 원래 비류국이 졸본 땅이
아닌데 구토의 회복이라는 것은 이치에 맞지 않는다고 했다. 따라서 이는
필시 제10대 산상왕(山上王, ?~227) 때 왕의 형 발기(發岐)가 반하여 비

류를 들어 요동태수 공손강(公孫康)에게 투항하자 고구려가 한(漢)병을 깨트리고 비류를 탈환한 일을 두고 혼동했을 것이라는 설에 대해서는 동감한다고 하였다.

그러나 같은 고구려본기에서 2대 유리명왕(琉璃明王)이 다물 후(侯) 송양의 딸을 비(妃)로 맞아들였으며 3대 대무신왕의 어머니가 다물 국왕 송양의 딸이라고 두 번씩이나 확인하는 점으로 미루어 시조 동명왕이 비류국을 '다물도'라 명명한 것은 움직일 수 없는 역사적 사실임이 입증된 셈이다.

한편 재야사서 『환단고기』(임승국 역주본)에는 무려 10차례나 '다물'이라는 말이 등장한다. 그 첫 번째가 BC 58년 북부여를 이어서 일어난 고구려 시조 고추모(高鄒牟, 동명왕) 왕의 연호가 다물'이라는 것인데 그 주석에서 앞에 든 문일평의 설을 그대로 따라 '옛 땅을 되 물린다'라는 '따물(多勿)으다'로 해석하면서 '다물'은 곧 고구려의 건국이념이기도 하다고 설명하고 있다.

그러나 연표(동양연표, 이현종(李鉉淙) 편저) 상에 '다물'이라는 연호는 나타나지 않으며 건국이념 또한 광개토대왕 비문에 나오는 이도여치(以道與治: 바른 도로써 다스린다)로 보는 학자가 많다. 대표적인 학자로 무호(無號) 최태영(崔泰永)을 들 수 있다.

중국사서가 먼저 기록한 '다물'

이어 38세(世) 단군이 '다물'이라 하였고 『태백일사』의 삼한관경본기에는 마한왕 동기(東紀)의 아들 다도(多都)가 즉위한 해를 단군 다물 계유년이라고 하였으며 같은 책 고구려본기에서는 고구려 창업공신 연타발(延佗渤)이 나이 80에 죽은 해를 '다물' 34년(BC 4년 갑자라고 함)이라 적고 있다. 이처럼 '다물'이라는 말은 안장왕 때의 선인(仙人) 을밀(乙密)

이 백성이 다물정신을 체득도록 하려고 지어 불렀다는 다물흥방가(多勿興邦歌) 등에서 각각 보이는데 모두 딱히 비정할 만한 근거가 없어 아직은 재야사학계에서만 통용되고 있다.

앞서 이 장 서두에서 인용한 바 있는『삼국사기』뿐 아니라 이보다 1세기나 앞선 송나라 영종(英宗)대에 사마광(史馬光)이 지은 편년체 사서인『자치통감(資治通鑑)』에도 '고려(고구려를 뜻함)의 말로 옛 땅을 찾는 것을 다물이라 한다.'(여어위복구토위다물 麗語謂復舊土爲多勿)고 하였다.

'다물'의 대상으로서 고토회복의 프론티어(변경)이기도 한 중국 중국인의 다물에 대한 인식이 우리와 크게 다르지 않다. 그뿐만 아니라『삼국사기』의 다물 관계 기록이 <자치통감>의 그것과 글자 한 자 안 틀리고 일치하는데 그 이유는 시기적으로 앞서 있는 기록을 뒤의 기록이 그대로 따른 경우일 것이다.

고구려와 뿌리를 같이하는 백제는 나라 이름부터 백 개의 부족국가가 연합하여 널리 바다를 다스린다(백가제해(百家濟海), 즉 백제(百濟))는 해상국가답게 중국에 진출, 요서와 진평(晉平)에 직할군을 설치하고 산둥과 강소(江蘇) 안휘(安徽) 호남 후베이 성을 거쳐 절강(浙江) 쓰촨 성 일대와 인도차이나 북부지역까지 그 세력을 떨친 사실이『삼국사기』백제본기 전지왕(腆支王) 12년 조를 비롯하여『자치통감』남 북제서(南北齊書) 양서(梁書) 구당서(舊唐書) 송서(宋書) 등 중국 사서에까지 기록을 남기고 있다.

당(唐)군 축출, 삼국통일 완수

또한『일본서기』에 따르면 백제는 야마토(大和) 일본 등 일본 고대국가의 성립과 경영을 주도한 핵심세력으로서 동쪽 조정 또는 국가를 의미하는 미카도(東朝)라는 분조(分朝)까지 두고 왜왕으로부터 오늘날 교토(가황소전(歌荒巣田)과 반여전(磐餘田))지방을 할양받아 식민통치를 하였는데 이 모두가 고조선의 강역을 회복하려는 다물 정신의 발로라고 보는 것이다.(문정창(文定昌)의 백제사, 1988.)

신라와 고려가 각기 달성한 두 번에 걸친 한민족 통일의 성격을 평가할 때 외세를 등에 업고 이룬 신라의 삼국통일에 대해서는 부정적인 시각이 만만치 않은 게 사실이다. 고구려를 계승한 발해와 대치(對峙)하는 시기를 남북조시대라고 해서 평가절하하는 이유이다.

그러나 신라는 동맹관계에서 적으로 변한 당나라의 야욕을 꺾고자 7년에 걸친 제2의 통일전쟁(670~676)을 다시 벌여야만 했다. 백제와 고구려를 토멸하는 첫 번째 통일전쟁(660~668)에 소요된 기간이 9년이었던 점을 고려하면 그것이 얼마나 힘든 싸움이었던가를 짐작하게 한다. 신라가 백제와 고구려와의 싸움에서 힘이 소진되어 지친 틈을 노려 일거에 신라를 병탄하려던 당나라와 결연히 맞서 웅진(熊津, 현 공주)과 평양 심지어는 계림(鷄林, 현 경주)에까지 도독부(都督府, 총독부와 같음)를 설치하여 사실상 식민통치하던 우리의 강토와 자주를 되찾고자 백제와 고구려 유민의 공감과 호응에 힘입어 범민족적인 대당투쟁을 벌이게 된 것이다.

서기 675년 9월 20일 이근행(李謹行)이 거느린 20만 대군과 벌인 매초성(買肖城, 지금 경기도 양주)전투를 고비로 승기를 굳힌 신라는 이듬해 11월 기벌포(伎伐浦, 충남 강경 또는 장항으로 비정)에서 설인귀(薛仁貴)가 거느린 수군과의 대 해전에서 승리를 거둠으로써 7년에 걸친 나당전쟁은 비로소 막을 내리게 된다.

통일전쟁 계기로 민족의식 싹 터

이렇게 어렵게 이루어진 신라의 삼국통일이 강역 면으로만 본다면 고구려의 광활한 만주대륙을 잃어버리고 청천강 이남의 반도로 축소된 부정적인 면이 지적될 수 있으나 그때까지 뚜렷한 민족의식을 가지지 못하고 적대적 관계만을 유지해 오던 3국이 이로부터 분명하게 단일 강역 속에서 단일 혈통 언어 풍속 및 역사와 전통을 공유하는 이른바 삼한일가(三韓一家)라는 강력한 민족공동체를 형성하고 발전시켜 왔다는 데서 더 큰 의미를 찾을 수 있을 것 같다.

이처럼 신라가 당시의 국력으로는 마치 골리앗과 다윗의 싸움 같은 당나라와의 전쟁에서 끝내 승리를 이끌어 낼 수 있었던 것은 한국의 고유사상인 유불선 삼교를 아우르는 풍류도(風流道)를 이어받은 화랑정신이 그 정신적 배경에 자리 잡고 있었기 때문이다.

『삼국사기』 신라본기 시조 박혁거세 편을 보면 '일찍이 조선의 유민(遺民)들이 이곳 산곡 간에 흩어져 6촌을 이루고 살고 있었다(선시(先是) 조선유민(朝鮮遺民) 분거산곡지간(分居山谷之間) 위육촌(爲六村))고 하여 동방의 여명기라고 할 수 있는 역사 초창기에 이미 동북만주 대륙에서 발상한 북방 선진족(東夷族, 즉 한족)의 한 유파(流派)가 한반도에 정착했음을 이는 말해주는 것이다. 그리고 그 부족(육촌)이 신라를 세우고(BC 57, 전한 효선제 오봉(五鳳) 원년)첫 임금으로 박혁거세를 추대했다는 이야기다

이러한 역사적인 사실로 미루어 볼 때 일반적으로 신라하면 원래 반도 내에 살고 있던 별종의 토착 부족쯤으로 이해하던 통념과는 거리가 있음을 알 수 있다. 단일민족개념으로 말한다면 그들의 핏속에도 엄연히 단군의 DNA가 흐르고 있다는 이야기다. 따라서 그들에게도 고구려 백제와 똑같은 진취적인 기상과 개척정신(다물정신)이 잠재해 있었으며 삼국통일은 바로 이 정신이 집약된 화랑도가 그 동력이 되어 이루어낸 위업이라고 할 수 있을 것이다.

후일 장보고(張保皐, ?~846)와 같은 불출세의 영웅이 이룬 해상제패
(制覇)와 대륙진출은 화려했던 전조(前朝, 고구려 백제)의 영광을 되살
려낸 역사적 쾌거로 기록되고 있다.

12. 역사상 1천년래의 제일 대사건

고구려 출신의 장군 대조영(大祚榮, 699~719)을 중심으로 한 고구려 유민이 고구려 멸망 직후부터 일으킨 고구려 부흥운동의 결과로 세워진 발해는 온 나라를 들어 실천하고 구현한 다물의 화현(化現)이라고 해도 과언이 아니다.

발해의 멸망과 함께 발흥한 고려는 그 국호부터 이 고구려의 후신임을 자처하고 나섰다.

대고구려의 후신(後身) 고려

일찍이 중국으로부터 해동성국(海東盛國)의 명성을 얻었던 발해는 고구려 이후 처음으로 독자적인 연호를 사용한 자주적 독립국으로 당(唐), 신라, 일본과 대등하게 교류하며 220년간(15대) 대륙을 호령했던 신기루 같은 대 제국이었다.

고려는 국호 자체가 고구려를 계승한다는 의미를 담고 있을 뿐만 아니라 건국 초부터 국가의 기상이나 대외정책 면에서 고토회복의 정신을 명백하게 드러내고 있다. 그 대표적인 예가 993년(성종 13년) 소손녕(蕭遜寧)이 이끄는 거란의 30만 대군을 뛰어난 언변으로 물리친 서희(徐熙,

940~998)의 담판외교다. '국호를 고구려를 계승한 고려라 했으니 요동 일대가 모두 우리 땅이다. 여진이 양국 사이를 가로막아 교류가 끊어졌으니 양국이 서로 힘을 합쳐 여진부터 먼저 제거하자'라고 하자 전쟁의 명분을 잃은 거란군은 말머리를 돌릴 수밖에 없었다.

그 뒤 윤관(尹瓘, ?~1111)은 예종 2년(1107)에 17만 대군을 동원하여 두만강 북 7백 리(공험진)까지 진출하여 9성을 쌓아 강역을 넓혔으나(척지 拓地) 여진족의 끈질긴 요구에 따라 결국 보람도 없이 되돌려 주고 말았다.

김유신(金庾信)을 숭배하고 신라의 화랑에 심취했었다는 낭가사상(郎家思想)의 소유자 윤관은 당시 유가(儒家)를 대표하는 사대주의자들과는 늘 대척점(對蹠點)에 서 있었다. 그러나 윤관이 여진 정벌로 개척한 두만 강북 7백 리는 고려 시기는 물론 조선 들어서도 초 중 후 말기, 심지어는 일제 병합 후의 식민 통치 시기에 이르기까지 북방 정책의 기준점으로서의 생명력을 발휘하였다.

그가 못다 이룬 꿈을 그 아들 윤언이(尹彦頤, ?~1149)가 계승하여 건원칭제론(建元稱帝論: 연호를 세우고 황제를 칭함)의 기수로 대 고려주의를 표방하였다. 구강 회복의 일환으로 서경(평양) 천도의 기치를 내걸고 반란을 일으킨 묘청(妙淸) 등의 명분 또한 윤언이의 그것과 기맥을 통하고 있었다.

그러나 아이러니하게도 윤언이는 실제 난의 평정 과정에서는 조정의 편(사대주의자 김부식 金富軾)에 서서 반란을 진압해야만 하는 자가당착적인 자기부정으로 결국 그의 탯줄과도 같은 낭불(郎佛)로 대표되는 국풍파(國風派)의 몰락을 가져오게 된다.

후일 단재(丹齋) 신채호가 이를 두고 '역사상 1천 년래의 제일 대사건'이라고 명명한 것도 바로 이런 역사적 배경을 두고 하는 말이다.

국풍파(國風派)의 탯줄 낭가(郎家)사상

반만년 역사를 자랑하는 우리 민족사상에 대해서는 여러 측면에서 단편적으로 접근을 시도하고는 있으나 딱히 이렇다 하게 체계적으로 정리된 것이 별로 없었는데 이를 이론적으로 체계화한 것이 1920년대 신채호의 낭가(郎家) 사상이다.

화랑(花郎)을 그 정신적 지주로 삼는다는 데서 유래된 이름의 낭가사상은 『삼국사기』 고구려 본기 동천왕(東川王) 21년 춘(春) 2월조 가운데 한 구절인 '평양자 선인 왕검지댁(平壤者 仙人王儉之宅)'에서 그 중요한 실마리를 찾고 있다.

일반적으로 단군하면 일연의 『삼국유사』에만 나오는 것으로 알고 있다. 반면에 『삼국사기』의 저자인 김부식에 대해서는 언제나 사대주의자라는 꼬리표가 따라다닌다. 그런데 평양(平壤)이 사대사관의 산물이라고 할 수 있는 기자(箕子)의 고택이 아니고 선인왕검(仙人王儉)의 고택이라고 한 그의 기술 태도로 미루어 보아서는 그의 머릿속에도 평양은 단군의 도읍지라는 인식이 깊이 박혀 있었으며 또한 그것이 움직일 수 없는 사실(史實)이었음을 입증한 셈이다.

일연의 단군 기록에 대해서 그 실재 여부가 늘 논란의 도마 위에 오르고 기록의 신빙성에 의문을 제기하는 이유는 그가 『삼국유사』 고조선 조(條)에서 인용하고 있는 사서의 불확실성에서 기인하는 바가 크다. 즉 그가 같은 책에서 인용하고 있는 현존 『위서(魏書)』에는 단군 기록 자체가 없고 『고기(古記)』 또한 현재 찾아볼 수 없는 사서라는 것이 결정적인 요인이 되고 있다.

그런데 김부식 역시 바로 그 사서, 즉 위서와 고기를 곳곳에서 인용하고 있음이 발견된다는 것이다. 그 당시에는 두 책 모두 실재했다는 이야기다.

단군 숭모단체 현정회의 산파역을 맡았던 이희수(李喜秀, 1928년생, 상무이사)는 「사서상(史書上)에서 본 국조단군(國祖檀君)」(1977, 현정(顯正))이라는 글에서 이 문제를 비교적 심도 있게 다루고 있다.

즉 김부식이 「고기」를 인용한 부분을 보면 1.『삼국사기』지리지 고구려 조(條)에서 '고기운(古記云) 주몽자부여도난지졸본즉(朱蒙自夫餘逃難至卒本則) 흘승골성(紇升骨城)'이라고 하여 『삼국유사』에서는 단지 동명성제(주몽)께서 '지졸본천수도언(至卒本川遂都焉: 졸본천에 이르러 마침내 도읍을 정했다)'이라고만 한데 반해 김부식은 '지졸본천(至卒本川)' 다음에 '운지흘승골성(云至紇升骨城)'이라는 주석을 달아 구체적으로 성 이름까지 적시하고 있다.

2.『삼국사기』잡지(雜志) 1 제사(祭祀) 조에서도 '고기운(古記云) 동명왕 14년 추팔월 왕모유화홍어동부여(東明王十四年 秋八月 王母柳花薨於東夫餘: 왕모 유화가 동부여에서 돌아가니)라 하였고

3. 같은『삼국사기』잡지 1 제사(祭祀) 조 에서도 역시 '고기운(古記云) 온조왕 20년 춘 이월 설단 사 천지(溫祚王 二十年 春二月 設壇詞天地: 제단을 베풀고 천지에 제사 드렸다)라고 하였으며

4.『삼국사기』열전(列傳) 김유신(金庾信,상) 조에서는 김춘추(金春秋)가 강화를 하려고 고구려에 갔을 때의 기록 가운데 주석을 달기를 '차여본언 진평왕 12년 소서, 일사이소이 이개 고기 소전 고양존지(此與本言 眞平王十二年 所書 一事而小異 以皆古記所傳 故兩存之: 이는 본기에서 말하는 진평왕 12년 조의 기록과 같은 일인데 조금 다르다. 그러나 모두 고기에 전하여오는 것이므로 둘 다 남겨둔다)라고 하여 분명히 『고기』의 소전(所傳: 전하여오는바)임을 밝히고 있는 것이다.

『삼국사기』에도 단군기록 있다

위의 기록으로 보면 『고기』에는 단군 기사뿐만 아니라 적어도 고구려에 김춘추가 갔던 서기 640년대까지의 기록이 있었음을 알 수 있는데 이로 미루어 볼 때 '평양자선인왕검지댁(平壤者仙人王儉之宅)' 역시 『고기』나 『단군기』를 인용한 것으로밖에는 볼 수 없다. 이상으로 적어도 고구려 관계 기사에서는 일연이 인용한 『고기』와 김부식이 인용하고 있는 『고기』 및 『위서(魏書)』가 서로 일치함을 알 수 있다는 것이다.

그렇다면 일연이 인용한 『고기』의 단군 기사 역시 근거가 있다고 볼 수 있으며 김부식이 평양을 선인왕검댁(仙人王儉宅)이라고 명기한 데서 『고기』가 단군기사를 실재(實載, 실제로 싣고 있음)하고 있었다고 볼 수 있다는 것이다. 거기에다 지금까지 이른바 강단 사학자들에 의해 '일연이 근거도 없는 『고기』를 들먹여' 운운 폄하하던 바로 그 단군 기록이 이 나라 시원의 역사로 부활하게 되는 순간이기도 하다.

그러나 신채호가 『삼국사기』의 이 대목(평양자선인왕검지댁(平壤者仙人王儉之宅))에 주목하는 이유는 다른 데 있었다. '선인왕검이라 함은 삼국시대의 수두(蘇塗)교도의 일단을 '선배'라 칭하고 '선배'를 이두자로 선인(仙人) 또는 선인(先人)이라 기록한 것이며 선사(仙史)는 곧 왕검설교(王儉設敎: 수두교의 교문을 베풀다) 이래 역대 '선배'의 사적을 기록한 것이다. 그리고 낭(郎)은 곧 신라의 화랑이니 화랑은 본래 상고시대 소도 제단의 무사, 곧 그때의 '선비'라 칭하던 자인데 고구려에서는 조의선인(皀衣仙人) 신라에서는 미모를 취하여 화랑이라 하였다.'라는 낭가(郎家)에 대한 개념과 유래 및 발전과정을 구명하고 있다.

그리고 국선(國仙) 화랑은 진흥(眞興) 대왕이 곧 고구려의 선배 제도를 본뜬 것이다. 선배를 수두(소도)제단에서 열리는 경기 회에서 뽑아 학문에 힘쓰며 수박(手搏), 사예(射藝), 기마, 태껸, 깨금질, 씨름 등 각종

기예를 다루며 원근 산수를 탐험하며 시가와 음악을 익히며 공동으로 한 곳에 숙식하며 평시에는 환난구제와 성곽 도로 등의 수축을 자임하고 난 시에는 전장에 나가 죽음을 영광으로 알아 공익을 위하여 일신을 희생하는 것이 선배와 같다고 하였다. 이처럼 낭가의 선출과정과 그 사상으로서의 사회적 기능을 밝히고 '묘청(妙淸)의 난'을 부각함으로써 이를 사상사적 측면에서 재조명하여 낭가사상의 쇠퇴기에 이르기까지 일목요연하게 구명하고자 하였다.(낭가사상, 배용일(裵勇一), 『한국민족문화대백과』, 1989.)

요동정벌은 역대 왕조의 숙원(宿願)

또 1370년(공민왕 19년) 공민왕은 원(元) 명(明) 교체기 중원의 공백기를 틈타 지용수(池龍壽, 생몰년 미상) 이성계(李成桂, 1335~1408)로 하여금 1차 요동정벌에 나서게 하였으며 고려 말의 명장 최영(崔瑩, 1316~1388)은 1388년에 다시 요동정벌을 강력히 주장하여 이성계, 조민수(曺敏修, ?~1398)에게 5만 대군을 이끌게 하였으나 사세가 불리하다는 구실로 회군(위화도 회군)하여 좌절되기도 하였다.

조선건국 초기인 1393년에는 혁명주체요 조정의 실세였던 정도전(鄭道傳, ?~1398) 일파가 다시 요동정벌을 주장하였는데 '요동은 대대로 우리 땅'이라 선언하고 이어서 '지난날 중원의 지배자는 한(漢)족이 아니라 요(遼), 금(金), 원 등이었다. 이때 요동을 쳐서 대 조선제국의 기틀을 다지자.'는 출사(出師)의 변에서 원대한 다물의 기상을 엿볼 수 있다. 그러나 이 계획은 실행단계에서 이방원(李芳遠: 후의 태종)이 일으킨 왕자의 난으로 정도전이 피살되는 바람에 무산되고 말았다.

세종 때는 김종서(金宗瑞, 1390~1453)가 4군 6진을 개척하였고 세조 때는 남이(南怡, 1441~1468)가 여러 차례 압록강 북쪽 여진을 정벌하여 고토회복에 대한 의식을 일깨워 주기도 하였다.

비록 계획으로 끝나기는 하였으나 효종의 북벌계획은 병자호란 때 인질로 잡혀가 겪은 수모와 잃어버린 땅 실지(失地), 만주대륙의 지배자에게 속국으로 전락한 민족사의 치욕을 씻고자 벌이려 했던 설욕전의 성격이 강했다.

제국주의 일본에게 빼앗긴 조국을 되찾으려고 대종교를 중심으로 들고 일어선 항일 독립전쟁 역시 대 조선주의적(또는 대 고구려주의적) 민족사의 복원과 고토회복 성지사수라는 대의가 살아 있어 비로소 그 동력을 얻게 된다.

모든 길은 로마로 통한다고 했던가. 이 시기 한족들의 마음은 다물로 통하고 다물로 모이고 있었다. 청산리 대첩의 주역들인 신흥무관학교 제1회 졸업생모임의 이름이 우연히 다물회였다는 사실 등에서 우리는 당시 고토회복을 염원하는 열띤 분위기를 어렵지 않게 읽어 낼 수 있다.

1925년 4월 신채호, 김동삼(金東三) 등에 의해 결성된 다물단은 친일파 및 일제요인 제거활동을 하는 비밀 운동 단체로 다물 본래의 의미 외에 '입을 꼭 다물고 실천한다.'는 강력한 행동의지도 함께 담고 있다.

측근들 이름에도 고토회복(故土回復) 염원

나철이 단군교에서 대종교로 교명을 바꾸면서 중광 당시의 5대 종지 중에서 고토회복을 의미하는 안고기토(安固基土)를 정구이복(靜求利福)으로 고친 것은 순전히 포교 합법화를 위해 독립과 직결되는 민감한 용어는 가능한 한 피하려는 고육지책이었을 것으로 짐작된다. 그러나 그는 구월산 삼성사에서 그야말로 극적인 죽음을 택함으로써 다물정신을 넘어 이신대명(以身代命)의 대속신앙을 몸으로 체현하게 된다. 결과적으로 그의 순교는 마치 독립전쟁의 신호탄과도 같은 메시지를 대종교인들에게 던져 주었다.

일찍이 그는 후일 3세 교주가 되는 윤세복의 본명 세린(世麟)을 세복(世復)으로 바꾸어 부르면서 이름처럼 새 세상을 만들라고 당부했다. 윤세복은 나철의 뜻이 새 세상, 즉 고토를 되찾는 염원이라 간파하고 스스로 '한다물'로 자호(自號)하였다.

그리고 나철은 그의 마지막을 지킨 막내 제자 엄주천(嚴柱天, 1897~1975)에게는 보본(普本)이라는 호를 지어 주었다. 이를 파자(破字)하여 풀어보면 병합일본(倂合日本)이다. 일본을 병합하고 옛 땅을 되찾으라는 메시지를 담고 있다. 이처럼 나철은 고구려가 왕의 이름에 주어진 땅, 즉 지키고 회복해야 할 땅이라는 뜻을 새겨 넣은 것처럼 측근들의 이름에 고토회복의 염원을 담아 동어(同語) 반복적인 효과를 환기하고자 했는지 모른다.

다음에는 다물에 대한 이해를 돕고자 시오니즘(Zionism)의 실체를 한번 짚어보기로 하겠다. 시오니즘을 한마디로 정의하면 '유대인 선조의 땅인 팔레스타인에 민족국가를 재건하려는 운동'을 말한다. 이 운동의 주창자는 헝가리 언론인 출신의 헤르츨(T HerzL, 1890~1904)이라는 사람이다. 그 연원을 따지자면 유대교, 즉 야훼이즘(Yahewism)으로 거슬러 올라간다.

유대민족은 전지전능 무소부재(無所不在: 스스로 있는 자)의 속성을 가진 유일신 대신 여호와(Jehova)신과 특수한 계약관계를 맺은 선민(選民)의식을 가지고 있다. 말세가 되면 구세주(Mesia)가 나타나 천사의 군사를 거느리고 신의 백성에게 반역하는 민족을 응징하고 새로운 신의 나라를 세운다는 약속을 믿고 기다린다.

이스라엘 민족의 선민의식은 세계의 모든 백성 가운데 유일하게 신으로부터 선택받았다는 민족적인 우월감으로 표출되기도 한다. 그 연장선상에서 시오니즘은 수천 년 동안 응어리진 비원을 풀어내는 민족운동으로 발전하게 된다.

이스라엘 민족의 선민의식과 대비되는 것이 우리의 천민(天民)사상이다. 바로 하늘, 즉 천조(天祖)의 직계 자손이라는 뜻이다. 그래서 우리는 천손(天孫)민족임을 자부하고 있다.

따라서 중국처럼 하늘에 제사 지내는 이른바 제천권에 제한이 없다. 이름 그대로 중국에서는 천자(天子)만이 지낼 수 있는 천제를 우리는 일반 백성도 지낸다. 민가에서 아녀자들이 장독대에 정화수(井華水) 떠놓고 북두칠성에 비는 칠성신앙이 그것이다. 조선시대에는 사대주의라는 명분에 가려 임금이 천제를 주재할 수는 없었으나 초제(醮祭)라고 해서 성신제(星辰祭)를 올렸다는 기록을 볼 수 있다.

이스라엘 민족이 되찾아 돌아가고자 한 땅, 시온은 여호와가 있는 곳 여호와를 예배드리는 성소(聖所)이다. 예루살렘 근방에 있는 구릉(Hermon산)을 가리키는데 이것이 확대되어 예루살렘 전체를 이르는 말로 전화되었다.

이에 비해 우리가 돌아갈 약속의 땅은 고구려 발해가 찬란한 역사의 꽃을 피웠던 만주대륙이다. 이 대륙의 중심에 자리 잡고 있는 백두산은 5천 년 민족사와 영욕으로 점철된 불가침의 성역으로 천극(天極: 지구의 남극과 북극)을 가로지르는 위엄을 잃지 않은 채 언제나 넉넉한 어머니의 품처럼 구원의 미소를 짓고 있다.

단군이 처음 내린 땅이라는 상징성이 백두산 성지의 제일 조건이다. 거기에다 이 산은 아시아 동북 대륙 모든 산의 근본이 되고 압록강을 비롯하여 송화(松花), 혼동(混同), 소하(蘇下), 속평(速平), 두만강까지 동서 남북 사통으로 흐르는 뭇 강줄기를 마치 어미닭처럼 포근하게 품고 있다. 이 강들의 원천이 되고 있는 정상의 천지가 무한한 모성본능(母性本能)

을 자극하는 것 같다.

백두산 중심 민족사 계승의식

단군교를 일으킨 백두산 도인 백봉이 <단군교포명서>를 선포한 백두산 고경각(古經閣)이 백두산 어느 골 어느 자락에 있는지는 그렇게 중요하지가 않다. 그리고 백봉이 실존 인물인지 아닌지를 따질 필요도 없다. 단군의 단(檀)자만 들어도 가슴이 메어지던 칠흑 같은 암흑기 식민지 백성에게 백두산은 단군이 처음 내린 땅이라는 것 하나만으로도 성지가 되기에 충분했다.

나철에게 단군교의 비서를 전해준 백전(伯佺) 역시 스스로 백두산인이라 칭하고 포고문에 서명한 교단 간부 13인이 모두 백두산 가족이었다는 사실에서 우리는 다시 한 번 성지 백두산의 위상을 실감하게 된다.

이처럼 내밀한 종교적 비의(秘義)가 서려 있는 백두산을 만주어로 '제단 터'를 의미하는 껄민상잰(歌爾民商堅)이라 부르는 것으로 미루어 중원의 중심 산 태산(泰山)이 그랬던 것처럼 일찍부터 백두산은 제왕들이 천제를 받들던 제사 처 구실을 했었던 것 같다.

후일 임정 대통령을 역임하는 백암 박은식은 이 같은 백두산의 지리적 상징성과 종교적 신비성을 백두산 중심의 민족사 계승의식으로 승화시키게 된다.

그의 대표적 역사 저술인 『한국통사(韓國痛史)』(1915) 제1편 제1장 지리지에 따르면 우리 민족의 발상지인 백두산 부근에서 발해 태조[대조영(大祚榮)] 금나라 태조[아골타(阿骨打)] 청나라 시조 누르하치[奴兒合赤] 등 영웅을 배출하였으므로 발해는 물론 금, 청의 역사까지도 국사에 포함할 수 있다고 주장했다.

이 같은 역사의식은 그 뒤 육당 최남선의 「불함문화론」(1925)으로 이어지면서 한국 고대문화의 세계사적 좌표를 설정하는 데 영향을 미쳤을 것으로 보고 있다. 역시 그의 「백두산 근참기(覲參記)」(1916)를 통해서는 백두산 정상과 천지의 웅혼한 자태와 마주하고 다시 한 번 그 유현한 신비의 세계를 체험하게 된다.

다시 그로부터 5년 후에는 민세(民世) 안재홍(安在鴻, 1891~1965)의 고대사에 등장하는 낯익은 지명 천평(天坪), 졸본(卒本), 옥저(沃沮), 태봉(泰封) 등과 얽힌 풍물(風物)이 파노라마처럼 펼쳐지는 「백두산 등척기(登陟記)」(1930)가 발표되어 가뜩이나 숨 막히는 일제의 폭정에 시달리던 많은 사람의 가슴을 설레게 하였다.

12. 독립선언서의 순서가 바뀌었다

한낮 기온이 30도를 오르내리던 지난 8월 25일(2009) 낮 서울 시내 효창공원 내 백범기념관에서 이 달(8월)의 독립운동가 '남파(南坡) 박찬익(朴贊翊: 1884~1949) 선생 기념 학술강연회'가 열렸다. 이날 박찬익의 생애를 다룬 주제 발표 논문에서 김희곤(金喜坤, 안동대 교수)은 <무오 독립선언서>의 발표 시기에 관하여 지산(志山) 정원택(鄭元澤, 1890~1971)의 <지산 외유(外遊) 일지>(1983)를 근거로 2·8독립선언은 물론 3·1독립선언 후인 3월 12일이라는 주장을 제기했다.

논리와 상식 사이

이는 지금껏 3대 독립선언 중에서 제일 먼저 나온 무오독립선언이 2·8과 3·1 독립선언발표의 직접적 유인이 되었다는 오랜 정설을 깨는 것이어서 적잖은 충격으로 받아들여졌다.

강연이 끝난 후 이 문제를 개인적으로 확인하려고 기다렸으나 길이 서로 어긋나는 바람에 김 교수를 만나지 못하고 전화와 이메일로 통화할 수밖에 없었다.

확신에 찬 그의 주장은 무엇보다도 숫자상으로 빈틈이 없어 보였다.

원본으로 알려진 <대한독립선언서>의 연기(年紀)가 4252년, 즉 1919년 2월로 되어 있는데 2월 가운데 가장 앞서는 2월 1일로 잡는다 하더라도 이를 음력으로 환산하면 1919년 1월1일로 이미 기미(己未)년이 아니냐는 것이다. 물론 논리적으로 틀린 말은 아니다. 그러나 단 하루 상관으로 간지(干支) 년도를 바꿀 만큼 당시의 정서가 또 그렇게 각박하지도 않았다는 것을 말하고 싶을 뿐이다.

더구나 만주대륙 같은 광활한 공간에서 아직 철도교통이 그렇게 발달하지도 않은 때여서 일반 서민의 교통수단이란 도보 아니면 마차를 이용하고 인편으로 소식을 전하는 게 고작이었던 시절 이야기이다.

당시의 상황을 이해하는 데 도움이 될까 하여 일화 하나를 소개하면 한글학자 이극로(李克魯)는 1914년에 러시아로 군사학을 배우러 가려고 서간도에서 치타까지 무려 4천여 리를 걸어서 갔다고 한다. 그는 이듬해 겨울에는 무송현(撫松縣)에서 안동(지금의 단둥(丹東))까지 또 1천 여리를 걸어서 나와 배를 타고 상해로 갔다는 것이다.

흔히 '만만디'로 통하는 중국인의 대륙성 기질이라는 것도 사실은 이런 환경의 영향을 받은 것이 아닌가 하는 생각을 하게 된다. 거기에다 분초를 다투는 첨단적인 교통 통신 정보화 시대를 사는 오늘의 잣대를 가지고 당시를 재단하려 든다는 것은 어찌 보면 무모하기까지 하다.

물론 학자들로서는 육하원칙에 입각한 명쾌한 단답식 결론이 나면 좋겠지만 세상사가 어디 다 그렇게 마음대로 돌아가던가. 더구나 이런 세상사의 연장선 위에서 이루어지는 것이 역사라고 하는 것인데 그것을 일도양단 식으로 잘라 말할 수는 없다는 뜻이다. 지나친 비약인지는 모르겠으나 공자의 술이부작(述而不作: 선인의 가르침을 전술(傳述)할 따름이지 새로 짓지 아니한다)정신도 바로 이런 폐단을 경계한 것이 아닌가 싶다.

김희곤의 <무오대한독립선언서> 발표 시기의 판단 근거가 되었던<지

산외유일지> (1911~1920)를 보면 일지라는 말 그대로 매일 매일의 일을 꼼꼼하게 기록한 것이어서 빈틈이 하나도 없을 것 같다는 선입감이 드는 게 사실이다. 그러나 아무리 그런 일기 자체가 가지는 프리미엄을 고려한다 하더라도 대한독립의군부를 조직(1919년 음력 1월 27일)하고 선언서를 기초 인쇄 발송하기까지 12일밖에 걸리지 않았다는 것은 상식적으로 이해가 가지 않는다.

선언서 기초에서 발송까지 단 12일

작가 송우혜(宋友惠)도 그의 논문 「대한독립선언서의 실체」에서 대한독립의군부가 선언서 기초에서 인쇄 발송까지 불과 12일밖에 걸리지 않았다는 사실을 언급하고 있다. 그러나 그는 시간이 이처럼 촉박했기 때문에 39인의 서명자 중 길림(吉林) 이외의 지역 인사들에게는 사전 동의나 양해작업이 전혀 없었다고 단정적으로 말하고 있다. 그뿐만 아니라 날짜를 이렇게 바투 잡았을 때는 처음부터 발기자들의 동의나 양해를 구할 계획이 아예 없이 일을 추진했음이 증명된다고까지 말했다. 자못 편리한 발상이기는 하나 너무 단선적(單線的)인 접근을 하고 있다는 생각을 지울 수 없다.

다시 <지산일지>로 돌아가 보면 음력 정월 27일(양력 2월 28일) 시당(時堂) 여준(呂準)의 집에서 대한독립의군부를 조직하였는데 이튿날(음력 1월 28일) 의군부 부서를 정하고 긴급회의를 열어 1. 길림대표(사실상의 동북만주 대표)의 상해(임정) 파견. 2. 마필(馬匹)과 무기구매. 3. 근지 각처와 구미에 선언서 발송. 4. 서 북 간도 및 아령(俄領: 연해주)에 신속 연락. 5. 자금(국내) 모집 등을 결정하였는데, 이때 선언서 기초(조소앙)와 인쇄 및 발송(정원택) 책임을 각각 분담함으로써 사실상 선언서 작업이 시작된 것은 이날(음력 정월 28일)부터라고 할 수 있다.

다시 그 이튿날(음력 2월 1일) 조소앙과 상의하여 선언서를 기초할 때 마침 국내에서 돌아온 조소앙의 동생 조용주(趙鏞周)가 거들었다고 한다. 2월 2일 그러니까 양력으로 3월 3일 경성(서울)에서 배달된 신문을 통해서 3·1운동 소식을 들었다. 그로부터 7일 뒤(음력 2월 10일)에 선언서 4천 부를 석판(石版: 석판석의 제판으로 인쇄하는 평판 인쇄의 하나)으로 인쇄하여서 북 간도와 연해주 구미 각국과 베이징 상해 국내 및 일본에 우편으로 발송하였다고 되어 있다.

이 일지의 필자인 정원택은 1919년 1월에 예관(睨觀) 신규식(申圭植, 1879~1922)으로부터 '독립운동을 추진하라'라는 밀명을 받고 대한독립의군부에 서무로 참여하기까지는 남만주에서 중국인이 위탁한 농장을 경영하고 있었다. 이때 친척뻘 되는 동업자 이우열(李愚烈: 당시 60여 세)이 국내 자신의 가정과 왕래 또는 서신이 빈번하고 또한 순진한 분이라 수첩일기를 그에게 위탁하였는데 그가 귀국하는 길에 이를 집(정원택)에 전달해주었다고 원고의 보존 경위를 책머리에서 밝히고 있다.

이 일지를 책으로 엮어낸 홍순옥(洪淳鈺, 동국대 교수)의 해제에 따르면 정원택은 1910년에 대종교를 봉교한 이래 그의 멘토격인 신규식과는 상해의 대종교 시교당에서 처음 인연을 맺게 된다. 당시 신규식은 독립운동계의 원로이면서 대종교 서도본사의 책임도 함께 맡고 있었다. 한편 정원택은 해방 후 귀국해서 한때 대종교의 교주격인 총전교(1966. 3~ 1968. 4) 직책을 맡은 일이 있다.

앞에서도 지적한 적이 있지만 <독립선언서>의 발표 시기에 대한 <지산일지>의 기록은 명료하고 일견 정확한 듯하다. 그러나 마치 물 위에 떠 있는 그야말로 빙산의 일각만 보는 것 같은, 따라서 물속에 잠겨 있을 진짜 빙산은 보지 못하는 것 같은 아쉬움이 남는다. 그런데 이 빙산의 실체에 대해서는 아무도 말하는 이가 없다.

<무오독립선언>을 발의하고 주도한 중심세력이 대종교라는 사실에 대해 이의를 제기할 사람은 아마 아무도 없을 것이다. 그런데 그 몸통격인 대종교가 무오선언에서는 보이질 않는다는 것이다.

서명자만 보아도 전체 39인 중 27명이 대종교인이다. 그리고 옛날로 치면 소두(疏頭: 여럿의 이름으로 하는 상소에서 뜻을 관철하고자 주장하는 머리 되는 사람)격인 우두머리가 대종교 교주 김교헌이다. 그때만 해도 웬만한 식자들 사이에서는 왕조시대와는 다르다 하더라도 그 성격에 대해서는 익히 알고 있었을 것이고 소두의 역할 또한 얼마나 크다는 것쯤은 모를 리 없었을 것이다. 따라서 그 위상에 걸맞은 권위 또한 부여되어 있었을 터인데도 말이다.

잦은 수난 끝에 자료 모두 잃어

그런데 치명적이게도 이 문제와 관련된 대종교 측 자료는 태무한 상태다. 심지어는 대종교의 역사를 총정리한 『대종교 중광 60년사』(1971)에도 단 한마디 언급이 없다.

이에 대해 대종교 측에서는 임오교변(1942)과 같은 전후 몇 차례에 걸친 수난을 겪으면서 '종이로 된 것이면 심지어 휴짓조각 하나까지도 몽땅 다 쓸어가는' 일제의 혹독한 청야(淸野: 전쟁 때 적에게 이용의 편리를 주지 않기 위해 집이나 곡식 등을 태워 없앰)작전으로 실제 남아난 문서 문건이 하나도 없었고 반세기가 넘는 방대한 역사를 단 한 사람(강천봉 姜天奉, 1916년생)의 능력에 의존하여 복원해내는 데는 한계가 있었을 것이라고 털어놓았다.

대종교 역사의 유일한 창구 구실을 하는 올해 81세(2009)의 선도사 우원상(禹元相) 이 18세 때부터 모신 대종교 원로들로부터 단편적으로 들은 이야기를 종합해보면 무오독립선언은 일반적으로 대종교의 모든 행사

기준이 되는 개천절(음력)을 택했다는 것과 선언서의 원본이 총본사 어딘가에 보관되어 있었는데 없어졌다는 정도라고 한다. 1918년 11월 선포설의 진원(震源)을 말하는 것이다.

이때 대종교 총본사는 영안(寧安) 남관(南關)이라는 곳에 있었다. 따라서 무오선언의 총지휘 소는 남관 총본사이며 선언서의 초안도 이곳에서 마련된 것으로 보고 있다.

물론 이에 대한 직접 자료가 있는 것은 아니다. 단 하나 직접 자료에 따르는 자료가 있다면 우천(藕泉) 조완구(趙琬九, 1880~?)의 자서전 격인 『고독(孤獨)한 승리』(1993)를 들 수 있다. 그의 딸 조규은(趙圭恩, 1911년생)이 망명 시절 아버지를 수행하면서 가까이서 지켜본 아버지의 행적을 모은 것이다. 이 책에 실린 <무오독립선언서>(1918)편의 서명자 명단 끝에 보면 "1918년 김교헌을 필두로 조완구, 구덕삼, 김천식, 민충식(閔忠植, 1890~1978), 백순(白純, 1864~1937), 안기순, 윤일병, 이종익, 이승복(李昇馥, 1895~1978), 이민복, 이규풍(李奎豊, 1865~1932) 등 대종교인들과 협의하여 <무오독립선언서>를 공동 작성한 뒤 선포하기에 이르렀다고 부기하고 위 대종교인과 이에 서명한 39인"이라고 끝맺고 있다.

그리고 선언서를 포함한 이 글의 출처는 1942년 충칭(重慶) 임시정부 선전위원회 발간 『한국독립운동문류』(제1집)이라고 밝히고 있다.

진상 밝힌 실마리 '고독한 승리'

이 책이 들고 있는 근거 문헌(독립운동사 문류 제1집)의 내용을 확인하려고 『고독한 승리』의 원고를 정리하고 후기를 쓴 대전에 사는 외손녀(조명숙 66)에게 전화연락을 했다. 그의 말로는 이 책의 저자인 어머니 조규은(趙圭恩, 1911~2004)은 60대 초반부터 쓰기 시작한 원고를 82세 때(1993) 탈고했는데 자신은 맞춤법 같은 것을 주로 정리(윤문)하였다는 것이다. 자료는 현지 애국열사회 회장(이름은 모름)이 국회도서관에서 뽑아 다 준 것으로 기억하고 있다고 했다.

즉시 여의도 국회도서관으로 달려가 그 문헌을 찾아보았으나 모두 임시정부 관계 자료뿐이고 무오독립선언에 관한 기사는 단 한 줄도 없었다.

다음에는 외손녀 조명숙이 가르쳐 준 대로 최혜경(崔惠慶, 성신여대)의 학위논문 「우천(藕泉) 조완구(趙琬九) 연구」(2002)를 찾아보았다. 거기에는 『고독한 승리』에 나온 내용 그대로가 옮겨져 있는데 그 주석에는 『동암일기(東菴日記)』(동암 장효근(張孝根) 일기), 『임정과 이동녕연구』(이현희(李炫熙), 1989, 일조각) 그리고 앞의 <독립운동사 문류>를 참고문헌으로 들고 있다. 이들 세 문헌 가운데 『임정과 이동녕연구』(무오독립선언서의 선포와 독립의지 편)에 역시 같은 내용이 들어 있다. 이 책의 발간 연도(1989)로 보아 『고독한 승리』(1993)보다는 4년이 앞서고 최혜경의 학위논문(우천 조완구 연구)은 지도교수가 바로 같은 대학의 이현희(李炫熙, 1937년생)인 점으로 미루어 이 책을 인용했을 것으로 보인다.

그런데 『임정과 이동녕연구』가 인용하고 있는 단 하나의 문헌 『동암일기』 1918년 12월 13일 자에는 '여준(呂準 호는 時堂, 1881~1950. 몽양(夢陽) 여운형(呂運亨)의 당숙) 김규식(金奎植 호는 호은(芦隱) ?~1929 대한제국군인 출신으로 청산리전투에 보병대대장으로 참전. 그 뒤 대한독립군단의 총사령관에 올랐으나 공산당원에게 피살됨. 임정에서는 부주석을 지내고 광복 후 민족자주연맹을 이끌다 625 때 납북된 우사(尤史) 김규식(1881~1950)과는 동명이인임) 등 39명이 만주에서 <무오독립선언서>를 선포했다고 해서 적어도 그해 12월 31일 이전에 독립선언서가 선포되었음을 전하고 있으나 대종교 2세 교주 김교헌이 선언서 작성과 선포를 '협의' 하였다는 대종교인(조완구 등 11인)의 출처는 여전히 오리무중이다.

다만 김교헌과 막역한 사이로 알려진 석오(石吾) 이동녕(李東寧

1869~1940, 임정의 산파역으로 국무총리와 대통령(서리) 주석을 역임)이 등장하여 일송(一松) 김동삼(金東三, 1887~1937, 서로군정서 참모장) 조소앙(趙素昻, 본명 조용은(趙鏞殷) 1887~1959, 임정외교총장, 6·25때 납북) 등과 함께 평화와 자유를 애호하는 전 세계민족 앞에 호소할 독립선언서의 필요성을 역설하고 그 문안을 작성, 대종교인과 협의하여 39인의 이름으로 선포하였다고 되어 있다.

선언 주도한 이동녕과 김교헌

일반적으로 알려지기로는 선언서의 기초에서 대외홍보(인쇄 발송)에 이르기까지 그것도 거의 급조되다시피 한 대한독립의군부 부령(副領)인 조소앙과 정원택이 주도한 것으로 되어 있으나, 독립운동계의 대부 격인 이동녕과 대종교 교주인 김교헌의 위상 그리고 그들의 관계 등으로 미루어 볼 때 이는 수뇌급(首腦級) 지도자들만이 결단할 수 있는 당시로써는 최고도의 정치행위라고 할 수 있을 것이다. 그리고 이 선언의 진원지라고 할 수 있는 대종교와의 관계만 보더라도 원래 기독교인이었던 이동녕이 구국의 대안으로 대종교를 택할 만큼 신앙심 또한 두터웠던 데 비해 '친대종교'로 분류할 수는 있으나 대종교인은 아니었던 조소앙과는 성향상 대비되는 바가 있다. 그래서 이제 갓 서른의 조소앙이 주도하였다고 하기는 무리가 있다는 것이다.

그리고 선언의 기본인 선언서는 국내외에서 언론에 종사한 논객 출신의 이동녕과 당대의 사필(史筆) 김교헌을 주축으로 조소앙과 김동삼의 협조에 힘입어 조완구, 백순 등 대종교인들과도 협의한 끝에 작성한 것을 마지막으로 조소앙이 다시 정리하여 필사(석판인쇄를 하기 위한 본)한 것으로 대종교 측에서는 판단하고 있다.

그렇다면 책의 출간 시기로 보아서 『임정과 이동녕연구』에서 제일 먼저 제시한 것으로 볼 수 있는 대종교인(11인)의 근거는 과연 어디에 있는 것일까. 마치 퍼즐게임을 푸는 것 같은 선언서의 실체 추적은 아직도 끝나지 않은 진행형이다.

앞에서 든 『임정과 이동녕연구』에 등장하는 11인의 대종교인 출처를 저자인 이현희에게 직접 물어보았다. 그러나 그는 너무 오래된 일이라 기억할 수 없다고 했다. 그렇다면 이 문제의 키-는 이동녕이 쥐고 있을 수 있다는 생각이 들어 관련자료들을 점검하다가 언론계(신아(新亞)일보 논설위원) 출신 작가 김석영(金錫營, 1931년생, 석오 이동녕기념사업회 총무간사 역임)이 이현희의 『임정과 이동녕연구』보다 꼭 11년 전인 1978년에 펴낸 『이동녕 일대기』에서 앞의 책과 똑같은 내용의 기사를 발견하게 되었다. 원전에 한발 더 다가섰다는 설렘을 달래면서 수소문 끝에 연결된 작가 김석영으로부터 전해 들은 자료는 뜻밖에 한 주간 신문 기사(1977년 3월 30일 자 주간종교)였다. 그러나 주간종교에도 예의 대종교인 이름은 단 한 사람도 보이지 않고 단지 '우리나라 최초의 독립선언서이긴 하나 아직도 발표한 날짜와 그 작성자가 누구인지 확실히 밝혀지지 않고 있다'면서 안타까워하고 있을 뿐이다. 역시 간접자료의 한계일 수밖에 없었다.

그래서 직접 만난 김석영으로부터 비로소 의문의 실마리를 푸는 단서를 얻게 되었다. 그가 『이동녕 일대기』를 쓰게 된 것은 대학교(서울법대) 동문이자 이동녕의 손자인 이석희(李奭熙, 전 대우실업 사장)의 권유에 의한 것인데 처음에는 이동녕 본인이 남긴 자료가 하나도 없는 상태에서 시작되었기 때문에 주로 그 당시 생존해 있던 독립운동가들과의 직접 면담을 통해서 한 땀 두 땀 수(繡)를 놓는 심정으로 쓰기 시작했다는 것이다. 독립운동가들에게 공통으로 나타나는 현상인데 일제의 감시를 피하고자 자리를 옮길 때는 모든 문서를 소각하여 흔적을 남기지 않는다는 불문율이 있었다고 한다. 그래서 이동녕도 유품으로 밥숟가락 1개와 몇

점의 서한이 전부였다는 것이다.

이때 만난 사람이 변영태(卞榮泰, 신흥무관학교 1회 졸업생, 이승만 정권의 외무장관 국무총리 역임) 등 주로 이동녕이 초대 교장을 지낸 신흥무관학교(신흥강습소) 출신 독립운동가들 이었다고 한다. 이밖에 대종교인 중에는 이승복(李昇馥, 동아일보 이사 역임)과 민충식(閔忠植, 임정 의정원 의원) 등 그 근거를 추적 중인 11인의 대종교인들도 포함되어 있다. 그리고 언론계에서는 당시 동아일보 만주지방 특파원이었던 유광열(柳光烈, 1898~1981, 자유신문 주필 한국일보 논설위원)의 증언을 많이 들었다고 한다.

이렇게 만난 사람이 1백 명을 헤아리는데 딱히 누구에게서 그 이야기(독립선언에 간여한 11인의 대종교인)를 들었는지 30년 전 일이라 꼬집어서 말할 수는 없으나 아마도 그 명단 속에 들어 있는 두 사람(이승복, 민충식)이나 간도 사정을 꿰뚫고 있어 그 뒤『간도소사』라는 책을 남긴 언론인 유광열(柳光烈, 1898~1981, 한국일보 논설위원)에게 들었을 가능성이 가장 크다고 말했다. 시기적으로 보아도 이승복, 민충식이 모두 김석영이 책을 내던 1978년에 작고했는데 청취(인터뷰)자료만 구하는데 꼬박 2~3년이 걸렸다니 그들 두 사람의 생존 시와 일치하고 있다.

선포의식(宣布儀式)과 인쇄 발송은 따로

한편 이들 책에서 거명하고 있는 대종교인들 가운데 김교헌을 제외한 나머지 11인은 서명자 명단에 들어 있지 않다. 이 책(고독한 승리)의 주인공인 조완구는 그 후 임정에 참여하여 국무위원 등 요직을 역임한 상당히 비중 있는 인물인데도 서명에 참여하지 않은 이유는 무엇일까. 당시 그는 교민이 많이 사는 용정 일대에서 3년째 대종교 선도 사업에 전념하고 있을 때였다.

그리고 은계(隱溪) 백순(白純, 1864~1937)은 이때 이미 50대 중후반의 나이로 후에 대종교의 교주인 도사교 위리(委理: 대리)까지 역임하는 중진이며 이규풍(李奎豊, 1865~1932) 역시 일찍이(1909) 블라디보스토크에서 의병을 규합하여 안중근(安重根, 1879~1910, 이등박문(伊藤博文) 포살영웅) 이범윤(李範允, ?~1922, 한말 북간도 관리사를 지낸 독립군의 군부 수장) 등과 함께 본토(경원 회령)로 진공하여 일본군을 공격한 역전의 무장들이었다. 이 밖에도 민충식(閔忠植, 1890~1978, 임정 의정원의원), 이승복(李昇馥, 1895 ~1978, 신간회 발기 창립 멤버), 소속은 다르나 본바탕은 역시 대종교인인 정원택(1890년생) 등은 20대 중후반의 젊은 나이로 순수한 실무 역할을 담당했음을 알 수 있다. 교주 김교헌을 정점으로 하여 조완구가 이 실무팀을 이끌었다고 보아도 무방할 것이다. 결론적으로 말해서 이들이 서명자 명단에 들어 있지 않은 것은 무오선언을 계획할 당시부터 대종교인으로 구성되는 실무 추진팀과 각계 서명 대표와는 분리해서 투트랙으로 추진했다는 이야기가 된다.

작가 송우혜는 이 문제에 대해 반사적(反射的)인 해답을 주고 있다. 즉 그의 논문 「대한독립선언서의 실체」(1988, 『역사비평』 여름호)에서 <대한독립선언서>의 경우에는 독립선언서를 그저 각지에 (인쇄) 발송했을 뿐 선언서 선포에 따른 특별한 모임이나 의식 절차가 없었다.'는 점을 환기하면서 그러므로 2·8이나 3·1선언의 경우와는 달리 <대한독립선언서>는 발표날짜를 강조하는 것이 별 의미가 없다고까지 말하고 있다.

그러나 앞에서도 설명했다시피 그가 없었다고 주장하는 선언서 선포에 따른 의식을 조완구를 비롯한 대종교인들로 구성된 실질적인 추진팀이 어떤 형태로든 거행하였음을 말해주고 있다.

10월 상달이 되면 동민들의 생기복덕(生氣福德: 싱싱한 기운과 복스러운 공덕)을 비는 동제를 지내고 집안에서 고사(告祀: 집안이 잘되기를 바라며 지내는 제사)까지 지내는 민족이다. 하물며 한겨레의 명운을 건 독립전쟁을 앞두고 그 취지와 무운(武運)을 기원하는 의식이 없었다는 것은 도대체 말이 되질 않는다. 이는 종교의 존재 이유 자체를 부정하는 것이기도 하다.

그리고 <지산일지>에 선언서의 인쇄 발송만 기록하고 선포의식에 대한 기록이 없다는 것 또한 이를 반증하는 것으로 볼 수 있다. 대종교인인 지산이 볼 때 그것(의식)은 너무도 당연한 절차이기 때문에 일지에는 단지 그가 소속되어 있는 의군부 일만 기록했을 수 있다는 것이다.

기록이 많지 않다 보니 자연 사설이 길어질 수밖에 없다. 그러나 때로는 행간(行間)의 의미가 기록 이상으로 정확할 수도 있다는 역사적 경험칙(經驗則)을 잊어서는 안 될 것이다.

때로는 더 정확한 행간(行間)의 의미

조완구 같은 명망 높은 독립운동가만큼 이름이 널리 알려지지는 않으나 항일 전선에서 온몸을 던져서 싸운 신흥무관학교 출신의 호산(湖山) 박명진(朴明鎭, 본명 의훈(義薰), 1896~?)이 남긴 <대종교 독립운동사>(1964)가 증언하는 무장독립투쟁은 우리에게 또 다른 의미의 메시지를 던져 주고 있다.

대종교에서 도형(道兄: 총전교급 품계) 칭호까지 받았던 그가 교무행정을 총괄하고 있던 1964년 68세 때 구술한 것을 선도사 박찬이 옮겨 책으로 만든 것이다. 이 책 가운데 독립운동사 편을 보면 1904년 단군교포명서 선포 이래 1942년 임오교변에 이르기까지 중요사안들을 연도별로 정리한 것인데 무오선언이 1918년 1월로 되어 있는 것은 11월의 오기로 보인다.

결론 부분에 가서 저자 호산은 '한 손에 단군 한배검의 종경(倧經: 대종교 경전)을 들고 다른 한 손에는 정의의 총을 들고' 독립전쟁의 최전선을 지킨 전사답게 불멸의 투혼을 불태우고 있다. 상황은 물론 다르지만, 모래바람 몰아치는 아라비아의 사막에서 양손에 코란과 칼을 들고 양자택일을 강요했던 마호메트의 정복전쟁과 절묘하게 대비되는 극적인 대목이기도 하다.

이제 이쯤에서 이 장(章)의 결론을 이끌어내야 할 것 같다.

<대한독립선언서>(별칭 무오독립선언서)의 발표 시기를 놓고 1918년(戊午)이냐 1919년(己未)이냐 하는 어찌 보면 참으로 부질없어 보이는 논쟁 중심에는 태세(太歲: 그 해의 간지(干支))가 바뀌는 단 하루 24시간의 시차(時差)가 도사리고 있다.

반드시 대종교가 국수적(國粹的)이라서 보다는 당시 양력에 대한 관념은 일본에서 들여온 것으로 알려진 제도라는 점 하나만으로도 반대하기에 충분한 반일 반감의 대상이었다. 대종교가 주축이 되어 추진한 <무오독립선언서>의 연기(年紀) 역시 음력으로 1918년, 즉 무오년 12월인데 그달 마지막 날(30일)이 양력으로는 1919년 1월 31일이다. 그렇다고 겨레의 명운이 걸린 이런 중차대한 행사날짜를 그달의 마지막 날로 잡는다는 것은 상식적으로 있을 수 없는 일이기에 그냥 2월이라고만 한 것이다.

이번에는 역(逆)으로 계산해서 선언서 상의 2월 1일은 음력으로는 1월 1일이다. 충분히 가능성이 있는 이야기로 만약 대종교에서 이날을 선언일로 잡았다면 원래 1918년 12월(31일)에서 하루 더 늦게 발표한 셈이 된다.

이런 현상을 좀 유식한(?) 말(명리학적)로 표현하면 시간이나 우주정기의 교관(交關)작용으로 설명되기도 한다. 이는 단 1분 1초도 멈추지 않고 마치 양 손가락을 깍지 끼듯 앞뒤로 이어 흐르는 시간의 연속성을 말하는 것이다. 월이다 일이다 하는 것은 인간이 붙인 편의상 이름일 뿐 실제로 시간은 그렇게 끊어서 볼 수 없다는 뜻이다.

　그런 의미에서 나는 <대한독립선언서>를 <무오대한독립선언서>로 명명함으로써 다른 두 독립선언서와 명칭상의 구별도 분명히 할 겸해서 어찌 됐던 무오 기미로 이어지면서 앞뒤로 서로 얽혀 있는 시간적 모순도 해결하는 것이 대안이 될 수도 있겠다는 생각을 해보았다.

대종교인 11인의 선행(先行) 작업

　어찌 됐건 당시 독실한 대종교인으로 독립운동계의 대부(代父)격인 이동녕과 독립운동계의 구심(求心) 역할을 담당했던 대종교의 2세 교주 김교헌이 만나 선언을 주도했다는 새로운 사실이 밝혀지면서 <대한독립선언서>가 1918년(무오년) 12월에 선포된 최초의 독립선언서라는 원상회복의 발판을 마련하게 된 셈이다. 즉 이현희의 『임정과 이동녕 연구』에 따르면 선언서 작성과 선포에 이르는 일련의 핵심적인 선행 작업들이 이동녕 김교헌의 주도하에 조소앙과 김동삼의 협조를 얻어 조완구, 백순 등 11명의 대종교 실무진과 협의 끝에 수행되고 그 바통을 이어받은 대한독립의군부는 선언서의 인쇄 발송업무를 마친 다음에는 구성원들이 모두 뿔뿔이 흩어져 자연 소멸하여버리고 마는 일종의 한시적 단체로서 선언을 잉태하고 분만한 산실이 바로 대종교임을 확인시켜주고 있다.

　조소앙은 귀국 후인 1948년 한 잡지(三千里, 7월 1일 자)와의 대담(회고 回顧)에서 '3·1운동 전 무오년에는 지린성에 체류하면서 대한독립의군부의 조직과 <한국(대한)독립선언서>를 작성하여 30여 재외(在外)거두로 더불어 공동 서명하여 선포하였다.'라는 말을 남기고 있는데 작가 송우혜는 「길림의 대한독립선언서 발표 시기」라는 글에서 '무오년에는'이라고 한 것은 '무오년부터'라고 해야 할 것을 기자가 잘못 옮겼다고 무오년 발표설을 부인하는데 집중하는 것 같은 인상마저 풍기고 있다.

　그러나 당시 선언서 발표의 중심에 있었던 조소앙의 의식 속에는 오랜 동안 혀에 익은 무오년 이외의 다른 연대가 들어 있지 않았기 때문에 30년이 지난 후까지도 자연스럽게 흘러나온 말일 수 있다는 설명이 오히려 더 설득력을 얻게 된다.

조항래(趙恒來, 1931년생, 숙명여대 명예교수)는 그의 논문 '무오(戊午)대한독립선언서의 선포(宣布)경위와 그 의의(意義)'에서 처음에는 필자가 바로 앞의 항목(때로는 더 정확한 행간 行間의 의미)에서 책력(冊曆)을 꼼꼼하게 짚어가며 풀어냈던 음양력 환산의 결과물이라고 주장했다가 뒤에 와서는 이 견해와 3.1 운동 이후인 1919년 3월11일 주장을 모두 빗나간 추정이라고 배척하면서 '요컨대 대한독립선언서는 '1919년 2월 초순(2월1일~2월7일 사이)으로 보는 것이 올바른 견해라고 본다고 스스로 결론짓고 있다.

그러면서 이 선언서가 상당한 시일을 두고 협의내용을 갖고 기초되고 발표되었을 것이라는 사정은 결국 이 선언서의 뿌리는 무오년에 있으며 당시 국내외독립운동의 동향을 총결산한다는 의미에서 '무오대한독립선언서'라고 명명하는 것이 적절하다는 앞의 내용을 다시 되풀이하고 있다. 그러나 필자는 선언서의 작성과 발표시기가 음력으로 무오년에 모두 이루어졌음이 자명한 사실임에도 불구하고 이를 대외적으로 발송하는 과정에서 국제적으로 공용하는 양력으로 바꿔 쓰다 보니 뜻하지 않게 이런 차질과 혼란을 빚게 된 것이라는 당초의 주장대로 이는 의도된 것이기보다는 단지 시간에 떠밀린 결과라고 할 수 있을 것이다.

'김교헌 직접 기초' 육성 증언도

대한독립선언서를 기초(起草)한 사람이 바로 대종교 2세 교주 김교헌(金敎獻)이라는 또 다른 육성 증언이 있다.

지난 3월 초(2010) 서울 계동 중앙고등학교 교정에서 열린 졸업식장에서는 이 학교 개교 이래 최초의 독립운동가 제1호 명예 졸업증서 수여식도 함께 있었다. 이날의 주인공 이원대(李源臺 호는 圓臺, 1899년생)는 이 학교(당시는 중앙고보) 3학년 때(1916)인 17세 어린 나이에 김교헌에게 발탁되어 함께 만주로 건너갔던 소년 독립투사이다.

퇴계(退溪) 이황(李滉, 1501~1570)의 직계 후손으로 고향(안동)에서 천재 소리를 듣던 이원대는 중앙학교에 다니면서 일제 치하에서 의식 있는 출판의 대명사로 통하던 이문당(以文堂, 1916, 고광규(高光圭))을 설립, 실질적으로 회사를 경영할 정도의 비상한 능력을 갖추고 있었다. 그러니까 학생신분으로 출판사의 사주 구실을 했다는 것이다.

그가 중앙학교에 진학하면서 글씨를 배운 해강(海岡) 김규진(金圭鎭 ?~1933)과 김교헌과는 둘도 없는 친구 사이로 『국조보감 國朝寶鑑』 등 고서 출간 관계로 만나 서로 의기투합이 되었다는 것이다. 특히 그의 모필 글씨는 뛰어나서 청조(淸朝)활자보다도 더 정교했다고 한다. 김교헌은 이원대의 이런 재주를 활용하기 위해 자신의 측근으로 두고 출판 일을 맡겼다는 것이다.

그 후 이원대는 신흥무관학교의 역사 교재 편수위원으로 대종교 도사교(都司敎: 교주를 말함)인 김교헌과 한 방에 기거하면서 민족사학의 새로운 지평을 연 수많은 그의 저작물을 정서하여 책으로 만들어내는 작업을 하게 된다. 이때 이원대의 가위 1인 출판사(?)에서 엮여 나온 책만도 『신단민사(神壇民史)』, 『신단실기(神壇實記)』, 『배달족 강역형세도(倍達族 疆域形勢圖)』 등 십수 종에 이른다고 한다. 그중에 김교헌이 기초하고 자신이 정서한 <대한독립선언서>가 분명히 있었다는 사실을 생전에 여러 차례 되풀이 증언한 일이 있었다고 그의 차남 이동보(李東保, 1923년생, 대종교 원로원 의장)는 전하고 있다.

그러면서 이를 뒷받침하는 증거로 이원대가 꼬박 3년간(1916~1919) 김교헌과 함께 있다가 비밀 선도위원이 되어 국내에 들어올 당시 가져온 <배달족 강역 형세도> 원문을 표구한 작품이 현재 독립기념관에 보관 전시되고 있다고 말했다. 그가 대종교에 머물렀던 시기와 독립선언서가 발표된 시기가 일치하고 있음을 알게 된다.

1972년 선도사 강천봉(姜天奉)에 의해 역주(譯註)된 이 책(강역형세도)은 당시 그의 모교인 베이징대학 도서관까지 가서 수만 권의 참고도서를 열람 고증한 끝에 김교헌의 감수를 받아 등인본(謄印本: 등사판으로 인쇄함)으로 간행되었던 것이라고 한다.

4장
초종교 초이념의 표상

보재 이상설　　의암 유인석　　우당 이회영　　석오 이동녕　　예관 신규식　　전덕기

최재형　　규암 김약연　　우남 이승만　　우성 박용만　　백범 김구　　도산 안창호

홍산문화의 발상지 홍산 전경　한중 고대사에 지각변동을 일으킨 홍산문화의 태생지 홍산과 대능하의 상류 시라무렌 강(좌측)

14 망국민의 마지막 귀의처(歸依處)

흰뫼(백두산)가 우뚝코 은택(銀澤)이 호대(浩大)한
한배검(단군)이 깃치신(끼치신 또는 물려받은) 이 터에
그 씨와 크신 뜻
넓히고 기르는 나의 명동

'별 헤는 밤'의 시인 윤동주(尹東柱 1917~ 1945)의 모교 용정(龍井) 명동(明東)학교(1908)의 교가 첫 구절이다.

단군을 모시는 최초의 미션스쿨

이는 윤동주의 이 학교 후배이자 통일운동가인 문익환(文益煥, 1918~ 1994)의 친동생 문동환(文東煥, 1921년생, 목사)이 근 70년 전 옛 기억을 더듬어 되살려낸 교가의 노랫말이다. 그의 나이 83세 때다. 2004년 3·1절 특집으로 문화방송(MBC)이 방영한 다큐멘터리 <이제는 말할 수 있다> (독립투쟁의 대부 홍암 나철)에서다.

이들 모두 기독교 집안에서 태어나 특히 문익환 형제는 둘 다 목회자의 길을 걸은 골수 기독교인이다. 그들이 다닌 명동학교는 북간도 최초의

기독교계 현대식 학교이다. 그 이전에 헤이그 특사(정사) 이상설과 임시 정부의 산파역 이동녕이 서전서숙(瑞甸書塾, 1906)을 세워 현대교육의 싹을 틔웠으나 이상설이 헤이그 특사의 사명을 띠고 떠나는 바람에 단명으로 끝나고 그 맥을 이어받은 명동학교가 본격적인 민족교육의 도량으로 발돋움하여 북간도 지방의 중심학교로 우뚝 서게 된다.

국조 단군 한배검이 단지 교가에 나오는 것뿐만이 아니었다. 교실 벽에는 단군상이 걸리고 예배당 정면에는 십자가와 단군기(천지인(天地人)을 상징하는 원방각(圓方角: 대종교기)를 함께 걸었다는 것은 지금 상식으로는 이해할 수 없는 너무도 충격적인 증언이다)를 나란히 걸어놓고 예배를 드렸다는 것이다.

계속되는 문동환의 증언을 통해서 오늘날에는 상상조차 할 수 없는 일들이 아무 거리낌 없이 일어나고 있는 것을 보고 종교의 울을 넘어 하나의 민족이념이 된 대종교 사상, 즉 단군사상이야말로 나라 잃은 백성의 마지막 귀의처였음을 또다시 확인하고 실감케 된다.

이를 다른 말로 표현하자면 국권회복과 항일투쟁이라는 공동목표를 효과적으로 수행하려는 통일전선의 형성이라고 할 수 있을 것이다. 원초적인 자기 방어 의지에서 출발하는 통일전선의 원류는 독립운동 1세대들의 초기 운동사와 그 궤(軌)를 같이한다. 목회자이면서 선구적인 민족 운동가였던 전덕기(全德基, 1875~1914, 상동교회 담임목사)가 이끌던 상동청년회가 그 요람이다.

통일전선의 원류 상동(尙洞)청년회

1905년 을사늑약이 체결되자 전덕기는 전국의 교인 수천 명을 모아 '구국을 위한 1주일간 금식기도회'를 주도하고 그 여세를 몰아 이동녕, 김구, 조성환(曺成煥, 1875~1948 임정 국무위원) 옥관빈(玉觀彬, 임정자금책),

이지간 등과 함께 궁궐로 나아가 조약반대 지부(持斧)상소(상소가 받아들여지지 않으면 죽음도 불사한다는 각오로 도끼를 메고 올리는 상소)를 올린다. 민족운동의 첫 불길을 지핀 이 사건을 계기로 해서 전덕기 주변으로 모여든 젊은이들로 구성된 상동청년회는 그 후 신민회의 모태가 되었고 신민회는 다시 국내외 독립운동의 중심이 되어 이를 통섭 조정하는 역할을 맡게 된다.

신민회에는 지부 상소 참여자 외에도 한글학자 주시경과 이승만(李承晚, 1875~1965, 대한민국 초대 대통령), 양홍목, 노병신, 정순만(鄭淳萬, 1873~1922, 이승만, 박용만과 함께 3만 晚 萬 중 한 사람. 서전서숙 설립 참여) 추정(秋汀) 이갑(李甲, 1877~1917, 밀산 무관학교 교장) 계원(桂園) 노백린(盧伯麟, 1874~1925, 임정 군무총장 국무총리), 이동휘(李東輝, 1872~1932, 임정 국무총리), 순국한 헤이그 특사 이준(李儁, 1859~1907), 우당(友堂) 이회영(李會榮, 1867~1931, 신흥무관학교 전신 신흥강습소 설립), 성재(省齋) 이시영(李始榮, 대한민국 초대 부통령), 한글학자 강매(姜邁), 보재(溥齋) 이상설(李相卨, 1870~1917, 헤이그 특사 정사), 동오(東吾) 안태국(安泰國, ?~1920, 산업구국운동), 육당(六堂) 최남선(1890~1957, 기미독립선언서 기초), 우강(雩岡) 양기탁(梁起鐸, 1871~1938 언론인 출신. 임정 주석 역임, 최재학(崔在學, YMCA 창립 지도자) 등 민족주의 성향의 대표적인 인물들이 총망라되다시피 하였다.

그런데 상동청년회의 특징은 반드시 기독교인만으로 구성되지 않았다는 데 있다. 대종교인과 천도교인 등이 종교의 울을 넘어 초 종교적으로 참여했고 이런 전통이 불문율처럼 간도의 독립운동 최전선으로까지 확산한 것이다.

기독교 민족운동의 요람

이를 가리켜 한신대 교수 서굉일(徐紘一)은 기독교 민족운동(Christian nationalistic movement)이라 이름 하고 그 개념을 다음과 같이 두 갈래로 정리하고 있다. 그 첫째는 교인이 개인적 차원에서 혹은 국민적 입장에서 민족운동에 참여하는 것인데 여기서 종교적 신념이나 가치는 그다지 중요하게 생각하지 않는다. 정치적 가치에 더 높은 가치를 부여하고 궁극적 삶의 의미를 정치적 목적 구현에 두는 것을 말하는데 민족운동이라는 목적을 위해 교회를 도구화하는 것을 이른다. 둘째로는 종교적 신념에 궁극적 가치를 두고 이를 실현하는 과정에서 민족운동이 나타나는 경우이다. 종교적 가치구현을 목적으로 행동한 결과로서 민족독립운동을 추구하게 되는 것을 말하는데 이것이 바로 기독교에서 말하는 기독교 민족운동이다.

비근한 예로 일본의 선각자들이 선진 서구문물을 수용하기 위한 하나의 방편으로 기독교를 신봉한 것과는 대조를 이룬다. 즉 그들은 그들의 고유 신도(神道)에 바탕을 두고 기독교는 단지 개화의 수단으로 이용하였기 때문에 기독교 수입은 우리보다 먼저 했는데도 그 교세는 미미할뿐더러 민족의 정체성을 크게 해치지 않고 고유문화도 동시에 지켜내는 요즘 말로 말하면 윈윈에 성공했다고 볼 수 있다.

20세기 전 세계를 풍미했던 공산주의 사상 역시 이와 똑같은 논리로 일본에서는 크게 힘을 발휘하지 못한다. 공산당이 천황제를 반대했다가 도리어 역풍(逆風)을 맞아 혼란만 가져왔다는 일화가 이를 말해준다. 우리나라에서는 사회주의계열 독립운동가 이동휘 같은 경우가 그 좋은 예가 될 것이다. 임정에서 국무총리를 지내고 주로 노령(露領)에서 독립운동을 한 그는 지리적으로 공산주의 국가 소련이 활동 무대였기 때문에 공산주의 운동의 선구적 활동을 하지 않을 수 없었으나 그것은 어디까지나 민족독립운동의 한 방편이었던 것이다. 스스로도 고백한 것처럼 그는 '공산주의가 무엇인지 아무것도 모르는 인물'이었다고 한다. 뒤에 가서 상론할 기회가 있겠지만 우리의 외래문화 수용 자세와 일본의 그것과는 극명하게 대조를 이루고 있음을 볼 수 있다. 두 나라 간의 이와 같은 편차 (偏差)에 주목하는 이유는 그것이 후일 나라의 명운을 결정짓는 데 큰 영향을 미칠 수 있기 때문이다.

간도 지방 민족교육의 효시가 된 '서전서숙'의 창립과 명동학교 설립에 는 각각 여준과 이동녕 이동휘 이상설 정순만 정재면(鄭載冕, 간민회 간 부) 등이 참여하고 있다. 이들이 다시 서간도(이동녕, 이시영, 여준, 김창 환, 이관직)로 북간도(이동휘 정재면) 노령(이상설, 정순만), 미주(이승만 박용만) 등지로 갈려 나가 각각 현지의 독립운동을 이끌었다. 그 중에도 명동학교의 경우는 신민회가 직접 북간도 교육단을 조직하여 현지로 파 송할 만큼 공력(功力)을 들인 말 하자면 역점사업 가운데 하나였다.

역사교육으로 민족역량 강화

서전서숙에 이어 세워진 양정. 명동 창동 정동 길동 등 유수한 학교를 비롯하여 종교계통과 순 민간계통에서 설립한 학교만도 80여 개에 이르 렀다.(1917년 12월 현재)

이들 학교에서 벌이는 역사교육은 애국주의적 민족의식 함양에 그 목 적을 두고 있었다. 역사교육에 특히 역점을 두는 이유는 앞으로 전개될 독립전쟁에 대비하여 이념적 틀을 제공하고 애국주의와 민족애를 고취하 는 등 독립운동의 방략을 찾는 기초 작업이었다.

그리하여 서북간도 일대에서 쌍벽을 이루는 대종교계의 동창(東昌)학 교(1912, 환인(桓仁) 윤세복, 윤세용 설립)와 기독교계의 명동학교(1909, 용정, 김학연 설립), 그리고 최초의 군사교육기관인 신흥무관학교(1911,

유하현(柳河縣), 이회영 설립)에는 국사를 배달민족이라는 단일민족사로 체계화한 무원(茂園) 김교헌(신단실기 신단민사)을 비롯하여 역사교육을 독립운동의 방략으로 삼은 해원(海圓) 황의돈(黃義敦, 1884~1964, 대동청사(大東靑史)) 등 국사연구를 민족운동의 한 방편으로 삼은 산운(汕耘) 장도빈(張道斌, 1883~1963, 조선역사 요령 국사) 국혼(國魂)이 살아있는 민족사서의 저술로 독립운동의 이념적 기초를 세우고자 했던 백암(白巖) 박은식(朴殷植, 1859~1925, 한국통사 독립운동지 혈사), 이른바 민족사학의 새로운 이정표를 세운 단재(丹齋) 신채호(申采浩, 1880~1936, 조선상고사 조선사연구 초) 국사의 중심무대를 만주로 설정하고 구강의식을 환기하여 항일독립전쟁의 이념을 구축한 석주(石洲) 이상룡(李相龍, 1858~1932, 서사록 西徙錄, 요동평양 등) 등이 포진하여 지금까지 이념적 차원에 머물러 있던 독립운동의 실천과 행동방향을 새롭게 설정하고자 하였다.

용정 3·13 만세운동은 이런 역사적 배경에서 축적 숙성된 민족 역량의 발현이었던 것이다. 북간도의 3·1운동으로도 불리는 이 만세운동은 국내에서 그랬던 것처럼 삽시간에 요원의 불길처럼 번져 간도일대 이르는 곳마다 뜨거운 민족의 함성으로 뒤덮어 버렸다.

마치 영화의 한 장면처럼 인근 천주교성당의 정오 타종소리를 신호로 손에 손에 태극기를 든 명동학교를 비롯한 원근 각지의 12개 학교 학생과 교사 그리고 주민 1만여 명(3만으로 추산하기도 함)이 노도처럼 밀려들어 지평선이 아물거리는 서전 넓은 들을 삽시간에 가득 메웠다.

피로 물들인 용정(龍井) 만세시위

간도 거주 80만 동포의 이름으로 <독립선언포고문>이 선포되자 지축을 흔드는 독립만세소리가 용정촌을 온통 집어삼킬 듯한 기세로 아직은 얼부풀어 희뿌연 3월의 하늘에 메아리치고 있었다.

이 성난 군중의 대열을 저지하기 위해서 출동한 중국무장경찰은 시위대를 향해 무자비하게 총격을 가해 선두에 섰던 기수(박문호, 장은평학교 교사)를 비롯하여 모두 17명의 생때같은 청년학생들이 쓰러지고 수십 명이 중경상을 입었다. 북간도 일대 각 지역에서 이후 40일간에 걸쳐 개최된 1백 여회의 대 소집회에 약 8만 명의 주민이 동원되었는데 이는 당시 연변 거주 조선족의 36.6%에 이르는 숫자라고 한다.

이름 그대로 국내에서 일어난 3·1운동의 연장일 뿐 아니라 재판이다. 첫날 대회에서 무오독립선언 서명자 가운데 한 사람인 규암(圭巖) 김약연(金躍淵, 1868~1942) 등 민족 지도자 17명의 이름으로 발표한 <독립선언 포고문> 역시 공약 3장은 3·1운동의 선언서에 있는 내용 그대로 옮겨다 놓은 것이어서 두 선언 간의 밀접한 연속성을 짐작하게 한다.

<선언포고문> 본문에서도 '자(茲)에 아(我) 수부(首府)인 경성(京城)에서 독립기를 먼저 들었으므로(중략) 우리 간도(墾島: 間島를 말함) 80만 민족도 혈맥을 원적(遠績: 같이하다)하고 성기(聲氣: 한 목소리) 상통하고 황천(皇天)의 명소(命召: 하늘의 부르심을 받고)에 감열(感悅)하여 인류 계급에 동등 하는 것'이라고 하여 만세운동의 명분과 정당성을 전 세계를 향해 천명하고 있다. 그리고 마지막에 단기연호 4252년(1919년)을 명기, 단군의 자손임을 환기시키고 있다.

김약연은 명동학교를 세운 주역 가운데 한 사람으로 간도지방의 자치기구이자 항일운동단체인 간민회(墾民會, 1911년)를 이끌면서 교민에게 애국심을 고취하고 독립운동의 기반을 조성하는 데 크게 이바지하였다. 후일 간도지방이 무장독립운동의 중심기지로 부각될 수 있었던 것도 3·13 만세운동을 주도하는 과정에서 자연발생적으로 노출된 운동의 한계를 극복하려는 자구(自救) 노력의 일환이라고 할 수 있을 것이다.

탁월한 지도력과 신뢰를 한몸에 받아 일명 '간도 대통령'으로 불리던 그가 무력항일투쟁을 선언한 무오독립선언에 서명한 것은 어쩌면 당연한 일일는지 모른다. 거기에다 무오독립선언은 선언 취지 그대로 청산리전투를 통해서 무력투쟁을 선도했으나 다른 선언에서처럼 만세시위 같은 후속운동이 뒤따르지 않았기 때문에 지역적인 근접성으로 보나 김약연의 서명 사실 등으로 미루어 3·13만세운동과 직접 연계될 수 있을 것 같은데 그런 흔적은 발견되지 않는다.

김약연(金躍淵)도 무력독립투쟁 주장

그렇다면 재미학자 서대숙(徐大肅, 1931년생, UCLA대 초빙교수)이 주장하는 것처럼 김약연의 무오독립선언 서명은 본인의 의사와 관계없이 대종교에서 일방적으로 만들어낸 것인가. 서대숙은 또 1997년 <규암의 항일 독립운동>(북간도민족운동의 선구자 김약연 서거 55주년 기념학술대회 문집)에서 '서울의 독립선언은 일본유학생이 중심이 되어 쓴 선언서'라고 2·8 선언과 선언 주체를 혼동하고 있는가 하면 '3·13 독립선언서는 북간도와 연해주로 피신해간 우리 혁명투사들이 만들어낸 것이기 때문에 무장투쟁을 주장한 선언서'라고 하고 '거기에는 육탄혈전을 벌여야 한다고 쓰여 있다'고 이번에는 무오독립선언과 3·13 독립선언포고문을 혼동하고 있다.

앞에서도 설명한 바와 같이 3·13 독립선언포고문은 3·1 선언문의 공약3장을 그대로 옮겨다 놓았을 뿐 아니라 본문에서도 서울의 3·1 운동과 직접 기맥을 통하고 있음을 분명하게 밝히고 있다. 오히려 그가 첫 번째 혼동을 일으킨 2·8 선언에서는 그들의 목표가 달성될 때까지 '영원한 혈전'을 벌일 것을 천명하고 있다.

2006년(10.26) 서전서숙 100주년 기념국제학술회의(대 주제 한국독립운동과 서전서숙) 때 중국 연변대 교수 최홍빈(崔洪彬)이 발표한 주제논문(서전서숙과 조선족사회) 속에서 이런 사실을 처음 발견하고 무척 당황스러웠다. 그러나 그로부터 11년째 되는 2008년에 나온 서대숙의 「간도 민족운동의 지도자 김약연」을 보고서 앞에서 지적했던 내용이 모두 제자리로 돌아와 있음을 비로소 알게 되었다.

그리고 김약연이 서명한 무오독립선언은 대종교가 주관을 하고 1918년 말에 여준 조소앙 등이 대한독립의군부를 조직하면서 발표된 것이라고 하였다. 또 무오독립선언서의 내용이 김약연의 독립운동 방략을 가장 잘 나타내 주고 있다면서 육탄혈전으로 독립을 수립하겠다는 극히 간단하고 힘 있는 선언이라고 평가했다. 그런데 정작 김약연 자신이 주도한 것으로 되어 있는 3·13 선언에는 이런 그의 이념이 전혀 반영되어 있지 않다.

이에 대해 서대숙은 독립운동 노선상으로 볼 때 김약연의 독립사상과는 거리가 있는 포고문을 작성하고 3·13 반일시위를 벌일 당시 그는 용정에 있지 않고 1919년 2월 초에 연해주로 갔다가 만세시위가 끝난 3월 21일에야 용정으로 돌아온다. 오히려 그의 사상은 용정 독립선언포고문에 이어 3월 17일 노령(露領) 대한국민의회가 발표한 <선언서>에 더 많이 반영되어 있다. 이 선언서는 작성자가 누구인지는 모르지만 귀화인을 대표하는 최재형(崔在亨, 1858~1920, 재러 항일무력투쟁 영도), 문창범(文昌範, 1872~? 전로한인중앙총회의장), 김철훈(金哲勳, 이르쿠츠크파 고려공산당 창립) 등과 비 귀화인인 이동휘, 춘곡(春谷) 원세훈(元世勳 1887~? 대한국민의회 부의장) 그리고 중립적 처지에 있던 간도의 김약연과 정재면 등의 지도로 만들어졌다고 한다. 그런데 그 본문에서 서구 민주주의 전달자(수입자)로서의 기독교의 유용성을 강조하고 교육을 통해 노골화되고 있는 일본의 동화정책에 반대하고 있다. 이어서 결의안 제 5항에서는 평화적이고 외교적인 방법으로 소기의 목적(독립)을 이루지 못할 때에는 일본에 대하여 혈전포고(血戰布告)를 주장한다는 것 등이 김약연의 평소 신념과 맞고 무오독립선언과도 맥이 닿아 있음을 볼 수 있다. 그리고 이 선언서의 마지막에는 무오, 3·1, 3·13 선언과 똑같이 기원 4252년이라는 단군연호가 분명하다. 서기를 쓴 것은 2·8선언뿐이다.

서대숙은 또 무오독립선언과 관련하여 치부(恥部)라고 할 수 있는 몇 가지 문제점을 단 한치도 비켜가지 않고 날카롭게 집어내고 있다. 그 첫째가 서명자들의 동의 없이 선언서에 이름을 올렸다는 것이며 다음으로 대종교 2세 교주 김교헌의 친일행적을 거론하고 있다. 김교헌은 1916년 나철로부터 교통을 이어받은 그 해에 조선총독부 촉탁으로 들어가 『조선반도사』 편찬사업에 종사한 일이 있다는 것이다. 그리고 재미 서명자 이승만은 일본에 대한 대응을 무력보다는 외교로 해결해야 한다고 주장하면서 미국 대통령 윌슨에게 우리나라를 위임통치(委任統治)해 달라는 서한을 보낸 '매국 매족적 행위'로 일부 선언 서명자들로부터 규탄까지 받았음을 들고 있다.

일제(日帝)도 '단군은 초(超) 종교적'

조선총독부가 조사한 일본 측 자료(국경지방시찰복명서 1915)를 보더라도 당시 한민족들 간의 단군에 대한 인식은 초 종교적 공통분모였음을 잘 알 수 있다. 이 보고서를 보면 '대종교(단군교)는 조선의 국조(國祖)라 일컫는 단군을 숭배하는 하나의 조선교(祖先敎)라 전제하고 순연(純然)한 종교와 같이 사회의 사상계를 지배혁신 함을 교의(敎義)로 하는 것이 아닌 고로 학교 등에서 국조의 사진을 게시하고 일요제(日曜祭: 경배식을 말함)때 삼부(三抔: 세 번 손을 씻음, 즉 관수(盥手)) 예배하고 아동에게 그 위적훈업(偉績勳業)과 숭상(崇尙)한 인격과를 설명하여 흠모하려고 하는 것'이라고 한인이 그들의 국조인 단군을 숭모하는 것은 신앙적 차원이 아니므로 결과적으로 배일의 동기를 유발할 요인이 충분하다고 에둘러 경계하고 있는 모습이다.

간도와 연해주는 지리적으로 서로 접경을 이루고 있기도 하지만 초기 이주민들에게는 거의 같은 지역 개념으로 받아들여졌던 것 같다. 우선 <무오독립선언서>의 선언 발기인만 보더라도 간도와 연해주 주민을 한데 아우르고 있고 실제로 1913년 단오절에는 용정촌 합성우(合成祐) 들판에서 열린 간도 일대 학교의 연합운동회에 연해주의 개척자인 최재형이 이끄는 연추(煙秋, 노우키에프스쿠) 지역 각급 학교 학생들이 참여하였다는 기록이 이를 뒷받침하고 있다.

일찍이 의병장 유인석(柳麟錫)이 그의 항일투쟁의 대단원을 장식하는 의병세력의 통합체인 13도 의군을 결성하고 친러파의 원조 이범진(李範晉: 1852~1920)을 비롯하여 헤이그 특사의 정사 이상설과 대한제국의 외교관 출신 헤이그 특사 통역관 이위종(李瑋鍾, 1887~?, 이범진의 아들) 구한국의 간도관리사 이범윤(李範允, ?~1922) '시일야방송대곡(是日也放聲大哭)'의 위암(韋菴) 장지연(張志淵, 1864~1921) 봉오동전투의 영웅 홍범도(洪範圖, 1868~1943) 친일파 미국인 스티븐스를 저격한 의사 전명운(田明雲, 1884~1947) 등 원로 항일투사들이 망명해서 찾아든 곳이 바로 연해주다. 1910년 경술국치를 전후해서 그때까지만 해도 일제의 마수가 덜 미치던 이곳으로 망명객들의 러시 현상이 일어난 것이다.

최재형(崔在亨) 연해주 무력투쟁 주도

이보다 앞서 1908년에는 이범윤이 거느린 사포대(私砲隊)가 노우키에프스쿠(연추)를 교두보로 하여 본국 회령 경흥 등지의 일본군을 공격했는데 이때 이토(伊藤博文) 포살의 영웅 안중근과 후일 민족혁신파의 노령 대표가 된 이규풍(李奎豊) 등이 참여하였다함은 앞에서도 말한 바 있다.

연추는 이후 노령에서의 무력투쟁을 주도하게 되는 최재형(한족민회장)이 개척한 항일 발진 기지였다. 그래서 붙여진 이름이 연추 의병파다. 최재형은 해조신문(1908)의 창시자 최봉준(崔鳳俊 블라디보스토크-원산 간 여객선 선주)을 중심으로 하는 이른바 해조(海潮) 계몽파와 강온(强穩) 대립을 이룬 가운데 노령에서의 독립운동을 이끌게 된다.

연해주 일대의 각종 조직과 단체 대표로 조직된 전로한족회중앙총회를 모체로 하여 1919년 3월 17일 개편 출범한 대한국민의회(의장 문창범)는 <독립선언서>를 채택하고, 3·1 독립선언의 대표 손병희(孫秉熙, 1861~1921)를 대통령, 이승만을 국무총리로 상해 임시정부보다 앞서 사실상의 정부조직을 선포하였다. 이어서 4월11일에는 상해에 대한민국 임시정부가 세워지고 4월 23일 서울에서 선포되어 미국 워싱턴에 자리 잡고 있던 이승만을 집정관 총재 이동휘를 국무총리로 하는 한성정부의 통합 작업이 추진되었는데, 그해 11월 3일 이동휘가 상해임시정부의 국무총리로 취임함에 따라 정립(鼎立)상태에 있던 3개 임정의 정부 차원 경쟁은 종지부를 찍게 되었다. 이로써 통합된 대한민국 유일 임시정부 시대가 열린 것이다.

이보다 5년 앞선 1914년에 한족의 시베리아 이민 50주년을 기하여 이상설을 정통령으로 선출, 최초의 망명정부인 대한 광복군 정부를 건립하게 된다. 이동휘, 이동녕, 정재완 등을 주축으로 하는 이 정부는 광복군을 이끌 최초의 사관학교 설립 등 원대한 계획까지 세웠으나 1차 대전 발발로 중단되고 말았다. 이로써 왕정복고를 전제로 하는 망명정부시대는 단명으로 끝나고 공화정을 국체로 하는 임시정부시대로 옮아가게 된다.

한편 대종교의 지역관할 편제, 즉 교구 설정을 보아도 동2도본사(東二道本司)라고 해서 연해주 및 해삼위(海參威 블라디보스토크)와 동북만주 일대를 한 교구로 묶어 서일(徐一)이 영도하였다. 이는 1917년 현재이고 그 이전 초기 개척기에는 이상설이 영도한 것으로 되어 있다.

관하 연해주 해삼위지역에 소속되어 있는 인물로는 이범윤, 홍범도를 비롯하여 최우익(崔友翼, 의군부 조직), 이화(李華), 정광(丁光), 김익형(金翼衡), 박서련(朴瑞連), 김백수(金百銖), 허련(許煉), 황강(黃剛), 허철(許澈) 등을 들 수 있다.

15. 대종교와 임시정부

"선생님 저도 대종교인입니다."

광복 이듬해인 1946년 연초 어느 날 저동(苧洞) 대종교 총본사를 방문한 임시정부 주석 백범(白凡, 김구 1875~1949)이 3세 교주 단애(檀崖) 윤세복(尹世復)에게 건넨 인사말의 첫마디이다.

선생님 저도 대종교인입니다

이때 백범과 동행한 성재(省齋) 이시영(李始榮, 1863~1953)이 "그럼요" 하고 맞장구를 치며 거들자 언제나처럼 흰 두루마기 차림의 단애 종사가 "네 물론 잘 알고 있습니다."라고 화답했다.

스스로 대종교인임을 자처하는 백범은 사실은 대종교인이 아니다. 그런데도 그가 이렇게 말하는 이유는 단순한 정치적 수사(修辭) 이전의 깊은 사연이 서려 있었다.

"사실은 어머니(곽낙원(郭樂園))께서 유언으로 남긴 당부라 어길 수가 없어서…" 라고 독실한 천주교 신자였던 그의 어머니 당부를 좇아 천주교에 이름은 올려놓고 있으나 자신의 본마음은 대종교에 가 있다는 뜻이다.

어머니를 향한 백범의 효심은 이미 널리 알려진 사실이지만 어머니가 보여준 격외성총(格外聖寵: 악을 피하고 선을 행하도록 돕는 은혜)과도 같은 자식사랑 또한 유별났다고 한다. 발산개세(拔山蓋世: 산을 뽑고 세상을 뒤덮을 만한 기개)의 타고난 무골(武骨) 백범도 어머니에게만은 종아리 걷고 회초리를 맞는 그런 아들이었다.

의사 윤봉길(尹奉吉)의 의거가 일어난 해니까 1932년 백범의 나이 57세 때였다고 한다. 게다가 임시정부 최고의 어른인 주석으로 있던 그가 어머니에게 회초리를 맞았다면 과연 그걸 누가 믿겠는가! 그러나 이는 가상의 이야기가 아니고 한 치 거짓 없는 실제 상황이다. 이 일을 현장에서 직접 목격하고 전한 사람이 다른 사람 아닌 성재 이시영이다. 성재가 국정협의를 하려고 백범의 집 방문 앞에 당도했을 때 방안에서 들려오는 노기 띤 어머니의 목소리에 놀라 방문 앞에서 발길을 멈추고 귀를 기울였다. 어머니가 사랑의 매를 든 사연은 윤의사의 장거 뒤에서 날로 새로워질 유족의 슬픔을 헤아리지 못하고, 그저 자랑과 선전에만 열을 올리고 있다는 꾸지람이었다. 백범은 이런 어머니의 말씀을 어길 수 없었다는 뜻을 말한 것이다.

임정(臨政)의 두 기둥 이동녕과 신규식

다시 말해서 김구의 이 말 속에는 자기 개인의 신앙적 차원을 넘어 임시정부 자체가 대종교를 떠나서는 있을 수 없다는 뜻으로도 읽히는 대목이다.

상해 임시정부가 어느 날 갑자기 평지 돌출식으로 튀어나와 수립된 것이 아니라는 뜻이기도 하다. 대종교가 그동안 전개해온 항일독립투쟁의 연장선상에서 거둔 결실이라 하여도 과언은 아니다.

그 대외적인 기반을 닦은 사람이 바로 예관(睨觀) 신규식(申圭植, 1879~1922)이다. 육군무관학교 출신으로 계급이 부위(副尉)에까지 올랐던 그는 1905년 을사늑약이 체결되자 분격한 나머지 음독자살을 기도하였으나 실패하고 이때 음독의 후유증으로 오른쪽 눈의 시력이 마비되어 흘려본다는 뜻으로 예관이라 스스로 호(號)하였다.

그리고 5년 뒤인 1910년에 경술국치를 당하여 또다시 음독자살을 기도하였다가 홍암 나철의 구원으로 소생하여 이후 대종교와는 떼려야 뗄 수 없는 인연을 맺고 독립운동에 헌신하게 된다. 이듬해 상해로 망명하여 손문(孫文)이 이끄는 동맹회(同盟會)에 한국인으로서는 처음으로 가맹하고 신해(辛亥)혁명(일명 民國혁명, 청조(淸朝) 왕정을 무너뜨리고 중화민국을 건설한 혁명)의 기폭제가 된 무창(武昌)의거에 솔선 참가하여 물심양면으로 혁명에 공헌함으로써 훗날 긴밀한 한중 협력의 씨앗을 뿌리게 된다. 이런 유대관계를 바탕으로 해서 임시정부 수립 후에는 외무총장으로 당시(1921.11) 남중국 광주(廣州)에 있던 중화민국정부의 승인을 얻는 데 결정적인 역할을 하게 된다.

한편 대내적으로는 석오 이동녕이 임시정부 탄생의 산파역을 맡게 된다.

인재 풀 구실을 한 서이도본사(西二道本司)

그가 대종교 2세 교주 김교헌과 함께 주도한 무오독립선언을 통해서 본국과 만주 연해주 중국본토 일본 미국 등지에서 활약하고 있던 민족운동 지도자들과의 교감을 확인하고 일제에 의해 고종이 독살되던 1919년 2월 21일을 전후하여 연해주로 건너가서 모스크바에서 레닌과 회견하고 돌아오던 여운형과 만나 국제정세를 점검하고 뒤에 노령 임시정부로 발전하게 되는 대한국민의회 측과 독립운동의 방향에 대해 협의한다. 그후 3월 초에 상해로 돌아와 민주공화정을 국체로 하는 임시정부 구성작업을 본격화하게 된다.

한편 임시정부가 수립되기 2년 전(1917년) 상해에 대종교 서2도본사(西二道本司를)를 개설하여 교민 선도는 물론 본국에서 머리 두르고 찾아오는 망명객들의 독립운동기지로 제공하게 된다.

상해를 중심으로 하여 전 중국을 관할하는 이 시교당에는 임시정부의 모태라고 할 수 있는 임시의정원의 의장 이동녕과 신규식을 비롯하여 후일 대통령이 되는 박은식, 만호(晩湖) 홍진(洪震 본명 振, 1877~1946 국무령) 국무위원 조완구, 해공(海公) 신익희(申翼熙, 1894~1956 내무차장), 우창(于蒼) 신석우(申錫雨, 1894~1953 교통총장), 법무총장 이시영, 황학수(黃學秀, 1879~1953 군사위원), 청사(晴蓑) 조성환(曺成煥, 1875~1948 국무위원), 남파(南坡) 박찬익(朴贊翊, 1884~1949 외무처장 대리), 차이석(車利錫, 1881~1945 국무위원), 우사(尤史) 김규식(외무총장), 김철(金徹, ?~1934 국무원비서장), 일우(一雨) 정신(鄭信, 1898~1931 일명 일우(一雨) 의정원 산하 총판부 참사), 최창식(崔昌植, 1892~1957 법무총장), 남형우(南亨祐, 1875~1949), 단주(旦洲) 유림(柳林 본명 華永, 1894~1961 국무위원), 문창범(교통총장), 최재형(재무총장), 우산(友山) 윤현진(尹顯振, 1891~1921재무차장), 이광(李光) 송호성(宋虎聲, 초대 국방경비대사령관), 신채호, 남동우(南東祐), 신철(申澈), 일송(一松) 김동삼(1878~1937 국무위원), 희산(希山) 김승학(金承學, 1881~1965 학무차장), 소운(少雲) 민제호(閔濟鎬, 1890~1932 外事국장), 민필호(閔弼鎬, 1898~1963 주석판공실장), 신건식(申健植, 일명 신환(申桓), 1889~1963, 재무차장) 김갑(金甲 본명 金晉源, 1888~? 교통위원 임시의정원의원) 등 후에 임시정부를 이끌어 갈 핵심 인물들이 모두 망라되어 있었다.

대종교와 임정은 안팎 표리관계

1920년 10월 청산리전투를 고비로 하여 이후 독립군의 세력이 점차 약화하고 상대적으로 전력을 강화한 일제가 만주일대를 그들의 세력권으로 흡수하면서 발판을 잃게 된 독립운동가들이 상해(上海)로 집결하기 시작했다. 그리하여 이동녕을 의장으로 하여 구성된 임시의정원의 의원총수 29명 가운데 대종교인이 23명이고 정부조직에서는 13명의 부차장(장·차관) 중에서 무려 11명이 대종교인이었을 정도로 주류를 이루었다.

말하자면 임시정부와 대종교는 안팎 표리(表裏)관계를 이루고 있었던 셈이다.

김구와 같이 대종교인임을 자청하거나 친 대종교계로 분류되는 대표적인 인사로는 조소앙을 비롯하여 우당(友堂) 이회영(아나키스트), 도산(島山) 안창호, 사회주의자 이동휘 등을 들 수 있을 것이다. 기독교 신자인 우남(雩南) 이승만도 한때는 대종교에 적을 두고 있었다고 한다.

조소앙과 대종교와의 관계는 그가 망명할 무렵(1913) 이미 상해에 정착하여 독립운동을 전개하고 있던 대종교 지도자 신규식과의 만남에서 비롯된다. 일찍이(1911) 망명한 신규식이 이듬해 상해에서 조직한 최초의 한국인 독립단체인 동제사(同濟社)를 통해서였다.

겉으로는 교민의 상조기관 행세(재 상해한인공제회라는 별칭처럼)를 하면서 실제로는 독립운동을 표방했던 이 단체를 이끈 사람이 신규식(이사장)과 박은식(총재)였고 「임꺽정」의 작가 벽초(碧初) 홍명희(洪命熹, 1888~?)를 비롯하여 우사(尤史) 김규식, 단재(丹齋) 신채호, 호암(湖巖) 문일평(文一平, 1888~1936 역사가,) 남파(南坡) 박찬익, 청사(晴簑) 조성환(曺成煥), 민충식 등 대종교인이 대종을 이루고 있었다. 조소앙은 독립운동을 담당할 청년들의 교육을 위해 설립한(1912. 12) 박달(博達)학원을 통해서 이들과 본격적으로 합류하였으며 그 뒤 임시정부 수립의 법적

토대와 명분을 확보하고자 발표한 '대동단결선언'(1917)과 국내외 전 민족에게 무력독립투쟁의 의지를 천명한 '대한독립선언'(일명 무오독립선언)을 발표하는 과정에서도 대종교계 인사들과 교유하고 그들과 서로 영향을 주고받았을 것으로 보고 있다. 또한 그가 한때 민족의 정신적 통일을 유도하려고 창교한 육성교(六聖敎)라는 종교 교리에서도 세계의 여러 성인 중에서 단군을 그 첫머리에 내세우고 있는 점으로 미루어 그의 단군 민족주의적 신념은 의외로 확고했음을 알 수 있다.

16. 삼균(三均)주의

임시정부의 이념적 이론적 토대를 제공한 조소앙은 그가 주창한 삼균(三均)주의에서도 대종교사상, 즉 단군사상의 영향을 받은 단군 민족주의자임을 스스로 인정하고 있다.

뿌리는 홍익인간의 평등사상

한승조(韓昇助, 고려대 명예교수)가 그의 「단군신앙과 소앙사상」(1989)에서 정리한 그대로 '소앙사상은 단군신앙을 중심으로 하는 한국전통사상의 근간에다 20세기 초반 세계의 정치경제 사회 사조를 접목하면서 항일운동의 실천과정에서 집대성한 것'으로 언제나 그의 글이나 말의 서두에 마치 전치사처럼 내세우는 '단군 대황조(大皇祖)', '국조단군'이 이를 말해주고 있다.

삼균주의 이념의 기반을 이루는 개인 간, 민족 간, 국가 간의 '완전균등'이란 다름 아닌 홍익인간의 평등사상, 즉 '균평의 기본원리'에서 유래한 것인데 조소앙은 그 이론적 근거를 '수미(首尾)가 고르게 평위(平位)를 얻어 나라는 흥하고 태평을 유지한다.(수미균평위(首尾均平位) 흥방보태평(興邦保太平))'고 한 <신지비사(神誌秘詞)>(1914년 홍암 나철이 지은 제고령사제문(祭古靈祠祭文)에서 처음 언급한 비서로 단군시대의 사관 신지가 썼다고 알려짐)라는 전래의 도참적 성격을 띤 비서에서 인용하고 있다.

그리고 이보다 앞서서는 그의 사상이 많이 반영되었다고 하는 <대한독립선언서>에서 '동권동부(同權同富)로서 일체 동포에 시(施)하여 남녀빈부(男女貧富)를 제(齊)하며 등현등수(等賢等壽: 교육권과 행복권을 말함)를 지우노유(智愚老幼)에 평균하여 사해인류(四海人類)를 도(度)할 것'이라고 이때 이미 삼균주의의 틀을 제시하고 있음을 본다.

이것이 삼균(三均)주의에서는 균권(均權, 권력의 균평)으로 정치의 균등화를 균부(均富), 즉 부력(富力)의 균평으로 경제의 균등화, 균학(均學: 지력의 균평)으로 교육의 균등화를 가져온다는 것이다.

사회주의적 계획경제정책도

이처럼 삼균주의에서 평등을 가장 중요한 개념으로 수용한 것은 1920년대를 전후해서 세계자본주의를 강타한 경제공황과 러시아 볼셰비키 혁명의 후폭풍 등 당시의 시대적 배경이 큰 영향을 미친 것으로 볼 수 있다.

특히 경제정책에는 경자유전(耕者有田) 원칙에 근거한 토지의 국유화와 주요 생산기관의 국영화 등 사회주의적 계획경제정책을 그 골간으로 하고 있다. 자본주의의 가장 큰 폐해로 지적되는 생산의 무정부적 집적(集積)과 분배의 불합리에서 오는 부(富)의 불균등을 바로잡으려고 자구적(自救的) 대안으로 제시한 것이다.

이 무렵 도산 안창호도. 대공(大公)주의 기치 아래 민족평등, 정치평등, 경제평등, 교육평등을 기초로 한 민주공화국 건설을 제창한 것을 보면 좌우익의 노선을 떠나 조소앙의 삼균주의가 그만큼 설득력을 얻고 있었다는 증좌이기도 하다.

조소앙이 삼균주의를 제창할 당시만 해도 서구사상은 선망의 적(的)이었고 최고선(善)이었다. 미처 취사선택할 겨를조차 없었고 그 속에 잡티가 끼어 있다 해도 걸러낼 만한 여유는 더더욱 없었다. 평등사상 역시 그런 범주에 속하는 대표적인 서구사상 가운데 하나다. 그것이 지나치게 직선적이고 평면적이어서 복잡 다양한 사회생활을 마름(재단)하고 영위하는데 오히려 족쇄가 된다는 것을 안 것은 값비싼 대가를 치르고 난 훨씬 후의 일이다.

오늘날 사회 각 분야에서 수시로 불거지는 갈등과 알력(軋轢)의 요인들이 그 원인을 거슬러 올라가 보면 그 대부분이 서구식 평등의 오용(誤用) 내지는 과잉에서 연유되고 있음을 알 수 있다. 특히 경제에서 근본적으로 평등이라는 대전제를 바닥에 깔고 있는 이른바 '분배의 정의'라는 것도 그 화려한 명분과는 달리 자칫 포퓰리즘의 유혹에 빠져 과용하게 되면 '공멸의 늪'으로 초대받기에 십상이다. 요즘 일부 좌파 지식인의 화두가 되는 교육평등 또한 애초 의도와는 달리 하향평준화를 촉진해 우리와 같은 자원 빈국의 마지막 보루라고 할 수 있는 인적 자원까지도 황폐화하는 우(愚)를 범하게 되는 것이다.

많은 식자가 지적하는 바와 같이 자유민주주의가 보장하는 평등은 기회의 평등이지 결과의 평등이 아닌데도 불구하고 선거 등 당장 구체적 성과가 있어야 하는 정치적 목적 때문에 평등일변도로 무리하고 성급하게 밀어붙이다가 결국 파국을 자초하고 마는 예를 종종 보게 된다.

서구식 평등의 함정

엄밀하게 말해서 서구민주주의가 말하는 수평적 평등이란 평등(平等)이 아니고 동등(同等)이라고 해야 맞다. 굳이 평등이라는 용어를 고집한다면 그것은 의제적(擬制的) 평등이지 순수한 본래의 평등은 아니라는 것이다. 의제란 '본질이 서로 다른 것을 법률적으로 다룸에 같은 것으로 보고 같은 효과를 주는 것'을 말한다. 즉 실제로는 평등하지 않은데 법률상으로만 평등하다는 뜻이다. 이것을 우리는 실제로도 평등한 것처럼 여기고 또 그렇게 행동하고 있으니 어찌 혼란이 일어나지 않을 수 있겠는가.

정치인들은 이런 속내를 뻔히 다 들여다보면서도 우선 먹기는 곶감이 달다고 머릿수로 말하는 선거를 의식한 나머지 짐짓 포퓰리즘을 선동하여 트러블 메이커와도 같은 악성 평등 바이러스를 더 많이 더 널리 퍼뜨리는 데 골몰하고 있다.

일반적으로 평등의 개념은 차별 없이 균평(均平)하다. 즉 평균하고 동등한 것을 말한다. 이는 원래 인간이 태어나면서부터 평등하다는 자연법 사상 등을 배경으로 하여 시민계급이 봉건적 신분 차별 철폐를 요구함으로써 확립된 것이다.

이것이 다시 민주주의 사회에서 법의 적용이나 입법상 인종, 신조, 성별, 가문 사회적 신분 등에 따라 모든 면에서 차별받지 않는 것으로 발전한 것이다. 결국 이를 요약하면 특권의 철폐와 기회의 균등을 요구하는 사회윤리상의 근본 관념이라고 할 수 있는데 평면적이고 산술적인 평등을 강조한 나머지 수직적인 '차등의 평등'을 보지 못한 채 간과하고 있는 것이다. 원래 우주의 만유는 차등으로 성립된 것이다. 저차적(低次的)으로 근시(近視)하는 것을 이(異: 사람 개개인의 얼굴이 다르듯이)로 본다면 고차적(高次的)으로 원시(遠視)하는 것을 동(同: 사람이라는 유(類)가 같듯이)으로 보는 것이다.

차별과 평등의 공존

차위(差違: 차별되고 다르다)가 있는 등급을 차등이라 하는데 이렇게 형성된 입체에는 반드시 차등이 있게 마련이다. 하늘과 땅의 높고 낮음이

차(差)요 수륙의 평면을 동(同)이라 할 때 차는 종적으로 다른 것이고 동은 횡적으로 같은 것이다.

예(禮)라고 하는 것은 이와 같은 우주의 차등을 본으로 삼아 성인이 인간의 차등을 규정한 것이다. 예별존비(禮別尊卑: 예로써 존귀하고 비천한 것, 즉 높고 낮은 것을 차별한다)하니 예는 차별하는 것이고 등지이례(等之以禮)하니 예는 또한 평등하게 만드는 것이다.

가령 부자유친(父子有親)할 때 부자는 높고 낮음이 엄연하지만 친(親)을 매개로 해서 평등하게 된다는 것이다.

다시 말해서 종적인 차이가 있음에도 횡적인 같음(同)도 함께 하고 있다는 뜻이다. 즉 '불평등을 불평등하게 대우하는 것을 평등이라고 한다면 불평등을 평등하게 대우하는 것은 곧 불평등' 이라는 등식(等式)이 성립되는 것이다. 서구의 평등관으로 보면 후자는 분명히 평등이 되지만 반대로 동양철학의 견지에서 보면 그것은 가장 전형적인 불평등이 되는 것이다.

그러므로 대소선악이 서로 같지 않은 인간에게는 같지 않은 만큼 차등을 두어 대우하는 것이 곧 평등이라는 역설이 성립되는 것이다. 만약 선악을 구별하지 않고 평등하게 대우한다면 악이 선을 구축하는 그레셤 법칙이 판을 칠 것이기 때문이다.

홍익인간의 핵심사상인 평등을 논하다 보니 의외로 이야기가 길어진 것 같다. 그러나 이 문제는 과거에도 그랬고 지금도 그렇고 다가오는 미래에도 계속 되풀이할 수밖에 없는 정치발전과 퇴영의 시계추(時計錘) 구실을 할 것이기 때문에 이번 기회에 정리하고 넘어가는 것이 정리(正理)라고 보아 졸고(拙稿: 홍익인간과 평등사상 하 2006)의 일부 내용을 전재하여 이해에 도움을 주고자 하였다.

삼균주의 전도사 조소앙

삼균주의 햇살이 널리 퍼진다.
누려야 할 권리를 찾으려는 민족이여
한마음 한 뜻으로 굳게 뭉쳐서
정성으로 엮은 깃발 높이 세우고
창조하자 균등정치 전진하자 삼균 세계

매일 일과가 끝나는 이른 저녁시간이면 한미장(韓美莊) 2층 1호실(백강(白崗) 조경한(趙擎韓) 국무위원실)에서는 일단의 젊은이들이 부르는 <삼균주의 노래> 합창소리가 낭랑하게 흘러나오고 있었다. 바로 며칠 전 삼균주의의 창시자 조소앙(당시 57세)이 삼균주의 보급을 위해 직접 작사하여 부르게 한 노래다. 이때 갓 열여덟 살이었던 우원상(禹元相, 1928년생, 대종교 선도사)은 고향인 황해도 평산(平山)에서 단신 월남하여 대종교와 처음으로 인연을 맺게 되었다.

충무로 입구에서 진고개 중간쯤 지금 전철 4호선 신한은행 명동역지점 자리에 있었던 4층 규모의 한미장은 일본 강점기 때의 본정(本町, 혼마찌라 불리던 지금 명동의 일제강점기 때 행정동명)호텔이었다.

광복 당년인 1945년 11월 미군정의 요청에 의해 개인자격으로 환국한 임시정부 요원들이 임시로 자리 잡았던 곳이다. 여기서 '요원'이라는 이름을 붙인 것은 임시정부의 직접 관계자 외에도 대종교 관계자와 고향을 잃었거나 미처 찾지 못한 그 가족까지도 포함되어 있다는 뜻이다. 처음에는 그 숫자가 2백 명도 넘었으나 많은 요원이 연고를 찾아 떠난 뒤에도 1백 명가량은 계속 머물러 있었다고 한다. 임시정부의 임시청사도 겸했던 것 같다. 그 중에도 2층 전 층에는 호텔 관리실과 국무위원들이 들어 있었다고 한다.

이때 대종교 총본사는 저동 지금의 중부경찰서 건너편 쌍룡빌딩 바로 아래 옛 일본사찰(지요지[千代寺])자리에 있었다. 한미장에서 걸어서 불과 10여 분밖에 안 걸리는 이 거리를 우원상은 요인 중에서 제일 연로했던 조완구(당시 60세) 재무총장을 부액(扶腋: 겨드랑이를 부축하다)하고 다녔다. 기독교의 예배일과 같이 일요 경배일 아침이면 한미장에서 대종교총본사 시교당(施敎堂: 기독교의 예배당과 같음)으로 넘어가는 경배객 행렬이 줄 이었다고 한다.

풍채가 당당하고 목소리가 쩌렁쩌렁 울리던 타고난 웅변가 조소앙은 한미장 식구 중에서도 특히 그가 좋아했던 우원상을 비롯한 다섯 젊은이에게 삼균주의 노래를 손수 지어 가르쳤다고 한다.

이들 5인방의 수장은 당시 나이가 제일 많고 임정비서장 조경한의 비서였던 유종우(柳鍾禹 후에 世林으로 개명, 당시 22세)였고 나머지는 만주 동경성의 대종학원에 다니던 우원상 또래의 학생들(이원경, 박관우, 이종경)이었다.

공교롭게도 이들 중 유종우는 작곡 공부를 한 음악도여서 조소앙이 지어준 가사를 바로 작곡하여 그의 방(조경한과 함께 쓰는 방)에서 노래 연습을 하였다는 것이다.

(이 글머리에 소개한 '삼균의 노래'는 사실은 조소앙이 작사했다는 그 가사가 아니다. 유일한 증언자인 우원상은 60여 년 전 일이라 기억할 수가 없고 작곡을 했다는 유종우는 이미 작고한 터라 가사를 복원할 길이 없었다. 그래서 삼균학회 회장 조만제(趙萬濟)가 2002년에 작사하고 서승일이 작곡한 '삼균의 노래'로 대신했음을 밝혀 둔다.)

명 연설가였던 조소앙은 타고난 이야기꾼이기도 했다고 우원상은 회고

했다. 마치 자상한 할아버지처럼 시간만 나면 이 젊은이들을 붙들고 임시 정부가 겪은 이런저런 이야기를 도란도란 들려주곤 했다고 한다. 그 중에 도 삼균주의 이야기는 빠뜨리는 일이 없었다.

삼균주의와 삼민주의와는 어떻게 다른가

그만해도 임의(任意)로워진 젊은이들이 그것(삼균주의)이 손문(孫文, 중국혁명의 지도자 1866~1925)의 삼민(三民)주의와는 어떻게 다르냐고 미심쩍은 표정으로 질문할라치면 그는 이렇게 손을 잡아주듯 조목조목 그 차이점을 들어서 설명해 주었다고 한다.

즉 삼민주의가 당시 서구사회를 풍미(風靡: 바람에 몰려 초목이 일시 에 쓰러지듯이 한쪽으로 쏠리는 것을 말함)하던 정치 경제 사상을 조합하 고 응용해서 중국혁명사상으로 재구성한 것이라면 삼균주의는 국조 단군 의 건국이념인 홍익인간(弘益人間) 사상을 현대적으로 구현한 민주주의 이론이라고 순수한 우리의 자생(自生)사상임을 특히 강조했다고 한다.

그렇다면 우선 그 창도시기(1920~1930)와 이름 자체가 삼균주의와 서 로 닮은 삼민주의는 과연 어떤 이론인가 이 기회에 한번 살펴볼 필요가 있을 것 같다.

1924년 손문에 의해 제창된 삼민주의는 1931년 임시정부의 대외선언 에서 그 체계가 정립되고 1941년 11월 대한민국 건국강령에서 임시정부 의 기본이념 및 정책노선으로 확정된 삼균주의보다는 7년에서 17년 앞서 서 민족과 민권 민생 등 삼민을 주축으로 하여 구성한 이론이다.

첫째로 민족주의는 중국인이 1개의 민족으로 결합하여 외세의 침략에 서 자국을 구출하고 민족의 독립을 성취한다는 것이고, 둘째 민권주의는 국가의 주권이 확고하게 인민에게 장악된 이른바 국민주권론을 확립한 것이다. 마지막 민생주의는 자본가가 은행이나 철도 등 공공 대기업을 독점함으로써 국민생활에 미치는 막강한 영향력을 완화 또는 차단하기 위해서 국가가 직접 경영토록 하는 대기업 국유화와 함께 역시 같은 취지로 대지주의 토지독점을 방지하기 위해 이를 국유화하고 경자유전(耕者有田) 원칙에 따라서 소작인에게 논밭을 나누어 주도록 하였다.

남북협상 후 단정(單政) 노선에 합류

앞서 조소앙이 지적했던 그대로 삼민주의는 각기 유럽의 민족주의와 민주주의 사회주의를 그대로 옮겨다 놓은 듯한데 마지막 민생주의 이론은 삼균주의의 균부론(均富論)과도 흡사하다는 점에서 당시의 시대조류였던 사회주의의 영향력이 얼마나 막강했던가를 실감케 하는 대목이다.

1948년 4월 조소앙이 남북협상에 참여하고 돌아와 그 길로 한독당과 결별을 고하고 그해 12월 사회당을 창당, 이승만의 단정(單政: 남한만의 단독정부를 이름) 노선에 합류한 것은 그가 북에 갔을 때 직접 목격한 북의 사회주의가 그들의 종주국인 소련의 그것보다도 오히려 더 경직된 교조주의적(敎條主義的)이고 폭력적임을 확인하고 삼균주의야말로 이에 대한 가장 확실한 대안임을 확신하였기 때문일 것이다. 그가 꿈꿨던 사회주의는 의회민주주의를 존중하는 서구식 사회민주주의였던 것이다.

역시 서구교육으로 입지(立志)를 다진 이승만이 조소앙의 사회당 창당 행사에 직접 나와 '가장 효과적인 반공을 하려면 서구식 민주사회주의가 절실하게 필요하다'고 역설한 것도 바로 이런 맥락에서 설명될 수 있을 것이다. 고집스러울 정도로 강경한 반공주의자로만 알려진 이승만에게도 또 다른 내면(內面)이 있다는 것을 읽을 수 있는 대목이기도 하다.

이건 본지(本旨)에서는 좀 벗어날 뿐만 아니라 바로 앞의 이야기와는 정면으로 배치(서로 어긋남)되지만 이승만과 조소앙의 관계를 보다 사실적으로 설명하려면 짚고 넘어가는 것도 괜찮을 듯싶어 소개하고자 한다.

1919년 9월 상해임시정부의 초대 대통령으로 추대된 이승만은 1920년 12월~1921년 5월까지 상해에서 대통령직을 수행했으나 이후 상해에 부임하지 않고 워싱턴에 그대로 눌러앉아 원격조종하는 방식으로 임시정부를 통치하려다가 1925년 3월 탄핵을 받고 대통령직에서 면직되는 초유의 사태가 벌어졌다. 이 사태를 두고 훗날 대한민국의 초대 부통령이 된 국무위원 이시영은 정변(政變)이라는 표현까지 쓰면서 이승만의 상해 복귀를 촉구했는데, 조소앙은 여기서 몇 걸음 더 나아가 이승만에게 보낸 편지에서 임시정부에 대한 무력 쿠데타를 권유하는 일견 황당한 제의를 하고 있다.

그는 1925년 5월 16일 자로 이승만에게 보낸 편지(이승만 東文서한집 2008)에서 '전날 말씀드린 대로 선포문을 발간하십시오. 전후 내막을 폭로해 내외 동지들의 굴기(崛起)를 고취하여 일면으로 무사(武士) 기(幾)십 인을 지휘하여 (임시)정부와 의정원의 인장을 압수하고 즉각 내각을 발표하여 정령(政令)을 반포하면 현 정부는 와해될 것이오니.'라고 놀랍게도 구체적인 쿠데타 방법까지 마치 도상 연습하듯 생생하게 그려 보내고 있다.

이처럼 조소앙의 생애는 극적인 사건과 요소들로 늘 바람을 몰고 다니는 풍운아다운 부침과 기복의 연속이었다.

15세 때(1902) 성균관에 입학한 그는 이 무렵 주일공사(주차 일본국특명정권공사)로 부임하여 일본에 각종 이권을 넘겨주는 등 온갖 친일행위를 자행하던 이하영(李夏榮, 1858~1919 을사늑약 시 법부대신) 등의 매국음모를 규탄하는 성토문을 신채호 등과 함께 작성하여 발표하였다. 그 뒤 과연 이하영은 충청, 황해, 평안도 연안의 어로권을 비롯한 여러 국가적 이권뿐 아니라 심지어는 일본헌병대에 수도(한성) 치안권까지 넘겨주는 등 망국적 친일행위를 서슴지 않았다.

1909년 일본 메이지(明治)대학(법학부) 재학시절에는 조선인 학생의 각 단체를 통합한 대한홍학회(興學會)를 조직하여 그의 생애를 일관하는 통합의 정치철학을 첫 실험하고 다시 1911년에는 조선유학생회를 창립한다. 1913년 중국으로 망명해서는 진과부(陳果夫) 등 중국혁명가들과 대동단결을 표방하는 항일 단체 대동당(大同黨)을 조직하고 30세 전후해서는 정신적 종교적 통일로 민족의 대동단결을 이끌어내고자 육성교(六聖敎 단군을 비롯하여 세계의 성인 6명을 받드는 종교)를 창교하는 등 그의 모든 노력은 항일투쟁 역량의 결집으로 모였다.

북(北)에서도 중립화 통일안 제시

1917년에는 임시정부의 이론적 주춧돌을 놓는 <대동단결선언>을 그 이듬해에는 무장 항일노선을 내외에 천명하는 저 유명한 <무오독립선언>으로 잠자던 2백만 재중 재러 동포의 가슴에 의분의 불길을 지폈다.

이어서 삼균주의를 국시(나라 정신에 비춰 옳다고 여기는 주의와 방침)로 하는 대한민국임시정부 건국강령을 채택하고 이번에는 한국광복운동단체연합회를 결성하여 다시 통합과 단결을 중심 화두로 내걸었다.

귀국 후에는 1948년 4월 김구와 함께 남북협상에 참석하고 돌아와 이승만의 단정 지지로 선회한 그는 1950년 5.30 총선거에 출마(서울 성북구)하여 전국 최다 득표(3만 4천여 표) 당선이라는 또 하나의 기록을 세웠다.

그러나 국회가 열린 지 채 한 달도 안 되어 일어난 6·25전쟁 중에 납북되어서도 그는 통일의 꿈을 접지 않았다. 반 영어(囹圄) 상태의 어려운 여건 속에서 그는 1954년 김일성과의 면담을 성사시키고 그 자리에서 주변 강대국들의 이해가 얽혀 있는 틈바구니에서 살아남으려면 영세중립 통일 방안 외에는 달리 대안이 없다고 설득하였다는 것이다.

그로부터 2년 후인 1956년 7월 2일 그가 대표를 맡고 있던 납북인사단체인 재북 평화통일촉진협의회가 개최한 시국선언대회의 행동강령으로 남북한의 중립화 통일을 골자로 하는 7개 항의 결의문을 채택했는데 이는 그 이후 북한이 기회 있을 때마다 남한에 제의해온 중립화 통일방안의 효시가 된 것으로 알려졌다.

오로지 조국광복의 꿈을 안고 이역만리 망명지에서 30수 년간을 참고 견디어온 그가 정작 그렇게도 애타게 그리던 조국 땅(비록 반쪽이지만)에 돌아와서는 자유마저 잃고 고달픈 삶을 강요당하다가 1958년 9월 9일 71세를 일기로 쓸쓸히 눈을 감으면서 남겼다는 그의 마지막 말이 마치 깊은 산사에서 들려오는 새벽 종소리처럼 긴 여운을 남긴다.

'삼균주의 계승자를 보지 못하고 가는 것이 못내 아쉽다.'라면서 죽는 그 순간까지 그는 필생의 승부를 걸고 전력투구했던 삼균주의에 대한 강한 미련을 떨치지 못했다. 그리고 한 편의 대서사시의 마지막 연(聯)을 다음과 같은 극적인 '대사'로 마무리했다고 한다.

"독립과 통일의 제단에 나를 바쳤다고 후세에 전해 달라."

17. 다투어 부른 단군 찬가

온 세상이 캄캄할 때에 우리에게 나타나시사 빛과 터(땅)와 글을 주시니
알음과 직힘(지킴)과 행함이 넉넉하였도다.
그 힘을 보이시고 도로 가시사(돌아가심) 옛 자취만 머무시니(남기다)
정신과 삶과 즐거움이 영광과 평안과 행복을 얻어
문채(文彩)롭게 건전하게 널리 사랑하며 꿋꿋하게 이어왔도다.
황조(皇祖)는 거룩하시사 크시며 지혜로우시며 힘지시샤
이를 좇아 베푸시니 한배(한배검, 즉 단군)시며 임금이시며 스승이셨다
(중략)

한(韓)민족 통합의 지렛대

국조 단군을 가리키는 한배와 황조를 기리는 마음이 간절하게 배어 흐르는 이 찬송사는 1921년(음력 3월 15일) 상해임시정부가 주최한 어천절(御天節: 단군이 세상일을 마치고 승천한 날을 기리는 행사) 기념식 석상에서 대통령 이승만이 직접 낭독한 것이다.

그러고 보니 광복 후 그가 국민을 향해 마치 이웃과 이야기를 나누듯 쉬운 말로 라디오를 통해 자주 발표하던 담화문이 떠오른다. 자연스러운 어조가 서로 닮았다는 뜻이다.

강물이 흘러가듯 막힘없이 술술 이어가던 찬송사의 끝머리에서 그는 '불초한 이승만은 이를(단군의 가르침) 본받아 큰 짐을 메고 연약하나마 힘을 모으며 나아가 한배의 끼치심(끼친 유덕)을 빛내고 즐기고자 한다.'고 자신에게 다짐하고 있다.

그의 말 그대로 '힘을 모으기' 위해 단군이라는 구심점이 필요했던 것이다. 예나 지금이나 나라를 경영하는 정치의 성패는 곧 힘의 통합 여하에 달려 있다는 방증이기도 하다.

임정기관지 독립신문(1921년 3월 30일 자)은 이날 행사 중에서 대통령 이승만의 찬송사를 1면 머리에 올려놓고 기념식 광경을 3면 머리기사로 비중 있게 다루고 있다.

이날의 식장 분위기를 이 기사를 통해서 한번 재현해 보기로 하자.

"이날 오후 3시 기념식이 열린 의정원 회의실 행사장은 일본기를 제외한 만국기로 찬란하게 꾸며져 있고 정면에는 꽃장식을 두른 붉은 명주천에 금박으로 새겨 넣은 '御天節' 3자, 그 좌우에는 태극기가 장엄하게 장식되어 있다. 그리고 그 오른편에는 단군의 높은 은덕을 나타내는 '가미고이' 왼편에는 깊이 사모한다는 뜻의 '도가오소'라는 검은 글씨가 흰 명주 천에 쓰여 있다. 다시 그 위로는 존엄하게도 꽃장식 두른 홍단에 금자로 아로새긴 '한배검'이라는 편액이 걸려 있어 단상에 놓인 아름다운 꽃바구니와 한데 어우러져 마치 옛 신시(神市)를 엿보는 것과 같다."고 하였다.

이날 행사의 하이라이트는 대종교인이자 임정 국무위원인 조완구와 역시 대종교인 김달식(金達植)이 함께 부른 신가(神歌) 병창이다. 당시는 개천절 노래가 아직 지어지기 전이었으나 홍암 나철이 작사한 어천가가 있었는데도 실제로 행사에서는 이를 부르지 않고 신가를 불렀던 것 같다.

일명 '얼노래'라고도 하는 신가는 옛날 고구려에서 군가로 불렀던 노래로 전 4장이 고어(옛말) 가사로 되어 있던 것을 청산리 대첩의 영웅 백포 서일이 지금의 가사로 번역하여 불렀다고 한다. 현대어로 번역하였다고 는 하나 아직도 군데군데 뜻 모를 고어가사 구절이 마치 징검돌 다리처럼 박혀 있다.

그 중 1절을 인용해 보면

'어아 어아 우리 한배검/ 가마고이/ 배달나라 우리들이 골잘해로 잊지 마세'하는 식이다. 이렇게 어려운 신가를 부르는 이유는 아마도 고구려 때부터 전해 내려온다는 유구한 역사성과 군가라는 성격상 (항일)투지를 불태우고 용기를 북돋는 전고(戰鼓: 싸움 싸울 때 치는 북) 같은 구실을 할 수 있다고 믿었기 때문일 것이다.

이는 민족 항일기로써 마치 기독교인이 항일의지를 불태우고자 예배시 간에 <믿는 사람들은 주의 군사니>(1864 S. Baring-Gould) 같은 전투적 성격의 찬송가를 자주 불렀다는 증언(기독교 민족주의자 무호(無號) 최 태영(崔泰永))과도 상통하는 말이다.

최태영이 증언한 바로는 로마제국의 압제 하에서 신음하던 이스라엘민 족이 그들의 적에 대항하고 전의(戰意)를 고취하는 수단으로 활용하던 것인데 비슷한 처지의 당시(일제강점기 때) 기독교인에게 그대로 전수되 었다는 것이다.

한얼노래(대종교노래)의 내력을 보면 대종교에서는 지금 우리가 개천 절 행사 때 부르는 위당(爲堂) 정인보(鄭寅普) 작사 개천절 노래가 아니 고 육당 최남선의 개천가(開天歌)를 불렀다고 한다.

이승만(李承晩)도 대종교에 입교했었다

언제부터 기독교에 입문했는지는 정확히 알 길이 없으나 독실한 기독 교인으로 알려진 이승만이 대종교에 입교했었다는 말을 처음 들었을 때 선뜻 믿어지지 않았다. 앞에서 소개한 그의 어천절 찬송사도 단지 대통령이라는 상징성 때문에 민족의 뿌리를 존중하고 흠모한다는 정치적 수사(修辭)쯤으로 생각했다.

그런데 1977년 독립운동사편찬위원회(위원장 이은상)가 엮은『독립운동사 자료집』제12집 호석(湖石 강우(姜虞)의 호)선생문집(제4권)에 이승만의 입교 사실이 또렷하게 나타나 있는 것이 아닌가!

무오년. 그러니까 1918년 '미국 샌프란시스코(桑港)에 있는 이승만 박사를 고유(告由: 사당이나 신명에게 알림)로 봉교케 하였다'라고 적혀 있다. <무오독립선언서>가 발표되던 그 해 선언서 서명을 받으면서 입교시킨 것이 분명하다. 여기서 고유 봉교란 외국 등에 멀리 떨어져 있는 인사의 신상 명세를 한배검에게 고하는 의식을 거쳐 입교시키는 것을 말한다. 당시 중국만 해도 넓은데, 러시아 일본 미국 유럽 등지에 흩어져 있던 독립운동가들의 입교는 이렇게 이루어지는 경우가 많았다고 한다.

더구나 이 문집을 남긴 호석 강우(姜虞, 1862~1932)는 대종교의 총 전리(總典理 행정책임자)와 남도 총본사(국내 관할)에서 도사교 위리(委理 교주대리)를 지낸 교단 중진으로 무오독립선언 추진 당시는 교단 업무를 총괄하는 위치에 있던 사람이다. 교단 책임자로서 남긴 그의 기록의 신빙성이 그만큼 높다는 뜻이다.

이 문집에서는 또 이승만의 입교 4년 전인 1914년(甲寅)에 '아국(俄國, 러시아)에 있는 보재(溥齋) 이상설을 역시 고유로 봉교케 하였다'고 기록해 놓았다.

이 밖에도 강우는 당시 만주 일대에서 홍호자(紅鬍子)라는 이름으로 노략질을 일삼던 저 악명 높은 마적 떼 수천 명을 봉교케 하는 등 그 인품이나 도력이 탁월했음을 알 수 있다.

단군 마니아 안창호(安昌浩)

같은 해 10월 3일(양력 11월11일) 오후 2시. 상해 서장로(西藏路) 영파 (寧波)회관에서 열린 개천절 행사에서 기독교인으로 알려진 임정 내무총 장 도산(島山) 안창호(安昌浩, 1878~1938)가 봉독한 송축사 역시 단군을 향한 흠모의 정이 간절하기로는 이승만과 다를 바가 없다.

'거룩하다. 우리 시조 단군이시어 그 덕(德)이 높고 업(業)이 빛나도다. (나라를) 열어 남겨주신 땅은 삼천리의 꽃다운 한반도이오. 5천 년 동안 길러 오신 자손은 2천만의 용장(勇壯)한 대한사람이로다. 황막(荒漠)한 세상에 나라를 열으시고 먹고 입고 사는 법도를 가르치시며 도(道)를 세 우고 교(敎)를 베푸사 뭇 백성으로 (하여금) 생존과 안녕의 행복을 누리게 하였도다. 곧음과 굳세임과 어짊과 밝음으로 그 몸을 가지사 자손만대에 모범을 지으셨도다. 아 아 그의 자손인 우리 대한 형제자매 그 높고 깊은 덕을 깊이 사모하고 느낀다.'라면서 조상의 은덕을 찬송하는 우리 형제자 매 서로서로 사랑하여 마음을 합하고 힘을 같이 할 것'을 다짐하고 있다.

도산의 교장 시절(대성학교)을 회고한 한 제자(진남포 홍기주(洪基疇)) 의 글(一學生의 메모렌담 東光 1933 1.2월 합병 호)을 보면 도산의 거실 에는 단군의 초상화가 반드시 걸려 있었을 정도로 존숭심이 깊었다고 하는 데 <새벽>지(1956.5월호)가 발굴한 도산 애국 가사집 중 '대황조의 높은 덕'이 이런 그의 속마음을 잘 나타내고 있다. 특히 그 마지막 절에서

형제들아 자매들아
대황조의 자손 된 자
우리 형제자매들아
한번 죽고 만 번 죽어도
변치 마세 변치 마세

라고 거의 마니아에 가까운 집념을 보이고 있다.

무실역행(務實力行)으로 민족개조(民族改造)

그의 사상의 핵심은 애기이타(愛己利他) 정신이다. 나를 사랑하고 타인도 사랑하라는 홍익인간에서 그 원형을 찾을 수 있는 퇴계(退溪) 이황(李滉, 1501~1570)의 수기애인(修己愛人)과도 상통하는 말이다.

도산은 이 사상을 실현하는 방법으로 무실역행을 제시했다. 참되고 실속 있게 힘써 행하라는 것이다.

독립운동가 이기 이전에 교육사상가였던 그는 1899년 서도(평안도) 최초의 민간학교인 점진(漸進)학교를 세우고 이어서 1907년에는 평양에 대성(大成)학교를 세워 애기이타 정신의 무실역행 교육을 통한 민족혁신과 민족개조를 주창하였다.

자아혁신과 인격혁신을 통해서 나 하나를 건강한 인격으로 만드는 것이 곧 우리 민족을 건강하게 만드는 유일한 지름길이라고 강조하고 있다.

그리고 무실역행은 반드시 주인정신이 따를 때만 가능하다고 전제하고 인생관과 세계관의 근본원리 및 인간이 믿고 의지해야 할 진리의 등불은 곧 성실, 거짓 없고 맑고 깨끗한 마음으로 모든 일에 정성과 진실을 다하는 것이라고 결론짓고 있다.(손인수(孫仁銖), 1990.『한국민족문화대백과사전』안창호 항목에서)

이는 일찍이 성리학(性理學)의 원조인 송나라 주희(朱熹, 朱子 1130~1200)가 말한 경(敬)사상을 그대로 옮겨다 놓은 것 같다. '경은 일심의 주재(主宰)이며 만사의 근본'이라고 한 바로 그 경 말이다.

경(敬)사상을 공동체 윤리로 승화

성리학이 우리나라에 도입된 이래 경사상은 조선 전기 한훤당(寒暄堂) 김굉필(金宏弼, 1454~1504)에 의해 주일불이(主一不二, 마음을 하나로 主할 것, 즉 혼자서 일을 주관할 것이라 하여 정신을 집중하는 것) 정신으로 처음 해석되고 퇴계 이황에 의해 집대성되었다.

이황은 먼저 경을 그 시작에서부터 끝까지 유학의 근본정신으로 또는 궁극의 정신으로까지 끌어 올리고 마치 종교적 신념과도 같은 확신으로 가득 차 있다. 즉 자아(自我)의 수양과 도덕적 정진을 통하여 타인에게 미치고 이것이 마침내 온 백성까지도 평안케 하는 데까지 이르도록 하는 학문으로 정립하고자 하였다.

이황이 주장하는 경은 결국 자아를 도덕적 정진을 통하여 인간다운 인간으로 거듭나게 하는 자율정신으로 파악하고 있다. 동시에 건전한 윤리적 인간사회를 이룩하는 데 요구되는 공동체의식의 함양으로 귀결된다. (이남영(李楠永), 1990,『한국민족문화대백과』, 敬사상 항목에서)

안창호는 8세에서 14세까지 서당(스승 김현진(金顯振))에서 한학을 수학하고 1895년 17세 때 연희전문 창립자인 언더우드(H. G. Underwood)가 1895년에 설립한 구세(救世)학당에서 3년간 수학하고 기독교인이 되었으며 이때 비로소 서구문물을 접하게 된다.

경 사상을 처음 일으킨 주희나 이를 계승 발전시켜 집대성한 이황, 이를 다시 현대적으로 재해석한 안창호 등이 궁극적으로 겨냥했던 것은 결국 공동체의식의 함양으로 건전한 사회를 건설하는 것이었다. 다시 말해서 공동체 구성원의 힘을 하나로 모으는 통합의 논리다.

당장 가시적 효과 이려니와 다음 세대까지 예비하는 일견 우원한 것 같으면서도 가장 확실한 구국의 방법을 경 사상을 통해서 구현하고자 했던 것이다.

그러나 안창호는 당장 일제라는 대적과 맞서는 투쟁역량의 강화를 위해 이 사상이 절실하게 필요했을 것이고, 단군을 그 구심점으로 삼은 것은 투쟁역량을 배가하고 극대화할 수 있는 유일한 대안이라고 믿었기 때문일 것이다.

일본에서 꽃 피운 퇴계사상

본 주제와 직접 관계가 있는 것은 아니나, 일본에서는 임진왜란 후 에도(江戶)막부 초기에 받아 들여간 바로 이 퇴계(退溪)의 '경' 사상을 우리보다 오히려 더 충실하게 계승 발전시켜 그들의 근대화운동을 이끈 명치유신(明治維新)의 동력으로 승화시킨 사실을 상기시키고자 한다.

비록 한때 우리에게 피해를 준 가해자라고 하지만 우리가 본받아야 할 것은 이 같은 그들의 문화수용 자세이다.

20여 년 전 일본 속의 한국문화 유적을 답사하는 길에 아리타야키(有田燒) 도자기로 유명한 도요지를 방문한 일이 있었다. 그런데 이 도자기의 원조가 임진왜란 때 그들에게 끌려간 이삼평(李參平, ?~1656)이라는 한국인임을 알고 놀란 적이 있다. 여기에는 물론 나의 무식도 한몫을 한 것은 사실이나 일본의 도향(陶鄕)이라 불리는 아리타시가 한눈에 내려다 보이는 도산(陶山)신사(이삼평을 받드는) 뒤 언덕바지에 우뚝 서 있는 도조(陶祖) 이삼평기념비를 보고 또 한 번 놀랐다.

그리고 신사 경내를 거닐다가 우연히 눈에 들어온 향나무 한 그루를 발견하고는 다시 한 번 놀랐다. 한 15~6년생쯤 되어 보이는 향나무 앞에 꽂혀 있는 나무 팻말에는 저들의 소위 천황(현 헤이세이(平成)왕의 아버지 히로히토(裕仁))이 방문 기념으로 손수 식수했다고 쓰여 있는 것이 아닌가.

그 뒤 돌아와서 얼마 후에야 안 일이지만 이삼평의 고향(충남 공주시

반포면)에도 기념비가 하나 서 있는데 이것 역시 일본인들이 와서 세운 것이라고 한다.

일본인들의 퇴계사상에 대한 존숭은 여기서 그치지 않는다.

1938년(소화(昭和) 13) 조선총독부가 발행한 보통학교(현 초등학교) 수신(修身) 교과서(윤리교과서에 해당) 제8과 교우편(交友篇)을 보면 퇴계(退溪)와 문인 이덕홍(李德弘 호는 간재(艮齋), 1541~1596)과의 대화를 통해서 친구를 선택하는 지혜에 대해 이렇게 가르치고 있다.

즉 공자가 <논어>에서 한 말 중에 '자기에게 미치지 못하는 자와 벗하지 말라(무우불여기자(無友不如己者))는 말이 있는데, 이는 자기보다 못한 자와 교제해서는 안 된다는 말이냐'고 묻자 퇴계는 '자기보다 못한 자와 사귀기는 쉽지만 학문과 덕행이 빼어난 사람과 사귀기는 어려우므로 훌륭한 사람과의 교제에 관심을 더욱 기울이라는 뜻이지, 자기보다 못한 사람과 교제를 하지 말라는 뜻이 아니다'라고 설명하였다.

그리고 자기보다 못한 사람과 사귈 때에는 상대방의 좋지 않은 점을 보고 자신을 경계하는 교훈으로 삼아야 할 것이라고, 요즘 말로 반면교사(反面敎師)를 삼으라는 격외(格外)의 가르침을 주고 있다.

공자나 퇴계의 가르침도 가르침이려니와 비록 일제 치하라고는 하나 불과 70여 년 전에 우리의 선인들이 살았던 고원한 정신세계가 너무나 놀랍고 부럽기까지 하다. 그때 그 일인들의 후손들과 같은 세대를 살고 있는 우리 자신을 다시 한 번 돌아보게 되는 이유이다.

18. 홍익인간으로 만민공영(萬民共榮)

유구한 역사의 여명(黎明)에 이 강산에 터를 잡았던 우리 조상은
홍익인간의 정신으로 만민이 공영(共榮)하는 삶의 터전을 닦았으며
착하고 깨끗하고 부지런한 성품과 밝은 세계를 갈구했던
'한'겨레의 이상은 우리 민족정신의 원천을 이루었다.

지금 60~70대들은 그들이 초·중고교에 다닐 무렵 각종 행사장에서 이
헌장을 자주 암송하던 기억이 있을 것이다.

백낙준 홍익인간 교육이념 채택

정확히 말해서 1968년 12월 5일에 제정된 이 헌장은 교육의 기본이념
을 제시하고 새로운 국민상과 교육에서 지향할 바 국민의 이상상(理想
像) 구현을 그 목적으로 하고 있다고 교육학자들은 말하고 있다.

그뿐만 아니라 교육의 가치관 정비를 위한 원동력으로 작용하여 홍익
인간의 교육이념과 함께 교육의 기본이념을 활성화하는 촉진제 구실을
하였다고도 했다.

교육헌장에 앞서서 교육이념으로 채택된 '홍익인간(弘益人間)'은 광

복되던 해(11월23일) 미 군정청이 교육계와 학계의 권위자 1백여 명을 초청하여 구성한 조선교육심의회(제4회)에서 처음으로 제시되었다.

이것이 대한민국정부 수립 후인 1949년 12월 31일 법률 제86호로 제정 공포된 교육법 제1조를 장식하게 된 것이다.

이때 제시된 우리나라 교육의 근본이념을 "교육은 홍익인간 이념 아래 모든 국민으로 하여금 인격을 완성하고 자주적 생활능력과 공민으로서의 자질을 구유(具有: 갖추어 있음)하게 하여 민주국가 발전에 봉사하며 인류공영의 이상 실현에 기여하게 함을 목적으로 한다."라고 천명하였다.

단군의 건국이념으로 더 널리 알려진 홍익인간 이념을 교육이념으로 처음 도입한 사람이 『조선신교사(朝鮮新敎史)』(1927)를 쓴 1세대(광복 후) 기독교인 용재(庸齋) 백낙준(白樂濬, 1895~1984 제2대 문교부장관)이라는 사실을 아는 사람은 아직 그리 많지 않다. 특히 기독교인 중에 의외로 이런 사람이 더 많은 것 같다.

부끄러운 이야기지만 그가 연대(延大) 총장으로 있을 때 그 학교에 다녔고 그 후 단군 단체에 오랫동안 몸담고 있었던 필자 자신도 이런 사실을 까맣게 모르고 있다가 한 십수 년 전쯤에 알고 놀란 적이 있다. 기독교인하게 되면 단군부인이라는 선입견 때문에 더 그랬던 것 같다.

원래 교육자로 몸을 일으킨 그는 정(政)·관(官)계에서도 두각을 드러내 슈퍼급 거물로 활동했으나 말년에는 다시 친정(교육계)으로 돌아와 여생을 마쳤다.

총장시절 미션 칼리지의 주례행사인 채플시간에 자주 듣던 그의 도도한 동서 문화 비교 강연은 취사선택의 겨를조차 없이 외래사상으로 찌든 젊은이들에게 한 줄기 맑은 바람이었다. 그 중에도 특히 인상적이었던 것은 서구문화의 전초기지나 다름없는 미션 칼리지의 캠퍼스 한복판에서 서구문화를 가리켜 '한여름 낮 시멘트바닥에 심은 꺾꽂이 문화(Cut flower civilization)에 지나지 않는다.'라면서 생명력 넘치는 우리 고유의 전통문화에 더욱 관심을 기울여 달라고 당부하던 일이다.

그러면 다시 국민교육헌장으로 돌아 가보자.

박종홍과 국민교육헌장

그 기초자로 알려진 철학자 열암(洌巖) 박종홍(朴鍾鴻, 1903~1976)은 원래 서양철학 중에서도 칸트철학을 전공했는데 후에 전공을 바꾸었다는 말을 들을 정도로 퇴계철학에 심취했다고 한다.

그는 광복 후부터 본격적인 저술활동을 시작했는데 이보다 훨씬 이전 보통학교(현 초등학교) 교사시절에 이미 「퇴계의 교육사상」(1924)을 발표한 것으로 보아 퇴계학과의 학문적 인연은 생각보다 깊다고 할 수 있다. 그리고 다시 1960년대 이후부터 퇴율(退栗: 퇴계와 율곡)학설을 더욱 깊이 천착(穿鑿)하여 한국 성리학 연구의 새 지평을 열었다는 평가를 받을 정도다.

그러나 그의 학문세계는 동서철학의 어느 한 분야에 얽매이거나 치우치지 않고 자유분방하게 넘나들면서 이를 한데 아우르는 과정에서 만난 퇴계사상을 통해서 교육의 새로운 지표를 마련하고자 하였던 것 같다. 바로 그 중심에 경(敬)사상이 있었다.

그의 가장 빼어난 문장 가운데 하나로 알려진 남산 퇴계 동상의 비문에 이와 같은 그의 뜻이 고스란히 담겨 있다.

웅숭깊고도(도량이 넓고 큼) 정밀한 것은 선생의 학문이요
분명하고 간곡한 것은 선생의 가르침이다.
앎도 행함도 처음부터 속속들이 공경의 자세 하나로
밑받침하는 데 교학의 근본을 두었다.

타고난 성품이 순수하고 진실되어
제자들을 정성껏 이끌어 계발하시니
문하에 명현들이 줄 이어 나왔다.

초등학교에서부터 중학교, 대학교에 이르기까지 철두철미하게 교육자로 일관했던 그였기에 그의 최초의 논문제목과 같이 퇴계의 교육사상에 주목한 것은 어쩌면 너무도 당연한 선택이라고 할 수 있다.

그가 서울대학 퇴직 후에 퇴계사상의 본향이라고 할 수 있는 안동의 도산(陶山) 서원 원장을 지내고 말년에 기초하였다는 국민교육헌장에서 특히 한국사상의 주체성을 강조한 것은 이와 같은 그의 철학적 맥락에서 짚어 볼 수 있을 것 같다.

또 개인적으로는 그가 태어난 고향이 안동이라는 점도 어느 정도 영향을 미치지 않았을까 싶다.

우리의 국민교육헌장 선포 78년 전인 1890년(10월 30일)에 일본에서도 소위 교육칙어(教育勅語)라는 것이 발표되었다. 칙어라는 것은 임금이 내리는 조서(詔書)를 말한다. 당시 일본 왕인 메이지(明治)가 국민도덕의 근원과 국민교육의 기본이념을 명시하려고 직접 내린 것이다. 근대 일본의 기초를 닦은 메이지유신(1867) 이후 20년 만의 일이다

박정희가 10월 유신(1972.12.17) 선포 3년여를 앞두고 채택한 국민교육헌장과는 여러모로 대비된다.

당시의 대통령 박정희나 헌장 기초자인 박종홍이 모두 일제치하에서 그것도 교육자로 종사했다는 공통점을 가지고 있다.

다시 말해서 비록 자의든 타의든 일본교육의 성전이랄 수 있는 교육칙어 지침에 따라 교육을 받아 왔으며 또 그렇게 후진을 가르쳤다는 이야기다.

그래서 그들이 교육헌장을 제정한 것도 어쩌면 자신들이 겪은 교육체

험의 연장선상에서 이루어진 자연스러운 발상이었을 거라는 생각이 든다.

문제는 요즘 흔히 쓰는 말로 그 속에 담긴 콘텐츠가 말해주는 것인데 공교롭게도 일본의 교육칙어 기초자로 알려진 모도타 에이부(元田永孚 호는 東野, 1818~1891) 역시 그의 학문적 연원을 거슬러 올라가 보면 퇴계와 맞바로 연맥되어 있다는 사실에 주목할 필요가 있다.

일반적으로 에도시대 초기의 유학자 후지와라 세이가(藤原煋窩, 1561~1619)를 일본 근대 유학의 개조로 보고 있는데 이래로 일본 유학사상의 주류를 형성한 야마사키 안사이(山崎暗齋, 1618~1882)의 기몬(崎門)학파와 구마모토학파의 오오쓰카 다이야(大塚退野)에게 깊은 영향을 미친 퇴계는 이들로부터 대대세세로 신명(神明: 하늘과 땅의 신령)처럼 존숭을 받아 왔다고 한다.

교육칙어(教育勅語) 기초자도 퇴계 학도

교육칙어를 기초했다는 모도타(元田)는 퇴계를 가리켜 '원(元), 명(明)시대를 통틀어 고금절무(古今絶無)의 진유(眞儒)'라고 절찬했던 에도 말기의 사상가 요코이쇼난(橫井小楠, 1809~1869)의 제자이자 친구이기도 했다.

한학자이자 교육가 출신으로 일왕 명치의 시강(侍講: 왕이나 세자에게 경서를 강론하는 직책)이었던 그가 정주학(程朱學: 정이천(程伊川) 이(頤) 1033~1107과 그의 제자 주희의 학문, 즉 성리학)은 조선의 이퇴계에게서 전해졌고 다이야(退野)선생이 그(퇴계) 소찬(所撰: 글을 짓다)의 『주자서절요(朱子書節要)』를 읽고 초연히 얻은 바 있었으니 내 지금 다이야의 학을 전하여 이것을 금상(今上: 명치왕)에게 봉헌하였다.'라고 술회한 사실이 『일선사화(日鮮史話)』(마쓰다 고 松田甲)라는 책에 기록되어 전해 오고 있다.(전두하(全斗河) 1990,『한국민족문화대백과사전』,

이황 항목)

이 교육칙어는 2차 대전이 끝날 때까지 일본국민교육의 바이블로 통했다.

일제 말 국민학교(지금 초등학교) 5학년생이었던 필자 역시 바로 그 교육칙어 교육을 받고 자랐다. 무슨 기념일이나 행사 날이면 까만 연미복을 단정하게 차려입은 일본인 교장이 흰 장갑 끼고 교정 한쪽에 마련된 성소인 가미다나(神棚: 신주를 모시는 제단 또는 감실)에서 예의 교육칙어가 들어 있는 상자(까만 옻칠을 한)를 꺼내 양손으로 머리 위까지 올려 받들고 와 조회대 위에서 읽을 때는 불경스럽다고 기침 소리조차 낼 수 없는 마치 진공상태 같은 살풍경을 연출하였다.

그땐 뜻도 모른 채. 일종의 의무감에서 칙어를 그저 경쟁적으로 외우는 데만 열중했던 기억이 난다.

군국(軍國) 일본이 남긴 역사적 교훈

'우리 신민은 실로 충성스러우며 실로 효성스럽고 억조(億兆: 億兆蒼生의 준말. 수많은 백성)의 마음을 하나로 합하여 길이길이 그 미덕을 행하여 왔으니 이는 우리 국체(國體: 나라의 면목 또는 체통 體統)의 정화(精華)이며 교육의 연원(淵源)이다.'

글 내용으로 보아서는 국민에게 충효를 권장하고 그것을 국체의 정신으로 받들어 국민의 단결을 호소한 아주 평범하고 당위적인 일종의 대국민 메시지 같은 것이다.

그런데 이것이 동력이 되어 훗날 저 악명 높은 군국주의의 정신적 기반이 되었으며 끝내 세계대전(2차)까지 일으켜 이웃들에게 참혹한 상처를 입히고 자신도 패망의 구렁텅이로 추락하는 불행을 자초하였다.

패전 후(1948)에 맥아더 사령부는 일본국민에게 교육칙어를 가르치는 것은 적당하지 않다'는 판단을 내리고 폐지하기에 이르렀으나 군국 일본의 허상(虛像)이 만들어낸 뼈아픈 역사의 교훈은 아직 생생하게 살아 있다.

자칫 친일 오해까지도 불러일으킬 소지가 있는 두 교육이념을 이렇게 수평 대비시킨 뜻은 다른 데 있는 것이 아니다. 그 연원을 거슬러 올라가 보면 모두 귀일되는 곳은 퇴계사상인데 어째서 그 결과는 이처럼 판이하게 갈리는 것일까 그 이유를 한번 알아보는 것도 그리 무익하지는 않을 것 같아서이다.

한국불교 최고의 경전으로 꼽히는 화엄경에 이런 구절이 있다. '물은 똑같은 물인데 독사가 이를 먹으면 독을 만들고 소가 마시면 우유를 만든다.' 여기서 서로 다른 두 동물의 화학구조 방정식을 설명하려는 것이 아니다. 물이라는 원형물질을 행사(사용)하는 주체에 따라서 선용도 되고 악용도 된다는 사실을 말하고자 하는 것이다.

핵무기 같은 가공할 무기를 만드는 것도 인간이지만 이를 다루는 마지막 결정권자 역시 인간이라는 냉엄한 현실을 직시하지 않으면 안 되는 이유이기도 하다.

한국화엄의 종장(宗匠)으로 불리는 신라의 의상(義湘, 625~702)이 화엄사상의 요지를 2백10자의 간결한 시로 축약한 법성게(法性偈, 원명 화엄일승법계도(華嚴一乘法界圖))는 보다 명확한 해법을 제시하고 있다.

'중생을 위해 보배로운 비를 하늘 가득히 내리지만 중생들은 각자가 마련한 (크고 작은) 그릇만큼씩만 빗물(이익)을 받는다'(우보익생만허공(雨寶益生滿虛空) 중생수기득이익(衆生隨器得利益))

하늘에서 내리는 비가 누구에게나 똑같이 주어지는 기회의 균등이라면 이 기회를 잘 활용해서 좋은 결과를 얻느냐 못 얻느냐는 것은 전적으로 각 개인의 노력과 능력에 달려 있듯이 한 나라의 선택도 이와 크게 다를 바가 없다는 뜻이다.

모든 길은 로마로 통한다고 근래 들어 박정희의 친일논란이 가열되면서 공사 간에 그의 행적은 무조건 친일로 매도해야지만 직성이 풀리는 우리네의 삭막한 의식풍토, 그 밑바닥에 침전된 순수한 진실(물이나 비로 비유될 수 있는)까지도 미리 설정해 놓은 정치적 목적을 위해서 우정 외면하거나 잊고 사는 것은 아닌지 모르겠다.

공산주의도 민족운동의 방편(方便)?

공산주의 운동의 원조로 일컬어지는 성재(誠齋) 이동휘(李東輝, 1872~1936)에게 있어서도 단군은 예외가 아니었다.

일찍이 한말 대한제국의 군관학교를 나와 강화진위대 대장까지 지낸 그는 무관 출신으로는 특이하게 미국인 선교사(벙커)와 손을 잡고 강화(합일학교)를 비롯한 전국 각처(개성 평양 원산 등)에 학교를 세워 교육 구국활동을 병행한 선각자였다.

그러나 노령으로 망명한(1915년 전후) 뒤에는 그의 독립운동 중심무대가 된 러시아 현지 정치권력의 지원을 받으려고 공산주의 활동에 투신하여 그 선구적 역할을 맡기도 하였다.

실제로도 상해임시정부 초대 국무총리 재임 시절에는 모스크바의 레닌(Lenin Nikolai, 1870~1924 러시아의 혁명가로 소비에트연방국가 건설)을 움직여 2백만 루불에 달하는 원조를 이끌어 내기도 하였다.

무관 출신에 기독교인이었던 그는 이번에는 공산주의자로 변신하는 등 다채로운 경력을 누렸던 인물이다. 그러나 그의 본래 목적은 반일 민족독립운동에 있었고 이 숙원을 달성하려는 하나의 방편으로 공산주의와도 제휴할 수 있었다.(이현희(李炫熙), 1990 『한국민족문화대백과사전』 이

동휘 항목)

『성재 이동휘 일대기』(1998)를 쓴 반병률(潘炳律, 외국어대 교수)은 이동휘의 이념 성향에 대해 '그는 러시아 공산주의(볼셰비키의 마르크시즘, 즉 볼셰비즘)를 답습하고 이를 한국혁명에 그대로 적용하려는 이른바 정통공산주의자 범주(範疇)로부터는 먼 거리에 있었다.'고 진단하고 당시 동양의 공산혁명을 책임지던 국제공산당(Commintern: 1919년 모스크바에서 각국 공산주의자 대표에 의해 창립된 국제공산당의 총본산)의 책임자들도 이동휘가 비(非)공산주의적이며 심지어 반(反)공산주의적 요소를 가지고 있는 인물로 평가하고 있다고 소개함으로써 앞서 이현희의 주장을 뒷받침해주고 있었다.

코민테른 책임자들이 지적했다는 이동휘의 '반공산주의적 요소'란 다름이 아니고 한말 이후 그가 줄기차게 전개해온 민족운동에 대한 강한 자부심과 주류(主流)의식을 가리키는 것이다.

원래 교조적(敎條的) 정통공산주의와 '민족'은 빙탄(氷炭)지간처럼 서로 상용할 수 없는 관계로 보고 있다.

국경을 초월하는 세계적인 계급혁명을 최우선의 투쟁목표로 설정하고 있는 그들에게 민족은 한낱 걸림돌의 존재밖에 되지 않는다고 보기 때문이다.

슬라브 민족이여 궐기하라

그러나 상황에 따라서 얼마든지 전술적으로 변화할 수 있는 것이 또한 그들의 민족이다. 필요에 따라서 자기중심적으로 재단하는 편리한 상황논리다.

그 대표적인 예를 1942년 여름 히틀러(Hitler Adolf, 1889~1945)의 독일군과 벌인 스탈린그라드 공방전을 앞두고 소련 수상 스탈린(Josif

Vissarionovich, 1879~1953)이 국가 존망의 위기에서 조국을 구출하기 위해 '슬라브 민족이여 궐기하라'라고 외친 역사적 사례에서 찾을 수 있다.

북한에서는 일찍이 자기 계급과 제도에 대한 사랑을 자기 민족과 조국에 대한 사랑과 결합하는 '사회주의적 애국주의'라는 알쏭달쏭한 논리를 개발하여 주민의 충성심을 강요한 바 있는데 그 충성의 대상이 김일성 한 사람에게 집중되는 우상화 작업의 일환이기도 했다. 이는 우리 민족의 가장 약한 고리인 민족정서를 전면에 내세워 공략하는 위장전술의 전형(典型)이나 다름없다.

그 뒤를 이어 등장한 북한 통일전략의 키워드 '우리 민족끼리'는 평양 단군릉 복원을 계기로 북한과 남한의 일부 좌파세력이 공유하는 상징이 되었다.

그들은 민족의 등 뒤에 숨어 적화통일을 획책하고 있는 것이다.

이와는 정반대로 공산주의를 등에 업고 독립전선에 몸과 마음을 다 바친 민족혁명운동가 이동휘의 그 가슴 시린 민족찬가가 지금도 어디선가 들려오는 것만 같다.

연해주 민족독립운동의 중앙이었던 권업회(勸業會, 1911.5)의 회무로 초청된(1913) 이동휘가 <우리나라의 신성한 역사>(1913.10.26일 자 권업신문)라는 제목의 강연에서 그는 '4천 년래의 푸른 역사는 청송녹죽(靑松綠竹)보다 더 푸르다'라고 찬미한 뒤 '상고사로 말하면 대황조 단군께서 나라를 세우시고 강화에 삼랑성(三郞城)을 쌓아 오늘에까지 이르렀으니 그 탁월한 기술 세계에다 대고 자랑을 해도 조금도 손색이 없을 것이다. 이스라엘 민족이 하늘에 제사한 것같이 그때 그 무렵 하늘에 제사하던 단군께서 손수 쌓은 우리 조상의 유적, 제천단(참성단을 가리킴) 터가 지금도 그대로 강화에 남아 전해오고 있으니 이것은 세계에서 가장 오래되고 신비한(영특한) 역사의 자취가 아니겠는가.'(필자가 원문을 약간 손질하여 읽기 편하게 운문하였음)고 어느 독립운동가보다도 가장 먼저 단군의 사적을 기리고 소개하고 있는 점이 특히 눈에 띈다. 아마도 그의 강화도 진위대 시절 스스로 익힌 역사 지식과 체험을 되살려 낸 것이리라.

그가 국무총리 시절 발표한 개천절 축사(1920년 11월 21일 자 진단(震檀) 7호 2면)는 문장이 짧은 만큼 농축된 감동이 온몸을 저리게 한다.

'…저희의 목숨과 터(땅)와 힘을 비롯(처음) 열어주심을 기뻐하고 기리오며 또 거룩하신 영광과 한량없으신 은덕을 사모하오며 이날의 즐거움이 (티 없이) 참됨을 깨닫고 있나이다. 캄캄한 누리에서. 모진 비 눈보라치는 가운데 한배님의 힘즙(힘줄?)을 붙잡고 모믄(몸은) 앞에 겁(?)이 끼고 가린 것을 연약하나마 지키옵고 가지고 있는 보배로 목숨을 바꾸어서 (이 지구에서) 인류가 없어질 때까지 배달의 환한 빛을 따뜻한 바람과 기쁨 진(기쁨으로 더욱 영롱해진) 이슬 속에서 길이길이 노래하겠나이다.'

5장
아직도 단군의 피가…

조소앙　　성재 이동휘　　강재 이승희　　백산 안희제　　성재 이시영　　해석 손정도

우천 조완구　　남파 박찬익　　의산 최동오　　경부 신백우　　우사 김규식　　몽양 여운형

오녀산성과 광개토대왕비　고구려 발상지인 오녀산성의 위용과 동북아의 역사를 다시 쓴 동양 최고(最古)의 금석 광개토대왕비(우측)

19. 청산리 독립전쟁

"청산리 산맥은 백두산의 주맥(主脈)이요, 우리 조상의 발상지이다. 지금 이 순간 수천수만의 눈동자가 우리를 주시할 것이요. 무수한 자손의 눈동자가 또한 우리를 바라보고 있을 것이다. 만약 우리의 혈관 속에 아직도 단군의 피가 말라붙지 않았다면 우리는 마땅히 한 몸을 희생(犧牲)의 제단에 올려놓고 3천만 동포의 원한을 풀어야 할 것이다……. 우리가 용감히 싸울 때 하늘에 계신 천백세 조상의 얼은 반드시 우리를 보우할 것이다."

빛나는 전사(戰死)를 하게 하소서

백두산의 10월은 가을이기보다는 오히려 겨울에 더 가까운 계절이다. 강설기가 시작되는 9월 하순 이후가 되면 정상 부근에는 벌써 눈이 쌓이고 고산지대 특유의 아린 냉기가 살을 애일 듯이 옷자락을 파고든다. 더구나 독립군은 아직 홑옷 차림인데다 신발은 짚신에 감발(발감개를 말함)을 한 원시상태 그대로였다.

22세의 군사교관이자 청년대장 철기(鐵驥) 이범석(李範奭, 1900~1972)이 피를 토하듯 토해내는 일장훈시를 들으며 노영지 화톳불 가에서 몸을 녹이고 있는 젊은 병사들의 얼굴마다 비장한 결사 항전의 의지가 번뜩이고 있었다.

> 한배검님 저희 이후에도
> 천만대 후손의 행복을 위해
> 이 한 몸 깨끗이 바치겠으니
> 빛나는 전사(戰死)를 하게 하소서

결전을 앞두고 성스럽게 전사케 해 달라고 기원하는 이른바 기전사가 (祈戰死歌)다. 북로군정서 독립군의 군가였던 기전사가는 불과 한 달 전까지만 해도 백두산 줄기 따라 터 잡은 사관연성소의 드넓은 교장에서 조국광복과 민족수호를 다짐하며 원수의 가슴에 총구를 겨누고 전의(戰意)를 불태우던 주문과도 같은 노래였다.

이들 졸업생 3백 명을 주축으로 하여 편성된 연성대(研成隊)가 일당백의 최정예로서 북로군정서 독립군 승전의 주역이 된 것은 결코 우연이나 요행이 아님을 말해주는 대목이다.

무관학교 하면 보통은 신흥무관학교를 떠올리게 되는데 1911년 유하연(柳河縣)에서 신흥강습소로 출발한 이 학교는 1920년 폐교될 때까지 10년 동안에 2천1백 명의 졸업생을 배출한 서간도의 서로군정서계 학교였다.

그러나 사관 연성소는 서일이 대종교도를 중심으로 조직한 최초의 무장독립운동단체인 중광단을 모태로 하여 개편한 북로군정서가 1919년 말 왕청현 서대파 십리평에 세운 무관양성소이다.

진중(陣中) 실록 우등불은 타오르고

사령관 김좌진은 사관연성소를 세우면서 먼저 신흥무관학교 졸업생과 교관 이범석을 초빙했으며 교재까지도 공급받아 거의 비슷한 내용의 군사교육을 그대로 하였다.

연성소는 모두 숲 속에 은밀하게 감추어둔 8동의 병영과 2개의 연병장으로 이루어져 있었는데 사격장에는 실물대(實物大)의 일본군 모형 인형을 세워놓고 그것을 표적으로 사격연습을 하였다고 한다. 이리하여 청산리 독립전쟁이 일어나기 4개월쯤 전인 1920년 6월에 총 6백 명의 졸업생을 배출하여 마치 청산리 전투를 위하여 맞춤형으로 사관생들을 양성한 것처럼 되었다.

그 첫 번째 전투가 지금 그들 눈앞에 각 일각으로 다가오고 있는 백운평 전투다.

청산리전투의 전 과정을 체계적으로 정리한 현장기록이나 증언으로는 당시 연성대장으로 전투를 직접 지휘했던 이범석의 『우등불』(1971, 서울 사상사)이 아마 유일한 것 같다. 여기에 대(對)를 이루는 일제의 당시 전황보고까지 곁들이면 더욱 박진감 넘치는 입체적인 현장르포가 될 것 같다. 그런데 『우등불』 이전에 『한국의 분노』(1946, 서울 광창각)라는 모본(母本)이 있었고 그 이전(1941)에 중국 백화문(白話文, 중국현대어)으로 된 원본이 있었던 것으로 이번에 확인되었다.

첫 역서의 역자는 그 이름이 밝혀지지는 않았으나 대한민국(임시정부) 28년(1946)이라는 연기(年紀)를 밝힌 책머리에서 자신이 읽은 '그 어느 전쟁문학 작품보다도 처절하리만큼 사실적인 피의 기록'이라고 흥분을 감추지 못하고 있다.

그 중에도 특히 눈길을 끄는 대목은 '피투성이가 되어 총칼을 들고 싸우는 사람에게는 있음 직하지 않은 일종의 시(詩)에 가까운 로맨틱하고 센티멘털한 감상조차도 아름답게 흐르고 있다'면서 이것이야말로 사선(死線)을 넘나드는 인간심리의 일면이라고 술회하고 있는 것이다.

내용상으로는『우등불』과『한국의 분노』가 별반 차이가 없으나 전자의 묘사가 좀 거칠고 직설적이지만 후자의 그것은 필치가 세련되어 김좌진과 곧잘 대비되는 또 다른 전쟁영웅 홍범도의 당시 행적을 나름으로 소상하게 밝히고 있는 점이 다르다.

『우등불』이 출판된 것이 이범석이 세상을 뜨기 1년 전이었으니까 그의 생전에 구술을 받아 내용을 더 보충한 것으로 보인다.

1941년 1월 충칭(重慶)에서 처음 출간된『한국의 분노』서문에서 밝혔듯이 이범석은 서일 총재와 김좌진 사령관이 이미 유명을 달리했기 때문에 전투에 직접 참가한 마지막 증인으로서 전사(戰史) 보존의 책임을 통감하고 처절한 혈전의 기록을 남긴다고 하였다.

그래서 앞으로 전개될 전투상황은 전장 한복판을 누비면서 쓴 체험기인『우등불』과『한국의 분노』에서 주로 많이 인용하여 현장감을 높이고자 한다.

전투에 들어가기 앞서 첫 전투의 무대였던 백운평의 지리적 환경부터 먼저 살펴보도록 하자.『한국의 분노』에서는 백운평(白雲坪)의 지형에 대해 공림(空林)지대라는 용어를 쓰고 있는데 '벌판' 또는 '평지'를 의미하는 평(坪)의 본래 뜻과는 거리가 있어 보인다.

공림이란 겨울 들어 잎이 다 떨어지고 가지만 남은 앙상한 나무가 들어서 있는 공허한 숲을 말한다. 그러나 평(坪)은 나무가 없이 풀만 난 평평한 땅을 이른다. 우리 고유어 '버덩'과 같은 말이다.

『우등불』이나 그 뒤에 나온 후속 기록들이 모두 공지(空地)라고 번역한 것이 오히려 본뜻에 가깝지 않나 싶다. 백운평이나 송림평 등은 백두산의 주맥인 청산 산맥의 기슭을 따라 옹기종기 자연부락을 이루고 있는 한인마을의 이름이기도 한데 이런 마을들이 모여서 청산리가 된 것이다. 청산리라는 이름도 강(두만강) 건너 함경도 주민이 이주하여 개척한 이 일대의 산세가 하도 험준하여 붙여진 것이라고 한다.

중국식으로는 일명 삼도구(三道溝)라고도 불리는 청산리는 그 계곡의 길이가 8리나 되는데 공지를 끼고 있는 백운평 계곡 5~6리가 가장 험준하다. 폭이 2리에 불과한 협곡 사이로 뚫려 있는 한줄기 오솔길 양면으로는 깎아지른 듯 하늘을 받치고 선 가파른 절벽이 병풍을 두르고 그 너머로는 한낮의 햇볕도 무색하게 울울창창한 원시림의 바다가 끝간데없이 출렁이고 있다.

한 방에 폭발시킨 민족의 울분

독립군 사령관 김좌진은 부대를 2개 제대(梯隊: 대대 규모)로 나누어 바싹 뒤쫓아 오고 있는 일군에 대항하는 최전면에 연성대장 이범석이 지휘하는 제2제대를 배치하고 자신은 비교적 훈련이 부족한 병사들로 편성된 제1제대를 지휘하여 제2제대와 8백여 미터 거리를 두고 건너편 사방정자(四方頂子)산기슭에 배치하였다.

제2제대는 다시 우익지구에 사관연성소 교관 출신 이민화(李敏華 1898~1923)의 제1중대를, 좌익지구에는 한근원(韓根源), 정면지구 좌우에 이교성(李敎成)과 김훈(金勳: 후일 황푸 黃埔 군관학교 교관)이 영솔하는 중대를 각각 배치하고 이범석이 전국(全局: 전체적인 국면)을 지휘하는 체제로 편성 배치하였다.

이 대목에서 김훈은 그의 <북로아군실전기(北路我軍實戰記)>를 통해 '我의 보병 1대대는 본대가 되고 여행단(旅行團: 제2제대의 다른 이름)은 후위(後衛)가 되어 이범석이 차임(此任: 제2제대 지휘)에 당하고 후위 첨병(尖兵)은 이민화와 본인이 각각 군인 5명씩을 대(帶: 거느리다) 하였는데 이민화는 골짜기 전방의 60도 경사진 산복(山腹: 산허리)에서 본인은 오른쪽 90도 벼랑 끝 고지에서 적을 기다렸다.'라고 아슬아슬한 벼랑 끝에 매달려 있는 모습이 실감을 더 해주는 당시의 긴박했던 상황을 생생하게 전해주고 있다.

행정구역상으로는 지린 성 화룡현(和龍縣)에 속했던 청산리는 남으로는 두만강과 통하고 강 건너편이 바로 함경도 무산(茂山)이고 서편으로는 충신장(忠信場) 맹가장(孟家莊)과 연결된다.

비교적 삼림이 적은 서북 면보다 동남쪽으로 갈수록 수목의 밀도는 더욱 농밀(濃密)해지는데 활엽수와 침엽수로 이루어진 삼림 곳곳에는 높이가 2~30척이나 되는 송백나무 가랑나무(柞: 일명 굴참나무) 멋나무(樺: 일명 자작나무)가 마치 첨탑처럼 하늘을 찌르고 그 수엽(樹葉)이 빽빽하게 차일을 친 듯 시야를 가린다.

한 겹 또 한 겹 2중 3중으로 굳게 닫힌 암흑의 문처럼 빛이란 빛은 모두 삼켜버리는 바람에 그 아래에서는 풀 한 포기 자라지 못하고 음습한 땅 위에는 몇 자나 되는지 모를 낙엽이 두껍고 깊게 쌓여 자칫 발을 잘못 디뎠다가는 끝도 없는 구렁텅이로 빠져 들어갈 것만 같은 늪지대를 연상케 한다.

전투 전날 밤 홑옷 바람의 병사들은 이 낙엽더미 속에 온몸을 파묻은 채 낙엽욕(浴)을 하며 어한(禦寒)을 할 수 있었다.

'무더기무더기 타오르는 노영장의 모닥불 앞을 지나노라면 불 옆에는 나뭇잎새의 구렁텅이 속에 파묻혀 있는 젊은 전사들이 코를 골며 잠들어 있다'고 이범석은 이 장면을 마치 감상 어린 문학청년 같은 필치로 애잔(哀殘)하게 그려내고 있다.

'모든 병사가 깊이깊이 달콤한 꿈나라에서 헤매고 있다. 불빛에 스치어 붉게 붉게 익어오는 얼굴마다 형언키 어려운 안정의 빛이 떠오르고 한 줄기 끝없는 행복의 빛이 그려져 있었다.'라면서 그는 이를 따듯한 품 안에서 새록새록 잠든 갓난아기의 천진무구한 얼굴을 들여다보는 어머니의 심정에다 비유하기도 했다.

그들은 군대 안에서 대장과 병사라는 계급으로 맺어지기 이전에 스승과 제자라는 사제지간이었다. 곧 그들의 눈앞에서 전개될 전장(戰場)은 교실의 연장인 셈이다. 그래선지 병사들은 아직도 교실에서처럼 대장 이범석에게 선생님이라는 호칭으로 부르는 데 더 익숙한 것 같다.

잠들기 전에 그들은 지나가던 대장을 붙들고 '선생님 가지 마세요. 선생님만 우리와 함께 계신다면 우리는 뭐라고 말할 수 없는 무한한 용기가 생깁니다. 선생님만 계시다면 하늘이 무너져 내려도 우리는 겁날 게 없습니다.'라고 대장과의 일체감을 확인함으로써 결전을 앞두고 암야(暗夜)처럼 엄습해오는 공포와 불안을 떨쳐버리고자 안간힘을 쓰고 있는 모습이었다.

거기에다 그들에게는 공유할 수 있는 가치와 명분이 있었기 때문에 계급과 사제지간을 넘어 글자 그대로 혼연일체가 될 수 있었던 것이다.

이범석이 이 장 첫머리에서 행한 훈사에서 명시한 것처럼 국조 단군과 백두산 성지는 그들이 몸바쳐 지켜야 할 가장 소중한 가치요 명분이었던 것이다. 더구나 그들은 지금 그들이 지켜야 할 바로 그 백두산 성지에서 적을 마주하고 있는 것이다.

이렇게 그들의 정신력을 최대로 에스컬레이트 할 수 있는 요건이 두루 갖추어져 있는 상태에서 쌓이고 쌓인 민족의 울분까지도 한 방에 폭발시킨 배출구가 바로 청산리 독립전쟁이요 백운평 전투다.

이글거리는 십자포화의 불 그물

일본은 사실상 만주 일대를 지배 통치하고 있던 군벌 장작림(張作霖, 1875~1928)의 강력한 반대에도 1920년 10월 14일 간도출병(사실상의 침략)을 일방적으로 선언하고 주력부대인 육군 제19사단을 3개 지대로 편성하여 침략하기 시작했다. 마치 저인망으로 싹쓸이하듯 현재의 연변자 치주 전 지역을 포함하는 북간도 일대를 3개 구역으로 나누어 이른바 불 령선인(不逞鮮人: 법이나 규율을 지키지 않고 제멋대로 행동하는 조선 인, 즉 한인) 초토(剿討: 도둑을 토벌함)작전을 전개한 것이다.

훈춘방면의 제1지대(이소바야시 磯林 소장 지휘 병력 4천), 왕청 방면 의 제2지대(기무라 木村 대좌 지휘, 병력 3천), 화룡 연길현을 담당한 포 병과 기병을 주축으로 하는 가장 강력한 제3지대(아스마 東正彦 소장 지휘, 병력 5천)가 독립군과 숙명의 일전을 벌이게 된다.

저들은 기관총과 대포로 중무장하고 항공기까지 동원하는 대대적인 입 체작전인 데 비해 북로군정서 독립군은 사관연성소를 갓 졸업한 6백 명의 기간요원을 주축으로 하는 1천1백 명(본대인 제1제대의 비전투원 포함) 의 병력에 소총 8백 정 기관총 4정 박격포 2문 수류탄 2천 개 기타 장비 (우마차 21량분)가 그 전부였다. 이것이 일본군에 비한다면 보잘것없는 무장이었지만 그래도 당시 무장독립운동단체 중에서는 가장 우수한 편이 었다.

운 좋게도 이 정도의 무장을 갖추게 된 데는 동병상련의 아픔을 함께 나눈 한 외국군(체코) 지휘관의 따뜻한 배려가 있었기 때문이라고 한다.

최근 체코 대사관을 통해 확인했다는 한 인터넷 게시 글에서 이 지휘관 의 이름은 가이다(Gaida, 당시 28세) 장군으로 밝혀졌다. 그는 1차 대전 중에 의용군으로 편성된 체코군을 이끌고 러시아에 출병, 블라디보스토 크에 주둔하고 있었는데 전쟁이 끝나 본국으로 돌아갈 때 군대 이동에 따르는 비용도 마련하고 현지 소련군에게는 무기를 넘기지 않기 위해 조 선독립군에게 무기와 탄약을 다량 팔아넘겼다는 것이다.

동병상련(同病相憐) 체코 무기 넘겨받아

이에 대해 이범석은 『한국의 분노』에서 제1차 세계대전 후 체코와 슬라브 두 민족이 연합하여 1620년 이후 3백여 년간 지속된 오스트리아-헝가리 제국의 압제를 벗어나 자유민주공화국으로 독립을 성취하였기 때문에 해방된 조국으로 돌아가는 길에 한국독립운동에 열렬한 성원과 동정을 보내면서 그들의 무기고를 활짝 열어 북로군정서에 아낌없이 모두 넘겨주었다는 것이다.

이때 넘겨받은 무기 가운데는 소포(小砲: 박격포를 말하는 듯)와 기관총 일본식 러시아식 소총 외에도 탄환이 80만 발에 이르렀다고 한다.

1920년 10월 21일 오전 8시 운명의 그날 그 시간에 성난 6백여 젊은 전사들의 총구는 그들이 연성소 교장에서 겨누던 인형 표적이 아니라 실제로 살아 움직이는 일본군 병사들의 가슴팍이었다.

아이러니하게도 바로 저들의 기본화기인 38식 일제 보총(步銃)으로 말이다.

이때 이범석이 긴 꼬리를 끌며 협곡 안으로 깊숙이 들어선 일본군의 전위사령(콧수염에 육군소좌 계급장을 단)을 향해 쏜 한발의 총성을 신호로 드디어 청산리 독립전쟁의 화구(火口)가 열리면서 불을 뿜기 시작했다.

적의 전위부대는 1천 명이 넘었다. 물밀 듯이 꾸역꾸역 밀려들어 오는 카키색 군복 대열이 마치 양장(羊腸)처럼 꼬불꼬불한 외줄기 오솔길 따라 공지 안 끝까지 빨려 들어오는 순간을 독립군은 놓치지 않았다.

그들은 이내 독립군이 날(經)과 씨(緯)를 섞어서 짠 듯 정치(精緻)한 십자포화의 불 그물(火網) 속에 갇혀버렸다. 이는 피아(彼我)가 겨루는 전투라기보다는 거의 일방적인 도륙전과 같은 것이었다.

『우등불』은 이 장면을 이렇게 묘사하고 있다.

'일진(一陣)의 광풍 폭우와 같은 총소리가 사방에서 쏟아져 나왔다. 철풍철우(鐵風鐵雨) 그것은 수천수만 마리 호랑이 떼의 포효(咆哮)소리보다도 더 무시무시한 쇳덩어리의 아우성이었다. 6백여 정의 보총, 4정의 기관총, 2문의 박격포, 우리가 가지고 있는 전 화력이 일시에 적의 머리 위에 집중되었다. 총알은 혹은 번개처럼 혹은 별똥처럼 공지 위를 날아다니고 공지 위에서 춤췄다.

가로세로 수없이 교차하는 쇳덩어리는 가장 빽빽하고 삼엄한 불의 그물을 이루었다. 포탄은 화산에서 녹아내리는 바위같이 이글거리며 산산이 부서지는 돌 조각처럼 공지를 두드리고 산천초목을 진동시켰다.

적은 바람에 휘날리는 나뭇잎과 같이 뚝뚝 떨어져 땅바닥에 쓰러졌다. 시체는 한 층 두 층 겹겹이 쌓이고 선혈은 사방에 뿌려져 주변 송림을 물들였다. 한 잎 두 잎 푸른 솔잎은 검붉게 물들어갔다.

인간 띠 돌격 전술로 최후 발악

그리고 그 끝머리에서 '총소리와 만세 소리가 한데 합쳐 어우러지니 만약 그 환성에 리듬을 붙일 수 있다면 <원한교향곡>이라 부르고 싶다.'라고도 했다.

첫 전투에서 완벽한 승리를 거둔지 한 시간쯤 흘렀을까. 전위부대의 패배를 만회하려고 다시 몰려 온 본대 병력 4천여 명(『우등불』에서는 8~9천 명이라고 하였으나 아스마 지대의 전 병력은 5천밖에 안 된다.)과 본격적으로 맞붙은 것이다. 일본군의 일대 반격전이 시작된 것이다.

이번에 적은 한 줄 뒤에 또 한 줄 세우고 그 뒤에 또 한 줄 2중 3중으로 겹겹이 세우는 식으로 몇 줄의 밀집 횡대를 배치하여 제대(梯隊) 돌격태세를 취하였다. 『한국의 분노』에서는 이를 소수병력으로 적지에 뚫고 들어가 적병을 살상하는 충봉(衝鋒)으로 표현했는데 제대돌격과는 차이가 있는 것 같다. 제대돌격은 오히려 많은 병력을 인간 띠로 묶어 얼마간의 희생을 치르더라도 반듯이 상대를 굴복시키고야 말겠다는 의지의 표현으로 소수인 독립군에게 진지를 포기하라는 암묵적인 압박인 동시에 최후 발악적인 수단이었다. 일종의 고육지책이라고도 할 수 있다.

이때의 처절하고 긴박했던 순간을 『우등불』은 또 이렇게 전하고 있다.

'적의 기관총과 모든 무기가 우리를 향하여 불을 뿜기 시작하였다. 점점 더 세차게 압력이 가하여졌다. 총소리는 더욱 다급하였다.

따 따 따.

"돌격"

적군은 골짜기로부터 밀물처럼 밀려들어 오고 총알 포탄은 비바람 불듯 쏟아졌다.

날카로운 목소리들은 사람의 마음과 넋을 갈기갈기 찢는 듯했다.

그러나 우리는 교묘한 위장과 엄폐물을 이용하여 높은 곳에서 여전히 보총 기관총 박격포로 중첩된 철십자의 화망(火網)을 교차시키며 무수한 탄환을 적에게 퍼부었다.

적의 총소리는 또 울리고 함성은 다시 터져 나왔다. 파도는 다시 밀려오고 폭풍우는 다시 쏟아졌다. 우리의 십자포화도 계속하여 파도를 막고 폭풍우는 폭풍우에 대항하였다.

일선 또 일선 적은 무너지기 시작하였다.

한 줄 또 한 줄 밀려든 적의 밀집 횡대는 우리 진지 앞에서 거꾸러지고 또 거꾸러졌다. 띄엄띄엄 일어난 세 차례의 노도와 폭풍이 산산조각이 난 다음에야 적은 하는 수없이 제대돌격을 멈추었다.

그러나 적은 여기서 단념하지 않았다.

이번에는 전 병력을 두 날개로 벌려 양쪽으로부터 포위해 들어오기 시작하였다. 그들은 독립군을 포위하고 한 걸음 한 걸음씩 천천히 죄어들었다. 세 번째 파상공격이 시작된 것이다. 그러나 병력으로나 화력 면에서

절대적 열세에 놓여 있던 독립군으로서는 글자 그대로 악전고투가 아닐
수 없었다. 이때 마침 하달된 김좌진 장군의 철퇴명령은 최적(最適)의 시
의(時宜 그때의 사정에 잘 맞는)를 얻은 구원투수 같은 것이었다.

20. 다시 써야 할 세계전사(戰史)

탄우(彈雨) 속을 뚫고 달려온 연락병이 전달한 명령의 요지는 '1시간 후쯤 들어오는 적의 지원군에 퇴로를 차단당할 위험이 있으니 지금 즉시 전선을 벗어나 오늘 밤 3시(이튿날 새벽 3시를 말함) 안으로 갑상촌(甲上村 전선에서 180리 떨어진)까지 도착하라'라는 것이었다. 이때의 정확한 시각은 오전 11시 30분. 전투시간은 3시간 30분이 소요된 셈이다.

이 전투에서 적은 2천2백 명(1천2백~3백은 사살)의 사상자를 냈다.

반면 독립군 측은 전사자 20명에 중상자가 3명, 그밖에 경상자와 실종자가 2백 명가량 있었으나 후에 대부분 본대로 복귀하였다.

이는 나라 잃은 백성이 그 나라를 뺏은 적의 대규모(사단급) 정규군과 맞서 싸운 끝에 거두어들인 최초 최대의 값진 승리였다.

자신도 놀란 최초 최대의 승리

백운평 전투 다음날(10월 22일) 이도구(二道溝) 방면에서 벌어진 완루구(完樓溝) 전투는 일반적으로 일본군끼리 맞붙어 싸운 100퍼센트 자군 자상(自軍自傷) 전투로 더 널리 알려졌다. 이는 이범석의 『우등불』이 그 단서가 되지 않았나 싶다.

백운평에서 승리의 철수를 감행한 이범석의 제2제대 병력이 전선을 떠나 이미 산림 속으로 대피한 뒤에도 뒤쪽에서 계속 들려오는 포성의 의미를 이범석은 앞서 김좌진의 철수명령 내용대로라면 봉미구 쪽에서 독립군을 포위하려고 들어오는 적의 지원군을 향해 사격하는 것으로 해석했던 것이다.

삼도구(백운평) 전면과 후면에 있는 적(지원군)들은 독립군이 이미 양면 협공의 정중앙에서 감쪽같이 빠져나온 줄도 모르고 아직 그들 앞에 있는 것으로 판단, 자군끼리 서로 공격한 것으로 본 것이다.

적이 이렇게 오판하게 된 가장 큰 이유 중의 하나는 독립군의 복장이 일본군의 그것과 색깔이나 모양이 언뜻 식별하기 어려울 정도로 같았기 때문이라는 것이다. 독립군은 국내 진공 시에 대비, 은폐방법의 하나로 진즉부터 군복을 만들 때 그렇게 고안한 것이라고 한다.

그리고 이범석은 사후에 조사해 본 결과로도 자신의 판단이 정확했다고 술회하고 있다. 또한 그것이 자신이 이끄는 부대 이동 중에 일어난 예상 밖의 전투이면서 전투 속성상 거의 조건반사적(條件反射的)으로 과민반응할 수밖에 없는 상황이었음을 암시하고 있다.

그러나 이 전투는 연합독립군부대를 지휘하던 홍범도가 적극적으로 구사한 기계(奇計: 기묘한 계획이나 꾀)에 의해서 일어난 독립군 쪽에서 보면 다분히 계획된 전투라는 평가를 받고 있다. 이범석이 주장하는 것처럼 우발적인 자상 전투가 아니라는 뜻이다.

우선 당시 일제의 기록(현지 영사관 보고)을 보면 '아스마(東)여단장의 주력은 22일 이른 아침 완루구 깊은 삼림지대에 도망가 숨어 있는(둔찬 遁竄) 홍범도의 부대와 충돌하여 목하 맹렬히 공격 중'이라고 분명히 홍범도 부대로 명시하고 있으며 임시정부 군무부 발표 또한 같은 맥락의 전황을 다음과 같이 더 상세하게 전하고 있다. 이때 임시정부는 안정근

(安定根: 안중근의사의 친동생)을 간북(墾北)시찰원이라는 이름으로 현지에 파견하여 수시로 전황을 비밀보고 받은 것으로 알려졌다.

기계(奇計)로 자상(自傷)공격 유도

'적의 지대(아스마 지대 보병 1대대, 기관총 2중대)가 양로로 갈라져(기기岐) 하나는 남 완루구, 다른 하나는 북 완루구 서편으로 향하여 아군 제1연대(홍범도가 지휘하는)를 포위 공격하려던 중 아군의 동 연대는 정찰, 척후의 정보를 듣고 이미 배치한 저항선에서 전투를 개시하는 동시에 아군 예비대는 삼림 속으로 우회하여 적의 측면[익측(翼側)]을 돌연 공격하자 북 완루구 쪽으로 진출하던 적의 1대는 아군이 중앙 고지에 있으면서 자기의 우군과 상전하는 줄로 오인하고 적이 적군을 맹렬히 사격하니 아군과 적군에게 협격을 당한 적의 1대는 전멸상태에 빠져 그 사망자가 약 4백여 명에 이르렀다.'

역사학자 박은식(朴殷植)은 그의 『독립운동지혈사』(1920 상해 유신사)에서 이 전투를 보다 생동감 넘치는 필치로 다루고 있다. 이 저서는 박은식이 임시정부 수립 직후에 구성된(1919.7.) 임시사료편찬회에 참여하여 한일관계 사료집(전 4책)을 간행하고(1919.9.) 난 뒤에 이때 수집된 방대한 자료를 바탕으로 지은 것인데 바로 그 해에 거둔 청산리대첩까지 수록하게 된 것이다.

'한군(韓軍) 사령 홍범도는 화룡현 이도구 부근의 삼림지대에 주둔하고 있었는데 일병이 이곳을 포위하고 불을 지른 후 각 요로에 기관총부대를 매복시키고 홍범도부대가 포위에서 탈출하기를 기다려 공격하려 했다.

그러나 홍범도는 저들의 속임수를 미리 알아차리고 교묘한 방법으로 삼림에서 탈출하였다. 숲이 전부 불타버리고 황폐해진 뒤에는 아무런 종적도 없었고 그래서 일군의 1대(그중에는 중국의 육광관(陸光觀)이 인솔한 60명도 있었다)는 불타버린 삼림의 중심지대에 진입하여 보고서야 비로소 홍범도군이 탈출한 사실을 확인하고 방향을 바꾸어 다른 길로 향했다. 이때 매복해 있던 기관총부대가 그들을 홍범도의 한군으로 오인하고 사격을 개시하여 쌍방은 서로 응전해서 죽은 일병이 무수하고 중국병도 전멸했다.'

마지막으로 연변(延邊)대학 역사학 교수 박창욱(朴昌昱, 1928년생)의 현장감 넘치는 생생한 증언을 들어보자.

현지인답게 전투지역 일대의 지리적 감각이 남달리 발달한 박창욱은 시간상으로는 가장 멀지만 공간적으로는 가장 가까운 다음과 같은 현장 기록을 남겼다.

'홍범도 장군은 앞뒤로 포위 공격하려는 적의 의도를 미리 알아차리고 부대를 남 완루구와 북 완루구 간의 천리봉 양쪽 등마루에 나누어 미리 매복 배치한 다음 적을 기다리고 있었는데 역시 예상했던 대로 남북 두 갈래로 덮쳐드는 이스마(東)지대의 예비대와 이이노(飯野)부대에 동시에 불벼락을 안겨 주었다.

갑작스러운 공격에 적들은 당황하여 갈팡질팡하다가 겨우 정신을 차리고는 미친 듯이 반격을 해 왔다. 이렇게 아침 7시에 시작된 전투는 11시까지 4시간 동안이나 계속되었다.

정신을 차릴 수 없을 정도로 전투가 한창 격렬해지는 와중에 홍범도부대가 진지에서 살짝 빠져나와 아스마 지대(예비대)의 측면으로 돌아서자 이를 눈치채지 못한 적 예비대는 홍범도 부대가 조금 전까지 지키고 있던 정상 진지로 쇄도해 들이닥쳤다. 이때 북 완루구에서 정상을 향해 올라오던 이이노 부대가 예비대를 향해 일제사격을 가한 것이다.

예비대 역시 이이노부대가 홍범도부대인 줄로 잘못 알고 맹렬한 반격에 나섰다. 이렇게 해서 적들이 저희끼리 맞붙어 한창 격렬한 전투를 벌

이게 되었는데 이를 바라보던 홍범도 부대는 적 예비대의 뒤통수를 향해
몰사격(일제사격)을 퍼부었다.

　홍범도부대와 이이노 부대의 협공을 받은 적 예비대는 전멸되고 적들
이 무슨 영문인지도 모르고 한창 사격전을 교환하고 있을 때 전선을 벗어
나 봉밀구 방면으로 철수했다.

　이 전투에서 홍범도 연합부대는 7명의 전사자를 내었으나 적들은 사살
만 4백여 명에 이르는 엄청난 손실을 보고 뒤이어 전개되는 마록구(어랑
촌)전투에서 다시 만나 숙명의 결전을 벌이게 된다.

'제국(帝國)의 자존심' 기병대 섬멸

　이제 다시 김좌진 부대의 천수평(泉水坪) 전투현장으로 무대를 옮겨
보기로 하자.

　청산리에서 14시간의 강행군으로 180리 길을 돌파한 이범석의 제2제
대는 이튿날(22일) 새벽 2시 40분 갑산촌에 도착, 김좌진의 본대와 극적
으로 해후했다.

　교민들의 뜨거운 환대 속에 이틀째 굶주린 배를 차조밥으로 달래고 실
로 오랜만에 따뜻한 온돌방에서 곤히 잠들었으나 달콤한 휴식도 잠시,
1시간 남짓 만에 다시 일어나 천수평으로 향해야만 하였다. 방금 한 부락
민으로부터 적 기병대 1개 중대(120명)가 천수평에 머물러 있다는 정보를
전해 들었기 때문이다.

　천수평은 3면이 높은 산으로 둘러싸인 이도구 협곡 사이로 난 한 줄기
큰 길이 마록구 언덕의 허리를 거쳐 어랑촌 방향으로 이어지는 대로 부근
에 형성되어 있는 마을이다.

　적은 바로 이 마을의 집단가옥 3동에 나누어 묵고 있다는 것이다.(『우
등불』에서는 이를 3개의 집단마을에 분산 주둔한 것으로 보았으나 그러
면 거리상 집중공격을 할 수 없었을 것이다.)

적은 아직도 김좌진 부대가 160리 밖에 있는 줄로만 알고 기마 순시병 몇 명만 세워놓은 채 깊은 잠에 빠져 있었다.

새벽 5시쯤 공격이 개시되자 이범석은 이민화(李敏華)와 한근원(韓根源) 2개 중대를 이끌고 얼음처럼 차디찬 물이 배꼽까지 차는 마을 북쪽의 시내 한 복판을 가로질러 남쪽 언덕의 사각(死角)을 방패 삼아 바로 적병이 머물고 있는 마을 동쪽 집단가옥 지근거리까지 접근하는 데 성공했다.

그러나 이때 적의 순찰병에게 발각되어 한 방의 총소리가 울리는 것을 신호로 단 한 순간의 틈도 주지 않고 일제히 적을 향해 쳐들어갔다.

독립군의 중화기는 마을 동쪽 술도가[소와(燒鍋)] 토성 안쪽에 매어둔 적의 군마를 향해 일제히 불을 뿜었다. 당시로써는 가장 위력적인 적의 기동력을 제압하기 위해서다.

예상치 못했던 급습에 놀라 까마귀 떼와 같이 황급히 도망치면서도 완강히 저항하는 적과 치열하게 혼전을 벌이고 있는 사이 집 안에서 돼지우리 쪽으로 뛰쳐나온 이범석은 말을 타고 도망쳐 나오는 적을 향해 7연발 권총을 연거푸 쏘아댔다. 그러나 손이 얼어서 모두 빗나가고 말았다.

이때 2명의 적 기병이 바로 눈앞에서 나는 듯이 군도를 휘두르면서 그를 향해 달려들었다. 미처 장탄할 겨를이 없었던 그는 순간 재빠르게 돼지우리 막이 말뚝 위로 솟구쳐 올라 몸을 활 모양 한껏 뒤로 젖히면서 그대로 나동그라졌다

달리는 말의 가속도와 힘을 다하여 내리친 적의 군도는 마치 빵조각을 베듯이 방금 그가 잡고 넘어간 말뚝 3개를 자르고 쇠 바람 소리를 일으키면서 휙 지나갔다. 그야말로 위기일발의 순간이었다.

마록구 고지를 먼저 점령하라.

말을 몰고 황급히 달아나던 시마다(島田)중위(중대장)는 총알이 말 앞

다리에 맞아 말과 함께 굴러떨어졌다. 그의 뒤를 따르던 부하 병사가 타고 오던 말에서 뛰어내리면서 말의 배를 힘껏 차 그의 상관에게 보냈다. 마치 릴레이 경주하듯 말을 넘겨받은 시마다가 재빨리 말 등에 올라 몸을 찰싹 붙이고 달려나갔으나 몇 걸음 못 가서 피투성이가 되어 말에서 굴러 떨어졌다.

이 싸움에서 적은 도망친 4명을 제외하고는 기병 1개 중대 120명 중 시마다 중대장 이하 116명 전원이 사살되었다. 이들 적은 가노오(加納) 대좌가 이끄는 기병 제27연대의 전초중대였다.

우리 측에서는 2명의 전사자와 17명의 부상자를 내는데 그쳤다. 이날 전투의 전리품 중에서 가장 값진 것은 중대장 시마다의 말 등 위에 싣고 있던 마대 자루 속에서 발견된 가노오 연대장에게 보내는 전황 보고서였다.

이 보고서에는 적의 사단(19사단) 사령부가 어랑촌(漁郞村)에 있다는 사실과 시마다 중대가 천수평에 온 것은 이도구의 경계를 담당하기 위해서라는 전투임무까지도 세세하게 밝히고 있다.

그리고 맨 끝의 인원보고를 통해서 시마다 중대는 120기의 인마(人馬)로 구성되어 있음을 확인시켜주고 있다. 이때가 22일(10월) 아침 7시 반쯤 이 보고서 때문에 호구와도 같은 적의 포위망에서 벗어나게 된 김좌진 부대는 또 다음 전투를 위해 일로 마록구(馬鹿溝 일명 야계골) 고지를 향해 달려갔다.

양쪽 군사가 우연히 만나 일으키는 피할 수 없는 전투, 즉 조우전(遭遇戰)에 대비하기 위해서다. 이 전투에서 승리하려면 적에 앞서서 중간지점의 유리한 고지를 선점하는 것이 무엇보다도 중요하므로 그렇지 않아도 천수평 전투 직전에 공격부서를 편성 배치할 때 김좌진은 이를 미리 예견하고 김훈(金勳) 중대를 북쪽 산 아래로 이동시켜 극비리에 신속한 행동으로 마록구 874고지의 산허리를 점령케 하였던 것이다.

그리고 김좌진은 문자 그대로 시산혈하(屍山血河)를 이룬 천수평 전투 현장을 채 수습도 하기 전에 한근원(韓根源) 중대에 명하여 마록구에 선발대로 가 있는 김훈 중대를 지원케 하고 이민화 중대에게는 천수평 북방 고지를 점령케 하는 한편 나머지 예비대 전체는 마록구 북방 고지로 신속히 이동할 것을 명했다.

사령관 군모까지 날아간 격전

이때 적은 경중을 가리지 않고 각종 대포를 총동원하여 맹렬한 포격을 퍼부으면서 마록구 산허리를 향해 노도와 같이 밀려들었다.

적의 전위는 방금 전 천수평 전투에서 독립군에게 섬멸 당한 시마다 중대의 본대인 적 기병 제27연대의 1개 연대 기병 전 병력이었다. 적은 독립군 부대가 기다리고 있는 줄도 모르고 그들 나름으로 빨리 고지를 점령하겠다는 일념으로 속도를 있는 대로 다 발휘하여 달려올라 오고 있었다.

이때 김좌진 군의 기관총 6문과 박격포 2문이 갈까마귀 떼처럼 몰려오는 적을 향해 일제히 불을 뿜었다. 중기관총의 하나는 프랑스제 뉴키 종류였고 나머지는 막심과 콜드였다. 한 탄대에 250발을 장전하는 당시로써는 최신예 고성능 기관총이었다.

박격포는 달려 올라오는 적병의 앞뒤를 자르고 그 복판에다는 기관총의 불벼락을 안겼다.

일군은 마치 삼(麻)대 쓰러지듯 비탈진 고지의 한쪽 사면(斜面)을 자신들의 시체로 덮으면서 개미 떼처럼 기어 올라오고 있었다.

기관총 중대장 최인걸(崔仁傑)은 부하들의 사격 솜씨가 성에 덜 찼던지 손수 차고앉아 방아쇠를 잡고 한 탄대 분 120발을 단숨에 모두 쏘아버렸다.

몰려들다가는 흩어지고 흩어졌다가는 다시 몰려들고 적의 공격이 치열할수록 우리의 저항도 완강해졌다.

병력으로는 비록 10 대 1의 일견 상대도 되지 않는 열세였으나 독립군은 우월한 지형을 선점한데다 강철 같은 의지와 불패의 용기를 가지고 있었다. 이것이 바로 이 전투를 승리로 이끄는 동력이 되었던 것이다.

포탄이 수없이 날아와 작렬하면서 일으키는 노란 흙먼지 폭풍에 사령관 김좌진의 군모가 날아가고 포탄 파편에 이범석의 군도는 두 동강이가 났다. 그리고 코와 입은 피투성이가 되었다.

한 병사는 온몸에 무려 19발의 총탄을 맞고 쓰러졌으며 이를 곁에서 지켜보던 또 다른 한 병사(田某라는)는 복 바쳐 오르는 분노를 억누를 길 없어 서서 쏘고 앉아서 쏘고 엎드려 쏘고 꿇어앉아서 쏘고 미친 듯이 쏘고 또 쏘아 단숨에 20여 명의 적을 거꾸러뜨렸다.

적은 정면 공격으로는 도저히 고지를 공략할 수 없다고 판단하고 나머지 병력을 총동원하여 고지의 측면을 돌아가며 포위망을 구축, 독립군의 마지막 퇴로를 차단하고자 하였다.

이런 적의 움직임을 간파한 김좌진부대는 그 즉시 첫 번째 산봉우리 진지에서 두 번째 산봉우리로 이동하여 저항을 계속하였다. 적이 다시 측면으로 선회하자 이번에는 셋째 봉우리로 철수하여 마치 커다란 나선형(螺旋形)의 축(軸)처럼 돌아가면서 그때마다 마주하는 정면의 적에게 집중타격을 가하는 이른바 내선(內線)작전을 가동한 것이다.

지금까지 독립군이 수행한 세 차례 전투를 엄밀하게 분석해 보면 청산리와 천수평 전투는 둘 다 오만한 적의 방심(放心)을 노린 매복 기습작전이었고 완루구 전투는 홍범도의 기계(奇計)로 적의 자상(自傷)공격을 유도한 씨름으로 치면 상대방의 힘을 이용하여 상대방을 제압하는 그런 전술이었다. 그러나 처음부터 조우전으로 전단(戰端)을 연 마록구 전투는 다른 세 전투와는 그 성격이 판이하게 달랐다.

이번 전투는 지난 두세 번의 전투를 통해서 피아간의 전력이 어느 정도 노출된 상태에서 정면으로 맞서서 벌인 사활(死活)을 건 일대 회전(會戰)이었다.

이범석의 『우등불』은 이 대목을 또 이렇게 그려내고 있다.

21. 내선(內線)작전

'자연이 우릴 도왔다고 할까! 신의 도움인가! 적은 숫자로 대군을 상대해서 싸우는 우리는 아침에는 동(東)에서 서(西)를 향해 공격하고 오후에는 적이 동에서 서를 향해 공격했다. 그래서 우리는 적을 정확히 보고 공격할 수 있었으나 적은 자연 해를 바라보며 싸울 수밖에 없었고 이런 역광(逆光) 상태에서 상대 쪽을 정확히 볼 수 없었다.'는 이야기가 된다. 이는 비록 계획적인 전술의 선회를 의미하는 것은 아니라 할지라도 적어도 독립군이 구사한 마지막 카드라고 할 수 있는 내선작전과 맞물리면서 전력을 극대화하는 상승작용을 일으킨 것만은 틀림없는 사실이다.

세 번에 걸친 파상공격도 무위(無爲)

요즘 흔히 말하는 시너지 효과 같은 것이다.

독립군 전사 상 마록구 전투에서 처음으로 등장한 이 전술은 전투의 주도권을 피동에서 주동으로 전환시키는 데 결정적인 역할을 하게 된다.

내선전투에 대해서는 이 전투의 승인(勝因) 분석 때 다시 논하기로 하고 이번에는 이 전투에 중대장으로 참전했던 경전(經戰) 장교 김훈의 증언을 한번 들어 보자. 그의 『북로 아군 실전기(北路 我軍 實戰記)』(독립

신문 1921. 3. 12일자)에 따르면

어랑촌(漁郎村: 마록구)고지 남쪽 기슭으로 먼저 오른 제1중대는 산허
리쯤에 포복(匍腹) 자세로 기어오르는[복상(伏上)] 적을 향해 일제사격
을 가하자 적은 수많은 시체를 남기고 뿔뿔이 흩어져 달아났다.
독립군이 전투에서 기선(機先)을 제압할 수 있었던 것은 무엇보다도
적보다 먼저 유리한 고지를 확보(점거)하여 선제공격의 기틀을 마련하였
기 때문인데 적은 4배가 넘는 병력에다 각종 최신 병기를 동원하여 두
번 세 번에 걸친 파상공격을 강행했지만 결국 실패하고 말았다.

이와 같이 몇 차례의 공격에 실패한 적은 독립군의 진지를 우회하여
우측 측면을 공격하려고 시도하였으나 그것마저도 내선작전 작동에 따라
신속하게 이동해 온 여행대(이범석의 제2제대)의 집중사격으로 무위로
끝나고 말았다.

이에 적의 지휘관 아스마(東) 소장은 기병 27연대와 포병 25연대 제1대
대의 병력까지 투입하여 보병부대와 합동으로 최후의 총력전을 전개하였
다. 잇따른 패배에 굴욕감마저 느꼈을 일군 지휘관의 도박에 가까운 신경
질적인 반응이었다.

그러나 전투가 점점 가열되면서 병력면에서나 장비 면에서 절대적으로
우세한 적에게 전세는 차츰 유리하게 기울어지기 시작했다.

다급해진 독립군은 비전투원까지 동원하여 최후의 결전을 준비하지
않으면 안 될 절체절명의 막다른 지경으로 몰렸다. 이때가 오전 11시쯤이
었다.

개전 초에 공격의 주도권을 장악했던 독립군이 중과부적으로 차츰 수
세로 몰리는 형국인데 이후 어떻게 해서 이 위기를 벗어나 병력을 안전하
게 전선에서 철수시킬 수 있었는지 기록상으로는 동선(動線)의 연결이

잘 안 될 뿐 아니라 그 경위를 알 길이 없다.

이범석이나 김훈은 이 대목에서 단지 독립군 진지를 멀리 돌아서 포위망을 압축해 들어오는 적에 맞서 부대를 두 번에 걸쳐 이동시킨 사실만 기록했을 뿐 그때마다 어떻게 싸워 적을 물리쳤는지 당시의 상황을 이해하는데 가장 긴요한 부분이 빠져 있는 것이다.

이때 위기에서 김좌진부대를 구출하는 데 결정적 역할을 한 홍범도 연합부대의 참전 사실이 증발되어 버렸기 때문이다.

홍범도 부대의 참전 미스터리

다만 두 번째로 진지를 옮기는 과정에서 밤새 먹지 못하고 자지 못해 극도로 지친 이범석이 빨리 달아날 수가 없어서 부대원 일행에게서 떨어져 혼자 비탈길을 천천히 걸어서 올라가다가 진지까지 2~30여 미터를 남겨두고 하마터면 적의 포로가 될 뻔한 위기 상황에서 한 부대원(김윤(金潤))에 의해 가까스로 구출된 사실과 이때 적이 시체 2구를 버려 둔 채 뿔뿔이 흩어져 달아났다고 적고 있다. 이 정도의 거리라면 거의 백병전(白兵戰)이 일어나기 직전 상황이다.

그리고는 시간상으로 한참을 건너 뛰어 이런 악전고투가 계속되는 와중에도 '밤은 급한 걸음으로 달려들고 있다'고 하루 종일 계속되었다는 전투가 어둠이 몰려오면서 소강상태에 접어들었음을 시사하고 있다.

며칠 밤을 뜬 눈으로 지샌 사령관 김좌진 역시 극도의 피로를 이기지 못해 자기(이범석) 곁에서 코를 골며 깊이 잠들어 있었다고 한 대목에서 적의 공격이 뜸해진 당시의 전황을 읽을 수 있을 것 같다.

이날 전투에서 빠트릴 수 없는 또 하나의 감동적인 장면은 부대가 셋째 봉우리로 이동하여 막 저항을 계속할 때 인근 촌락의 부인 동포들이 비 오듯 쏟아지는 탄막(彈幕)을 뚫고 치마 자락에 주먹밥을 싸가지고 고지까지 올라 와서 적을 향해 방아쇠를 당기느라 밥 먹을 틈조차 없었던 병사들의 입에 한 덩이 한 덩이씩 마치 어미새가 새끼의 입에 먹이를 물려주듯 먹여주는 장면이었다. 영화보다도 오히려 더 영화다운 이 장면은 그러나 가상(假想)이 아니다.

일찍이 4백여 년 전 지금 마주하고 있는 적의 조상들이 조국 땅을 침략하여 유린할 때 돌멩이를 날라다 준 행주치마의 고사를 연상케 하는 행주대첩(幸州大捷)의 재현이 아니던가. 역사가 비록 순환한다고는 하나 참으로 질기고 모진 악연이 아닐 수 없다.

어랑촌에서 다시 만난 일본군

그렇다면 이범석이 그의 기록(우등불)에서 빠트린 홍범도의 연합부대는 이 시각 어디에서 무엇을 하고 있었을까.

홍범도 부대의 소재 확인에 앞서 첫 승첩(勝捷)을 거둔 백운평에서 어랑촌까지 이르는 노정과 시간대(帶)를 김훈의 『북로아군 실전기』를 통해 다시 한 번 복기(復碁)하여 보면 1. 청산리 삼림 중에서 적으로 하여금 자상(自傷)충돌을 유도하고, 2. 거기서 160 리 되는 이도구로 밤을 도와 강행군하여 갑산촌에서 잠시 휴식을 취하고(21일 상오 2시 30분), 3. 21일 상오 4시경 갑산촌에서 30리 되는 천수평에서 적 기병대를 섬멸하였다. 4. 이때 적의 중대장이 본대에 보내려던 보고서를 입수, 천수평에서 동으로 8리 되는 어랑촌에서 적의 보병 1개 대대 기병 1개 중대, 포병 1개 중대가 숙영하고 있다는 정보를 탐지하였다. 이상 김훈의 증언 중에 갑산촌과 천수평 도착 시간은 21일이 아니라 22일 새벽이라야 맞다. 이 부분 김훈의 착각인 듯하다.

일제 측의 『간도 출병사』(上)에서도 사관 생도대를 기간으로 하는 김좌진부대 3백 명이 22일 오전 5시 30분 일본군 기병대를 습격하였다고 했는데 이 전투가 바로 천수평 전투이다.

이날 오전 7시 30분쯤부터 교전에 들어간 마록구(야계골 고지) 전투까지는 약 두 시간의 시차가 있는데 그 사이에 김좌진의 주력부대는 천수평 전투를 마치고 마록구 874 고지로 이동하여 명운을 건 독립군 최후 최대의 결전을 치르게 된다.

한편 홍범도 연합부대는 천수평 전투가 벌어지고 있던 그 시각 무렵 완루구(천보산) 전투에서 아스마(東)지대의 예비대를 같은 일군인 이이노(飯野)부대와 좌우에서 협공하여 섬멸하고 김좌진 부대가 이미 떠나고 난 뒤의 천수평을 거쳐 마록구 야계골 오른 쪽 고지까지 진출한다.

완루구 자상전투에서 홍범도군에게 속은 것을 뒤늦게 알고 계속 추격전을 벌여오던 이이노 부대와 마록구 전투에서 다시 만나 한판 승부를 벌이게 된다. 이때 홍범도의 연합부대는 김좌진 부대가 점거하고 있는 874고지(마록구 야계골) 서북쪽 2.5킬로미터 지점의 만리동 부근 좀 더 높은 고지에 포진하고 있었다.

그러나 두 독립군 부대는 서로 간에 우군부대의 상황을 알지 못하여 협력관계를 유지하지 못한 채 각자 독자적으로 일본군과 전투를 벌이게 되었다고 『독립군 항쟁사』(1985, 국방부전사편찬위원회)는 증언하고 있다.

위기일발에서 구출된 김좌진부대

그러면 다시 마록구(874고지) 전투현장으로 돌아가 두 독립군 부대의 협력관계가 어떻게 이루어졌는지 그 자초지종을 들어보도록 하자.

앞에서 말한 바와 같이 김좌진 부대가 숨 쉴 틈도 없이 몰아치는 일본군의 쓰나미 공세에 밀려 악전고투를 계속하고 있을 때 우측 산마루로부터 콩 볶듯 하는 총소리가 들려오는가 싶더니 미친 듯이 달려들던 적들이 갑자기 삼대 넘어지듯 우수수 무너지기 시작했다. 그리고 순식간에 피아(彼我)의 전세가 뒤바뀌었다. 예상치 못했던 홍범도 연합부대의 참전으로 다시 좌우로부터 협격을 받은 일군은 지금까지 한 방향으로만 공격하던 부대를 양분하여 두 독립군부대와 싸울 수밖에 없는 진퇴유곡의 막다른 골목으로 몰렸다.

완루구 전투에서 완승을 거두고 감쪽같이 전선에서 빠져나온 연합부대는 적의 추격을 피해 봉밀구 방향으로 이동하던 중에 천수동을 거쳐 김좌진 부대가 전투 중인 야계골로 들어선 것이다.

완루구 전투에서 거의 손실을 입지 않고 철수한 연합부대는 원래의 병력을 그대로 유지한 채 874고지 바로 옆 그보다 좀 더 높은 산 고지를 점령하고 김좌진 부대를 향해 마지막 공세의 고삐를 조여오던 적들에게 불벼락을 안겨 준 것이다.

그런데 이 대목에서 하나 풀리지 않는 의문이 있다. 홍범도 부대가 점거한 만덕리 옆 산에서 874고지 사이의 거리 문제다. 『독립군 항쟁사』가 주장하는 바와 같이 그 사이가 2.5킬로미터 거리라면 과연 유효 사거리(射距離)가 될 수 있겠느냐는 것이다. 그래서 박창욱이 주장하는 바와 같이 '좀 더 높은 바로 옆 고지' 또는 '같은 874고지의 방향이 다른 최고봉 진지'에 주목하는 이유이다.

전투는 저녁 7시 반까지 계속되었다. 고지에 어둠이 깃들기 시작하자 적의 공격도 한결 뜸해졌다. 이 사이 김좌진부대는 홍범도의 연합부대가 점거하고 있던 만리동 고지 쪽으로 이동한 후 어둠을 틈 타 부대를 나누어 가지고 감쪽같이 퇴각하는 데 성공했다.

이심전심으로 펼친 연합작전

독립운동사 연구의 대가 박창욱의 말 그대로 어랑촌(마록구) 전투는 청산리 독립전쟁을 통틀어서도 가장 규모가 크고 치열을 극(極)한 전사에 길이 남을 만한 전투였다. 백운평 전투를 서부전선의 첫 전투라고 한다면 어랑촌(마록구) 전투는 홍범도 김좌진 두 독립군 부대의 주력과 아스마 지대의 주력부대 간에 벌인 명운을 건 대회전이었다.

그런데 왜 이범석은 홍범도의 참전 사실을 그의 기록에서 빠트린 것일까.

그는 『우등불』 청산리의 혈전 맺음말에서 그리하게 된 경위를 짐작케 하는 몇 가지 단서를 남기고 있다. 이를 한마디로 요약하자면 홍범도에 대한 불신이 그 밑바닥에 깔려 있음을 알 수 있다.

청산리 전투가 벌어지기 직전에 적의 대병력이 독립군 토벌 작전을 전개하여 포위망을 압축해 들어오고 있다는 사실을 알고 4개의 독립운동단체(국민회, 의군부, 한민단(韓民團), 의민단(義民團))가 북로군정서로 대표를 파견하여 연합 작전을 숙의하는 자리가 마련되었다.

이 자리에는 국민회에서 홍범도와 안무(安武, 1883~1924) 의군부에서는 최진동(崔振東, 일명 命錄) 등이 참석한 가운데 작전회의를 개최하고 각 부대의 작전지역까지 결정하는 등 구체적인 작전계획을 논의하게 되었다.

김좌진이 총지휘를 맡고 홍범도와 최진동이 부사령관, 여행단장 이범석이 전적(前敵) 총지휘, 즉 일선 전투사령관으로 부서가 결정되었다.

작전지역은 적의 예상 침입로를 따라 3개 방향으로 나누어 정해졌는데 홍범도 부대가 터시코우 방면을 맡고 의군부가 무산 간도 방면의 버들고개[柳嶺], 북로군정서부대는 중앙의 송림평 일대를 각각 맡았다. 이렇게 해서 김좌진 부대가 송림평에서 북으로 연결된 한인마을 백운평에서 첫 전투를 벌이게 된 것이다.

냉전의 그늘 못 벗은 두 전쟁 영웅

그런데 이튿날(음력 9일) 새벽에 일어나 보니 3개 단체는 말 한 마디 남기지 않은 채 모두 떠나가 버렸고 한민단 1개 중대만이 남아 있었다는 것이다. 나중에야 안 사실이지만 부서와 작전임무 배당에 불만을 품고 그리했다는 것이다. 그 후 홍범도의 행적에 대하여 이범석은 적지 않은 지면을 할애하여 비교적 상세하게 기술하고 있다.

마치 홍범도의 연합부대가 마록구 전투에 참전하지 않았다는 사실을 입증이라도 하려는 듯이 구체적인 증거까지 들이대면서.

홍범도 부대가 작전회의 결과에 승복하지 않고 이탈한 지 3일째 되던 날 일군에게 포위되어 물 한 모금 먹지 못하고 추운 밤에 화톳불조차 올리지 못한 채 기한에 떨면서 체념 상태에서 적에게 노출될까 두려워 그냥 그 자리를 지키고 있었다는 것이다. 여기서 그 곳이란 문맥상으로 보아 마록구 전투 때 이범석이 비로소 확인했다는 홍범도부대의 숙영 터, 즉 만덕리 부근 산으로 추정된다. 그러나 그렇게 되면 마록구 전투 이전에 홍범도부대가 마록구에 이미 와 있었다는 이야기가 되는데 앞에서 잠정 정리한대로 홍범도부대의 이동경로를 추적해보면 거리와 소요시간의 절대 수치가 맞지 않는다.

일군에게 계속 쫓기던 홍범도 부대가 김좌진부대의 천수평 전투 승첩으로 적의 포위망 한 귀퉁이가 뚫리자 비로소 안도의 숨을 내쉬고 그 격전(마록구 전투를 말하는 듯)의 와중에서 홍범도부대는 안도현 쪽으로 흩어져 달아났다고 적고 있다.

가까스로 부대를 수습하여 안도현 입구인 우도양청 계곡으로 빠져 들어가다가 또다시 일군의 포위망에 걸려 추격을 받게 된다. 그러나 일군의 추격 사실을 전혀 모르고 방심한 홍범도 부대는 며칠 동안 굶주림과 추위에 떨다가 이제는 적이 전장에서 완전히 떠난 줄 알고 밤이 되자 화광이

충천하는 우등불을 지펴놓고 먹을 것을 끓이다가 추격하던 일군으로부터 집중사격을 받았다는 것이다.

그리하여 삽시간에 독립군 백수십 명이 아무 저항도 하지 못한 채 떼죽음을 당하고 무기도 태반을 잃었다는 것이다. 그리고 나머지 병력은 무기를 수습해가지고 안도현 내도산(內島山)으로 들어갔는데 일제가 청산리 전투에서 독립군으로부터 노획했다는 '사진 속의 무기'란 바로 이때 빼앗긴 것이라고 했다.

그러면서 홍범도 부대가 마록구 전투 때 책응(策應: 군대를 지원해 줌)을 하여 적을 협격했더라면 더욱 큰 전과를 올렸을 것이라고 아쉬워하기까지 했다.

이범석이 이렇게 증언하는 이유는 다른 데 있는 것이 아니었다. 앞에서 든 그대로 일제가 청산리 전투 때 노획했다는 '사진 속 무기'의 출처 때문이었다. 그것이 마치 청산리 전투, 즉 자신이 직접 지휘한 전투 때 일군에게 빼앗긴 것처럼 잘못 알려져 있다는 것이다.

'죽기 전에 보다 자세한 나의 증언'이 필요해서 쓴다는『우등불』맺음말에서 그는 청산리 싸움에 관한 기록이 역사적 사실과 어긋난다고 들고 이를 바로잡는 것은 전적으로 자신의 책임임을 강조하고 있다.

이는 청산리 전투의 마지막 생존자인 자신만이 할 수 있고 또 하지 않으면 안 될 마지막 과제임을 스스로에게 다짐하는 것이기도 했다.『우등불』이 그가 죽기 한 해 전에 나온 것을 감안할 때 당시 그의 절박했던 심정을 이해할 수 있을 것 같다.

22. 최후의 증인

그가 말하는 청산리싸움의 역사적 사실에 대해서는 이미 이장 서두에서 그의 기록을 토대로 자세히 서술한 바 있다. 그런데 그가 바로잡고자 했던 이 사실을 왜곡시킨 오류의 출처가 다름 아닌 일제의 기록이라는 사실이다.

일군 자료가 홍범도 참전 확인

이 기록은 일제가 육군성과 참모본부에 보관해 오던 것인데 항복 직후 미군이 가져다가 워싱턴 박물관에 보관해 오던 것들이다. 청산리 전역 당시 일본군이 노획한 독립군의 무기와 각종 문서 등으로 이루어져 있는 이 자료를 1970년(우등불이 출간되기 1년 전) 우리나라 국회도서관장(당시 강주진(姜周鎭))이 워싱턴에 갔을 때 이를 발굴, 모두 복사하여 가져 왔다는 것이다. 이것이 이범석이 말하는 사진 속 무기다.

다시 결론 삼아 말하면 이 일제의 자료에 나오는 노획무기는 청산리 싸움에서 나온 것이 아니고 일군의 추격을 받던 홍범도 연합부대가 빼앗 긴 것이라는 것이다. 시간이나 공간의 연계(連繫)에 다소의 무리가 있는 것은 사실이나 이범석의 주장에도 또한 그 나름의 이유가 있는 것을 부인할 수 없다.

문제의 복사 문서 가운데는 독립군 토벌을 전담했던 일군 제19사단 사령부가 1920년 12월 20일자로 작성 보고한 '초토(剿討: 도둑을 토벌함) 효과 일람표'라는 것이 있는데 주력부대인 아스마(東) 지대의 전과가 다른 3개(이소바야시 磯林 기무라 木村의 지대 강안 병참 江岸 兵站 수비대)지대의 전과보다 월등하게 많다.

우선 사살만도 총 494명 중 225명으로 전체 합계의 절반가량 되며 소총 269정(총 549정 중)과 기관총 3정(4정 중), 권총 27정(40정 중), 총탄 34338개(총 41774개 중)로 집계하고 있다.

앞에서 언급한 바 있는 '사진 속 무기'란 바로 이를 두고 하는 말인데 군정서 부대에서는 일군에게 이처럼 다량의 무기를 빼앗긴 사실이 결단코 없으며 그것은 홍범도부대가 숙영 중에 일군의 급습을 받았을 때 빼앗긴 무기라고 주장했다.

이 문서는 또 1920년 10월 25일자로 조선군사령관(우스노미야 宇都宮 太郎)이 본국의 육군대신 앞으로 보낸 전보에서 874고지(마록구) 전투에 김좌진 지휘 하의 군정서군과 홍범도가 지휘하는 일단을 합친 6천여 명이 참전했다고 밝히고 있다.

일군이 자신들의 패전을 은폐하기 위해 독립군 병력을 실제(2천여 명)보다 3배나 부풀려 보고한 점이 인정되나 다른 한편으로는 홍범도 부대의 참전 사실도 함께 확인시켜주고 있다. 일제가 자신의 피해는 극소화하면서 독립군의 피해는 항용 과장하기 마련인 사상자 집계가 그리 믿을 것은 못되나 현물을 놓고 찍은 사진 속의 무기는 성격이 좀 다르기 때문에 이범석의 심리는 더욱 민감하게 반응할 수밖에 없었을 것이다.

그는 평소 친분이 있던 국회의원들과 함께 한 자리에서 '사진 속 무기'에 대해 이야기를 나눈 적이 있는데 이때 한 국회의원이 '우리 독립군이 그때(청산리 독립전쟁) 입은 피해가 얼마나 컸는지 짐작할 수 있다'고 한 말을 가감 없이 그대로 인용하고 있는 것을 보면 독립전쟁 사상 금자탑으로 일컬어지는 청산리 대첩의 위상이 자칫 평가절하 되거나 훼손되지 않을까 하는 위기감이 작용했음직하다는 생각을 하게 된다.

한 전투에 상반되는 두 증언

여기까지 쓰다 보니 우선 필자 자신부터 판단의 근거 자체가 흔들리는 것 같고 혼란스러워진다. 어째서 같은 전투를 두고 이렇게 상반되는 두 가지 증언이 나오는 것일까.

그 원인을 거슬러 올라가다가 보면 만나게 되는 두 주역, 홍범도와 김좌진이라는 인물을 통해서 그 실마리를 풀 수는 없을까 하는 데까지 생각이 미쳤다.

이범석은 홍범도에 대해 갑산(甲山) 금광에서 일어 난 한말의 의병으로 자기 성명 삼자도 못 쓰는 무식한 사람이었으나 애국심이 강하고 효용(驍勇)한 분으로서 일제의 순사파출소와 일본수비대를 가끔 습격하는 등 특히 유격전에서 전공을 많이 세운 분이라고 소개하고 있다.

그 중에는 일군 70여 명을 사살한 자성(慈城)전투를 비롯하여 120명을 사살한 삼둔자(三屯子) 전투, 일군 대부대를 유인하여 일거에 섬멸한 저 유명한 봉오동 전투 등으로 그는 김좌진과 함께 독립전쟁의 영웅으로 추앙을 받게 된다.

그 뒤 간도로 건너가서는 다시 독립군을 조직했는데 나이가 많고(1868년생, 당시 52세 때) 명성이 널리 알려져 있는 분이라 국민회(1919. 3) 예하의 대한 독립군 총사령관에 추대되었다.

그러나 국민회가 가지고 있던 대중기반이 북간도에서 최초로 조직된 공산당 조직인 적기단(赤旗團)으로 넘어가면서 민심을 크게 잃어버렸다.

그 후 청산리 전투와 거의 같은 때 일군의 습격을 받아 병사와 무기의 태반을 잃고 안도현 내도산으로 들어온 홍범도는 때마침 남만주에서 신흥무관학교 출신 도수(徒手 비무장)학생 3백 명을 이끌고 이곳에 들어와 있던 지청천(池靑天: 일명 이청천 1888~1959 후의 광복군 총사령관)에게 무기를 넘겨주고 청년들을 무장시키도록 하였다는 것이다.

이때의 상황을 이범석은 '옛날 의병 출신인 늙은 동지들로 편성된 부대를 영솔하던 홍범도가 의외의 큰 타격을 입고 깨달은 바 있어 나머지 무기를 모두 넘겨주었다'고 했는데 이미 전의를 잃고 의병부대를 해체한 것인지 남는 무기가 있어서 넘겨 준 것인지는 정확히 알 길이 없다.

일제가 노획했다는 무기의 실체

다만 이범석이 결론 삼아 간추려서 재확인하고 있는 세 가지 증언, 즉 홍범도부대가 청산리 싸움에 참여하려다가 그만 두고 단독으로 행동하다가 심각한 타격을 입었다는 사실과 일제가 사진 속에 담았다는 노획무기의 출처는 홍범도 부대가 집단적으로 빼앗긴 무기라는 사실, 그리고 지청천과 청산리 전투는 아무 상관이 없다는 사실 등을 들고 다만 지청천 부대가 무장하게 된 경위만을 밝히고 있다.

그러면서 군정서 군대 중에도 전사자와 실종자가 있었으나 혹여 낱개로는 일군의 수중에 들어간 무기가 있을 수 있겠지만 조직이 무너져 집단적으로 일군에게 포로가 되거나 무기를 빼앗긴 일은 없다고 재강조하고 있다.

한 월간지 『전통과 시론』(1990년 12월호)에 실린 <백포(白圃) 서일(徐一)의 독립운동>이라는 특집기사 가운데 한 장의 사진이 이범석의 '사진 속 무기'와 어떤 관련이 있지 않을까 해서 첨언해두고자 한다. 필자를 '편집부'라고 한 이 기사 속 사진은 단지 청산리 전쟁이후 독립군이 북만주로 이동(북정(北征)을 말함)하면서 숨겨놓은 무기라는 사진 설명을 달아 놓았을 뿐 자세한 내용은 없다. 커다란 벽돌조 게이트가 있는 배경으로 보아 일군이 찾아내 전시한 듯하다.

청산리 독립전쟁 이후 각 단체별로 흩어졌던 독립군이 3개월 만에 중 러 국경지대인 밀산(密山)에서 다시 모여 대한독립군단(총재 서일)을 결 성하고 러시아 이만(伊滿)으로 넘어가게 된다. 그 후 홍범도는 일크스쿠 파 공산당원이 된 과거 국민부 시절 간부들의 권유로 공산당원이 되었으 나 단지 독립투사라는 이름만 빌려주었을 뿐 불우한 여생을 보낸 것으로 알려져 있다.

그가 말년을 보냈다는 카자흐스탄에서는 그곳 극장의 기도(木戶: 원래 는 관람객이 출입하는 문이라는 뜻인데 문을 지키는 사람으로 전화된 일 본어) 서는 일을 했는데 극장 안에서는 '혁명 영웅 홍범도'의 생애를 다룬 작품이 공연되고 있는데도 정작 그 작품 속의 주인공은 그 사실을 모른 채 문지기를 서고 있었다는 오리지날 <25시> 같은 이야기도 전해 온다.

일제도 승자에게 정중한 경의

『우등불』이 다룬 청산리 독립전쟁은 마록구 전투를 끝으로 그 막을 내 리게 된다. 그러나 그 이후에도 전개되는 홍범도부대가 주도한 대소 전투 는 어느 것 하나 만만한 것이 없다.

마록구 전투 승첩 후 이도구 서북방 각지의 산골에서 벌어진 23일의 맹개골 전투를 비롯하여 같은 날의 만록구(萬鹿溝)전투, 24일의 쉰구전 투, 24~5일의 천보산(天寶山)부근 전투, 25~26일의 고동하(古洞河) 골 짜기 전투 등이 그것이다.

이들 전투도 한일 간의 자료에 따라 그 규모와 접전 시간 등이 각기 다르게 나타나기는 하지만 하나같이 혈전을 치렀고 또한 독립군의 승리로 돌아간 전투였다.

그 중에도 특히 고동하 골짜기의 전투는 홍범도의 대한독립군 등 연합부대가 아스마(東) 지대의 일군을 격퇴시킨 청산리 독립전쟁의 에필로그를 찍는 사실상의 마지막 전투였다.

이 전투가 얼마나 격렬했던지 일군 측의 한 전투보고(조선군사령관 앞 10. 26일자 전보, 현대사 자료)에서는 '적도(독립군)의 습격에 대비하여 부대를 부근의 가장 높은 1743고지로 집결시켜 놓았는데 날이 새면서 동천(東天)이 점차 밝아오기 시작하자 비로소 장졸들의 면면(面面)에는 희열의 빛이 감돌기 시작했다'고 지난 밤 전투의 악몽에서 이제는 살아남았다는 안도의 표정을 가감 없이 전해주고 있다.

뿐만 아니라 이 전투를 승리로 이끈 홍범도의 위용과 함께 비록 적이지만 승자에 대한 경의를 정중하게 표하고 있다.

<간도 출병 후 불령선인(不逞鮮人) 단체상황>이라는 일제 자료를 보면 '홍범도의 성격은 호걸의 기풍이 있어서 김좌진과 같은 재질이 있는 인물은 아닌 듯하고 앞서 홍범도가 간도 방면에서 동분서주하고 있을 무렵, 일반 조선인 그 중에도 특히 그의 배하에 있는 자로부터 하느님과 같은 숭배를 받고 있다'고 그들이 상대했던 또 다른 적수 김좌진과도 비교하고 있다.

'아군 가노오(加納) 연대장 1명이 전사하고 대대장 2명, 중대장 5명, 소대장 9명 외에 하사 이하 전상자 9백여 명'을 낸 청산리 전역(戰役) 뉴스가 전 일본 각지 신문에 보도되자 일본국민은 충격에 휩싸였다.

무력으로 병탄한 지 10년이 넘는 식민통치 하의 백성이 거의 적수공권이나 다름없는 악조건을 무릅쓰고 이른바 제국의 상징인 황군을 여지없이 무너뜨린 기적 같은 사건이 일어났기 때문이다.

자연스레 이 전쟁의 영웅 김좌진에게 사람들의 시선이 쏠릴 수밖에 없었는데 한 저명한 학자(이름이 밝혀지지 않은 문학박사)는 <김좌진이란 어떤 인물인가>라는 논설을 쓸 정도로 요즘 말로 하면 검색순위 상위권에 링크될 정도였다고 한다.

들불 같은 민심을 등에 업고 백두산 자락을 종횡무진으로 누빈 포수 출신 홍범도에 비하면 김좌진은 정규교육을 받은 양반 가문 출신의 엘리트였다. 일인들이 재질 운운한 것은 이를 가리키는 말이다.

홍범도는 용장(勇將) 김좌진은 지장(智將)

일찍이(1905) 육군 무관학교를 다닌 그는 초기에는 국내에서 교육사업과 민족운동에 헌신하다가 중국으로 망명해서는 1918년 최초의 독립선언인 무오독립선언에 서명하고 이듬해 서일(徐一)이 조직한 대한정의단을 군정부로 개편할 때 사령관으로 영입되었고 다시 북로군정서로 개편되면서 독립군 총사령관이 되어 그의 필생의 랜드마크(역사상의 획기적 사건)인 청산리 전투를 지휘, 신비한 전술 전략으로 기적과 같은 승리를 일구어 낸다.

그러나 동서 냉전의 짙은 그늘은 이들 두 전쟁 영웅도 비켜가지 않았다. 김좌진의 배하에서 역시 군인으로서의 정규 코스(운남 강무당(雲南 講武堂) 출신)를 밟은 이범석은 청산리 전역을 다룬 『우등불』에서 홍범도를 산악전과 유격전에 능한 장수로 높이 평가하면서도 다른 한편으로는 공산주의자에게 이용당한 아류(亞流) 공산주의자로 평가절하하고 청산리 전역에는 참여하지도 않은 겁장(怯將) 또는 패장으로 묘사하고 있다.

1세대 공산주의 연구가인 성균관대 교수 이명영(李命英, 1928년생)의 저서 『김일성 진위(眞僞)』에서는 홍범도를 북이 날조(捏造)한 김일성의 세 모델 가운데 한 사람으로 지목하고 있다. 그래서 북한과 중국에서는 그들 체제와 맞는 홍범도를 영웅으로 받들었으나 김좌진에게는 반동이라는 딱지가 붙어 마치 망각의 인물처럼 소외되어 왔었다.

대종교가 이를 복원하는 데 촉매 역할을 한 것은 훨씬 후의 일이다. 1990년대 초 중국과의 국교가 막 트이고 나서 한국에 온 연변 조선족 역사학자이자 공산당 당사 출판위원이기도 했던 한준광(韓俊光, 조선역사연구소 소장)이 독립운동의 본산인 대종교를 찾았을 때 만난『대종교인의 독립운동 연원(淵源)』(1962, 근재(槿齋) 이현익(李顯翼))을 읽고 나면서부터다.

이 책을 보고 그는 홍범도와 김좌진이 모두 대종교인인 것을 처음으로 알게 되었고 항일운동의 선봉이었던 김좌진이 친일 반동분자라는 오명을 쓰고 있다는 사실까지 알게 되었다. 본국으로 돌아간 한준광은 김좌진의 활동무대였던 해림(海林)에서 중국 내 36개 사회단체와 남북한 학자를 초청한 가운데 '독립운동가 김좌진연구발표회'를 개최하여 김좌진의 복권 길을 트는 정지작업을 벌였다.(이때 한국측 학자는 참석하지 못했다.)

이에 백야(白冶) 김좌진 기념사업회(회장 金乙東, 김좌진의 손녀)는 해림 현지에 조성한 백야공원 내에 기념관을 짓고 그가 저격을 받고 순국한 산시(山市, 해림에서 3리)역의 정미소까지 옛 모습 그대로 복원하는 등 사회주의 국가 중국에서 김좌진은 비로소 명실상부한 반일 투사로 자리매김 되었다. 실로 광복 이후 반세기 만의 일이다.

23. 청산리 대첩의 역사적 의의

청산리 독립전쟁을 총지휘했던 실질적인 지도자 서일은 이 전쟁의 승리요인을 다음과 같이 정리하고 있다. 그 첫째가 죽음도 불사한 분용결투(奮勇決鬪)하는 독립에 대한 의지, 즉 군인정신이 적의 심기(心氣)를 압도했으며 둘째로는 양호(유리)한 진지를 선점하고 완전한 준비를 하여 사격 성능(능력)을 극도로 발휘하고 마지막으로 임기응변의 전술과 예민 신속한 활동이 모두 적의 의표(意表)를 찔렀기 때문이라는 것이다.

한편 당시 지휘관의 한 사람이었던 이범석은 보다 구체적으로 세분하여 첫째로 만주(백두산 일대)의 특수한 지형을 잘 이용하여 적의 입장에서 보면 가히 신출귀몰하는 유격전을 펼칠 수 있었음을 들고 있다. 청산리 전투의 주력인 사관생들의 훈련교장이 바로 백두산 연맥이었다는 사실이 이를 입증해 준다.

둘째로 망국 10년의 치욕이 뼈에 사무쳐 용전분투했다 함은 서일이 적시한 첫째 요인과 상통하는 말이다. 셋째 우수한 청년 사관생도가 있었기 때문이며, 넷째 왕성한 공격정신이 있었으며, 다섯째로 마을 사람의 열렬한 협조가 있었기 때문이라고 들고 있는데 일찍이 물과 고기의 관계로 비유했던 모택동(毛澤東, 1895~1976 중국공산혁명의 지도자)의 말처럼 유격전은 주민이라는 물이 없이는 애초에 불가능한 전술이다. 항일 무력 투쟁에서 그 물을 가장 잘 이용했던 전략가 서일은 전쟁을 한번 치르려면 최소 5년은 준비해야만 한다는 지론을 가지고 있었다고 한다.

수전(修戰)을 병행한 전략가 서일

자신의 말 그대로 그는 처음 중광단(重光團 1911)을 조직하여 항일 무력투쟁의 뜻을 세우고 나서 실로 9년 만에 청산리 전역을 치르게 된다.

그는 처음에 교육 사업을 일으켜 주민들을 계몽하고 뜻을 하나로 모으는데 힘을 쏟았으며 대종교를 통하여서는 이렇게 응집된 힘을 유기적으로 발휘할 수 있는 투철한 사명감과 죽음을 초월할 수 있는 용기를 불어넣어 주었다. 주민 대부분(이범석은 70% 이상이라고 했다)이 대종교인이었기 때문에 가능한 일이었다.

서일은 진중에서도 별도의 기도실을 마련, 원도(願禱: 경배의식)의식을 거르지 않았으며 손에서는 묵주를 놓는 일이 없는 타고난 대종교인이었다.

그런 그가 북로군정서 총재로 청산리 대첩을 이끌어 낸 주역이 되었으며 청산리 이후 밀산에서 회집한 10여개 재만 독립군을 통합하여 만든 대한독립군단에서도 역시 최고 지도자(총재)로 추대됨으로써 그의 생애 대단원을 장식하게 된다. 수전병행(修戰並行)의 전형이라고 할 수 있다. 그의 나이 39세 때다.

어찌 보면 군사와는 거리가 멀 것 같은 종교지도자인 그가 50대의 원로인 홍범도를 제치고 독립전쟁을 총지휘하는 총수가 될 수 있었던 것은 대부분이 대종교인이었던 독립군 구성원은 물론 주민으로부터도 전폭적이고 헌신적인 협조와 지원을 이끌어내는 데 탁월한 지도력을 발휘했기 때문이다.

당시 만주에서 활동하던 독립운동 단체는 주민의 안전을 담보로 일정 지역을 관할하는 일종의 자치정부 구실을 하였다.

왕청현(汪淸縣) 춘면향 서대파를 근거지로 하여 북간도 일대를 통할하던 북로군정서(대한 군정서)의 경우, 여타 단체와 비교할 때 가장 강력한 병력을 보유하고 있는 슈퍼급 단체로 한 때 이름 자체를 아예 대한 군정부로 부르다가 상해임시정부의 권고에 따라 군정부라는 명칭을 폐기하고 군정서로 고쳐 부르게 되었다.(1919. 12.) 그러나 이름만 바꾸었을 뿐 기구 내부의 근본적인 변화는 없었다.

실제 1920년 10월 현재 각 단체의 병력 현황을 보면 대한 군정서가 대원 1600여 명에 소총 1300정, 권총 150정, 기관총이 7문으로 2위 그룹에 속하는 군무도독부(軍務都督府, 최명록, 왕청현 춘화향 봉오동)의 대원 6백명, 소총 4백정, 권총 50정, 기관총 2문에 비하면 두 배가 넘는 전력이다. 그나마 기관총을 가진 것은 이 두 단체뿐이고 홍범도가 거느린 대한독립군(여길현 명월구) 병력은 4백에 소총 2백정, 권총 30정을 보유한 중소 규모의 단체였다.

이 병력을 유지하고 일군과의 전쟁을 수행하려면 무엇보다도 무기나 군수품을 조달할 군자금이 필요했다.

납세와 징병 실시한 자치정부

군정서는 이를 관할 지역 주민의 의무금에 의존하였다. 즉 재산 정도에 따라 납세 형식으로 일정액을 전후기로 나누어서 징수한 것이다. 대개 토지 5정보 이상을 소유한 부유한 한인에게서는 1백 원 이상 3천 원, 일반민에게는 호당 평균 조(粟) 두말과 짚신 두 켤레를 부과하였다고 박현숙(朴賢淑, 이화여대 사학과)은 그의 논문 「북간도 대한군정서 연구」(1988)에서 일제 자료 <선만(鮮滿) 경영-조선 문제의 근본 해결>(1921

호소이 하지메 細井肇)을 인용하여 밝히고 있다.

군자금 모금은 여기에 그치지 아니하고 국내에서도 활발하게 전개되었는데 대원 중에 학식이 있고 신망이 있는 사람을 엄선하여 그의 원적지에 파견, 친지나 그 지방의 지면이 있는 인사를 설득하여 의연금을 받아내도록 하였다.

그 중에도 함경북도는 지리적으로 가깝고 북간도 주민의 태반이 함경도 출신이라는 이점을 활용하여 모연대원의 발길이 잦았으며 역시 함경도 출신인 서일도 이런 방법으로 군자금 모금에 박차를 가하였던 것으로 알려지고 있다.

군정서는 또 독립군의 충원을 위해서 간도 일대에서 징병제를 실시하였다.

평균 30호를 한구(區)로 하여 18세 이상 35세까지의 건강한 장정을 매구 15명에서 25명을 선발하여 적격자는 즉시 입대를 명하고 나머지는 군정서가 필요로 할 때 즉시 소집에 응하도록 서약을 받는 형식을 취했다.

이밖에 군정서 관할 지역 이외 또는 국내에서도 모병을 하였다. 예를 들면 러시아 연해주에서도 모병을 하였고, 니코리스크와 부라고웨시친스코 등지에서 어업노동자와 금광노동자로 일하다 실직한 한인을 대상으로 입대를 권유하여 상당 수 인원을 확보하기도 하였다.

국내에서는 주로 항일투쟁의 뜻을 펴고자 자진 입대하는 청년이 많았는데 1920년 8월경에는 매일 3~40명씩 몰려와 군정서는 한때 문전성시를 이룬 적도 있다. 이렇게 모인 장정에게 군정서는 2개월 내지 6개월의 속성 훈련을 시켜 부대 편성에 충원토록 하였다.

참고로 이들의 교육과정을 보면 1. 정신교육, 2. 역사(세계 각국의 독립사 및 한일관계사), 3. 군사학, 4. 술과(術科: 병기의 조종법, 부대의 지휘법), 5. 체조 및 규령법(叫令法) 등이었다.

기동력(機動力)에 따른 집중과 분산

이범석은 승리의 원인 분석 여섯 번째로 행동의 민첩성을 들고 있는데 겨울 군복에 두꺼운 외투까지 걸치고 소가죽 군화로 정장을 한 일군 병사가 산악전에서 홑옷 바람에 짚신을 신은 독립군 병사의 적수가 될 수 없었다. 현장 지리에 밝고 전투의지가 적보다 강했다는 점은 앞에서도 이미 언급한 요인이고 마지막으로 적보다 월등하게 앞섰다는 지휘관의 지휘능력에 대해서는 아무리 높이 평가해도 오히려 부족하다고 할 만하다.

10 대 1의 적은 병력으로 대군을 상대하는 전투에서 전투국면을 능동적 지위로 전환하면서 적을 피동적 지위로 전락시킨 전술적 우위를 확보하는 데 동원된 비장의 무기는 내선작전(內線作戰, Operation on interior line)이었다.

이범석의 표현대로라면 20배가 넘는 수적 열세에도 불구하고 유리한 고지를 선점하여 내선작전으로 맞선 독립군이 인간 띠를 방패삼아 파상적 포위 돌격 전술만을 고집하는 일군의 단조로운 전법을 무력화시키기에 충분했다는 것이다.

내선작전이란 한 마디로 신속한 기동(機動)에 의한 집중과 분산의 이점을 잘 활용하고 양호한 통신과 짧은 병참선(兵站線)의 강점을 최대한 살려 외부로부터 포위태세로 전진해 오는 적의 공격에 대응하는 작전을 말한다.

서경석(徐慶錫, 육대 교수)은 그의 논문 「내선작전으로 적 주력 섬멸은 가능하다」에서 내선작전의 원리와 개념을 이렇게 정리하고 있다. 그는 '내선이란 한 쪽으로 치우치는 편심(偏心)운동으로서 구심(求心)운동, 즉 외선(外線)과 반대되는 개념으로 파악하고 이는 마치 줄 끝에 둥근 쇠뭉치를 매달아 빙빙 돌리다가 어느 한 목표를 선별하여 타격하고 다시 돌려서 힘을 붙인 후 또 다른 목표를 정밀 타격하여 파괴하는 것과 같은 원리를 말한다.'면서 이와 같은 힘의 보편적 원리를 이용하여 수세적 입장에서도 공격할 수 있을 뿐 아니라 각개 격파도 할 수 있는 작전이 곧 내선작전이라고 했다.

내선작전의 전투사례 마록구(馬鹿溝)전투

외선이 길고 먼 작전 선을 갖는 반면 내선은 행동반경이 짧고 통신내용이 이해하기 쉬울 뿐만 아니라 공격하고자 하는 대상을 선택할 자유를 갖고 있다. 따라서 이런 내선의 이점을 최대로 활용하여 어느 한 전면에는 적의 공격을 수세적으로 저지할 수 있을 정도의 전투력을 배치하고 적의 주력이 동원된 결정적 방향에 전투력을 집중적으로 투입하여 전선의 한 부분을 완전히 무력화시킨 다음 또 다른 방향으로 전투력을 전향(轉向 이동)시키는 것을 이르는데 마록구 전투에서 독립군의 퇴로를 차단하기 위해 멀리 우측 측면으로 돌아 포위망을 압축해 들어오는 적과 맞대결하기 위해 진지를 두 번씩이나 옮겨가면서 신축적으로 대응한 것은 완벽한 내선작전의 전형을 보여준 실례라고 할 수 있다.

결과적으로 내선작전은 절제된 병력을 가동하여 집중의 원칙을 적용한 것인데 중앙에 위치한 군대가 여러 개의 각기 다른 병참선을 따라 공격하는 적에게 적용하는 가장 효과적인 전법이라고 할 수 있다.

김좌진이 천수동 전투를 결행하기에 앞서 부대를 재배치할 때 김훈 중대로 하여금 마록구 847 고지 점령을 명했던 것은 천수동 이후 필연적으로 닥칠 것으로 예상되는 전투에서 내선작전을 구사하기 위한 사전 포석이었던 셈이다. 바둑으로 치면 두세 수쯤 먼저 내다 본 고수라고나 할까.

사실상 청산리 독립전쟁 최후의 결전이라고 할 수 있는 마록구 전투에서 김좌진은 내선작전의 필수 전제조건인 유리한 지형을 선점함으로써 일단 일군의 허(虛)를 찔렀으며 병력의 수적인 열세를 커버하기 위해 공

세적인 방어 전술로서 전투의 주도권을 장악하고 거기에다 고도의 기동
성과 통신 및 지휘체제를 끝까지 지켜냄으로써 내선작전에 있어서 가장
중요한 요소인 속도를 잃지 않고 적에게 지속적인 타격을 가할 수 있었던
것이다.
  결과적으로 이는 김좌진이 구사한 완벽한 내선작전의 승리로 보아도
될 것 같다.

6장
시련試鍊을 딛고

일송 김동삼　　약산 김원봉　　고헌 박상진　　문파 최준　　춘교 유동열

백산 지청천　　한뫼 안호상　　철기 이범석　　최용건　　김일성

서전서숙 옛터와 용정중 교문　간도 최초로 민족 교육의 싹을 틔운 서전서숙 옛터와 현대교육의 요람 용정중학의 구교사 (우측)

24. 최후의 보루 밀산(密山)

청산리 대첩 이후 독립군의 이른바 북정(北征: 북으로 향하는 장정)은 중국의 모택동(毛澤東)이 이끄는 홍군(紅軍: 팔로군과 신사군 주축)의 대장정과 대비되는 바가 많다. 병력의 규모라든가 이동거리 등을 직접 비교할 바는 못 되지만 그 배경이나 경과가 그렇다는 것이다.

북정(北征)과 홍군(紅軍)의 대장정

7만 병력(가족까지 합치면 12만 명에 이름)으로 출발하여 서금(瑞金 강서성 江西省)에서 연안(延安 섬서성)까지 중국대륙을 가로지르는 1만 킬로미터 거리를 꼬박 1년 걸려 도보로 주파한 대장정은 목적지에 도착했을 때 생존자가 불과 2만밖에 남지 않았을 정도로 그야말로 필설을 절(絶)한 고난의 행군이었다.

우리 독립군의 북정 이후 11년째 되던 1930년 11월부터 시작해서 전후 네 차례에 걸친 장개석(蔣介石, 1887~1975 여러 차례 총통을 지낸 중국의 정치가)군의 토벌작전은 모두 홍군의 역전으로 무위로 끝나고 말았다.

그러나 1931년 4월에 시작된 5차 공격은 무려 50만의 대군과 2백대의 폭격기까지 동원한 공전절후의 대 입체작전이었다.

이 대군과 맞서 싸울 여력이 없었던 당시 중국 공산군은 이를 두고 중국 노농(勞農)홍군 북상선언이니 뭐니 거창하게 포장하여 선전하지만 우선 적의 포위망에서 벗어나 살아남으려는 필사의 대 탈주극에 다름 아니었던 것이다.(1972, 홍사덕 洪思德『中共 어제 오늘 내일』중에서)

독립군 부대의 모든 길은 밀산으로 통하고 있었다. 제일 주력부대인 김좌진의 북로군정서군은 10월 22~23일의 어랑촌(마록구) 전투를 승리로 이끈 후 가능한 한 일군과의 큰 회전을 피하면서 지체하지 않고 밀산을 향해 북정을 개시했다. 10월 25~26일 경에는 화룡현과 안도현의 경계인 황구영촌(黃口嶺村) 부근에서 홍범도의 연합부대를 기다리면서 약 10일간 머물다 11월 7일경 그곳을 떠나 오도양차(五道楊岔)로부터 산림계곡을 따라 천보산 서쪽부근을 돌아 니츠탐구(溝) 연길현 남합마당(南蛤蟆塘) 등지를 거쳐 11월 15일 경 소삼차구(小三岔口) 부근의 왕청현 춘양향(春陽鄉) 신선동(神仙洞)에서 곧바로 밀산 길로 접어들었다.

또한 이를 전후해서 안무(安武)가 거느리는 국민회의 국민군(무장이 완비된 2백 명)과 의군부와 광복군단 등도 이와 비슷한 길을 따라 밀산으로 향했다.

한편 홍범도가 거느리는 대한 독립군과 한민회군 등 연합부대(6백명)는 10월 25~26일의 고동하 전투에서 승첩을 거둔 후 안도현 산림지대로 진군, 이보다 앞서 유화현(柳花縣) 합니하(蛤泥河)의 본영을 떠나 안도현 여두산 부근 삼인각(三人珏)에서 새로운 병영을 건설 중이던 지청천의 서로군정서군(4백여 명)과 합류, 단일부대를 편성한 후 주야 겸행으로 밀산을 향해 북정을 개시했다.

최명록(崔命錄, 본명 崔振東, 1878~1945)이 이끄는 군무도독부군 의군부 신민단 한민회 등 독립군 부대는 처음부터 밀산으로 가는 길목인 나자구(羅子溝)에 집결, 이범윤(李範允)을 총재로 대한총군부(1천명)를 결성하고 북정 길에 올랐다.

이와 같이 북간도의 주요 독립군 부대가 청산리 대첩 후 하나같이 중소 국경 지대의 밀산으로 머리를 두르고 집결하게 된 이유는 무엇일까?

이상설이 예비(豫備)한 독립운동기지

한마디로 밀산은 독립운동의 선구자들이 바로 이런 날에 대비해서 미리 마련해 둔 전략기지였다. 1906년 4월 독립운동기지 건설을 염두에 두고 보재(溥齋) 이상설이 간도 용정에서 최초로 문을 연 서전서숙(瑞甸書塾)은 이듬해 그가 헤이그 특사 밀명을 띠고 조국을 떠난 후 항일 민족교육의 요람으로 남게 되었다.

1년 남짓 구미 열강 제국들을 순방하면서 활동하던 이상설이 1909년 여름 다시 찾은 블라디보스토크는 당시 독립운동가들 사이에서 독립운동기지 경영의 최적지로 간주되었던 곳이다.

해삼위(海參威) 또는 일어 발음으로 '우라시오'라고 해서 '우(블)라디보스토크를 음사(音寫)한 포염(浦鹽) 포조(浦潮)'는 중국과 지경을 서로 접하여 교통이 편리할 뿐 아니라 수십만에 이르는 교민 동포를 대상으로 강대한 단체의 조직이 가능하고 언론 출판 집회의 자유가 보장되어 있어 2천만 동포를 고동(鼓動: 민심을 격동시킴)할 수 있으며 농업과 상업을 확장하여 재정을 충실히 할 수 있기 때문에 독립운동을 가장 활발하게 전개할 수 있는 요건을 두루 갖추고 있었다(북미 간행 共立新報 1908. 11. 4일자 논설 중에서)

그러나 이상설은 효율적인 독립운동 방략의 하나로 블라디보스토크를 배후로 하는 전진기지로서 해외독립운동기지 건설을 계획하고 있었다.

그 첫 후보지로 낙점된 곳이 중국과 러시아 접경에 자리 잡은 흥개호(興凱湖 항카호) 주변, 목능현(穆陵縣) 밀산부(府) 봉밀산(蜂密山) 지역이다. 블라디보스토크에서 7백여 리, 니콜라이에프스크(尼港)에서 서북방으로 약 3백리 거리에 있다.

이상설은 1906년 3월 망명길에 오르면서 '국권이 회복되기 전에는 맹세코 서울 땅을 밟지 않겠다.'고 다짐하고 항일운동자금을 마련하기 위해 살던 집(저동 소재)까지 팔 정도로 구국운동에 온 몸을 던진 열혈 애국지사였다.

거기에다 미주 국민회의 지원과 재산가인 김학만(金學萬)의 도움으로 기지 건설자금을 마련하여 봉밀산 밑의 기름진 땅을 골라 45방(方, 1방은 4방 1리)을 사들이고 그 자리에다 한흥동(韓興洞)이라는 이주민 마을을 건설하여 그동안 반 유목민처럼 떠돌던 한인들의 정착을 유도하였다.

이 독립기지 건설 사업에는 이상설과 함께 영남 성주(星州) 출신의 선비 지사 한계(韓溪) 이승희(李承熙, 1847~1916)의 헌신적인 노력이 의외로 큰 몫을 차지한다.

밀산 개척한 선비 이승희(李承熙)

왕대밭에 왕대가 난다고 그는 조선말의 대유(大儒) 한주(寒洲) 이진상(李震相, 1818~1886)의 아들로 파리장서(巴里長書: 1차 세계대전 종전 후 파리강화회의에 보낸 한국독립을 호소하는 서한)의 민족대표 면우(俛宇) 곽종석(郭鍾錫, 1846~1919)과 더불어 부친의 학문적 체통을 이은 유학자였다.

그는 1908년 5월 멸망의 늪으로 깊이 빠져들고 있는 조국을 바라보면서 왜의 노예로는 살 수 없다고 결심하고 블라디보스토크로 망명, 독립기지 건설에 이상설과 뜻을 함께 하게 된 것이다.

그 후 이승희는 한흥동에 4년 동안 머물면서 한민(韓民)학교를 세우고 『동국사략(東國史略)』을 지어 민족의 역사를 가르쳤다. 그리고 한인의

단결을 도모하고자 민약(民約)을 제정하는 등 한인 공동체의 터전을 닦는데 온힘을 기울였다

이때 이상설은 개척자금을 뒷바라지 하면서 블라디보스토크에서 이곳까지 수시로 왕래하였다고 한다.

이때의 밀산은 오히려 중국 쪽에서 더 접근하기 어려운 오지(奧地) 중의 오지였다. 남으로는 고산지대가 연맥되어 있는데다 우마차조차 다닐 수 없는 한 줄기 소로 길이 겨우 뚫려 있어 바깥세계와는 거의 두절된 육지 속의 고도(孤島) 같은 지역이었다. 이런 길목을 노리는 마적 떼까지 준동하는 바람에 외부와 연락을 하려면 발 빠른 장정을 선발하여 보내지 않으면 안 되었다고 한다.

30년대 중반 대종교가 점차 가열되어가는 일제의 탄압을 피해 총본사를 이곳으로 옮겨 6년 동안이나 칩거한 것도 이런 지리적 이점을 최대로 활용한 것이었다.

반면에 국경을 접하고 있는 러시아 쪽과는 물산의 유통이 활발한 편이다. 생활 경제권(圈)을 놓고 본다면 러시아 쪽과 더 가깝게 밀착되어 있다. 거기에다 러시아 땅까지 절반 가까이 걸쳐 있는 흥개호에서 나는 수산물과 이주민들이 개간한 땅에서 생산되는 농산물로 물산은 비교적 풍족한 편이었다.

한흥동의 개척자 이승희의『한계유고』(7)에 따르면 '중아(中俄, 러시아) 접경에 있는 밀산부는 황무지가 수천리에 걸쳐 뻗어 있어 개척의 여지가 무궁무진하다.'고 전제하고 '이 땅에 찾아든 한인 이주민이 수만을 헤아리나 정착하지 못하고 각자가 통관(統管: 통일하여 관할함)도 받지 않는 반 유목민 생활을 하고 있었는데 그들에게 영주처를 마련하여 집단 이주시키고 개간 안착토록 하였다'는 것이다.

한편 당시 일본의 간도 총영사(나가다케히사기치 永瀧久吉)가 1911년

12월 외무대신(고무라쥬다로 小村壽太郎)에게 올린 보고(일본외무성 기록)에서도 '목능하반(穆陵河畔: 홍개호 주변을 말함)에 있는 밀산부(봉밀산)는 황막한 대평야로 이루어져 있는데 땅이 기름지고 경작하기에 알맞아 청인들의 이주자가 증가할 뿐 아니라 선인(鮮人: 한인) 이주자도 꽤 많아 지난 겨울 이후 이주자가 수천을 헤아린다.'고 당시의 상황을 상세하게 전하고 있다.(이상설 전(傳), 윤병석 尹炳奭)

25. 자유시 참변의 서곡(序曲)

그러나 밀산은 군세(軍勢)가 3500을 헤아리는 대한독립군부대를 일시에 수용하기에는 그 규모나 재정(자량 資糧)이 너무나 빈약했다.

독립군이 밀산에 집결한 후 대한군정서 총재 서일이 임시정부에 보낸 <대한군정서 보고>(1921. 2. 25일자 독립신문 95호)를 보면 당시의 절박했던 상황이 한눈에 들어온다.

현재의 위치와 진군 방향, 병력 수 등을 공란 처리한 이 보고서는 그 모두(冒頭)에서 현재 그들이 머물고 있는 '밀산의 한인 촌락은 매우 영성(零星 영세함)하여 기백(幾百)의 군에게 의량(衣糧)도 공급할 수 없는 처지'라고 말하고 그래서 '독립군은 부득이 노령(露領) 이만 伊滿)방면으로 점차 이동 중에 있다'고 하였다. 이어서 '서북간도 각 군단의 태반이 차지(此地: 밀산)에 집결하여 상호연락으로 행동을 통일하게 되니(각 단을 합하여 3500인) 적지 않은 규모의 병력과 익고(益固)한 군심(軍心)으로 미루어 보건대 능히 제2의 결전도 수행할 만하다'고 병사들의 왕성한 사기를 전하고 있다.

그러나 서일의 고무적인 정황보고와는 달리 병사들은 추위와 굶주림에 지칠 대로 지쳐 있었다. 그리고 많은 병사의 손에는 변변한 무기조차 들려 있지 않았다.

옷도 주고 밥도 주고 무기도 준다

'당초 아령(俄領, 러시아령)을 향해 들어갈 때는 거기 가면 옷도 주고 밥도 주고 무기도 준다고 했기 때문에 그것을 얻으면 춥지도 굶지도 않고 그 무기를 가지고 적(일군)을 토멸하리라는 소망을 갖고 갔다.'는 한 꼭지의 신문기사(독립신문 148호, 1922. 12. 13일자 대표제씨의 회고담)가 나라를 잃은 그래서 그 잃어버린 나라를 찾겠다고 나선 독립군 젊은 병사들의 참상을 생생하게 말해주고 있다.

그들이 국경을 넘어 노령으로 떠난 것은 이듬해 1월 초였다.

주린 배를 움켜 쥔 채 칼날 같은 시베리아의 눈보라 속을 헤치며 걸어서 간 거의가 홑옷 바람이었을 젊은 병사들을 한번쯤 상상이라도 해보았는가.

필자는 그 비슷한 추위를 직접 체험해 본 일이 있다. 그래서 그 추위가 얼마나 매섭고 혹독하다는 것을 미루어 짐작할 수 있다. 지난 2007년 3월 중순을 좀 지나서였다.

이제 고인이 되었지만 발로 뛰는 지리학자로 고조선의 발상과 동진(東進) 경로를 밝히기 위해 요동일대를 전후 열일곱 차례나 현장 답사한『고조선 신화에서 역사로』의 저자 이형석(李炯石, 1937~2009) 일행을 따라나선 일이 있었다.

지리적인 기후의 차이를 감안하지 않은 불찰이 있었으나 한국의 3월쯤으로 만 생각했던 게 큰 오산이었다. 남쪽 지역인 요동일대의 답사를 마치고 기왕 간 김에 하얼빈의 안중근 의거 현장까지 보고 가자고 욕심을 낸 것이 화를 부른 것이다.

심양에서 1박 하고 하얼빈으로 가는 첫 기착지인 사평가(四平街) 못

미쳐(정확한 지점은 기억할 수 없음) 길 위에서 50년래의 기록적인 폭설에 갇혀 옴짝달싹 못하게 된 것이다.

눈이 내리는 족족 얼어붙어서 이룬 눈 둔덕을 버스가 넘지 못하고 헛바퀴만 돌리자 승객 더러 차체를 좀 밀어달라는 운전수의 요청을 받고 모두 차에서 내려 영차 영차를 연호하고 있을 때였다.

인간체력의 한계를 시험하는 동토(凍土)

차 뒤쪽에 바짝 붙어서 밀다가 어쩌다 고개를 차체 밖으로 내밀기라도 하면 내리치는 눈바람으로 헉헉 숨이 차고 얼굴을 들 수가 없을 지경이다. 주변 일대가 온통 눈으로 뒤덮인 저녁 시간대(帶)의 칼바람은 거의 살인적이었다. 기상예보로는 영하 20도쯤 된다는데 체감온도는 30도가 넘을 것이라고 현지 가이드는 말했다. 숨조차 쉴 수 없을 지경이다. 마치 인간체력의 한계를 시험이라도 하는 것 같았다.

그래도 만일의 사태에 대비해서 두꺼운 오리털 점퍼까지 입었는데도 어느 틈을 비집고 들어오는지 온몸이 통째로 얼어붙을 것만 같다.

만주 대륙의 중간쯤 되는 여기가 이 정도라면 시베리아는 과연 어땠을까. 상상을 초월한다는 것은 너무도 엄청 나 도저히 실감을 할 수 없다는 예긴데 그래서 지금 우린 모두 문명이라는 마약에 중독된 일종의 자기폐쇄증(閉鎖症)에 스스로 갇혀 순간적인 안주(安住)에 탐닉(耽溺)하고 있는 것은 아닌지 모르겠다. 이런 때 갑자기 '생각하는 민족이라야 산다.' 던 함석헌(咸錫憲, 1901~1989)의 말이 떠 오른 것은 아마 이런 이유 때문일 것이다.

장기 항일전에 대비하려고 이만까지 진출한 독립군은 여기서 일단 대오를 정비하여가지고 마지막 목적지인 자유시(自由市, 알레씨호스크)로 향하는 새로운 장정을 시작하였다.

자유시라는 이름은 볼셰비키 혁명 후 자유를 의미하는 러시아어 소보 보드니로 이름을 바꾸면서 유래한 것인데 독립군에게는 이름만큼 자유롭지 못했을 뿐 아니라 최후를 고(告)하는 운명의 땅이 되고 말았다.

소련은 악연(惡緣)으로 얼룩진 나라?

나라 걱정이 남달랐던 80대의 한 월남 인사가 자주 되뇌던 말이 생각난다. 소련(그는 자유화된 러시아도 곧잘 이렇게 불렀다.)이라는 나라는 지금껏 우리에게 손해만 끼쳤지 이익을 준 적은 단 한 번도 없다는 것이다. 그때가 아마 노태우 정권 때 차관으로 제공한 40만 달러의 상환문제가 도마 위에 올랐을 때였을 것이다.

처음에는 광복 직후 북한에 진주한 소련군의 비인간적인 범죄행위(그는 서슴지 않고 만행이라 부른다.)를 자주 목격했던 터라 그 연상 작용으로 예단하는 선입견이려니 했었다. 그런데 알고 보니 그런 것이 아니었다.

광복 후 그들이 소위 전리품이라는 명목으로 흥남 질소비료공장 등에서 뜯어갔다는 각종 공장 설비하며 6·25 전란 책동을 비롯해서 1984년 소련 상공에서의 KAL기 격추사건, 연해주 한인들의 중앙아시아 강제 이주에 이르기까지 굵직굵직한 것만 꼽아보아도 손가락이 모자랄 지경이었다.

그런데 이번에 자유시 참변(일명 흑하 黑河 사변)을 취재하면서 그 월남 인사의 말이 조금도 틀린 말이 아니라는 것을 다시 한번 확인했다.

국권을 빼앗긴 지 10년 동안 간난(艱難)의 세월을 견디면서 축적해온 항일 역량의 결정체라고 할 수 있는 핵심 군사력을 일거에 빼앗아 간 이 사건이 대적 일제도 아니고 약소국 해방을 기치로 내 건 소련[적군(赤軍)]의 손에 의해 자행되었다는 것은 참으로 어처구니없는 일이다. 명분도 신의도 없는 약육강식의 동물세계에서나 있음직한 비열하기 짝이 없는 사건이었다. 그것은 국제적인 신의라든가 의리와는 애초에 담을 쌓은 공산주의자의 속성을 적나라하게 보여 준 전형적인 사례라고 할 수 있을 것이다.

어쩌면 이것이 소련이라는 나라가 생기고 나서 우리에게 씻을 수 없는 피해를 입힌 첫 사건이 될 것 같다.

겉으로만 보면 이 사건은 소련의 교활한 이이제이(以夷制夷: 오랑캐의 힘으로 오랑캐를 제압함) 전략에 말려 든 한인공산주의자 간의 군권(軍權) 다툼으로도 볼 수 있으나 그 배후에는 일제의 간악한 흉계가 도사리고 있었음을 간과해서는 안 된다.

간도와 연해주 일대의 한인독립군 부대들이 속속 자유시로 집결하고 있을 그 무렵에 일본과 소련은 베이징에서 캄차카 반도 연안의 어업협정 체결을 위해 어업권 문제 회담을 열고 있었다.

독립군 무장해제 일제와 밀약(密約)

이 자리에서 일본은 소련 영토 안에서 일본에 유해한 한인 혁명단체를 육성하는 것은 양국의 우호관계에 큰 지장을 초래할 것이니 이를 취소할 것을 요구했다.

이때 소련은 혁명으로 갓 정권을 장악한 아직은 권력 기반이 취약한 처지에서 일본과 불화를 일으키는 것은 이롭지 못하다고 판단하여 독립군의 무장해제를 약속했던 것이다.

결국 소련은 일본과의 밀약에 따라 6월 22일(1921) 독립군에게 무장해제를 통고하고 이르쿠츠쿠 파 공산당을 대표하는 오하묵(吳夏默, 소련 국적)의 고려혁명 군정의회 소속 자유연대를 앞세워 이를 집행하는 과정에서 교전이 일어나자 압도적인 화력(장갑차 2대, 기관총 30문)을 가진 적(赤)군이 개입하여 전투라기보다는 거의 일방적인 살육전으로 한 시간도 채 안 되는 사이에 상황을 모두 종료시켜버리고 만 것이다.

이날 참변으로 발생한 전사자 수에 대해서는 자료마다 각기 다른데 <재로(在露) 고려혁명군 연혁>에는 독립군 측 사망자 36, 포로 864, 행방불명 59명으로 집계되었으며 간도지방 11개 단체 성토문에는 독립군 측 전사 72, 익사 37, 산중에서 힘이 다하여 사망한 자 250여 명, 포로 917명으로 <조선민족운동연감>에는 사망자 272, 익사 31, 행방불명 250, 포로 970명으로 숫자의 차이가 많이 난다.

그나마 불행 중 다행으로 청산리 대첩의 영웅 김좌진과 그 부하들은 참변이 일어나기 직전에 극비리에 흑하(우수리강)를 건너 탈출하는 바람에 무사하였다. 그러나 홍범도 부대는 참변 이후 적군에 편입되고 말았다.

힐벗고 굶주린 독립군 향해 기관총 난사(亂射)

'조의선인(皁衣仙人)'이 올린 한 인터넷 게시 글(극일의 상징, 백야 김좌진 장군)이 더 이상 돌이킬 수 없이 엇갈리는 김좌진과 홍범도의 운명을 아주 생생하게 그려내고 있다. 밀산을 떠난 독립군단이 1921년 1월 초순경 노령 이만(伊滿)에 진입하여 약 2주일 간 주둔하게 되는데 이때 오하묵 한창해(韓滄海) 등이 찾아와 두 독립군 지도자에게 적계(赤系)군을 도와 백계(白系)군 진압작전에 참전할 것을 요구하였다. 그러면서 총기와 탄약을 제공하고 피복과 군량까지 지원하겠다는 미끼를 던졌다. 그리고 며칠 뒤에는 군(원동정부 혁명군 제2군단)을 동원하여 자유시로 가기 전에 총기 탄약 폭탄 류 등을 내놓으라는 사실 상의 무장해제를 요구한 것이다. 이에 김좌진은 어떤 이유로도 남의 나라 내전에는 참전할 수 없다는 것과 동포들의 피땀 어린 자신의 수족보다도 더 귀중한 군사 장비를 내 놓을 수는 없다면서 이범석 등 일부 독립군을 이끌고 북만주로 돌아왔다.

한편 독립신문(1921. 12. 6일자 170호) 기사(독립군 총재 서일씨 自戕, 자살)는 서일이 '청산리 대첩 후에 여군(餘軍)을 집합하여 군용(軍容)을 정리(대한독립군단 결성을 말함)하여 가지고 아령(俄領) 자유시까지 다녀왔다(往還)'고 김좌진이 탈출하기 전에 밀산으로 돌아 온 것처럼 기술하고 있다.

그렇지 않아도 대한독립군단이 노령으로 이동한 후 자살하기 전까지 서일의 행적이 분명치 않을뿐더러 앞뒤의 연결이 매끄럽지 못하다는 생각을 하고 있던 참이다.

그런데 항일운동의 총본산격인 대종교의 유적을 찾는데 그야말로 필생의 노력을 기울인 한 중국교포(강룡권 1945~1999)가 남긴 답사기를 통해서 그 의문이 풀릴 수 있게 되었다.

26. 서일의 최후

그 중에도 자료가 빈곤한 서일의 행적을 찾는데 특히 집중했다는 강용권은 자전거가 아니면 걸어 다니면서 발로 썼다는 답사기 <서일종사와 그의 후예들>(알소리, 2008. 4. 국학연구소)에 따르면 그를 총재로 추대한 대한독립군단이 노령으로 이동할 당시 군사 지휘권을 김좌진과 홍범도에게 각각 맡기고 군단의 장구한 생명력을 육성하기 위해서 자신은 밀산(당벽진 當壁鎭)에 남아 경제적 뒷받침을 할 어려운 임무를 스스로 떠안았다는 것이다.

이때 구상한 대안이 바로 둔전제(屯田制)다. 군대를 변경에 주둔 토착시켜 평시에는 농사를 짓고 유사시에는 전투원으로 동원하는 전래의 병농(兵農) 일치 민병제도를 말하는 것이다.

둔병제(屯兵制)로 재기(再起) 노려

그것은 앞의 보고서에서 말한 대로 그동안 여러 갈래로 흩어졌던 독립군 부대가 제2의 결전을 준비하려고 실로 모처럼 만에 하나로 통합을 이루었으나 그것을 관리 유지할 수 있는 수용능력이 부족하여 결국은 시베리아 땅까지 떠나보낼 수밖에 없었던 가슴 아픈 전철(前轍)을 다시는 밟지 않기 위해 선택한 일종의 자구노력이었다.

다음 전쟁을 준비하기 위해서 그의 평소 지론이기도 한 5년 준비 계획을 이곳 밀산에서 재현해보려는 것이다.

독립신문은 계속해서 서일의 자결 소식을 추적하고 있다. 자유시 참변이 일어난 지 꼭 3개월(2개월이라야 맞다)만인 그해 '9월 28일 저녁(8월 26일의 착오임) 그가 머물고 있던 홍개호 주변 당벽진의 한 촌가에서 수백 명으로 추산되는 일대의 호호(胡鬍: 토비(土匪))의 습격을 받아 촌민들이 참살당하고 재물을 약탈당하는 것을 막아보려고 그의 부하 사졸(12명)들이 필사적으로 분전하였으나 중과부적으로 몰살당하니 뒷산에 올라이 광경을 지켜보던 서일은 어찌할 바를 모르고 호천호지(呼天呼地: 땅을 치며 하늘을 우러러 통곡함)하다가 자결하여 비장한 최후를 마쳤다'고 전하고 있다.

이에 비해 <대종교 중광 60년사>에는 보다 극적인 요소들이 군데군데 눈에 띈다.

독립신문 보도보다 한 달 앞선 '8월 26일 토비 수백 명이 야간에 내습하여 살인과 방화 약탈과 파괴를 자행하니 전촌(全村)이 가위 멸문(滅門)의 화를 당하였을 뿐 아니라 둔병(屯兵) 중이던 청년 병사가 다수 피해를 입었다'고 보도하고 있다.

땅을 치며 하늘을 우러러 통곡

화불단행(禍不單行: 재앙은 매양 겹쳐서 온다는 뜻)이라고 자유시 참변으로 생때같은 젊은 병사들을 한꺼번에 잃은 지 불과 두 달 전 일인데 또 다시 이런 참혹한 일을 당하자 '실국(失國)의 일민(一民)으로 보람 있는 생(生)을 누리기에는[향수(享受)] 동포에게 책임을 면치 못할 것이니 한배검 앞에 만인의 죄를 대속(代贖)하고 명(命)을 도(賭)함이 마땅할

것'이라는 결의 하에 이튿날 새벽 대종사(나철)가 남긴 유시 중의 한 구절,

'굿것(귀신)이 수파람 불고 도깨비 뛰노니
하늘땅의 정기 빛이 어두우며
배암이 먹고 도야지가 뛰어 가니
사람 겨레의 피고기가 질펀하게 흐르는 도다.
날은 저물고 길은 궁(窮)한데 인간은 어드메뇨.

를 낭음장탄(朗吟長歎: 낭랑하게 읊으면서 길게 탄식함)하다가 마을이 한 눈에 내려다보이는 뒷동산 밀림 속에서 돌베개와 풋자리[석침초석(石枕草席)]]에 반듯이 드러누워 스승 나철이 그랬듯이 대종교 특유의 수련법인 조식호흡으로 조용히 숨을 거두었다고 한다.

그런데 일부 학자들이 이토록 명명백백한 나철의 자결 원인과 시간 장소에 대해서 애매하게 표현하고 있음을 보게 된다. 즉 흑하사변과 토비의 내습을 혼동하고 있으며 자결 장소도 자유시인지 밀산인지 알 수 없게 얼버무리는 경우가 있다.

『한국민족문화대백과사전』의 서일 항목(박현서(朴賢緒) 집필)이 그 대표적인 예라고 할 수 있을 것이다. 이 사전에서는 '적군(赤軍)의 후원을 받은 토비 수백 명이 야간에 내습, 살인 방화 약탈을 자행하여 청년 장병 다수가 희생당하는 흑하사변이 일어났다'며 서일이 토비의 습격과 흑하사변을 혼동하고 있을 뿐 만 아니라 마치 흑하사변의 직접적인 충격으로 자결한 것처럼 서술하고 있다.

기왕 말이 나온 김에 또 하나 바로 잡을 것은 지금까지 서일이 설립한 것으로 알려져 있는 명동학교(왕청현 덕원리 소재)가 사실은 한승점(韓承点)이라는 사람에 의해 1910년에 설립되었을 뿐만 아니라 서일은 이 학교에서 교사로 있었다는 사실이다. 이 학교는 서전서숙을 계승하여 김

학연(金學淵) 등이 세운 용정의 명동학교(1908년 설립)와는 동명이교(同名異校)다.

박현숙(朴賢淑, 이화여대)의 학위논문(석사) 「북간도 대한군정서 연구」(1989)에서 처음으로 이 사실이 밝혀졌는데 당시 일본 경찰의 조사 자료와 해방 전후의 각종 한일 자료를 토대로 작성한 표(대한군정서 구성원의 인적상황)에도 서일은 단지 명동학교의 교사로만 기재되어 있다. 그 뒤 서일이 1910년 9월 6일 청일(青一 또는 千一) 학교(삼도구 청파호(青坡湖) 소재)를 설립하고 이어서 동일(東一) 학성(學成) 등 여러 학교를 세웠다고 한다. 서일이 명동 아닌 청일학교를 처음 세웠다는 또 하나의 증거로 그의 증손자인 희우(熙宇, 1958년생)가 2005년 하얼빈에 세웠다는 학교 이름에서 청일을 그대로 습용(襲用: 그 전대로 그냥 눌러 씀)하고 있다는 점을 들 수 있겠다. 그러나 이 학교는 재정난으로 2년 만에 시로 넘겨져 운영되고 있다고 한다.

두 명동(明東)학교는 동명이교(同名異校)

앞에서 소개한 강룡권의 답사기 <서일종사와 그의 후예들>에서도 1930년대 명동학교에 재학했다는 한 동로(김준흠, 1915년 생)의 회상담이 나오는데 '서일이 건립한 명동학교는 이때에 와서 1백 명 가까운 학생을 가진 큰 학교로 발전했다'면서 맺음말에서도 '미래의 장구지책으로 명동학교를 꾸려 많은 반일 용사를 키워냈다'고도 했다.

실제로 명동학교의 졸업생 대부분이 십리평에 있던 당시 사관연성소에 입학했다고 한다. 학교 소재지인 왕청현 덕원리에서 태어나 그 학교를 다닌 사람이 지금은 빈 터만 남아 있으나 80여 년 전 바로 그 현장에서 한 증언이니 명동학교의 설립자 문제는 다시 안개 속으로 빠져 드는 것 같은 느낌이다.

그러나 서일이 한일합병 직후 북간도로 망명하였고 그 이듬해(1911) 두만강을 건너오는 의병들을 규합하여 중광단을 조직하였기 때문에 그 시차가 길게 잡아야 1년 정도밖에 안 된다.

그 사이에 명동학교를 비롯하여 동일(1910. 10. 11. 이도구 왕분하 王 芬河 소재) 청일 학성 등 학교를 거의 같은 시기에 세우는 것이 현실적으로 가능했겠느냐는 의문은 여전히 남는다. 더구나 서일이 망명한 한일합병 직후가 아무리 빨라도 1910년 8월 29일 이후라는 점을 감안할 때 그 가능성은 더욱 떨어질 수밖에 없다는 것이다. 망명 직후에는 명동학교에서 이주민(주로 함경도에서 온) 자녀들의 교육에 힘썼다는 쪽이 오히려 현실적으로 가능성이 더 높을 것 같다.

백마 타고 오는 영웅 서일의 후광(後光)

서일은 일제하에서 41년이라는 짧은 생애를 사는 동안 종교와 철학 교육 무장투쟁 등 여러 방면에 걸쳐 실로 기적에 가까운 업적을 쌓은 인물임에도 불구하고 그에 대한 연구는 전혀 이루어지지 않고 있다고 해도 과언이 아니다. 다만 무장투쟁분야에서 북로군정서와 관련하여 다소 언급되고 있으나 그나마도 김좌진이나 이범석 등의 명성에 가려 정작 그들을 통솔했던 서일의 이름이 일반인에게는 생소하게 느껴질 정도로 낯설기만 하다.

그 대신 그에게서는 베일에 가려진 신비스러운 후광(後光)을 느낄 수 있다. 그리고 그의 존재는 그 자체가 광야를 가로질러 백마 타고 오는 영웅을 기다리는 희망 같은 것이었다고 사람들은 입을 모은다.

대종교인으로서 항일무장독립운동단체를 직접 조직하고 주도한 서일의 뒤에는 그 이념과 지도력을 제공한 김교헌이 있었다. 즉 독립전쟁의 승리는 이 두 지도자가 유기적으로 구사한 투 트랙 전술의 결과물이라고

도 할 수 있을 것이다. 청산리 대첩 후에 김교헌이 그에게 교통(教統)을 전수하겠다고 제의했지만 지금은 항일투쟁이 더 시급하니 5년간의 말미를 더 달라고 사양했던 것도 바로 이런 이유 때문이었을 것이다.

대종교에서는 나철 대종사를 비롯하여 김교헌(金教憲, 2세교주), 윤세복(尹世復, 3세교주)과 함께 서일을 4대 종사의 한 분으로 받들고 있다.

어려서 할머니 손에서 자랐다는 서일의 손자 서만섭(徐萬燮, 1928년생, 인천 거주)에 따르면 3세 교주 윤세복은 대종교 총본사가 영안현 동경성에 있을 당시 그 부근에 살았던 채(蔡)씨 할머니(서일의 부인)댁에 1주일에 한두 번은 꼭 들러 안부 인사를 드릴 정도로 존숭심이 대단했다고 한다.

보통 서일을 말할 때 지혜와 용기를 겸비한 각인(覺人)이라고 한다. 불교에서 말하는 각자(覺者)다. 곧 부처라는 뜻이다. 다시 말해서 천지운행의 법칙 같은 근본진리를 깨달아 중생을 가르쳐 사물을 이해하는 능력을 갖도록 인도하는 사람을 이른다. 쉽게 말해서 성인(聖人)이다. 서일이 바로 이 성인의 반열에 들었다고 보는 것이다.

좀 더 부연해서 말한다면 우주와 인생의 진리를 깨달아 안심입명(安心立命)의 경지에 다다른 사람을 이른다. 생사 이해에 당면하여 몸을 천명(天命)에 맡기고 흔들림 없이 태연자약한 사람, 이를 태면 도인(道人)이다.

사실 이렇게 쉽게 말은 하지만 실천하기는 어려운 주문이다. 실존주의 철학자 키르케고르(1813~1855)가 「죽음에 이르는 병」에서 분석하고 있듯이 인간치고 어느 누구든 그 내면의 동요나 알륵(력), 분열과 불안에 절망하지 않는 사람은 없다.

야전지휘관의 경험을 토대로 『지휘관의 사생관』(1980)을 펴낸 박경석(朴慶錫, 1933년생, 예비역 준장)은 이를 극복하려면 무엇보다도 먼저 죽음에 대한 태도를 결정하는 뚜렷한 사생관의 확립이 필요하다고 강조하고 있다. 그래야만 절망의 뿌리와 맞닿아 있는 죽음에 대한 공포심을 몰아낼 수 있다는 것이다.

따라서 생(生)과 사(死)를 초월하고자 하는 부단한 의지의 작용만이 절망을 극복할 수 있는 원동력이 된다고도 했다. 여러모로 세련된 현대적인 용어를 구사하고 있지만 실은 안심입명의 경지를 말하고 있는 것이다.

충무공의 필사즉생(必死則生) 정신으로

서일이 개인적으로는 수(修)·전(戰) 병행의 모범을 보이고 대종교 신앙을 통해서는 철저한 군(軍)·교(敎) 일치의 신념을 지킬 수 있었던 배경에는 충무공 이순신(李舜臣, 1545~1598)과 같은 필사즉생(必死卽生)의 확고한 사생관이 자리 잡고 있었기 때문이다.

좀 더 구체적으로 표현한다면 지휘관이 부하들 앞에서 항상 죽음의 두려움이 없다는 것을 보임으로써 진정으로 그들을 따르게 하는 전법이다.

이 전법을 처음으로 개발했다는 오자(吳子, 일명 오기(吳起) ?~BC 381) 자신이 한 병졸의 상처에서 입으로 고름을 빨아내고 곁에서 이 장면을 지켜보던 병사의 어머니가 '이제 내 아들은 죽었구나.' 하고 통곡을 했다는 2천여 년 전의 고사(故事)가 지금까지도 우리의 심금을 울리는 이유는 지휘관의 진정성에 대한 믿음 때문일 것이다.

서일은 이 정신을 끊임없는 수련을 통해서 깨치고 실천한 인물이라고 할 수 있다. 그의 이력을 추적해보면 일찍이 한학을 수학하여 수리학적(數理學的) 기본을 철저히 다진 것으로 되어 있는데 여기서 한학이란 주역(周易), 즉 <역경(易經)>을 말하는 것이다.

위로는 천문(天文)을 보고 아래로는 지리를 살펴서 우주와 인생의 모든 현상을 표현하는 학문이다. 현대적으로는 천체물리학에 해당하는 천문이나 지리가 모두 시간과 공간을 마름질하는 척도이기 때문에 단 한 치의 오차도 허용치 않는 정교한 수리적 판단이 요구된다고 할 것이다.

고도로 발달된 서구의 과학문명에 가려 일반적으로 동양에서는 수리적 관념이 희박한 것으로 알고 있는데 사실은 그와는 정반대다.

서일이 일찍부터 이 학문에 뜻을 두었다는 것은 바꿔 말하면 수리에 그만큼 밝다는 것을 의미한다.

내 사전에 불가능은 없다던 세기의 영웅 나폴레옹을 무릎 꿇린 마지막 전투, 워털루의 승리는 웰링턴(1769~1851)이 이튼스쿨에서 익힌 기하학(幾何學) 덕분이라고 말하는 것처럼 전략가로서 서일이 성공할 수 있었던 키워드는 바로 주역이 아니었을까.

말하자면 청산리 대첩은 각개의 개별적인 전투에서의 전투력 사용법을 말하는 김좌진의 전술(tactics)과 각종 전투를 총합하여 전쟁을 전국적(全局的)으로 운용하는 서일의 전략(戰略,strategy)이 상승작용을 일으켜 일궈낸 결과물이라고 할 수 있는데 알고 보면 그 바탕에는 철저한 수리적 계산이 깔려 있다는 것이다.

앞으로 상술하겠지만 서일은 그의 주 활동무대였던 간도지방에 대한 애착과 구강의식이 남달리 강했던 것 같다.

그것은 어려서부터 그가 주역공부를 하면서 사사(師事)했던 『북여요선(北興要選)』(1903)의 저자 김노규(金魯奎: 경원(慶源) 사람)의 영향을 받았을 것이기 때문이다. 백두산정계비와 한(韓)청(淸)국경 간도 영유권 문제 등을 다룬 이 책에서 김노규는 1712년(숙종 38) 5월 청나라 목극등(穆克登: 오라총관 烏喇摠管)과 백두산의 분수령인 2150m 지점에 직접 정계비를 세운 조선 군관 이의복(李義復)의 기행문 등을 근거로 양국의 정계비 설립 지점이 같은 지점임을 들어 당시도 토문강을 국경으로 인식하고 있었음이 확인되고 있다.

이는 중국 측이 주장하는 토문강=두만강 설이 허구임을 입증하는 결정적인 단서가 되고 있으며 1881년(고종 18) 이후 양국 간의 분쟁사와 우리 고대사에서 간도가 차지하는 비중, 그곳에 사는 한인들의 동정까지 곁들인 국경문제 연구에 있어서 둘도 없이 귀중한 자료로 평가받고 있다.

이렇게 스승으로부터 자연스럽게 전수되었을 그의 구강(舊疆)의식이 대종교와 만나면서 고토회복을 염원하는 다물정신으로 승화되었을 것이라는 추론(推論)을 가능케 하는 대목이다.

27. 경신(庚申) 대 참변

그것은 거대한 하나의 연옥(煉獄, purgatory)이었다. 유황불 이글거리고 시뻘건 쇠꼬챙이가 춤을 추는 연옥이었다.

저주(咀呪)받은 인간사의 한 페이지

만일 죄가 있다면 망국의 백성으로 태어난 죄, 못난 조상이 물려주고 간 얼(孼: 씨, 자손을 스스로 비하해서 하는 말)을 받은 죄밖에 없는 무고한 백성을 마치 짐승 사냥하듯 뒤쫓아 가 닥치는 대로 무참하게 살육한 아귀 같은 일제의 만행은 차마 눈 뜨고 바로 볼 수없는 처참한 광경이었다.

이 참상을 보고 한 서양 선교사는 '피에 젖은 만주 땅이 바로 저주(咀呪) 받은 인간사의 한 페이지'라고 하늘을 우러러 탄식하였다고 한다.

그러나 이는 경신참변의 한 지역 현장이었을 뿐이다.

본 편에 들어가기 앞서 한 가지 이해를 구할 것은 문맥상의 흐름으로만 보아서는 청산리대첩에 이어 곧바로 경신참변을 다루는 것이 순서이겠으나 독립군의 이동 동선(動線)을 따라서 북정(北征 밀산 집결)과 흑하(黑河)사변, 서일의 죽음을 먼저 다루었다.

보통 경신참변 하면 일제가 봉오동 전투(1920. 6)와 청산리 전투(1920. 10)에서 참패한 이후 그 앙갚음으로 벌인 복수전쯤으로 생각하는 사람이 많다.

그러나 그해 10월 9일부터 11월 5일까지 간도 일대에서 집중적으로 자행된 저들의 소위 불령선인초토(不逞鮮人剿討) 작전에는 연해주 지방과 서간도 지방의 피해가 포함되어 있지 않다.

4월 참변의 서막 신한촌 습격

일군은 간도에서 참변을 일으키기 5개월 전인 1920년 4월에 연해주 지방의 독립운동 기지부터 먼저 덮쳐들었다. 초기 독립운동의 요람이었던 연해주(블라디보스토크 중심) 일대의 일제에게는 늘 눈엣가시 같은 존재였던 항일 단체를 소탕하기 위해서였다. 이른바 4월 참변이다.

그러나 이는 한정된 일부 지역을 대상으로 하는 국지전(局地戰)이 아니었고 연해주 전 지역과 서북 간도를 무대로 활동하고 있는 항일 단체의 근거지를 뿌리 뽑으려고 러시아와 전 만주 대륙에 걸쳐 3개의 전선을 형성, 포위 압축해 들어가는 국제전적인 성격까지 띤 싹쓸이 저인망전법의 시험장이었다.

1920년 4월 8일자 민족지 동아일보(2면)에 '新韓村(신한촌) 습격, 조선인 捕縛(포박)'이라는 부제(副題)가 달린 해삼위 점령별보(海蔘威 占領 別報)가 긴급 보도되었다. 여기서 별보란 특보(特報 특별보도)를 말한다.

이 기사에 따르면 '일본군대는 해삼위에 있는 노병(露兵 러시아병 적군 赤軍을 말함)의 모든 군비, 기타 요해지(要害地)를 5일 오전 중에 전부 점령하고 무장을 해제하였으며 무기를 압수하고 병원(兵員)과 기타 관계자를 포로로 하였다.'는 주문(主文)에 이어 '이와 동시에 일본헌병대는 군의 지원을 받아 같은 날 오전 4시에 신한촌을 급습하여 그 마을에 있던 러시아군(50명)에게서 항복을 받고 과격파 조선인(공산주의자를 이름) 39명을 포박(검거)하였다.'고 하였다.

이 기사 바로 옆의 '日軍(일군)과 過激軍(과격군, 적위군) 接戰(접전) 5시간' 기사에서는 '해삼위 수비대(일명 포조군 浦潮軍)가 5일 오전 3시에 암야(暗夜)를 틈타 과격군을 공격하여 퇴로를 차단하고 우세한 주력과 5시간에 걸친 접전 끝에 1500명에게 손해(사상자를 말하는 듯)를 입히고 8백 명을 포로로 잡았다'고 보도하고 있다.

그리고 같은 면에 난 또 다른 기사 '일본 陸戰隊(육전대: 우리의 해병대) 상륙 준비'에서는 '해삼위의 소요(騷擾: 구체적으로 어떤 사건을 가리키는지 분명치 않음)에 관해 해삼위 임시정부에 제시한 일군 사령관의 요구조건이 이미 승인되었으나 만일의 사태에 대비하여 일본 전함(히젠 肥前)을 외항에 정박시키고 무력시위를 하면서 언제든지 필요할 때는 출동할 수 있는 육전대의 상륙준비를 모두 마쳤다.'고 러시아 측을 압박하고 있다.

니항(尼港)사건 빌미로 한인 학살

어찌하여 일본은 엄연한 주권국가인 러시아의 영토 안에서 이처럼 무소불위의 군사행동을 자의로 할 수 있었는가. 이런 사태를 정확하게 파악하기 위해서는 세계대전(1차)으로 거슬러 올라가 당시의 국제관계를 다시 한 번 살펴 볼 필요가 있다.

1917년 11월 볼셰비키 혁명에 성공한 레닌(1870~1924)의 소비에트 정권은 대전 말기(1918) 구 제정 러시아가 중부 유럽동맹(독일, 오스트리아, 불가리아, 헝가리) 군과 대결하고 있던 서부전선을 더 이상 지탱할 수 없다고 판단, 단독 강화조약을 체결하게 된다. 이른바 브레스트리토프스크

(Brestlitovsk)조약이다.

중앙에서 멀리 떨어져 있는 원동(遠東: 시베리아지방) 지역에서는 백계 러시아군과 내전까지 벌이고 있었기 때문에 안팎으로 두 개의 전선을 동시에 방어할 능력이 없었던 소련으로서는 불가피한 선택이었다.

그리하여 1. 폴란드와 발트의 주권 포기, 2. 핀란드 우쿠라이나의 독립 승인, 3. (육해공) 적위군(赤衛軍) 해체라는 무조건 항복이나 다름없는 굴욕적인 조약을 맺게 되는데, 바로 그 해 11월 독일의 항복으로 1차 세계대전은 끝을 맺게 된다.

볼셰비키 혁명 이듬해 그러니까 1918년 4월 일본은 거류민 보호를 구실로 이미 시베리아 출병을 단행한 상태였다. 그러나 그동안 백군을 지원하여 적군과 싸우던 연합군이 모두 철수하자 더 이상 군대를 주둔시킬 명분이 없어져 철수시기를 조율하고 있던 1920년 3월 12일 니항(尼港, Nikolaevsk) 사건이 터진 것이다.

독립군이 합세한 일단의 적위군이 니콜라옙스크 항에 정박 중이던 일본 함정을 습격하여 선원과 거류민 다수를 살해한 것이다.

적백(赤白)전 때 쌓인 적대 감정 때문이었다. 일본의 시베리아 출병 구실이었던 구체제로의 복귀 명분에다 독일과의 강화조약으로 동맹국에서 이탈한 소련을 백군(구제정러시아, 백계 러시아)과 함께 공격한 구원(舊怨)을 두고 하는 말이다.

그렇지 않아도 호시탐탐 기회를 노리던 일본에게는 다시없는 호재였다. 적위군에 대한 보복도 그렇거니와 이 사건에 직접 개입한 한국 무장독립단체까지도 동시에 소탕할 수 있는 확실한 구실을 잡았기 때문이다.

이 대목에서 해외한민족연구소장 이윤기(1932년생)는 '러시아혁명 속 연해주 한인'(영남일보 2008. 8. 15)이라는 기사에서 '니콜라옙스크 사건 때 그들에게 치명타를 입힌 적위군 중에서도 이날 공격을 주도한 한국독립군부대에 대한 원한이 한인 이주민의 무차별 학살극으로까지 이어졌다'는 새로운 해석을 내어놓고 있다.

연해주(沿海州) 독립운동의 대부 최재형

다시 신한촌 사건의 현장으로 돌아가 보자.

일군에게 포로가 된 적위군 병사 중에는 다수의 조선인이 끼어 있었다고 하며 헌병대는 한인단체 수색을 계속하고 있는데 조선인학교(한민학교)는 화재로 소실되고 휴업 중인 시중 상가의 텅 빈 거리에는 과격의 휘장인 붉은 완장부대들도 모두 자취를 감추었다고 마치 폭풍이 휩쓸고 지나간 듯한 현장의 살풍경(殺風景)을 스케치하고 있다.

'4/4 事變(사변)에 있어 조선인에 대한 日軍(일군)의 措置(조치)'라는 현지군 보고에 따르면 '포조(浦潮 블라디보스토크) 교외 신한촌에 침입(스스로 침입이라는 용어를 씀)한 일군은 한민학교에 주둔하고 있던 러시아군(적군)을 무장해제시킨 데 이어 촌내 선인단(鮮人團: 조선인단체) 사무소 및 조선인 유력자 가택을 수색하여 소총 70정과 탄약 1만발을 압수하고 조선인 60여인을 구류하였다'고 밝히고 있다.

한편 '신한촌 사건의 도화선이 되었던 니콜라옙스크에 진입한 일본군은 곧바로 러시아 병영으로 진출하다가 길 옆 건물 안에 숨어 측면으로부터 저격해오는 30여 인의 조선인을 모두 다 잡아 죽였다[오살(鏖殺)]'하고 이때 검거한 불령선인 70여 인 가운데 영수급은 모두 총살하였다고 하여 전날의 사건 때 그들이 당한 수모를 철저하게 설욕하였다는 투의 보고를 하고 있다.

『한국민족문화 대백과』의 최재형(崔在亨, 1858~1920) 항목(김원수 金元洙 집필)에 보면 '1920년 4월 일제의 시베리아 출병이 있자 최재형이 재 러시아 항일 의병을 총규합하여 시가전을 벌였으나 김이직(金利

稷), 황경섭(黃景燮), 엄주필(嚴周珌) 등과 함께 잡혀 살해되었다'고 했는데 1920년 4월은 시베리아 출병이 아니라 바로 4월 참변을 말하며 시가전 운운도 니콜라옙스크시가 건물 안에서 일군을 저격했다는 정황과 일치한다. 따라서 이때 총살된 영수 급 한인 가운데 최재형이 포함되어 있었음을 미루어서 알 수 있다.

러시아 귀화인을 대표하는 진보적 민족주의 세력의 대표자(최재형 평전, 박환) 최재형은 흔히 연해주 독립운동의 대부(代父), 또는 한국의 체게바라로 불리기도 한다.

다시 쓰게 된 연해주 독립운동사

표도르세메노비츠라는 이름으로 귀화한 최재형은 제정 러시아 때 군에 식량과 물을 공급하는 어용상인으로 재산을 모아 언론 교육사업을 통해 한인들의 항일의식을 고취하고 망명 한인들의 뒷바라지를 도맡아서 하였다.

그 중에도 특히 의사 안중근(安重根, 1879~1910)의 이토(伊藤博文, 1841~1919 초대 조선 통감을 지낸 일본의 정치가) 포살 사건을 비롯하여 무장 항일운동의 배후 지원자로 활동하다가 말년에는 스스로 총을 들고 일본군과 싸운 항일독립전사로 마지막 남은 목숨까지도 민족의 제단에 바친 노블레스 오블리주(noblesse oblige: 높은 신분에 걸맞는 도의적 의무)의 극치(極致)를 보여준 인물이다.

그러나 그동안 묻혀 햇빛을 보지 못했던 그의 극적인 생애가 1990년 한러수교 이후에야 비로소 발굴되면서 재러 독립운동사를 다시 쓰게 되었다.

'저항이요? 적수공권(맨손)으로 무슨 저항을 한단 말이요. 60노령의 최재형은 체포될 당시 주위에서 몸을 피하라고 하여도 피하지 아니하였오.

도주라니요. 온몸을 쇠사슬로 묶여서 자동차에 실려 가는데 도주란 무슨 말이요. 악에 바친 적은 쇠사슬에 묶인 그들(앞에서 든 4인)을 심문도 하기 전에 마구 때리고 찌르고 발길로 차다가 끝내 사살한 것이요.' 참변 당시 노령에서 온 한 교포가 전했다는 최재형의 최후다.

그를 (인류의 구원을 위해) 십자가를 매고 골고다 언덕을 오르던 예수와 곧바로 비교할 수는 없겠지만 죽음을 향해 짐승처럼 끌려가는 그야말로 형극(荊棘)의 길에서도 망국 백성의 고통을 대신 지고 가는 속죄의 심정 아니었을까 생각해 본다.

이때 일군은 신한촌과 니콜라옙스크뿐 아니라 우수리스크 하바롭스크 포시에트스친 등지에서도 한인을 공격하고 대량검거 방화 파괴 학살 등 만행을 저질렀는데 살해된 한인만도 3백여 명에 이르고 380여 명이 체포된 것으로 조사되고 있다.

애초에 일제가 거류민 보호와 러시아의 구체제 복귀 등을 시베리아 출병의 표면적인 이유로 내 걸었으나 사실은 한국독립운동의 책원지(策源地)가 된 러시아에서 그들이 말하는 이른바 불령선인의 삼제(芟除)와 방축(放逐)이 그 주목적이었음이 포조(浦潮,불라지보스톡) 파견군(참모장 이나가키 稻垣三郎)이 일본 육군성(차관 야마나시 山梨半造)에 보낸 한 보고서(시베리아 출병 일군의 조선인 대책)에 의해 확인되고 있다.

자위권 앞세워 무차별 학살

즉 이 보고서에 따르면 제정 러시아 때인 1914년에 일본정부는 당시 주 러시아 대사(혼노 本野)에게 훈령을 내려 러시아 정부와 교섭하여 이들(불령선인)을 극동지방에서 방축케 하였는데 구주(歐洲 유럽)대전(1차 대전)의 발발과 함께 다시 돌아와 활동을 개시하였다.

'제국(일본)에 대해 반란을 기도하는 자는 그 국적이나 영토가 어디 고를 불문하고 먼저 이를 토멸하는 것은 정당한 자위권의 행사로서 이는 국제공법이 인용(認容)하는 선례이기 때문에 제국군대가 행동하는 지역에서는 우리(일본) 병력을 가지고 일망타진하는 것은 결코 불가능한 일이 아니라'고 강조하고 있다.

이와 같은 자위권의 행사는 러시아가 완전한 국가로 존재할 때도 하등의 주권문제를 야기하지 않았는데 하물며 지금과 같이 4분5열되어 아직 승인된 국가도 정부도 없는 나라에서 문제될 게 무엇이 있겠느냐는 투로 말하고 있을 정도이다.

일본군의 시베리아 출병 이후 거의 일방적으로 이루어지다시피한 일본의 자의적인 군사행동의 동기가 바로 여기에 있었구나 하는 것을 알게 해주는 대목이다

그리고 이어서 출병 당시 일본정부가 발표한 내정 불간섭 성명은 한낱 외교상의 완곡한 수사에 불과하니 그 성명에 구속받을 것은 없다면서 지난날 간도 방면의 배일한인 취체(取締: 단속)에 관하여 중국정부에 경고한 것처럼 러시아의 대표자에게도 불령선인의 취체를 요청, 이를 이행하지 않을 경우에는 자위권의 행사를 1차 경고하고 연합군의 양해를 얻어 집행하면 문제가 없을 것이라는 의견과 함께 그 방법론까지 제시하고 있다.

경신참변의 도화선 혼춘사건

앞에서 본바와 같이 니콜라에프스크 사건이 4월참변의 빌미가 되었던 것처럼 혼춘(琿春) 사건은 경신참변의 도화선이 되었다.

두 사건이 다 군사행동의 구실이 필요했기 때문이다. 당시 자기 주권을 지킬 만한 강력한 국가체계를 갖추고 있지 못했던 소비에트 정권이나 중국이 두려워서라기보다는 국제여론을 눈가림하고 그들 나름의 정당성을

확보하기 위해서였다.

두 사건이 다른 점이 있다면 중국에서는 출병구실을 억지로 뚜드려 맞추는 식으로 조작을 하였다는 것이다. 그것이 바로 혼춘사건이다.

아무리 방비가 허술하다 하더라도 명색이 현청소재지인데 정규군도 아닌 일개 마적 떼가 한 번도 하기 어려운 공격을 불과 20일 간격으로 두 번씩이나 마치 제집 안방 드나들듯 휘젓고 다닐 수 있었겠느냐는 것이다.

혼춘사건에 대한 국내외 연구서들이 조작설을 제기하고 있으나 거의 대부분이 설(說)의 수준에 머물러 있는 데 반해 연변대학 역사학 교수 박창욱(朴昌昱)의 그것은 사실관계가 분명할뿐더러 따라서 구체성을 띠고 있다는 점이 다르다.

혼춘 사건은 일제가 오래 전부터 치밀하게 꾸며온 음모였다고 주장하는 박창욱의 말을 한 번 들어보자.

그는 습격의 주범을 헤이룽 강성 동녕현(東寧縣) 노흑산(老黑山) 지대에 둥지를 틀고 있는 '진동'과 '만순'을 두목으로 하는 일단의 마적으로 지목했다. 그리고 이들은 친일세력 '코산'의 영향 하에 있으면서 그와 깊은 연계를 맺고 있다고 하였다. 당시 '코산'은 일본군 간첩인 야마모토(山本菊子)라는 여인을 애첩으로 데리고 살고 있었다는 점으로 미루어 일본군과 얼마나 깊이 유착되어 있었느냐는 것을 알 수 있다.

마적과의 밀통부분에 있어 박창욱의 주장과 다소 다른 의견도 있다. 일본인 학자 아즈마(東尾和子)는 그의 논문(琿春사건과 간도 출병, 1977)에서 1차 사건을 일으킨 마적이 노흑산 밀림지대에 근거를 두고 있는 동만(東滿) 마적단인 것은 틀림없지만 일군과의 밀통 여부에 대해서는 언급이 없다. 그러나 2차 사건은 마적 두목 장강호와 밀통하여 그들에게 금전을 보내 매수한 다음 무기를 대여하고 혼춘을 습격하게 한 조작사건임을 분명히 하고 있다.

사건조작으로 출병 명분 얻어

1920년 9월 12일 새벽 5시경. 혼춘성 동북쪽으로 쳐들어 온 마적들의 주력은 경찰서를 동문과 남문으로 쳐들어 온 또 다른 일대는 중국군 육군 병영과 헌병 병영을 각각 공략하고 나머지 소규모 마적들은 민가를 덮쳐 살인과 방화와 약탈로 온 시가는 순식간에 아수라장으로 변하고 말았다.

불의에 습격을 받은 관병(270여 명)들은 잠자리에서 일어나 갈팡질팡 응전하다가 가까스로 대오를 가다듬어 세 번이나 진격을 시도했지만 번번이 마적들의 일제사격에 막혀 단 한 걸음도 앞으로 나아가지 못했다.

2시간 남짓 계속된 일방적인 전투에서 마적들은 2백여 채의 민가를 불태우고 중국인 80여 명과 한인 6명을 납치하여 가지고 홀홀히 사라졌다. 이것이 제1차 사건의 전모다.

2차 혼춘사건이 일어난 것은 그로부터 꼭 20일 만인 10월 2일 새벽 4시. 역시 1차 때의 진동과 만순이 4백여 명의 마적단을 이끌고 혼춘성으로 쳐들어 온 것이다. 배역(配役)도 무대도 똑같은 2차 공연인 셈이다. 1차 때와 다른 게 있다면 공격 대상이다.

기관총 1정과 산포 1문을 앞세우고 쳐들어 온 마적 떼들은 마치 무엇에 이끌리기라도 한 듯 일로 일본영사관으로 향했다. 그리고는 지난 번 사건 때는 근처에 얼씬도 하지 않던 성역(일본영사관)에다 불을 질렀다.

한편 동대문으로 쳐들어 온 다른 일단은 관병들의 방어선을 뚫고 시내 상부지에 돌입하여 사람을 보는 족족 그 자리서 쏴 죽이고 닥치는 대로 빼앗고 불을 질렀다. 이러기를 4시간여 만에 조선총독부가 파견한 경찰 간부(시부야 澁谷) 일가와 일인 부녀자 9명을 살해하고 중국인 70명과 한인 7명, 그리고 주민 1백여 명을 납치하여가지고 유유히 사라졌다.

예상된 일이기는 하지만 일본영사관 방화와 거류민 피살사건의 파장은 건잡을 수 없이 번져 나갔다. 거기에다 일제는 현지 언론(길장일보 吉長

日報)까지 동원하여 마적단 가운데는 독립단 수십 명과 러시아 군인까지 포함되어 있다면서 사건의 초점을 독립단 쪽으로 슬쩍 돌리면서 이들이 일본인을 표적으로 공격한 것처럼 엉뚱한 방향으로 몰고 갔다.

일본은 이로써 거류민 보호라는 간도출병의 명분을 확보함과 동시에 불령선인(사실은 독립군) 소탕이라는 출병의 궁극적 목적까지도 이룰 수 있는 사전포석을 한 셈이다.

후일 일군에게 폭사 당하는 동삼성 순찰사 장작림(張作霖, 1875~1928)은 일본의 간도 출병 요청을 처음에는 거부했으나 무력적 강압에 못 이겨 결국 승인을 하게 된다.

28. 민족말살의 현장

이에 일제는 기다렸다는 듯이 나남(羅南) 주둔 제 19사단(사단장 다카지마 高島 중장)을 주축으로 하여 요동(遼東 여순 旅順)주둔 관동군(關東軍 사령관 다치하라 立原一郎 대장)의 일부와 시베리아에 출동했던 포조(浦潮 블라디보스토크)군으로 혼성부대를 편성하여 만주 대륙을 동서 남 세 방면에서 포위 공격하는 연합 전선을 형성하게 된다. 만주 전 지역 한인 근거지의 초토화를 겨냥한 저들의 이른바 불령선인 초토(剿討)계획에 시동이 걸린 것이다.

생지옥이 무색한 집단 광란극

그 중에도 독립군의 활동이 가장 활발했던 화룡, 왕청, 용정 등 지금의 연변 조선족 자치주 전 지역에서 집중적으로 이루어진 학살과 파괴는 상상을 초월하는 생지옥을 방불케 하는 것이었다. 저들의 묻지 마 살육행위는 마치 예초기를 작동하여 풀을 깎듯이 싹 쓸어버리는 일종의 인종 청소 작업 같은 것이었다.

이런 때 곧잘 쓰는 말 가운데 '필설(筆舌)을 절(絶)한다'는 말이 있지만 너무 진부한 것 같고 차마 눈 뜨고 볼 수 없는 목불인견(目不忍見)도

이토록 참혹한 현장을 말하기에는 너무 단순하고 안이하다.

그렇다고 어느 지역이 더하고 덜할 것도 없다. 마치 기계인간이 입력된 명령을 곧이곧대로 완수하듯이 빈 구석이라고는 하나도 남기지 않고 샅샅이 후벼 파내어 까발려 놓은 형국이다.

차마 이제 더는 써내려 갈 수가 없을 것 같다. 무감각하리만치 먹먹한 가슴을 쓸어내리면서 그래도 쓰지 않으면 안 되는 이유를 한번 생각해 보았다.

이런 비극을 물려준 앞 세대를 원망하기 이전에 뒷 세대에게 만은 더 이상 못난 조상이 되어서는 안 되겠다는 자기 각성 같은 것이 필요했는지 모른다.

간도에서 한인들이 제일 많이 사는 연길현에서는 마치 호구조사를 하듯이 일제의 간도영사관이 작성한 배일 부락 및 학교조사표라는 살생부(殺生簿)를 가지고 다니면서 해당 부락과 학교에 대해서는 무차별 살육과 파괴 방화로 쑥대밭을 만들어 황폐화시켜버리고 말았다.

필자는 지금 보고서를 쓰려는 것이 아니다. 그렇다고 무슨 거창한 교훈 같은 것을 얻으려는 것은 더더욱 아니다. 오히려 단순한 숫자의 나열이 얼마나 무의미하다는 것을 확인하고자 하는 것이다.

그것은 개인의 선택과 의지와는 무관하게 자기 최면(催眠)으로 충전된 집단 광란극이다. 이런 때 '한 사람은 모두를 모두는 한 사람을'이라는 어느 원로스님의 수상집 제목이 문득 생각나는 것은 집단과 개인의 괴리(乖理)가 만들어 낸 프랑켄슈타인의 망령(妄靈)같은 것을 떠 올렸기 때문일 것이다.

외국인이 보고 전한 만행 현장

그 중에도 장암동(獐岩洞) 만행은 그 아래 도살(屠殺)사건이라는 이름이 붙을 만큼 처참을 극해 경신참변을 말할 때 항상 맨 머리에다 인용하는 상징적인 사건이다. 백정이 마치 개돼지 짐승 잡듯 사람을 죽인 장암동사 건이 맨 처음 외부세계에 알려진 것은 한 용감한 외국인 선교사의 생생한 목격담(견문기)을 통해서였다.

용정촌에서 캐나다 장로파 선교단이 운영하는 제창(濟昌)병원의 원장 이기도 했던 S. H. 마틴(Martin 당시 30여 세)은 사건 바로 다음날인 1920 년 10월 31일. 이른 새벽 용정에서 12마일 떨어진 장암동에서 현장을 실 제로 목격한 생존자들이 보고들은 바를 그대로 옮겨 쓴다면서 이는 그가 이날 동행한 영국인 친구(이름 모름)와 함께 목격한 '절대로 진실한 내용' 이라는 점을 특히 강조하고 있다.

좀 장황한 듯하지만 90년 전 현장을 리바이벌한다는 심정으로 <견문 기>의 일부를 인용하고자 한다.

"10월 30일. 이른 새벽 무장한 일군 보병의 일대가 예수교촌(장암동을 말함)을 물 샐 틈 없이 포위한 뒤 골짜기 안 쪽 방향으로 메밀(교맥 蕎麥) 단 등을 높이 쌓아 올린 노적가리에다 불을 지르고 촌민들을 불러 모았다. 촌민들이 집에서 나오자 밖에서 기다리고 있던 일병들이 아버지고 아들 이고를 가리지 않고 남자들만 보면 눈에 띠는 쪽 쪽 사격을 가하여 총을 맞고 쓰러져 신음하는 부상자의 몸 위에다 시뻘건 화염이 이글거리는 곡 식 단을 덮어 씌워 누군지 알아볼 수 없을 정도로 까맣게 태워 화장을 시켜버린다. 이때 그들의 어머니와 처 그리고 자녀들에게는 자신들의 아 들과 남편 아버지의 이 처참한 최후를 바로 눈 아래 발치에서 강제로 지 켜보게 하였다.

집이란 집은 모조리 불태웠으며 온 마을을 뒤덮은 뭉게구름 같은 연기 기둥이 멀리 용정촌에서도 바라보일 정도로 높이 솟아올랐다고 한다.

이렇게 온 마을을 분탕질 치고 철수한 일병은 계곡과 큰 길 사이에 있 는 또 다른 촌락의 기독교인 집들을 족집게로 집어내듯 가려내어 모두 불 질러 태운 후에 그들의 소위 천장절(天長節, 당시 대정(大正)왕의 생신 축일. 대전 후에 천황탄생일로 이름이 바뀜) 축하 행사를 위해 용정으로 돌아갔다."

살육방법이 다르다고 해서 사건의 본질이 달라지는 것은 아니지만 장암동 사건에 대해 앞의 선교사 <견문기>와는 또 다른 기록도 있다.

조선군 사령부가 펴낸 『간도출병사』(3)와 재일학자 김정명(金正明)의 『조선독립운동』(3), 역시 재일학자인 강덕상(姜德相)의 『현대사자료』(28권) 등에 따르면 일군의 한 토벌대인 오오오카(大岡隆久 대대장)가 인솔한 77명의 병력이 용정촌 동북 25리 지점에 위치한 한인 기독교 마을인 장암동을 포위하고 전 주민을 교회당에 집결시킨 후 40대 이상의 남자 33명을 포박하여 꿇어앉힌 다음 아직 타작도 하지 않은 조와 벼 짚단으로 교회당 안을 가득 채워놓고 석유를 뿌려 불을 질렀다. 이윽고 교회당은 화염에 휩싸였으며 밖에서 착검(着劍)을 하고 기다리고 있던 일병들은 불속에서 뛰쳐나오는 주민들을 그 자리서 모두 찔러 죽여 결국 그들을 몰살시키고 말았다. 가해자인 일본 측의 자료라는 점에서 국내외 학계에서는 그만큼 신뢰도를 높게 보고 있는 것도 사실이다. 3·1운동 때 경기도 화성에서 있었던 발안(發安)교회 방화사건의 재판인 셈이다.

불탄 마을에 널부러진 시체들

지금부터는 필자(선교사)가 직접 만난 희생자 유족들과 아직껏 매케한 연기를 피워 올리고 있는 사건 현장으로 가보자.

'우리가 장암동 부근의 한 촌락에 접근했을 때 만나는 사람은 모두 부녀자나 어린이 아니면 백발의 노인들뿐이었다. 어린 아기를 등에 업은 부녀자들이 우리가 가까이 다가가는 것조차 의식하지 못하고 통곡을 하면서 불타 폐허가 된 마을 어귀를 정신 나간 사람처럼 방황하고 있었다.

제일 먼저 우리 눈에 들어온 것은 아직도 군데군데 남은 불씨가 타오르는 한인 가옥의 잔해(殘骸)인데 검은 연기가 자욱한 잿더미는 바로 전날 불타버린 이 집 3년치 양곡창고 자리라고 한다. 갓 조성한 듯 3기의 벌건 황토 흙 봉분 앞에는 아기를 등에 업은 젊은 부인과 여덟 살 난 소녀 그리고 흰색 상모(喪帽)를 쓴 노인 한 사람이 두 손을 짚고 앉아 있다.

우리는 불탄 자리를 다 촬영하고 난 후에야 이 노인이 유명한 예수교 인이라는 것을 알게 되었다. 그는 전신에 네 군데나 총상을 입고 아들 2명은 사살되었으며 형제 세 명은 모두 집이 불탈 때 화염 속으로 던져져 죽었다.

나는 가까이에 있는 사람을 시켜 한 시체에 묻어 있는 흙을 털어내 보니 여러 군데 사격을 받아 사지가 꺾어진 채 까맣게 탄 노인 시신이었다. 신체 부위 중 그나마 소각을 면한 순백(純白)의 머리로 그의 신원을 짐작할 수 있었다.

시체와 또 다른 분묘 두 개를 촬영한 후 발걸음을 옮긴 골짜기 끝자락(화형을 집행한)에서는 불이 난 지 36시간이 지났는데도 아직 시신 타는 역겨운 냄새가 진동을 하고 불탄 집의 대들보 무너지는 소리가 요란스럽게 허공을 가른다. 마을 한 모퉁이 근처에서 만난 아기 업은 부녀자 네 명은 모두 방금 조성한 듯한 황토 분묘 앞에 엎드려 경황 중에 지금껏 참고 있던 울음을 비로소 터트리며 슬피 호곡(號哭)하고 있었다.

다음에는 불탄 집 19채의 흔적을 촬영하고 있는데 한 노인이 슬픔을 이기지 못해 두 손으로 머리카락을 쥐어뜯으며 울부짖고 그 바로 곁에서는 두 눈이 시뻘겋게 연기로 충혈된 어머니와 딸들이 아직도 모락모락 타오르고 있는 잿더미 한 편에서 떨어져 나간 가족의 시체 조각들을 찾아서 맞추고 타다 남은 살림가구들을 주워 모으느라 여념이 없다. 노인 한 사람을 촬영한 후 친절하게 위로의 말을 건네자 갑자기 그는 슬픔에 겨운 나머지 마치 실성한 사람처럼 하늘을 향해 중얼거리며 발로는 땅을 구르는 시늉을 했다.

인간 마성(魔性)의 한계 실험하는 듯

'이때 나는 이교도(異敎徒)들의 도움으로 잿더미 속에서 시체 1구를 옮겨다 메밀 단 위에 눕히고 떨어져 나간 다리와 팔을 찾아서 제 자리에 맞춘 다음 네 번에 걸쳐 촬영을 하였다. 곁에 있던 여러 명의 부인들이 어깨를 들썩이며 흐느껴 우는 모습을 보고 나 자신도 솟구쳐 오르는 분노를 억누를 길이 없어 온몸이 부르르 떨려 옴을 느꼈다.'

마을 한복판 정자나무 아래 있던 교회는 한 줌 재로 변하고 2동의 큰 학교(영신(永信)학교) 건물도 함께 사라졌다.

희생자의 분묘를 세어보니 모두 31기(목격된 시체는 36구) 집집마다 사자들을 모두 불탄 자기 집 곁에다 묻었다.

불구덩이 속에서 시신을 끌어내어 매장하기까지의 힘든 작업을 하는데 부녀자와 어린이들의 손으로 꼬박 하루 왼종일이 걸렸다.

해가 저물 무렵 용정촌으로 돌아왔을 때 길거리에서 만난 일본 병사들은 곤드레만드레 술에 취해 있었고 온 시가는 히노마루(일본국기)로 뒤덮여 있었다.

인간의 마성(魔性)이 과연 어디까지 갈 수 있는지 마치 그 한계를 실험하는 것 같은 대조적인 두 장면이다.

일제의 만행은 여기서 멈추지 않았다.

마틴의 『견문기』 후속편 같은 『연변조사실록』(심여추가 엮은)에 따르면 유족들이 가슴을 치고 통곡하면서 가까스로 육친들의 시체를 찾아 장사를 지낸 지 며칠 뒤였다. 악마 같은 일본군이 또 다시 장암동에 들이닥쳤다. 유족의 두 눈에는 아직도 피눈물이 채 마르지 않았는데 총칼을 들이대며 며칠 전 장사지낸 육친들의 시신을 다시 꺼내 한데 모아놓으라고 윽박질렀다. 그리고는 파낸 시신을 메밀 짚단 위에 올려놓고 석유를 뿌린 다음 다시 불을 놓아 재가 되도록 완전히 태워버렸다.

희생자들을 두 번 죽여 이토록 철저하게 가루로 만들어 글자 그대로 말살(抹殺)한 것은 희생자의 신원을 알아볼 수 없게 하여 완전범죄를 노린 것이다.

이렇게 되니 마을 사람들은 누가 누구 시체인지 분간할 수 없게 되어 합동화장을 한 바로 그 자리에 유골을 한데 모아 합장을 할 수밖에 없었다. 그 뒤 합장묘 옆에 세웠다는 장암동유적비에는 이런 비문이 새겨져 있다고 한다.

'1920년 10월 경신 대 참안(慘案) 때 일본 침략군은 이곳에서 무고한 백성 38명을 학살하여 천고에 용납 못할 죄행(罪行)을 저질렀다.'

남자는 노인 어린이까지 학살

이보다 앞서 청산리대첩의 서전을 장식했던 백운평 전투의 결전장 입구의 한인마을은 어땠을까.

김좌진의 독립군부대가 일군에게 십자포화의 불 그물을 씌워 도륙하고 있을 그 무렵, 백운평의 한인마을은 일군에 의해 철저하게 유린되고 있었다. 23가구 마을 전체가 저들의 손에 불태워지고 요행히 목숨을 건진 세 사람을 제외하고는 주민 모두가 학살되었다. 친일단체였던 조선인거류민회의 보고에서조차 '여자들을 제외한 모든 남자들은 늙은이나 어린이 할 것 없이 전부 살해되었다. 심지어 4~5세의 유아까지도 불행을 면치 못하였다.'고 그 잔학상을 지적하고 있을 정도이다.(김기선(金基善)의 경신참변 연구에서)

독립군의 승전을 눈앞에 두고도 보지 못하고 간절히 승전을 염원하면서 죽어 갔을 원혼(冤魂)들의 무운(武運)을 비는 기도소리가 어디선가 들려오는 것만 같다.

연길현 의란구(依蘭溝) 남동(南洞) 30여 호의 이(李)씨(본관은 모름) 집성촌에서는 타성(他姓)바지 3명을 제외한 전 주민이 몰살당했다. 이때 한 집안 4형제가 한꺼번에 분살(焚殺)당하는 어처구니없는 일이 일어나기도 하였다.

숫자에 무감각해질 정도로 희생자가 눈덩이처럼 불어나고 있는 중에도 연길현 속칭 개암나무골 한인촌의 참극은 갑자기 희생자 수가 세 자리 수로 늘어나면서 고삐가 풀린 듯한 저들의 만행이 극한으로 치닫고 있다.

특파원 박용훈에 따르면 10월 30일, 이 마을에 침입한 일군(제19사단 16연대 소속)은 민가 70여 채를 불사르고 주민 3백여 명을 집단학살했다.

인두겁을 쓴 인간의 상상력 가지고는 가늠할 수조차 없는 몸서리 쳐지는 현장도 있다. 우리 고유어 가운데 '두억시니'라는 악귀가 있는데 이것이 곧 불교에서 말하는 야차(夜叉)다. 그들은 추하고 괴이한 형상으로 사람을 해하는 잔인 혹독한 귀신보다도 더 악독한 염마졸(閻魔卒: 염라대왕의 졸개)같은 존재와 견줄 수 있을까.

일군은 또 10월 28일, 연길현 춘향(春鄉)에서 붙들린 세 한인의 손바닥에 쇠못으로 구멍을 뚫은 뒤 쇠줄로 꿰고 그 쇠줄로 다시 코를 꿰어서 말 뒤에 메달아 10여 리를 끌고 다니다가 끝내 총살하는 만행을 저질렀다.(일제의 경신년 대토벌에 대하여, 김현수, 김중하 1999)

유아 창끝에 꿰어 들고 쾌재(快哉) 불러

그리고 화룡현에서는 전선을 끊었다는 혐의로 12세 어린이의 머리를 잘라 전선에 매달아 놓기도 하였으며 12월 6일에는 연길현 와룡동 창동

(昌東)학교 교사로 대한국민회 총부의 통신원이었던 정기선(鄭基善)을 붙들어 심문하면서 칼로 얼굴 가죽을 벗겨낸 다음 두 눈을 칼로 도려내어 육괴(肉塊: 살덩어리)로 만들어버렸다.

심지어는 2~3세의 유아를 창끝에 꿰어 들고 아파서 울부짖는 비명소리를 들으며 쾌재(快哉)를 부르는 무간지옥에 떨어진 아귀(餓鬼)들의 광란을 지켜보면서 나 자신이 인간이라는 사실에 분노와 치욕을 느낀다. 여기서 더 이상 인간에 대해 무엇을 말할 수 있겠는가. 그저 허무(虛無)하다는 단어밖에는 더 이상 아무것도 떠오르질 않는다.

저들의 잔학상이 가장 우심했던 간도 일대는 독립군의 활동이 가장 활발했던 지역이기도 하다. 그런데 일군(제19사단)은 간도에 진입하기 앞서 두만강 대안의 한인부락들을 먼저 분탕질 치고 들어갔다. 10월 14~15일 최초로 강을 건넌 일군이 첫 한인마을 송오동(宋塢洞)부터 유린하였다. 마을을 모두 불태우고 주민 13명을 학살하였다.

10월 9일에는 회령 건너 송언평(松堰坪), 학성(鶴城), 무관둔(茂官屯) 등지에서 독립군 토벌은 뒷전이고 힘없는 양민학살에 혈안이 되어 온 마을 23동과 대종교계의 거성학교를 불 지른 뒤 국민회 특파원 박용훈과 군자금을 조달한 김형중을 총살하고 마을 사람 10명을 사살한 후 시체에 석유를 뿌려 불태웠다.

또 종성군 쪽에서 강을 건넌 일군은 석건평, 개산툰, 명당현에 이르러 국민회 회원 김사범을 체포하려 하였으나 붙잡지 못하자 전 마을을 포위하고 그의 아들과 마을 사람 17명을 학살하였다.

무산(茂山) 대안의 수비대는 무산 간도 화광포를 습격하여 화광포 교회를 불 지르고 남평동에서도 교회와 학교를 소각하였다.

남양수비대는 남양평 걸만동에서 배일학교인 화학학교와 가옥 14동, 교회 등을 불태우고 불온문서(국민회회원의)를 소지했다는 이유로 주민

15명을 학살하였다.

이처럼 두만강 대안의 한인마을 피해가 간도 못지않게 의외로 컸던 데는 그럴만한 이유가 있었다. 이 일대의 일군 수비대는 국경을 접하고 있는 중국 또는 연해주에 거점을 둔 독립군 부대의 습격 대상이자 표적이 되어 왔었다.

치고 빠지는 독립군의 유격 전술에 완전 노출되어 적지 않은 피해를 입어온 일군은 강 건너 한인마을이 그 전진기지 구실을 해왔을 것이라 믿고 절치부심하고 있던 차 간도출병으로 닫혔던 국경이 열리자 애꿎은 주민을 상대로 보복전을 벌인 것이다.

일제의 만행은 두만강뿐 아니라 압록강 상류 혜산진(惠山鎭) 대안의 장백현(長白縣)일대에서도 자행되었다. 독립신문(1921.4.2일자) 장백현 통신에 따르면 이곳에서는 4백 명이 체포되고 212명이 참살되었다고 전하고 있다.

한편 제19사단의 주력인 이소바야시(磯林)지대가 10월 14~18일간에 걸쳐 혼춘(琿春) 일대에서 벌인 제1차 토벌 이후 10월 22일부터는 연해주의 바라바시 방면으로부터 혼춘 동북쪽의 중 러 국경 부근에 위치한 토문자(土門子)로 침공한 제11사단 소속 토문자 지대와 북만주 나자구(羅子溝) 방면으로 침공한 제13사단 소속 하이리(羽入)지대 등 러시아 주둔 포조군(浦潮軍)과 합동작전을 펼쳐 이 일대에 흩어져 있는 한인 마을들을 습격하여 50여 명을 사살하고 77명을 체포하였으며 민가 43채, 학교 1개교 등을 불태웠다.(조선군사령부 편 간도출병사 상)

농민 30여 명 손바닥 꿰어 참살

일군(관동군)의 서간도 침공은 북간도 침공보다 4개월여 앞서 일제가 획책한 이른바 '중일 합동 수색'이라는 이름으로 시작되었다.

우에다(上田)대와 사카모도(坂本)대로 불리는 이들 수색대는 맨 먼저 (5.31) 서간도 독립운동의 중심지인 유하현(柳河縣), 삼원보(三源堡)부터 덮쳤다. 이곳은 일찍이(1910) 이회영(李會榮), 이시영(李始榮) 등 이른바 6영(榮)이라 불리는 형제들이 솔가 망명하여 신흥(新興)무관학교의 전신인 신흥강습소를 세워 독립군을 양성했던 바로 그 곳이다.

독립신문(1920. 6. 24)에 따르면 '중국 순병(巡兵, 30여명) 기마 순병 (15~6명)과 함께 갑자기 내습한 적은 수색견을 대동한 2~3명 식 조를 짜 온 마을을 샅샅이 뒤진 끝에 남자란 남자는 12~3세의 어린 학생으로부터 60~70대의 노인에 이르기까지 약 3백 명을 포박하여 끌고 가서는 참혹한 형벌을 가하였다.'고 보도하고 있다. 그래도 이때는 명목상이나마 경찰을 앞세웠기 때문에 고문과 악형으로 그쳤으나 얼마 후(11월 중순부터 12월 초순) 본격적인 간도침공이 시작되면서 북간도와 똑같이 서간도 일대의 한인사회 역시 초토화되고 말았다.

그 중에도 가장 극심했던 곳이 흥경현(興京縣)의 왕청문 일대 한인사회다.

이곳에 내습한 적은 왕청문 고등소학교(중국인 경영)에 군중을 모아놓고 그들의 출동 취지를 설명한 뒤 왕청문 교회의 장로 이근진(李根眞)을 비롯하여 학교 직원 등 10여명을 인적이 드문 깊은 산 속으로 끌고 들어가 무참히 살해하였다. 그리고는 서보(西堡)교회당과 강남 교회당, 민족교육기관인 삼성(三成) 학교를 모두 불태워버렸다.

12월 30일 통화현(通化縣) 서반납배(西半拉背)에 침입한 적은 민족교육기관인 배달학교(1918년 설립) 교직원 3명(조용석 趙鏞錫, 김기선 金基善, 조동호 趙東鎬)과 한족회 자치회원들을 참살하는 만행을 저질렀다.

광복군 총영의 근거지였던 관전현(寬甸縣) 홍통구(紅通溝, 또는 향로구 香爐溝)에서는 대장 최주천(崔柱天) 외 3명이 총살당하고 12월

30일 동서구(東西溝)에서는 농민 30명을 포박한 뒤 장심(掌心)과 경피(頸皮: 목가죽)를 철사 줄로 꿰어 끌고 다니다가 얼음 속에 빠뜨려 죽이는 간도참변을 통틀어서도 그 유래를 찾아볼 수 없는 천인공노할 만행을 저질렀다.

마치 4백여 년 전 임진왜란 때 이 땅을 유린한 왜병들이 우리나라 사람들의 귀와 코를 베어다가 이총(耳塚) 비총(鼻塚)을 만들었다는 그 잔혹성을 그 후손들이 물려받은 것처럼 말이다.

왜구의 노략질이 얼마나 자심했으면 죽어서 용이 되어 동해바다를 지키겠다고 수중릉(水中陵 감포 甘浦 대왕암)을 다 만들게 했던 신라 문무왕(文武王, ?~681) 이래 1300여 년에 걸친 악연(惡緣)이 어찌 이리도 질기고 모질단 말인가.

최초 언론인 순직사건 발생

이때 참변 현장에서는 최초의 언론인 순직사건까지 발생, 취재권 보장을 약속하고 있는 기본적인 국제규약마저 저버린 추악한 일제의 또 다른 얼굴을 만나게 된다.

동아일보 기자 장덕준(張德俊, 1891~1920)이 무고한 한국인 대 학살 현장을 취재하기 위해 간도(용정)에 도착한 것은 11월 6일, 용정 시내 삼성여관에다 일단 여장을 풀고 일본 영사관과 토벌군 사령부에 종군을 공식 요청한 뒤 현장 취재를 하다가 일본군에 의하여 살해되었다.

장덕준에게는 두 동생이 있는데 광복 후 보수진영(당시 한국민주당)의 대표적 이론가로 활동하다가 암살된 장덕수(張德秀, 1895~1947)와 임시정부 산하 교민단(상해)에서 활동하다가 중국인에게 살해된 장덕진(張德震, ?~1924)이다. 그런데 공교롭게도 이들 삼형제는 모두 암살로 생을 마감하는 기이한 인연을 가지고 있다.

장덕준이 간도에서 순직할 당시 일본에서는 정치사상으로서의 '민주주의'가 침투하여 이른바 '대정(大正)데모크라시'시대의 막(幕)을 서서히 열어가고 있었다.

그러면서 또 다른 한편 중국대륙에서는 군부가 주축이 되어 국가이익이라는 이름으로 포장된 이권의 확장을 현실화하는 시기로도 파악되고 있다. 군부 중에서도 육군이 주도한 첫 프로젝트가 바로 시베리아 출병이자 간도 출병이다.

이 같은 일본의 두 얼굴 사이에서 데모크라시 주창자 요시노(吉野作造, 1878~1933)와의 교분이 남달랐던 민주주의 신봉자 장덕준의 죽음이 의미하는 것은 과연 무엇이었을까.

아이러니하게도 훗날 변절하여 친일파가 된 춘원(春園) 이광수(李光洙, 1892~?)이 당시 독립신문을 만들면서 비분강개 조(調)의 시를 여러 편 남기게 되는데 그 중 하나가 「삼천의 원혼 冤魂」이다.

> 二年(이년, 대한민국 기원) 十月之變(시월지변)에
> 無道(무도)한 倭兵(왜병)의 손에
> 타죽고 맞아 죽은 三千(삼천)의 冤魂(원혼)아

이 시는 제목과 본문에서 세 번이나 삼천의 원혼을 찾고 있는 걸 보면 당시 임시정부에서 파악하고 있는 희생자 수는 아마 3천이었던 것 같다.

자료에 따라서는 1만도 되고 3만까지도 헤아리는 희생자가 이렇게 큰 차이로 들쭉날쭉 하는 걸 보면 저들의 야수적 만행은 참혹하다 못해 인간의 원초적 허무(虛無)를 자극하여 숫자에 대한 감각을 아예 마비시켜 버린 것은 아닌지 모르겠다.

이렇게 해서 서남북 3개 방향에서 저인망으로 훑듯이 한인들이 정착하고 살던 근거지를 모조리 휩쓸어버려 더 이상 발붙이고 살 수 없게 만들었다.

청산리대첩을 이끌었던 북로군정서의 근거지인 서대파(西大坡) 십리평(十里坪)이 일군의 손에 불태워진 이래 80여 년이 지난 지금까지 허허로운 빈터인 채 그대로 남아 있듯이 그때 입은 우리 가슴에 난 아직 채 아물지 않은 상처에는 그날의 참극을 증언하는 선명한 핏자국이 그대로 남아 있다.

워낙에 넓은 만주 땅 전역에서 일어난 일이라 일병이 사납게 할퀴고 지나간 상처를 일일이 다 발굴 조명하기란 그리 쉽지 않은 일일 것이다. 그러나 우리가 이토록 처참한 민족수난의 역사를 기억하는 것은 앞으로의 백년을 준비하기 위해 정신적 이정표(里程標)를 다시 세우는 작업이기도 하다.

7장
역사 침략의 먹구름

수운 최제우　해월 최시형　의암 손병희　우근 유자명　정화암　호계 이을규

이정규　구파 백정기　시야 김종진　허유 하기락　동원 최치영

해란강과 일송정 독립운동가들이 고향처럼 그리워하던 용정의 해란강과 일본과 중국이 번갈아
아홉 번이나 잘라내고 헐어낸 비암산 일송정 소나무.

29. 간도(間島) 그리고 간도협약

지난 2009년은 청(淸)·일(日) 간에 간도협약을 체결한 지 꼭 1백년이
되는 해였다. 앞서 한 일간지가 보도한 기사(간도문제 지금 제기 안하면
영영 중국 땅 된다. 조선일보 2004.9.13)에서 '국제법상 영토시효는 100
년, 2009년 이전에 한국영유권 천명해야 한다.' 던 바로 그 2009년이다.

역대 북진정책의 지표 윤관 9성

필자가 10년 넘게 몸 담아온 통일운동의 연장선상에서 보면 간도는 잃
어버린 땅이기도 하지만 반드시 되찾아야 할 땅이기도 하다. 물론 현실적
으로 영토수복을 하는 것이 불가능한 일이라는 것을 모르는 바 아니다.
그러나 다음 아니면 다 다음 세대에 가서라도 최소한 문제제기라도 할
수 있는 근거는 만들어 두는 것이 후손에 대한 도리가 아닌가해서다. 실제
로 독도가 역사적으로나 현실적으로 우리 영토임을 모를 리 없는 일본이
해마다 8월 15일이면 보란 듯이 독도가 자국 영토임을 주장하고 독도해역
에서 탐사활동을 벌이는 것은 훗날 후손들이 문제제기를 할 수 있는 근거
를 만들고 자료를 축적하는 데 그 목적이 있는 것이다. 사실 일본의 독도
영유권 주장에 비하면 우리의 간도영유권 주장은 그 근거가 역사성이나

타당성에 있어 못지 않게 탄탄한데도 불구하고 중국이라는 사대(事大)의 벽 앞에서 맥을 못 추는 형국이다. 실익이 없다는 이유로 문제 자체를 회피하거나 적어도 정부의 공식적인 차원에서는 입도 뻥긋하지 못하는 처지가 되어버렸다. 기껏 한다는 소리가 현재 우리 영토가 아니기 때문에 지금 당장 대응하기는 어렵고 통일 이후에나 대응하는 것이 바람직하다는 것이다. 전 북한 노동당 비서 황장엽(黃長燁, 1923~2010)은 한 강연회 자리에서 '아직 북한도 수복하지 못하고 있는데 무슨 간도타령이냐'고 했다지만 통일전략상으로 보아도 간도는 '북한 가위치기'의 한 축(軸)으로 사전 포석할 만한 가치가 충분하다고 본다.

그래서 지난해에는 민간차원에서라도 일단 이 문제를 유엔에 제기한다는 목표를 세우고 부자지간이면서 사계(斯界)의 권위인 노계현(盧啓鉉 1932년생, 전 창원대 총장), 노영돈(盧永敦, 인천대 교수)에게 협조를 의뢰하고 간도 되찾기 운동본부(본부장 육낙현(陸樂鉉))와도 횡적인 유대를 갖기로 했었는데, 필자가 지금 쓰고 있는 주제를 새롭게 선택하는 바람에 결국 당초 계획했던 UN 제기 계획은 아무런 실을 거두지 못한 채 한 해를 넘기고 말았다.

그 뒤 다행히도 2009년 한 해 내내 우리의 어깨를 짓누르던 100년 시효설(時效說)은 국제법상 근거가 없다는 주장이 힘을 얻고 있어 한 시름 놓긴 했으나, 간도란 도대체 어떤 땅이기에 우리에게 이토록 모진 시련을 안겨 주고 있는 것일까.

한민족의 역사무대 만주대륙

간도는 유문사(有文史) 이래 한민족(동이(東夷))의 역사무대였다. 단군조선으로부터 부여와 고구려 발해에 이르기까지 직접 지배해온 3천여 년은 넓은 의미의 간도, 즉 만주대륙 전역을 그 판도로 하고 있었다.

그 이후 고려 윤관(尹瓘, ?~1111)의 여진 정벌로 개척한 구성(九城)의 북 한계인 공험진(公險鎭, 영고탑(寧古塔) 부근 추정)은 우리 북진정책의 지표가 되었으며 오늘날 간도의 기준점이 되었다.

이후 만주지역을 무대로 흥망성쇠를 거듭한 여러 종족(글안·여진·몽고족)들과 연접되어 있던 우리 북계(北界)에는 명확한 국경개념이라는 것이 없었던 것 같다.

그것이 1627년(인조 5) 정묘호란을 계기로 화의(和議) 협정인 정묘약조를 통해서 '두 나라는 각기 서약(誓約)을 준수하고 각기 영토를 보전한다(각준서약(各遵誓約) 각전봉강(各全封疆))'로 나타나게 되었으며 그로부터 10년 후에 일어난 병자호란(1637)을 통해서는 보다 더 구체화된 국경 개념이 도입되었다.

노계현의 『간도 영유권 분쟁사』에 따르면 청나라 태종은 '입록강 입해처(入海處, 남반(襤盤))에서 봉황성(鳳凰城)을 거쳐 감양 변문(鹻陽邊門, 지금의 홍경 회인(懷仁))을 지나 왕청, 변문에 이르는 곳에 설책(設柵: 나무 말목을 일렬로 박은 울타리 설치)공사를 하였는데, 청나라 호부(戶部: 재정 담당)의 기록에 따르면 신계(新界)는 구계(舊界)에 비하여 50리 더 밖으로 내어 구축한 것으로 되어 있다. 이것이 이른바 유조변장(柳條邊牆)이다. 글자 그대로 유조변장은 '남은 봉황성에서 시작하여 북은 개원(開元: 감양 변문)에 이르고. 동으로는 길주(吉州) 북쪽을 거쳐 법혹합(法惑哈)에 이르는 690리에 걸쳐 버드나무를 한 줄로 심어(추류결승(棰柳結繩)) 국경으로 삼았다(이정내외(以定內外))'고 하였다.

청태종이 정묘 병자 양난을 통해서 먼저 배후인 조선을 제압하여 중원 공격에 전념할 수 있는 전략적 우위를 확보하자 그의 아들 세조(순호제(順浩帝))가 대륙을 통일하고 수도를 베이징으로 옮기게 된다.(1644)

권력의 중심이 이동하게 되자 이를 따라서 청의 본거지인 만주에 살던 만주족이 대거 중국본토로 이동하게 되고 그들이 살던 만주는 반대로 텅텅 비는 공광(空曠)지대로 남게 되었다. 그래서 만주는 지금까지 황무지로 버려졌던 이른바 새외(塞外: 만리장성의 바깥)로 불리는 땅이었다.

그 중에도 특히 백두산을 중심으로 하는 간도 일대에 봉금(封禁)지역을 설정하여 무인지대화(化)함으로써 조선과의 완충(緩衝) 역할도 동시에 보장받게 된 것이다.

봉금지대의 범위는 앞서 청이 설정한 유조변장 이남과 이서(以西), 조선쪽에서 보면 압록강과 두만강 이북의 중간지역이 될 것이다.

청(淸)대의 봉금(封禁)정책과 북한계선

1709년 청나라 성조(聖祖)의 명으로 이 일대를 조사한 일이 있는 Regis(雷考思)의 비망록에서도 '봉황성의 동방에는 조선국의 서방 분계표(分界標)가 있어 만주(후금)는 지나(支那, 중국본토)를 공격하기 앞서 조선을 정복할 때 장책(長柵)과 조선국경과의 사이에 무인지대 설치를 약정하였다.'하고 이 국경선이 도상(圖上)에 점선으로 표시되어 있다 하여 압록강과 두만강 사이에 무인지대가 있었음을 뒷받침해주고 있다.

언론인 이규태(李圭泰, 1933~2006)의 『신 열하일기 新 熱河日記』(1997)를 보면 봉금지대의 잔영(殘影)을 더듬어 볼 수 있는 대목이 나온다.

조선시대 이후 압록강과 두만강이 지리적 국경이었다고 한다면 '고려문'이라 불리는 실제 국경 구실을 한 정치적 국경의 관문이 이보다 북으로 120리나 더 들어간 곳에 있었다는 것이다.

봉황산 끝자락에 두 개의 커다란 바위로 이루어진 고려산에서 그 이름이 유래했다는 고려문은 일반적으로 책문(柵門)이라 불리는데 이는 발해만 해변에서 시작하여 대륙으로 뻗힌 2천여 리 책성(柵城)의 요소마다

뚫어 놓은 70여 개 책문 가운데 하나로 주 책문인 셈이다.

원래 중국으로 들어가는 조선 사행이 통관 수속을 하면서 기다리던 고려문 주변에는 수백에 이르는 사행들과 거래를 하던 장이 서고 이것이 다시 국경촌으로 발전하였는데 병자호란 이후에는 조선에서 잡혀온 포로들의 후예까지 합세하여 조선인을 주축으로 하는 집단촌을 형성하게 되었다는 것이다. 이것이 지금은 심양-단동 간(심단선(沈丹線) 옛 안봉선(安奉線)) 철도역(변문(邊門)역)을 중심으로 하여 어엿한 중소도시로 발전하였다는 것이다.

이름마자 바뀐 고려문

지금은 고인이 되었지만 주로 요동 지역 현지답사 중심으로 고대사 연구에 새로운 지평을 연 이형석(李炯石, 1937~2008 교육학 박사)을 따라 2006년 2월 경 고구려 때부터 중요한 전략 거점으로 역사서에 자주 등장하는 봉황산 답사 길에 이곳을 찾은 일이 있다.

원래 이 일대는 피인(彼人)이라 불리는 야인들이 혈거(穴居) 생활을 하던 곳인데 현지의 만주족은 나무로 얽은 책문이라는 뜻의 가자문(架子門)으로 불렀고 한족(漢族)은 변방에 있는 문이라 하여 변문이라 불렀다. 같은 이름의 마을과 그 표지판이 지금도 남아 있다고 하였는데 우리가 갔을 때는 고려문 표지판은 흔적조차 찾을 길이 없었다. 다만 고려산 중턱께를 기준으로 하여 뻗힌 구(舊)길의 한 중간쯤이 될 것이라고 어림잡아 짐작을 할 뿐이었다.

지난날 봉황산으로 들어가는 유일한 통로였을 이 길가에 조그만 나무 표지판 하나라도 세운다면 이곳을 찾는 한국인에게 둘도 없는 안내자가 될 터인데 일방적인 역사왜곡으로 일관하고 있는 동북공정으로 잔뜩 상기된 중국인을 설득할 길이 없다고 못내 아쉬워하던 그(이형석)의 얼굴이 좀처럼 잊혀 지지 않는다.

훨씬 후에야 안 일이지만 고려문이라는 이름이 사라진 것은 벌써 1960년대 초의 일이라고 한다. 그 전까지만 해도 고려문은 있었고 그 인근에 고려문교(高麗門橋)역까지 있었다는 사실이 동아일보(2004. 5. 21, 영토분쟁의 현장을 가다)에 의해 밝혀졌다. 이 기사에 따르면 당시 중국과 북한 사이에 조(朝) 중(中) 비밀변계(邊界)조약 체결을 앞두고 있는 민감한 시점이라 북한 측이 조선 땅이라고 주장할 개연성이 있는 지명을 모두 없애거나 바꾸었는데 이때 고려문역은 일면산(一面山)역으로 바뀌고 고려문교역은 아예 폐쇄되어버렸다는 것이다. 앞에서 조선인 집단마을인 변문 마을의 변문역이라고 한 것은 일면산역의 속칭(俗稱)이라고 한다.

백두산 정계비상의 동위토문(東爲土門) 해석문제에 집착한 나머지 청일 간도협약의 대상이었던 동북간도에만 관심이 집중된 사이, 정작 역사적으로나 현실적으로 움직일 수 없는 구체적 물증(物證)까지 갖추고 있는 서간도의 국경문제에 대해서는 너무 소홀하지 않았나하는 자성론(自省論)이 이는 이유일 것이다.

동위토문(東爲土門)의 진실은

'서위압록 (西爲鴨綠) 동위토문(東爲土門)'으로 시작되는 백두산 정계비는 한 청 간에 국경에 관한 최초이자 마지막 명문상의 약정이었다.

1712년(숙종 38 강희 51) 청 대표 목극등(穆克登, 오라총관 烏喇摠管)이 조선 측 의 박권(朴權)을 연로하다는 이유로 제쳐두고 젊은 군관들(이의복(李義復), 조대상(趙臺相))과 함께 압록 토문강의 수원(水源)을 실측하고 천지(天池) 가장자리[담반(潭畔)] 동쪽 아래[동하(東下)] 10리 지점 분수령에 세운 정계비의 정확한 위도상의 위치는 북위 42.6도 동경 128.9도 해발 2200m 상이다.

『한국의 영토』(1969)를 쓴 국제법학자 이한기(李漢基, 1917~1995)는 동위토문의 토문강에 대해서 그 명칭의 음이 두만강(豆滿江, 또는 도문강 圖們江)과의 의사성(擬似性) 때문에 후대에 이르러 한 청 간에 국경 논의의 초점이 되었다고 했는데 사실은 음의 유사성을 빌미로 해서 토문강을 두만강으로 굳히기 위한 음모이자 전략이라는 편이 옳을 것이다.

정계비 건립 후 173년 째 되는 1885년(고종 22년) 9월 30일에 열린 이른바 을유감계(乙酉勘界)회담에서 이와 같은 우려는 현실로 나타났다.

이때 국경 획정의 기준이 되는 정계비부터 먼저 조사해야 한다는 조선 측 이중하(李重夏, 1846~1917 안변부사)의 당연한 주장에 대해 청국 측의 덕옥(德玉 혼춘부도통아문파원 琿春副都統衙門派員) 등은 거꾸로 도문강(두만강)의 변계부터 먼저 조사하자고 맞섰다. 그것은 회담이라기보다는 본말이 전도(顚倒)된 순 억지였다. 그리고는 저희 측이 주도해서 세워놓은 정계비의 비문은 증거가 될 수도 있고 안 될 수도 있다는 해괴한 주장을 하면서 심지어는 비의 무게가 1백여 근밖에 되지 않음으로 능히 그 위치를 변경시킬 수 있고 또 토문강 수류를 따라 쌓은 돌무더기[석퇴(石堆)], 흙무더기[토퇴(土堆)]도 능히 이설(移設)할 수 있는 것이라며 도리어 비가 두만강 원류에 있지 아니한 것을 의심할 정도였다. 이중하는 조정에 보내는 을유 장계(狀啓)에서 이런 청측의 행태에 대해 '애초부터 그들은 정계비를 조사하는데 뜻이 있는 것이 아니고 조선 측을 자퇴(自退)케 하려는 계책을 쓰면서 억지를 부렸다.'고 말하고 있을 정도이다.

그런데 동위토문(東爲土門)하여 동으로는 강의 수류(水流)를 따라 석퇴나 토퇴가 90리나 설축(設築)되어 있고 대각봉(大角峰)의 끝에 이르러 토안(土岸: 강 양쪽의 절벽을 말함)이 마치 문과 같은 모양의 병풍을 마주 보고 친 듯 장관을 이루고 있다.(이 부분은 토문강이라는 강 이름과 직접 관련이 있는데 앞으로 나올 김노규(金魯奎, 慶源人)의 <북여요선(北輿

要選)>이나 어윤중(魚允中, 1848~1896)의 '탐계공문(探界公文)' 일제
의 측량조사에서도 똑같이 묘사되고 있다.)

반면에 두만강 상류의 여러 물줄기 중에서 토문강으로 연결되는 석퇴
와 토퇴가 가장 가깝다는 홍토수원(源)이 4~50리나 떨어져 있다면서 토
문과 두만은 전혀 관계가 없는 강임을 강조하고 있다.

이어서 열린 정해(丁亥)담판(1887 고종 24)에서 이중하는 종래의 동위
토문 주장에서 크게 후퇴하여 두만강 상류 가운데 하나인 홍토수(紅土
水) 원류 지점에 목극등이 백두산에 세운 정계비에 이은 또 하나의 정계
비를 세워 국경을 삼을 것을 제의한다.

30. 내 머리는 자를 수 있을지언정……

조선 측이 일단 물러서는 기미를 보이자 청은 이 기회다 싶어 이번에는 홍단수(紅湍水)와 서두수(西豆水)의 원류를 찾아 경계로 정할 것을 위혁적(威嚇的)으로 압박해 들어왔다. 이때 저 유명한 '내 머리는 자를 수 있을지언정 국경은 단 1촌도 축소할 수 없다.(차두가단(此頭可斷) 국토불가축(國土不可縮))'는 최후의 선언이 나오게 된 것이다.

토문강과 두만강은 동일 강이 아니다

그러나 회담은 끝내 결렬되고 만다.

이 부분에서 노계현의 <간도영유권분쟁사>는 비록 담판은 결렬되었으나 양측의 주장을 반영한 <중한 감계지도(中韓 堪界地圖)>(중조변계사(中朝邊界史) 楊昭全 孫玉梅 1993)를 통해서 이중하가 청의 협박에 못 이겨 도문강(圖們江)과 두만강(豆滿江)이 동일한 강임을 시인했으나 정계비 있는 곳에서 발원하는 토문강(土門江)과 두만강이 동일한 강이라는 데는 동의하지 않았다면서 정계비를 국경획정의 기초로 하는 종래의 주장을 버린 것은 아님을 알 수 있다고 하였다. 조청 양측 대표의 합의하에 작성했다는 이 지도 한편에는 조선이 파견한 대표가 송화강 지류인 토문강 경계를 요구하였다.(조선파원차수정계(朝鮮派員此水定界))고 적시한 화살표시가 선명하며 다른 한편에는 청이 파견한 대표가 이 강, 즉 석을수(石乙水) 경계를 요구하였다(길림파원요차수정계(吉林派員要此水定界))라고 하여 양측 주장이 서로 팽팽하게 맞서 있었음을 한눈에 알 수 있다. 이중하가 두만강 원류 중 하나인 홍토수원(水源)에 또 하나의 정계비를 세우자고 제의한 것은 '동위 토문'의 본지(本旨)를 훼손시키지 않기 위해 취한 고육지책이었던 것이다.

그러나 토문강 정계(定界) 재확인 노력은 간단없이 계속된다.

청산리 대첩을 이끌어낸 서일의 스승으로 널리 알려진 김노규(金魯奎)의 『북여요선(北興要選)』도 그 가운데 하나다. 김노규는 1883년 6월 서북경략사 어윤중(魚允中)이 북도 순유 길에 백두산 지리에 정통한 김우식(金禹軾, 종성인 을유 담판 때 수행원)을 시켜 정계비상의 토문강 원류를 찾은 결과를 청 당국에 알리는 공문[탐계공문(探界公文)]과 정계비 건립 당시 참여한 군관 이의복(李義復)의 기행문 「탐계노정고(探界路程攷)」을 통해서 토문강 답사기록을 생생하게 재생시키고 있다.

'정계비 동쪽에서 동북동 방향으로 큰 나무[대주(大株)]가 늘어서 있고 삼림이 끝나는 곳으로부터 15리에 걸쳐 돌을 쌓고[축석(築石)] 그 아래로 돌무더기[둔석(屯石)]를 15리, 돌이 끝나고 나서부터는[석진(石盡)] 이따금 흙더미[토둔(土屯)]가 있는 수목림 60여 리가 이어지고 그 끝에서 갯물[포수(浦水)]이 땅 속으로 흘러[은류(隱流)] 30여 리를 가다가 물이 밖으로 나오면서 내를 이룬다. 다시 그 아래로 문과 같은 모양의 높이 100m가 넘는 양안(兩岸)에 흙을 쌓아 올린 것처럼 아스라한 절벽이 이어져 그것이 마치 토문과 같다하여 토문강이라는 이름이 붙여졌다고 한다. 이 수류는 동북향으로 계속 흘러 140리 지점 석능(石陵)에 이르고 북증산(北甑山, 1637m)에서 발원하여 서류(西流)한 황수(黃水)와 북류(北流)

한 황구령수(黃口嶺水)와 합류, 삼강합구(三江合口)에서 더욱 북류, 송화강으로 들어간다.

일제도 '간도는 한국 땅' 주장

한편 두만강은 도문강 또는 속칭 고려강이라 하여 백두산담(潭, 즉 천지 天池) 밖에서 남쪽으로 향해 월학(越壑 또는 토문구학 土門溝壑) 유령(踰嶺 또는 長山嶺)넘어 1백여 리 지점에서 발원하는 홍토수 홍단수[하을수(下乙水)]와 만나게 되는데 특히 북증산에서 정남(正南)으로 2백여 리 흘러내려 함경도 무산에서 두만강과 합류하는 올구강(兀口江)이나 하반령(下畔嶺)에서 흘러내리는 분계강(分界江 또는 평하통수 坪下通水) 역시 두만강과는 영(嶺) 하나를 넘어야 하기 때문에 서로 통하지 않는다면서 토문 두만강 동류설(同流說)의 근거가 전혀 없다고 단정적으로 말하였다.(한국 韓國의 영토 領土, 이한기(李漢基) 1969)

2004년 9월 10일자 조선일보는 '토문강은 쑹화강(松花江)'이라는 제하(題下)에 '간도는 조선 땅' 발견 기사를 지도와 함께 싣고 있다. 이른바 <백두산 정계비 부근 수계(水系)답사도>다. 제9도라는 지도번호가 붙어 있다. 백두산을 중심으로 하여 압록강 두만강 송화강과 그 지류의 흐름을 상세히 그려놓은 것이다.

지도에는 명치(明治) 42년(서기 1909년) 10월 축척(縮尺) 40만분지 1이라고 제작연도와 방법 등을 분명하게 밝히고 있으나 작성 주체는 나타나지 않고 있다고 하였다. 이 지도를 처음 발견한 국사편찬위원회 사료조사실장(이상태(李相泰))은 이 지도가 일본 육군 참모부 특수부대에 의해 제작되었을 가능성을 조심스럽게 제기하고 있다.

그런데 알고 보니 이 지도는 청일 간에 간도협약 체결(1909. 9. 7)과 함께 폐쇄된 일제 통감부 간도출장소가 잔무 정리 중에 편찬한 간도산업

조사서(間嶋産業調査書, 1909. 3. 20) 안에 부록 형식으로 들어 있는 것이었다.

이 책 범례(凡例)에서는 문제의 지도를 직접 측량하고 작성한 2명의 기사를 밝히고 있는데 한 사람은 일본정부에서 파견한 농상무성(農商務省) 소속의 고가와(小川 당시 교토 京都제대 교수 理學박사) 기사, 다른 한 사람은 간도파출소 기사 오오타(太田 공학사)로 되어있다.

이 책 부록으로 삽입된 지도는 농업 지질 광산 등 각 산업 분야별로 작성된 것인데 제3도인 '백두산 부근 지세(地勢)약도'에서는 산세와 그 주변을 중심으로 하천을 가는 선으로 그려 넣어 토문강의 수류를 희미하나마 어느 정도 가늠할 수 있게 했다. 그런데 신문에서 본 수계도의 채색된 확대판을 머릿속으로 그리면서 제8도를 넘기고 가슴을 두근거리며 다음 장을 넘기는 순간 나는 그만 아연실색하고 말았다. 지도가 없어진 것이다. 책갈피를 자세히 살펴보니 누군가 예리한 면도날로 감쪽같이 잘라낸 흔적이 선명하게 남아 있다.

토문강 수류(水流) 밝힌 제9도(圖) 증발

지난 해 가을 한 국책기관의 도서관에서 당한 황당사(荒唐事)다.

지도(제 9도)를 따라가며 설명한 듯한 본문 제 1절 하류(河流)의 두만강과 송화강 편을 보면 이중하가 1차 담판(을유 담판) 후 조정에 올린 장계나 김노규의『북여요선』에서 설명하고 있는 내용(토문강 수류)이 별반 다를 게 없다. 단지 <간도조사서>에는 그 내용을 보다 자세하고 풍부하게 기록한 것이 다를 뿐이다. 그럴 수밖에 없는 것이 모두 다 똑같은 토문강을 보고 설명한 것이니 다를 수 없는 것은 오히려 당연한 일이다.

그 중에도 정계비에서 동북을 향해 계곡을 따라 토퇴 석퇴가 이어지면서 1리 반쯤 가다가 양안에 높이 1백m 쯤 되는 단애(斷崖, 벼랑)가 깎아

지른 듯 솟아 있다는 석문(石門) 형상의 묘사가 한결같다. 정계비상의 토문강 발원에 대한 움직일 수 없는 증거이다.

그리고 보니 지난 1997년 여름 백두산 첫 등정 때 들렀던 제자하(梯子河) 단애가 바로 그 단애일 것 같다는 생각이 들었다. 오금이 저릴 만큼 천하 만하 한 강바닥을 내려다보며 소나무를 부여잡고 서서 사진을 찍던 이 하천은 안내원 설명에 따르면 1천여 년 전 지반 침하작용에 의해 지하수가 표출된 협곡으로 지금은 경구(景區 관광지)로 지정되어 있다고 하였다.

거기에다 토문강 수류를 따라가다 보면 낯익은 지명과도 만나게 된다. 황도수(黃徒水)와 석이동수(石耳洞水) 사이에서 청산리대첩의 최대 격전지였던 마록구(馬鹿溝 어랑촌)와 만나고 삼도구·이도구·두도구 끝자락에 사방정자(四方鄧(頂)子 일명 평정산 平頂山)가 나온다. 백운평 전투 때 김좌진이 이끄는 독립군 제1제대(본대)가 배치되었던 곳이다. 그리고 그 너머로는 홍범도 부대가 마지막 전투를 벌여 승리한 고동하(古洞河)다. 이젠 지도상에 박혀있는 지명만 보아도 반만년 역사가 비롯된 성지(聖地) 사수의 결의로 빛나던 젊은 독립군 병사들의 눈망울이 겹쳐서 떠오른다.

그런데 이 지도 작성을 위한 측량 조사 작업이 햇수로는 3년이 걸렸으며 조선총독부 주도로 이루어졌음이 간도파출소장(사토 佐藤季太郎 현역 육군중좌(中佐) 중령에 해당)이 일제 통감(당시 하세가와 長谷川 통감대리)에게 직접 보낸 전보 보고로 밝혀졌다.

1907년 10월 2일자로 발송된 이 보고서(백두산 탐험 측량수의 현지 상황보고 건)에 따르면 같은 날짜로 백두산 탐험 측량 기수(技手) 2명이 무사히 돌아왔음을 알리고 그들이 탐험 측도(測度)한 내용을 다음과 같이 밝히고 있다.

'정계비와 연접(連接)되어있는 돌무더기가 끝나는 지점에서 발원하는 토문강은 송화강으로 흘러들어가는 것이 틀림없다'고 전제한 다음 '정계비에서 약 5천m 사이에는 돌무더기가 점점이 이어지다가 끝나면서 높이 약 100m의 강 언덕이 나타나는데 나선(螺旋: 소라껍질모양)의 형상으로 삼림 속을 동북으로 약 4km쯤 달리다가 나타나는 사천(沙川)이 북으로 1천m 가량 연장되다가 그 하류 약 3리 사이에서 세류(細流)를 이루고 양안(兩岸) 단애(斷崖)의 수류가 18리쯤 세차게 흐르다가 방향을 서쪽으로 틀면서 마침내 송화강으로 합류하는 것을 확인했다는 것이다.

협정체결 직전에 간도영유권 포기

간도영유권의 결정적 근거가 되는 토문강 정계 확인 작업에 이토록 심혈을 기울이던 일본이 간도협정 체결 불과 5일 전인 1909년 9월 2일자로 외상 고무라(小村 壽太郎, 1855~1911)가 조선의 소네(曾禰) 통감 앞으로 보낸 극비(極秘) 전문(간도문제에 관한 협정 요령)에서 '토문강으로 한청 양국 국경을 삼되 무산(茂山)서부터는 석을수(石乙水)로 경계를 삼는다,'는 훈령을 내린다. 이는 정해 담판 때 이중하가 '내 머리는 자를지언정 국토는 단 1촌도 내어줄 수 없다,'던 홍토수보다도 후퇴한 선이며 이는 곧 국경선의 두만강 후퇴를 의미하는 것이다.

그리고 일제는 5일 후인 9월 7일 돌연 청과 간도협정을 체결하여 전날의 훈령을 협약조문으로 현실화하게 된다. 그 제1조에 '두만강을 양국의 국경으로 하고 강원(江源) 지방에 있어서는 정계비를 기점으로 하여 석을수를 경계로 삼는다.'고 못 박아버렸다.

간도협약은 일명 동삼성(東三省 요녕, 길림, 흑룡) 육안(六案)이라고도 하는데 이른바 전(前) 5안에서 일본은 남만주 철도(安奉線 安東-奉天 간, 지금의 丹東-瀋陽 간) 개설권을 비롯하여 연길(延吉)-회령 간 철도 부설권, 무순(撫順) 연대(煙臺) 탄광 등의 개발권을 얻는 대신에 후 1안에서 청에게 간도 영유권을 인정해준 것이다. 일견 광대한 영토 할양 (割讓)의 대가치고는 일본이 너무 보잘 것 없는 이권을 받은 것처럼 보이나 일본의 노림수는 전혀 다른 데 있었다.

일제는 이들 산업 시설을 보호한다는 명목으로 병력을 해당 지역에 투입할 수 있게 됨으로써 합법적인 군사 거점의 확보가 가능하게 된 것이다.

이로서 일제는 대륙침략의 확고한 발판을 구축하게 되었으며 후에 만주일대를 석권(席捲)함으로써 간도는 말할 것도 없고 만주 전체가 그들 수중에 떨어지게 된다.

동상이몽(同床異夢)이란 아마 이런 경우를 두고 하는 말일 것이다. 일본이 아무리 간도를 우리나라 영토로 인정한다하더라도 그것은 그들의 지배권이 미치는 땅을 보다 넓게 확보하기 위한 수단이었고 한반도를 거점(據點)으로 만주에 그들의 세력을 침투시키는 전략적 교두보일 뿐이었다.

결국 일본에게 있어 간도는 대륙 침략의 한 방편에 불과했던 것이다. 보다 큰 이익을 위해서는 언제든지 버릴 수 있는 선택적 카드였다는 것이다.

간도협약 체결 1년 전까지만 해도 일제 통감부(간도출장소)는 청나라 변무독판(邊務督辦) 오록정(吳綠貞 당시 30세, 육군 중장, 일본 육사 출신)에게 간도는 한국 영토의 일부임을 통첩하고 따라서 간도 거주 한국인은 청나라 정부에 대한 납세의무가 없음을 성명하기까지 했다.

1907년 간도출장소가 설치되면서 소장으로 부임한 사이토는 지난 날 일본육사에서 오록정을 직접 가르친 스승이기도 해 사제 간에 간도문제를 놓고 한 판 승부를 벌이게 된 것이다.

문제의 성명에서 사이토는 '원래 이 지방은 소속 미정의 토지로서 결코 귀국의 영토가 아니라'고 못 박은 뒤 '그러므로 귀관이 간도를 계속 귀국의 영토라 하여 정부 간의 교섭을 무시하는 행동을 한다면 본관도 이 지방을 한국의 영토로서 (손색이 없는) 모든 시설을 다 할 것'이라고 통고하였다.

뿐만 아니라 동 파출소가 편찬한 <한국 국경문제의 연혁>이라는 문서를 통해서는 '토문강은 송화강 상류로서 두만강과 관계가 없으며 두만강이 결코 천연적인 국경일 수 없다'고 여러 조항에 걸쳐 논증하고 있다.

협정 직후 감쪽같이 사라진 정계비

간도문제에서 빼놓을 수 없는 또 한 사람의 일본인이 있다.

후일 경성제대(京城帝大) 총장이 되는 시노다(篠田治策)다. 그는 당시 동경제대 교수 신분으로 간도파출소 촉탁으로 근무하면서 간도문제의 실무를 익히고 30여 년 연구 끝에 이 분야의 대가가 된 사람이다.

철저한 현지 조사를 통해 간도문제의 본질을 파악하고 조선 청국 간에 오간 조회문(照會文), 복조문(覆照文 반박문) 그리고 간도문제와 관련되는 청국의 많은 기록과 문헌, 조선왕조실록 등에 이르기까지 광범위한 자료를 섭렵(涉獵)한 끝에 그 역사적 사실의 실체를 밝혀 낸 시노다는 학자적인 양심에 입각해서 '간도는 조선 땅이어야 공평타당하다'는 결론을 내리기에 이른다. 간도문제를 총정리한 그의 역저 『백두산 정계비』(1938)가 나오게 된 이유이자 배경이기도 하다.

이 책 자서(自序)에서 시노다는 한·청, 일·청 양국 사이에 전 후 28년간에 걸쳐 국경 쟁의의 원인이 된 정계비가 1931년 7월 28일~29일 아침 사이에 감쪽같이 사라졌다고 적고 있다. 일단의 일본인 등산대가 전날(7월 28일) 아침 9시 반쯤 백두산 등정 길에 정계비 소재지에서 잠시 휴식을 취할 때만 해도 정계비는 엄연히 서 있었는데 이튿날 아침 다시 정계비가 있는 곳에 이르렀을 때는 이미 누군가에 의해 철거된 후였고 그 자리에는 귀부(龜趺, 대석 臺石)만이 덩그렇게 남아 있었다고 한다. 그리고 그 옆에는 '백두산 등산로'라고 새긴 나무 표목(標木)이 대신 서 있었다고 한다.

일제가 우리나라를 사실상 병탄(併呑)한 을사(乙巳) 늑약(1905)이 무효라고 하는 것은 저들이 강제로 체결한 조약이라는 이유 때문만은 아니다.

그리고 우리의 일방적인 주장만도 아니라는 뜻이다.

일찍이 2차 대전 종료 2년 전에 있었던 카이로 선언(1943)에서 연합국 정상들이 한국의 독립과 만주 대만의 원상회복(중국 반환)을 결의하였으며 포츠담 회담(1945)에서는 이의 이행을 재확인 한 바 있다. 그리고 샌프란시스코 강화조약(1951. 9. 8)에서 이를 추인(追認)함으로써 전후 처리 문제는 일단락을 짓게 된다.

거기에다 1963년 유엔에서는 강압에 의한 모든 조약은 무효임을 선언하고 그 대표적인 사례로 을사늑약을 꼽고 있다.

따라서 간도협약은 일본이 우리나라 외교권을 박탈한 을사늑약에 의거, 한국을 대신하여 체결한 조약이기 때문에 그 선행조약(을사늑약)이 무효인 이상, 그 후에 체결된 조약(간도협약)은 당연히 무효일 수밖에 없다. 이는 민법상의 무자격자와 체결한 계약이 원인무효가 되는 것과 같은 법리(法理)이다.

또한 중일 평화조약(1952. 4.28, 타이페이 臺北서 서명) 제4조에서 태평양전쟁이 발발한 1941년 12월 9일 이전에 체결한 모든 조약과 협약 및 협정을 무효화함으로써 1909년에 체결한 간도 협약은 무효가 되었으며 법문(法文)대로라면 간도영유권은 유엔이 승인한 한반도의 유일 합법정부인 대한민국에 반환되었어야 마땅하다 할 것이다.

그 당시는 불행히도 6·25 전쟁 중이었기 때문에 경황이 없었다손 치더라도 이후 40년간 우리는 간도문제에 대해 일언반구도 문제 제기를 한적이 없다. 간도는 잃어버린 땅이면서 잊혀진 망각의 땅이 되어버린 것이다.

간도협약 무효를 중국정부에 통보할 경우, 경제적 불이익을 우려한 나머지 우리 정부는 지금까지 헌법에 명시된 국토보전의 의무를 저버린 결과가 된 것이다.

'독도는 일본의 영토이다. 한국이 독도를 불법점유하고 있다'고 매년한 번씩 외교문서를 보내고 주기적으로 독도 주변 해역의 탐사를 한 해도거르지 않는다는 일본의 대응과는 대조적이다.

변계(邊界)조약으로 백두산 천지 분할

정부 차원에서는 지난 2004년 10월 당시 외교통상부 장관이었던 반기문(潘基文, 현 유엔 사무총장)의 '간도협약은 법리상 무효이다. 그러나간도 협약문제와 영유권 문제는 분리해서 접근해야 한다'는 발언이 아마유일한 것 같다.

한편 국회 차원에서는 1983년과 1992년 두 차례 당시 민자당 국회의원김영광(金永光, 1931년생)외 64인이 연명으로 '백두산 영유권에 관한 결의안'을 제출했으나 채택되지는 않았다. 이때는 아직 1962년에 체결된 백두산과 천지를 분할하는 소위 북중 변계(邊界)조약은 알려지지 않았었고'중공이 6·25 참전 대가로 백두산과 천지 일부(250km²) 할양(割讓)을 북한에 요구하였다'는 기사 (인도 New Bhart Times, 1965. 7. 14) 등으로추측만이 무성할 때였다.

변계조약이 알려진 것은 2000년, 후에 노무현 정부에서 통일부장관을역임한 이종석(李種奭, 당시 세종연구소 연구원)에 의해 공개되면서 부터였다.

백두산 15개 봉우리 중 5개와 7개, 천지 65%와 45%를 북한과 중국이 각각 분할하였다는 변계조약의 체결 내막에 대해서는 황장엽(黃長燁) 전 노동당 비서의 증언이 결정적이었다.

그는 2006년 11월 23일 서울의 기독교 100주년 기념관에서 열린 국회 인권포럼에 초청 강사로 나와 이 협정의 숨은 이야기를 털어 놓았다.

그가 1958년 김일성을 수행하여 중국을 방문했을 때 백두산을 중국영 토로 표시한 벽걸이 지도를 발견, 이 보고를 들은 김일성이 당시 총리 주은래(周恩來 1896~1976)에게 '조선(북)의 국장(國章)에 백두산 천지 가 들어가 있는데 중국에 다 넘겨주면 국장을 바꿔야 한다'고 강력 항의 하여 천지의 절반 분할을 제의한 끝에 변계조약을 맺게 된 것이라고 한다.

이 조약에 따라 획정된 국경선은 종래 중국 측이 주장했던 홍단수(紅湍 水)나 간도협약 시 일제가 넘겨준 석을수(石乙水)보다도 훨씬 북쪽인 홍 토수(紅土水)다. 정해담판 때 이중하가 '내목은 자를지언정 내어줄 수 없 다'고 끝까지 버틴 마지노선이기도 하다. 이로서 간도협약 때의 석을수 보다 국토의 면적이 280평방Km 정도(전남 강진군 넓이에 해당) 확장되었 다고 한다. 이것이 '김일성이가 백두산을 팔아먹었다'던 일설(一說)의 진 실이다.

홍토수로부터 비류봉 아래 백두산 천지 동쪽 끝 분할선(6호 비)까지 모두 21개의 경계비를 세워 국경선을 그었는데 5호 비가 천지를 가로지른 건너 편 청석봉(2626m)과 마천우(麻天隅) 사이 서쪽 분할선 상에 세워져 있다. 필자가 지난 1997년 여름 백두산 첫 등정 시에 착잡한 심정으로 바라보던 바로 그 국경 비다. 이때 남긴 <백두산 등정기> 를 보면 지금도 가슴이 시리다.

마름쇠 울 위의 금지월계(禁止越界) 팻말

'녹 쓴 마름쇠 울로 연결된 조선 중국 국경표지석(4각 시멘트조(造) 높이 1m 20cm쯤)이 바로 천지가 내려다보이는 등그스름한 대지(臺地) 위에 박혀있음을 발견하고는 갑자기 온몸이 얼어붙는 것 같은 전율(戰慄)을 느꼈다. 빨간 페인트 글씨로 '禁止越界'라고 쓴 낡은 양(洋)철판 팻말이 천지 쪽으로 굴렁쇠처럼 몇 바퀴 감고 돌아가는 마름쇠 울 끝에서 우리 쪽을 향해 보란 듯이 버티고 서 있는 살풍경(殺風景)을 연출하고 있었다.

이처럼 허술한 '국경선'을 평상시에는 중국 군인들이 지키고 서서 출입을 통제한다는데 이날(8월 15일)따라 경축일(중국에서는 노인절)이어서 그런지 군인들이 안 나타나자 국경표지석 언저리는 삽시간에 관광객들의 사진 촬영장으로 변해버리고 말았다.'

정작 간도협약 무효 결의안이 국회에 제출된 것은 이보다 훨씬 후의 일이다.

2004년 2월 7일과 9월 3일에 간도협약 원천적 무효결의안을 당시 열린 우리당 의원 김원웅(金元雄, 1944년생)외 18인과 58인 명의로 각각 제출하였으나 불발로 그치고 2009년 8월 28일에 자유 선진당 의원 이명수(1955년 생)외 49인 명의로 같은 이름의 결의안이 제출되었으나 역시 채택되지 않았다.

앞에서 말한 것처럼 이 무렵 신문에 보도된 영유권 주장 100년 유효설에 자극받아 그나마 무효발의를 하게 된 것이다. 국제법상 근거가 없다는 반론이 힘을 얻고 있기는 하나 간도협약 체결 100년이 되는 2009년의 결의는 이 해가 지나면 영영 발의(發議)조차 할 수 없다는 절박감이 묻어난다.

민간 주도로 IJC에 극적 제소

이처럼 정부는 손을 놓고 있고 국회는 국회대로 헛바퀴만 돌리고 있을 무렵 이를 보다 못한 민간인들이 민족회의 통일준비정부(Korean national council the united preparatory government)라는 임시정부를 구성, 이준(李儁) 열사가 순국한 비원의 땅 네덜란드 헤이그까지 날아가 국제사법제판소(IJC)에 중국을 상대로 간도반환 청구소송을 제기한 사실이 뒤늦게 밝혀졌다.

김영기(金永祺, 1957년생) 등 2명의 통일준비정부 대표는 간도협약 체결(1909.9.4) 100년을 불과 3일 앞둔 2009년 9월 1일 마치 기적을 일궈내듯 소장을 접수시키는 데 성공했다. 여기서 기적이라고 하는 것은 소송서류 주체의 자격 요건이 하나의 국가와 유엔 회원국으로 국한되어 있는데도 불구하고 그 원천적인 장벽을 뚫고 일을 성사시켰기 때문이다. 김영기 등은 통일준비정부를 남북한의 통일국가를 지향하는 과도기 정부로서의 국가체(state)로 명명하고 남북한이 유엔에 가입되어 있으므로 통일 준비정부 또한 넓은 의미의 유엔 회원국 자격이 있다고 주장했다.

그중에도 특히 간도문제는 민족주권의 차원에서 대단히 중요한 사안이기 때문에 임시로 정부(남북연합)를 구성해서 소송서류를 직접 들고 왔다는 설명을 그들(국제사법제판소)이 받아들인 것이다. 헤이그 평화궁 안에 있는 사법재판소로 들어가는 모든 우편물은 정문수위실 내의 우체통에 넣어서 보내게 되어있는데 그마저도 외교사절만이 넣을 수 있도록 제한되어 있기 때문에 NGO 단체 등의 일반우편물은 설사 넣는다 해도 분류과정에서 모두 적발 폐기되기 마련이라는 것이다. 이처럼 이중 삼중의 스크린 작업으로 철저하게 봉쇄되어 있는 평화궁 정문을 통일준비정부 대표들은 민족 주권의 중요하고도 긴급한 사항임을 설득하여 통과할 수 있었다는 것이다. 이렇게 해서 사법재판소의 관례상으로는 극히 이례적으로 직접 대면 전달을 했는데도 소송 서류를 수령했다는 확인 사인(꾸베르 couveur 사무처장의 비서 스잔나 Susanna의)까지 받아내는 데 성공한 사실이 9월 5일자 뉴시스(Newsis) 통신에 뉴욕발로 보도되었다.

이로서 간도가 영토분쟁 지역임을 중국과 전 세계에 알리는 계기를 마련하게 되었는데 이 소송에서는 1. 이른바 을사 보호조약의 내용과 부당성을 지적하고 2. 중국의 간도 불법 점유 사실 3. 중국의 간도반환과 간도협약을 체결한 중국과 일본의 손해 배상을 요구하고 있다.

통일준비정부는 일견 남북의 두 정부 위에 군림하는 옥상옥(屋上屋)격인 존재로 비치기 쉽다. 그러나 이 정부는 보통국가의 3대 구성요소 가운데 하나인 국민의 주권 대신 민족주권을 내세워 남북한 외에도 몽골을 고조선시대의 북방을 이룬 우리 민족으로 보고 포함시켰으며 연변 자치주의 조선족까지 동북아 일대를 아우르는 범한민족 화합체로 규정하고 있다.

통일준비정부는 2009년 7월 17일 제헌절을 기하여 제헌의회격인 민족회의를 구성, 그해 8월 15일에는 33인의 원로 주석단을 선출하고 임정(臨政)의 맥을 이은 전 광복회 회장 김우전(金祐銓, 1922년생)을 비롯한 7인의 상임주석단을 구성하여 정부를 이끌도록 위임하였다.

'간도는 우리 땅' 주장은 허구(虛構)?

발로 뛰는 지리학자 이형석(李炯石)의 학문적 업적이나 성실한 연구 자세에는 누구나 혀를 내두를 정도로 감탄한다. 나도 그의 열렬한 팬 가운데 한 사람이다. 2009년 2 월, 그가 작고하기 1개월 전에 열린 출판기념회 《고조선 신화에서 역사로》에서 나는 서슴지 않고 그를 제2의 고산자(古山子, 김정호 金正浩)로 명명하고 일제가 소위 조선사편수회를 통해서 조직적으로 말살한 단군조선을 80여 년 만에 되살려낸 역사 지리학자로 소개하기도 했었다.

그는 병석에 누워서도 마음은 만주 벌판을 달리고 있었다. 역시 지난해 정초, 동호인들이 마포 그의 집을 찾았을 때 그는 고조선 발상지인 요동 답사계획을 전과 다름없이 의욕적으로 발표할 만큼 한마디로 고조선에 '미친'사람이었다.

필자는 그런 그가 너무도 좋았고 마치 자석에 끌린 듯 그가 가는 곳이면 어디든 가리지 않고 쫓아다니게 되었다. 그런데 단 한 가지 간도문제에서 만은 그와 뜻이 갈렸다.

'간도는 우리 땅 주장'은 허구라는 그의 말(정확히 말해서 그것은 폭탄 선언이나 다름 없었다) 한마디에 나는 이론 이전에 말도 안 되는 소리 말라'고 냉갈령을 해버렸다. 설익은 애국심이 자신도 모르는 사이에 발동한 것인지도 모른다. 그래서 그가 보라고 던져 주고 간 자료를 떠들어볼 생각도 하지 않은 체 묻어두고 있다가 이번에 이 글을 쓰면서 비로소 열어보고 날벼락을 얻어맞은 것 같은 충격을 받게 되었다.

한편, 한국일보(2006.9.19일자 칼럼, 토문강의 진실)는 '토문은 송화강의 줄기이며 두만강과 다르다는 것은 구한말 이래로 우리의 상식이자 믿음인데, 송화강 지류인 토문강을 동쪽 국경으로 삼는다면 우리의 국경은 북쪽으로 부채 살처럼 한 없이 열린 모양이 되어서 연해주까지 연장된다면서 한반도보다 더 넓은 이 광대한 지역을 당시 조정에서 과연 영토로 인식했을 수가 있었을까'고 이형석의 주장을 뒷받침해주고 있었다.

조선왕조실록의 진실

전에도 한 발표회 자리에서 6.25 전쟁 지원의 대가로 백두산을 중국에 팔아먹은 장본인으로 알려져 있는 김일성이 사실은 중국과 변계(邊界)

조약을 체결하여 오히려 영토를 강진군(전남) 넓이만큼 늘렸다는 말을 했다가 공산당으로 몰려 곤욕을 치른 적이 있다는 그가 간도문제의 통설을 뒤집는 증거로 내세운 것은 다름 아닌 조선왕조실록이었다.

백두산 정계비를 세울 당시 조선 측 대표였던 접반사 박권(朴權,1658-1715)과 함경감사 이선보(李善溥,1646-1721), 북평사 홍치중(洪致中,1667-1732) 등의 장계를 중심으로 청나라 대표 목극등(穆克登)이 정계비 상의 동위토문(東爲土門)의 토문강 수류를 잘못짚어 두만강의 원류로 오인한 경위를 마치 현장검증 하듯 수류를 다시 답사한 한 지방관(거산찰방 허량 許樑)의 입을 빌어 세세하게 밝히고 있다.

숙종 38년(1712) 5월23일자로 정계비 건립당시 동행하지도 않은 접반사 박권이 정계비 건립 직후에 올린 장계에 따르면 '총관(목극등)이 백산(백두산) 산마루에 올라 살펴보았더니 압록강의 근원은 백두산의 동변(東邊) 가장 낮은 곳에서 한 갈래 물줄기가 동쪽으로 흘렀습니다.' 총관이 이를 가리켜 두만강의 근원이라 하고 말하기를 "이 물이 하나는 동쪽으로 하나는 서쪽으로 흘러서 두 강으로 나뉘었으니 분수령으로 일컫는 것이 좋겠다."하고 고개 위에 비를 세우고자 하였다.(숙종실록 제 51 권)"

이 장계대로라면 청나라 대표 목극등에게는 처음부터 토문강과 두만강이 하나의 강으로 인식되고 있었다는 이야기가 된다.

'백두산 정계의 일과 청나라 총관의 호의(好意)'를 다루고 있는 두 번째 장계(같은 해 6월 4일자)에서는(전략) '압록강과 토문강 두 강이 모두 백두산의 근저(根底)로부터 발원하여 강 남 쪽이 조선의 경계가 된지 역년(歷年)이 이미 오래 되었다.'라고 하는 것은 피차의 경계를 논단함이 지극히 명백하기 때문에 뒷날의 염려가 없다는 것을 강조하는 것이다.

이어서 이선보(李善溥)와 함께 또 봉계(封啓)하기를 '이달 1일에 총관이 20 리 남짓 되는 두리산(豆里山)으로 달려가 산마루에 올라 두만강이 바다로 들어가는 곳을 바라보고 그 일행 중의 화공에게 형상을 그리게한 뒤 즉시 길을 되돌려서 경원부로 돌아왔다.'는 내용이다. 그리고 나머지 대부분을 청나라 목극등이 조선대표에게 베풀어준 대국의 호의에 대해 감사하고 칭송하는 데 할애하고 있다.

그러니까 목극등이 토문강으로 잘못 안 두만강의 수원에서부터 바다로 들어가는 입해처(入海處)까지 마치 말뚝을 박는 식으로 앞으로 확정될 국경선을 미리 확인했다는 예기다.

'백두산 정계비 잘못 세워졌다' 상소도

같은 해 12월(7일)에는 정계비 건립 당시 북평사로 참여했던 겸문학(兼文學) 홍치중(洪致中)이 '백두산정계비가 잘못 세워진 것'에 대한 상소를 올렸다.

그는 북관(北關, 함경도 지방, 즉 북평사 재임 시)에 있을 때 정계비의 입비처를 먼저 살펴보았는데, 동쪽 진장산(眞長山) 안에서 나와 합쳐져서 두만강으로 유입되는 물줄기를 모두 네 갈래로 분류하였다.(중략) 그 중 가장 동쪽의 첫 번째 갈래는 수원이 조금 짧은 대신 두 번째 갈래와 거리가 가장 가깝기 때문에 하류에서 두 번째 갈래로 흘러들어 두만강의 최초의 원류가 된다는 것이다.

목극등이 이 물줄기를 가리키며 '강의 원류가 땅 속으로 들어가 복류(伏流)하다가 도로 솟아나는 물'이라고 했는데 이는 첫 번째 갈래의 북쪽 10여 리 밖 사봉(沙峰) 밑을 말하는 것이다. 당초에 목극등이 백두산에서 내려와 수원을 두루 찾을 때 이 지역에 이르러 말을 멈추고, '이것이 곧 토문강의 근원'이라고 말하고 다시 그 하류를 찾아보지도 않고 육지로 해서 길을 떠났다는 것이다.

두 번째 갈래에 와서 첫 번째 갈래가 흘러와 합쳐지는 것을 보고 '그

물이 과연 여기 와서 합쳐지니 그것이 토문강의 원류임이 명백하고 확실하여 의심의 여지가 없다'면서 이것으로 경계를 정한다고 했다는 것이다.

그런데 목극등이 두만강의 수원이라고 자신만만하게 지칭한 이 지점에서 허량(許樑)과 박도상(朴道常 나난 羅煐 만호) 등 두 차원(差員 수행원)을 시켜 수류를 답사한 결과 '흐름을 따라 거의 30리를 가니 이 물의 하류는 또 북쪽에서 내려오는 딴 물과 합쳐 점점 동북으로 향해 갔고, 종국에는 송화강으로 유입되는 토문강의 본류임이 밝혀진 것이다. 목극등은 단지 '물이 도로 나오는 곳'과 첫 번째 갈래, 두 번째 갈래가 합쳐져 흐르는 것만 보았을 뿐이고, 일찍이 물을 따라 내려가 끝까지 흘러가는 곳을 찾아보지 않았기 때문에 그가 본 물은 딴 곳을 향해 흘러가고 중간에 또 첫 번째 갈래가 두 번째 갈래로 흘러와 합해지는 것을 알지 못하여 그가 본 물줄기가 두만강으로 흘러들어가는 줄로만 알았다는 것이다.

홍치중은 이를 '진실로 경솔한 소치'에서 나온 과오라고 지적하면서 이의 시정을 촉구한 것이다. 조선 측 대표가 청나라 대표의 과오를 들먹이면서까지 제나라 영토의 포기를, 그것도 아주 당당하게 주장하고 나선 것이다. 이런 경우를 두고 희극이라고 해야 할 지 비극이라고 해야 할 지 선뜻 감이 잡히지 않는다.

'당시 조정공론은 두만강 수원(水源)'

목극등은 애초에 박권과 이선보 등 조선 측 대표들이 연로하다하여 백두산 탐사 때 이들을 빼고 이의복(李義復)등 젊은 군관들을 데리고 가 정계비 비문에도 이들 이름만 새겨 넣었다. 이에 대해 진태하(陳泰夏 명지대 교수)는 '백두산'(한국 민족문화대백과, 1990)이라는 글에서 '그들의 무책임은 천추(千秋)의 지탄을 받아 마땅하다'고 까지 힐난(詰難)하고 있다. 그때나 지금이나 이보다 더 앞설 수 없는 국경을 정하는 국가중대사에 명색이 대표라는 사람들이 참여하지 않았으니 변명의 여지가 있겠는가. 옛 속담에 '남대문 안 가 본 놈이 간 놈보다 오히려 큰소리는 더 친다'더니 그들을 대신해서 목극동과 함께 정계비를 세우고 기행문까지 남긴 군관(이의복)의 증언은 어디로 가고 가보지도 않은 박권이 정사랍시고 상대(청나라)편의 주장을 대변하는 모양새가 되고 만 것이다.

이때 제일 연로한 이선보가 66세였고 박권이 51세, 홍치중이 45세였다. 그 당시 평균 연령으로 보아 결코 적은 나이는 아니나 박권은 후에 호조(戶曹)와 공조(工曹)를 뺀 4조 판서를 두루 역임한 인재였고 홍치중은 영조 조에서 노소(老少) 탕평(蕩平 인물을 불편부당하게 고루 써서 당쟁을 없애는 정책)으로 연합정권을 세워 영의정에까지 오른 인물이었다. 이처럼 인물됨을 비교적 소상하게 소개하는 이유는 비록 그들이 탐사작업에 참여하지 않아 비난을 받는다 하더라도 적어도 맡겨진 일의 본질을 흐려가면서 까지 자신의 나라에 피해를 주기까지야 하겠느냐는 마지막 양심에 거는 한 가닥 희망이 남아 있었기 때문이다.

그러나 토문강의 수류를 끝까지 답사하여 기행문을 남긴 이의복의 주장이 조정의 공론인 두만강 수원(水源)과는 배치(背馳 반대로 되어 어긋남)되기 때문에 증언채택에서 제외되었을 거라는 것은 당시의 엄격한 신분 제도상 불을 보듯 뻔한 사실 이상의 진실이라고 밖에 볼 수 없다.

그렇다면 이형석이 직접증거로 내세우고 있는 왕조실록의 신뢰도에 문제가 있다는 것인데, 그것은 역시 승자(지배세력)의 기록일 수밖에 없다는 한계를 안고 있다는 말이다.

그러나 다행스럽게도 <북여요선>에 이의복의 수류탐사 기행문 내용이 사실 그대로 실리게 되었고 바로 그(저자 김노경) 가르침을 받은 청산리 대첩의 영웅 서일의 구강(舊疆)의식도 이에서 비롯되고 있다는 역사의 진실 앞에 무슨 말을 더 보태고 뺄 수 있겠는가. 아이러니컬하게도 발로

뛰는 역사지리학자 이형석이 넘지 못한 문헌 사학의 벽을 실감할 수 있는
대목이다.

31. 중국의 두 얼굴, 동북공정(東北工程)

"역사를 기록하기 시작하여 제국주의 침략으로 일시 중단될 때까지 3~4천 년 동안 한중 두 나라와 민족관계에 대한 역사학의 일부 기록은 진실에 그다지 부합되지 않는다. 이것은 중국 역사학자들이 대국주의 대국 쇼비니즘의 관점에서 역사를 서술한 것이 주요원인이다.

조선민족이 조선반도와 동북아대륙에 진출한 이후 오랫동안 거기서 살아왔다는 것은 요하와 송화강 도문강 등 유역에 조선민족의 발자취가 남아있으며 여기서 발굴된 문물 비문 등에 의해서 증명이 되고 있다. 뿐만 아니라 고구려의 역사는 물론 발해의 역사까지도 조선의 역사였다."

'자기 역사 스스로 지키라' 경고

지난 1963년 6월 28일 중국총리(초대) 주은래(周恩來, 1898~1976)는 북한의 조선과학원 대표단을 접견한 자리에서 마치 중국학자들에 의한 지금의 고구려사 왜곡사태를 미리 예견이라도 한 듯 자신의 사관을 이렇게 거침없이 털어놓았다.

그리고 북한대표단과의 면담을 마치면서 이렇게 당부했다고 한다.

'나는 여러분이 중국 · 조선 관계사 문제에 대해 연구하면서 우리의 잘못을 지적해 주기를 바라고 있습니다. 지금 이 시기의 관건(關鍵)은 연구하는 데 있습니다. 배워서 통하지 않으면 손해입니다.'라고.

하늘은 스스로 돕는 자를 돕는다는 격언을 연상케 하는 이 말은 결국 역사연구를 게을리 할 경우 자기 역사를 지킬 수 없다는 사실을 경고한 거나 다름이 없다. 그로부터 40년, 주은래가 말한 그대로 중국은 지금 그들 나름(중심)의 역사를 다시 쓰고 있다. 가히 지각변동(地殼變動)이라고 이를 만한 사태다. 이 지진의 여파로 동서남북 국경을 맞대고 있는 이웃나라들이 전전긍긍하고 있다. 특히 우리나라 같은 경우는 뿌리 채 흔들리는 함몰의 위기에 처해 있다. 그럴 수밖에 없는 것이 그들은 역사를 단지 축소 왜곡하는데 그치지 아니하고, 아예 한민족의 존립 근거 자체를 말살하고 있는 중이다.

일제의 식민 사관으로 가뜩이나 상처투성이가 된 우리 역사의 수난은 언제 어디까지 계속될 것인지 지금으로서는 그 끝을 가늠하기조차 어려운 상황이다.

옛 속담 그대로 여우 굴을 피해 호랑이굴을 만난 격이다.

그런데 이토록 치열한 역사전쟁의 중심에는 한·중·일·러의 이해가 상충하는 간도(間島) 문제가 도사리고 있다는 사실에서 얻는 시사점이 적지 않다.

여기서 제기되는 간도문제는 단순히 이 지역의 영유권문제에 국한되는 것이 아니다. 이 지역 일대에 사는 조선족의 생존권문제나 향후 그들의 거취문제 뿐만 아니라 중국 동북지역 통치에 큰 영향을 미칠 수 있는 소수민족정책과도 밀접하게 연계되어 있다.

동북공정의 핵심은 간도공정?

이 문제는 또한 북한의 정세불안과 동요, 그에 따른 탈북자의 처리문제와 맞물리면서 매우 민감한 정치외교 안보적 현안(懸案)으로 떠오르기 시작한 것이다.

동북공정의 핵심을 '간도공정'이라고 평가하는 이유가 바로 여기에 있다.(『중국의 동북공정과 한국고대사 왜곡』, 박대제, 2007)

동북공정을 한말로 정리하자면 현재까지 중국영토 안에서 일어난 역사는 모두 중국의 역사로 인식한다는 이른바 '통일적 다민족국가론'에 의거하여 동북지방의 고대 민족사를 해석하려는 견해라고 할 수 있다.

다시 말해서 중국은 2천여 년 전부터 통일적 다민족 봉건국가를 형성하였기 때문에 주변 소수민족들은 다민족 국가의 구성원으로서 중원의 왕조를 중심으로 하는 하나의 역사체계로 편입될 수밖에 없고 그 연장선 위에서 중앙과 지방정권의 관계로 규정된다는 논리다.

이런 논리의 바탕위에서 동북공정의 첫 대상으로 선택된 발해는 그 종족 구성상 한민족과의 친연성(親緣性)이나 정체성이 가장 취약하다고 보았기 때문이다.

발해를 중국사의 일부로 인식하기 시작한 1980년대 초까지만 해도 고구려는 중국의 동북지역에 존재했던 독자적인 문화를 가진 고대국가의 하나로 백제 신라와 더불어 삼국을 이루는 한국사에 속하는 나라로 보았다. 이는 대체적으로 객관적인 평가로서 우리의 주장과도 부합되는 1980년대 후반 이전의 고구려관이다.

중국사회과학원이 발행한 『중국북방민족관계사』(북경, 1987)라든가 인민출판사 발행의 『중국사고 史庫』(북경, 1982) 등 중국의 공식적인 입장을 반영한 사관(史觀)이라고 할 수 있다.

거기에다 대만에서 발행된 『중국통사』(대북, 1979)도 이 계열에 포함된다.

그 다음이 이른바 양사(兩史) 겸용(설)시기다. 중국의 지성(知性)을 대표하는 세계적인 작가이자 학자 곽말약(郭沫若, 1892~1978, 중국과학원 원장)이『중국고대사의 연구』에서 주장한 것이다.

즉 고구려의 평양천도(AD 427) 전후를 기준으로 해서 천도 전(BC 37~AD 427)은 중국고대의 소수민족 정권으로 보고 천도 후(427~668)는 한국고대국가라는 입장이다.

마지막이 최근 들어 주장하는 요동에서 한반도 북부(한강 이북)까지 고구려의 영역으로 역시 중국에 모두 귀속된다는 주장이다. 다시 말해서 평양 천도 후의 고구려까지도 중국의 지방정권으로 중국사에 편입된다는 뜻이다.

우리 고대사 3천년을 앗아가

그들은 이 같은 논리의 연계 고리의 한 가닥을 고조선에다 걸어놓고 위아래(발해)로 끌고 당겨 우리의 고대사 3천년을 송두리째 앗아가려하고 있다.

즉 고구려는 고대 중국의 지방정권이었던 고조선의 후국(侯國 제후국)으로서 고조선을 계승했기 때문에 그 영역은 태생적으로 중국에 귀속될 수밖에 없다는 속된말로 엿장수 계산법까지 동원하여 '내 것은 원래 내 것이고 네 것도 내 것'이라는 식이다. 자존망대(自尊妄大)인가. 아니면 치졸(稚拙)의 극치인가. 그들은 삼척동자도 다 아는 사실을 눈과 귀를 막고 일방통행으로 밀어붙이고 있는 것이다.

고대국가 중에서 가장 강력했던 고구려를 공략함으로써 위로는 고조선을 아래로는 발해를 동시에 역(逆) 샌드위치 전법으로 무너뜨리는 일거양득을 노리고 있다. 고구려라는 중간 벽돌을 빼냄으로써 위아래뿐 아니라 중간 벽돌까지 담 전체를 무너뜨리는 삼중효과를 노린 기막힌 포석이다.

그들의 역사 변조 파괴수법은 이렇듯 교묘하다 못해 놀랍기까지 하다.

그러나 역사를 아무리 변조, 파괴한다 해도 흔적은 남는 법인데 그들은 그것조차 남기지 않으려고 아예 날조하거나 말살해버린다. 마치 완전범죄를 노리는 살인범처럼.

이와 같은 수법으로 동북지역에 존재했던 고조선과 고구려 발해의 역사를 중국사와 연계시키면서 우리와는 전혀 관련이 없는 중국의 변방 약소민족으로 전락시켜버렸다. 따라서 이 지역에 존재했던 국가들을 구성하고 지배한 종족들은 모두 한(漢)족으로 동화되어 오늘날의 한국민족과는 상관이 없는 종족이라고 그 족원(族源) 자체를 왜곡시키고 있는 것이다.

일찍이 주은래가 중국 사가들이 한민족의 정체성을 희석(稀釋)시키기 위해 거론했다고 비판한 적이 있는 이미 오래 전에 폐기된 역사인 기자동래설(箕子東來說)을 다시 끄집어내 종족의 원류를 고의적으로 흐리는가 하면 심지어는 위작(僞作)으로 판명된 일서(逸書: 복생 伏生이 전하였다고 하는 고문상서 古文尙書)라는 고서에 등장하는 고이(高夷)를 고구려의 선인(先人)이라고 어설프기 짝이 없는 조작극까지 벌이고 있다

이 거대한 음모의 중심에는 통일한국 이후에 반드시 들고 나올 가능성이 높은 간도분쟁의 문제제기를 사전에 차단하려는 강력한 의도가 숨겨져 있다는 것이다.

때로는 무모하리만치 우직한 방법도 동원한다. 목적을 이루기 위해 수단과 방법을 가리지 않는 공산당 식 속성 그대로 막무가내 투쟁방법이 여기서도 힘을 발휘하는 것 같다.

바로 어제까지도 중화(中華)의 정통성에 도전한 악(惡)의 화신이었던 치우(蚩尤)를 눈 하나 꿈쩍 않고 자신들의 조상으로 받아들이는 환부역조(換父易祖: 아버지와 조상을 바꿈)의 역발상(逆發想) 말이다.

고구려 유적 접근조차 못하게

1997년 가을 옛 고구려 서울 집안(輯安: 현재의 集安)을 처음 답사할 때만해도 고분벽화의 관람은 물론 사진촬영까지도 허용했다. 그런데 3년 후(2000년)에 다시 찾았을 때는 고분벽화는 관람조차 허용되지 않았다.

환도(丸都) 산성 아래 아늑한 개활지(開豁地) 일대에 조성되어 있는 고구려 특유의 적석총 밀집지역을 답사했는데 이마저 촬영은 못하게 안내원이 감시의 눈을 번득이고 있었다. 그저 눈으로 보고만 가라는 것이다.

그리고 얼마쯤 세월이 흐른 2006년 단동(丹東: 옛 안동 安東)을 통해서 들어갔을 때는 고구려 유적은 아예 접근조차 할 수 없도록 봉쇄되어 얼씬도 할 수 없었다.

그렇지 않아도 한국인에 대한 감시가 엄격하다는 말을 들은 터라 한국을 떠나기 전에 발해(渤海)대학(심양 瀋陽) 교수인 김금중(金今中 한민족통일연구소장)과 상의한 결과 답사 예정지였던 환인(桓仁)의 오녀산성(五女山城, 주몽이 도읍한 졸본성)은 한국인에게는 원천봉쇄할 가능성이 크고 대타(代打)로 제시한 안시성(터)은 발굴을 이유로 진즉부터 출입이 통제되어 있다면서 단동 근교에서 찾아보는 것이 안전할 것 같다는 대답이 돌아왔다.

그래서 찾은 곳이 북한의 의주(義州) 통군정(統軍亭, 북한의 보물문화재 11호) 대안(對岸)의 고구려 성으로 알려진 박작성(泊灼城)이다.

『삼국사기』(고구려본기, 보장왕 7년AD 638조)에 보면 '당태종이 장군 설만철(薛萬徹) 등을 보내어 쳐들어왔는데 산동 래주(萊州)에서 바다를 건너 압록강으로 들어와 박작성 남쪽 40리에 영(營)을 설치하니 박작 성주 소부손(所夫孫)이 보기(步騎) 1만 여를 거느리고 이에 항거하였다. 호산(虎山)에 의지하여 견고한 요새를 설(設)한 박작성은 압록강을 격(隔)하여 굳게 지키므로 함락시키지 못했다는 바로 그 박작성이다.

고구려 박작성(泊灼城) 이름까지 말살

중국에서는 이를 호산장성이라 부른다. 원래 진(秦)나라 때 쌓은 만리장성을 1469년(명나라 헌종 5년) 추가로 연장해서 쌓은 또 다른 기점(起點)이라고 하는데, 이 역시 세계문화유산으로 등록되어 있다고 했다.

그런데 성 안 어디에도 박작성이라는 이름이나 흔적은 보이지 않고 최근 문을 열었다는 박물관 전시실에도 고구려와 관련된 유물은 단 한 점도 보이지 않는다.

박작성의 실체를 제일 먼저 확인하고 공개한 고구려사 연구회 서길수(徐吉洙, 1944년생, 서경대 교수)에 따르면 1991년에 이미 유적발굴조사를 마친 것으로 되어 있다. 그런데도 불구하고 아직껏 발굴조사 보고서조차 제출되지 않은 것은 발굴이 없었다는 것과 마찬가지라고 그는 말했다.

그런데 우연찮게 관광지(중국서는 이를 경구(景區)라고 함) 입장권(부권(副券)이라고 함) 뒷면 안내문 속에서, 고구려 천년고정(千年古井)을 찾게 되었다.

이 한 구절의 문구를 단서로 막 박물관 문을 열고 나오면서 눈높이 정면으로 바라다 보이는 성벽에서 낯익은 굽도리 고구려 석성 벽을 발견하고는 깜짝 놀랐다. 국내성이나 환도산성에서 본 바로 그 성벽이다.

하중(荷重)의 압력을 가장 크게 받는 성의 기단(基壇) 부를 견고하게 하려고 한 단씩 물려(두 장의 맞닿는 틈새 위에 한 장을 올려놓는 식으로) 안정성을 높이는 고구려성의 특징이 그대로 살아 있는 석성이다.

문화유산으로 지정받고자 최근에 회색 벽돌로 산 정상까지 쌓아 올라간 호산장성 성벽 바로 아래 밑바닥에서 지름 10여 미터쯤 둥그렇게 쌓아 올린 우물터가 나타났다.

서길수의 답사기(최초공개 고구려 박작성 1998)를 보면 '지름이 14미

터나 되는 둥근꼴의 우물 벽은 모두 잘 다듬은 쐐기 돌을 곧게 쌓아 올렸
는데, 아직도 53층이나 남아 있고 깊이가 11,25센티미터나 된다. 지금도
물이 가득 차 있는 것을 보면 사철 마르지 않는 우물로 깊이 팠던 것으로
보인다.

　고구려 산성에서 흔히 볼 수 있는 메주 모양의 네모지게 다듬은 돌로
절묘하게 쌓은 이 우물은 고구려 우물의 대표적인 모델이라고 할 수 있을
것이다.

　우물 바로 앞 쪽에 있는 건축물은 비교적 큰 돌로 쌓았는데 평면은 대
략 부채꼴이고 반지름이 14미터쯤 되고… 라고 발굴 당시 우물의 형태를
비교적 상세하게 묘사하고 있는데 지금 우물 벽은 10여 층(줄)만 남긴
채 모두 흙으로 메워지고 여름내 무성하게 자란 잡풀 덤불에서는 검정색
염소 세 마리가 한가로이 풀을 뜯고 있었다. 고구려 박작성은 이렇게 풀덤
불 속에 묻혀 잊혀져 가고 있었다.

　저들의 은폐방법은 마치 손바닥으로 하늘을 가리는 식인데 그것이 그
렇게 집요하고 철저할 수가 없다. 지난해(2010) 11월 25일부터 경기도 박
물관(수원)에서 열린 ‘요령고대 문물전’을 보러 갔을 때의 일이다. 전에
요동답사 때 들렀던 박물관(심양 요녕성)의 소장품들이라기에 당시는 일
정에 쫓기는데다 카탈로그 자체가 중국어로 되어 있어 주마간산 격으로
대충 본 것들이라 이번 기회에 자세히 한 번 보리라 마음먹고 갔다. 그런
데 이것이 어찌된 영문일까 기획 전시실에 크게 써 붙여놓은 ‘비파형 동
검문화 코너’에 비파형 동검이 없었다. 연유를 물어보니 중국서 올 때 아
예 가져오질 않았다는 것이다. 비파형 동검은 고인돌 석곽묘(돌널무덤)와
함께 우리 상고대문화에서만 볼 수 있는 유물 가운데 하나라는 것을 잘
알고 있는 그들이 의도적으로 보내지 않았음을 박물관 측에서도 시인을
했다.

'악의 화신' 치우(蚩尤)를 자기 조상으로

중국의 역사관의 변화는 섣부른 예측을 허용하지 않는다.

좋게 말하면 용을 숭상하는 민족이라 무궁무진한 조화를 부린다고 하겠지만 자세히 들여다보면 속된 말로 마치 '미친O 널뛰는 식'이어서 종잡을 수가 없다.

2004년 10월 중국 산동 가상현(嘉祥縣)의 무씨(武氏) 사당 화상석(畵像石: 단군설화를 새긴)을 보고 돌아오는 길에 문상(汶上: 옛 이름 중도 中都)에 새로 조성한 치우릉(蚩尤陵)을 물어 물어서 찾아가 참배한 일이 있다.

『환단고기』(삼성기(三聖紀) 신시역대기(神市歷代記))에 보면 치우는 14세 자오지환웅(慈烏支桓雄)으로 나오는 전설적이라기보다는 신화적인 인물이다.

세칭 치우천황으로 청구(靑丘)국에 도읍하고 109년 동안 임금의 자리에 있었으며 151살까지 산 것으로 되어 있는 그의 이력부터가 그렇다.

당시만 해도 교과서 상에 아직 단군의 위상조차 정립이 안 되어 있던 때라(2007년에야 단군의 건국 사실을 직접화법으로 서술하였음) 그 이전 환웅 시대의 임금이야기가 선 듯 귀에 들어올 그런 계제가 아니었다. 다만 2002년 월드컵 때 치우를 로고로 하는 '붉은 악마' 응원단이 국민의 가슴을 뜨겁게 달군 이래로 호기심 반 관심 반의 대상으로 되어 있었을 때다.

그런데 치우에 대한 기록은 중국사서(25사 史)에 보다 사실적으로 그려져 있다.

동두(銅頭) 철액(鐵額), 즉 구리로 된 머리와 쇠로 된 이마를 가지고 모래와 쇳가루를 먹고 산다는 치우의 시대에 벌써 철기나 동기를 사용했음을 상징적으로 말해주고 있다.

중국역사의 시원을 이루는 삼황(三皇) 가운데 하나인 황제(黃帝)의 가장 강력한 적수였던 치우는 10년 동안에 73번 싸워 72번을 이겼으나, 마지막 탁록(涿鹿) 대전에서 황제가 몰고 나온 지남차(指南車, 오늘날의 전차)에 밀려 폐사(斃死)한 것으로 알려져 있다.

그래서 지금까지 중국 역사에서 치우는 그들의 정통 시조인 황제에 도전한 난적(亂賊)으로 악의 화신처럼 묘사되고 있는 것이다. 전설적인 전쟁 영웅 치우의 용맹과 신통력을 두려워한 황제는 사로잡은 치우를 일곱 토막을 내어 죽여 각각 따로 묻었는데, 머리가 묻혔다는 수능(首陵)격인 문상(汶上)의 치우능 비석에 '치우는 황제 염제(炎帝)와 동시대 사람으로서 부락 수령이자 민족 영웅'이라는 비문이 새겨져 있었다.

그런데 이보다 더욱 놀라운 사실은 이미 1997년에 중원의 패권을 다투던 탁록 대전의 현장에 중화 삼조당(三祖堂)이라는 사당을 세워 황제 염제와 함께 치우를 중국 개창의 3시조 가운데 한 사람으로 모셨다는 것이다.

종족 상으로 화하족(華夏族, 한족(漢族)의 본류)과는 구적(仇敵) 관계에 있었고, 동쪽 오랑캐로 야만시하고 깔보던 동이(東夷)의 수장을 자신들의 시조로 탈바꿈시킨 것이다.

32. 동이(東夷)와 요하문명

참으로 무서운 역발상이 아닐 수 없다. 그들은 지난 수천 년간 황제라는 단일 시조를 정점으로 굳게 지켜오던 대 중화주의의 연장선상에서 통일적 다민족 국가를 지향하고 있는 것이다. 삼조(三祖)를 그 구심축(軸)으로 하여 전무후무한 그들 나름의 역사 찾기(사실은 역사 조작) 작업의 시동을 건 것이다.

역사의 시원을 황하에서 요하로

이처럼 일견 무모하고 황당무계한 역사 조작을 눈 딱 감고 밀어붙이고 있는 속내는 실상 다른데 있는 것이 아니다.

지금까지 나일 강 유역의 이집트 문명(BC 3200년), 유프라테스 강 중심의 수메르 문명(BC 2700년), 인더스 문명(BC 3300)과 함께 세계 4대 문명 중 하나로 세계에 자랑하던 황하문명(BC 2000여 년)보다 월등히 앞서는 세계 최고(古)의 요하(遼河)문명으로 대치(代置)시켜 나가려는 것이다.

요하문명의 중심을 이루는 홍산(紅山) 우하량(牛河梁) 유적의 발굴이 그 결정적인 계기가 되었다. 이 유적들의 상한(上限) 연대가 BC 3000~3500년경까지 거슬러 올라가게 됨으로써 황하 중심의 이른바 중화민족문명사를 1000년에서 1500여 년까지 끌어올릴 수 있게 되었기 때문이다.(고조선 신화에서 역사로 1부, 이종호(李鍾鎬), 2009).

붉은 바위산으로 유명한 내몽고 자치구 동북방 적봉시(赤峰市)에서 그 이름이 유래된 홍산문화는 그 발원(發源)을 거슬러 올라가 보면 넓은 의미의 소하서(小河西) 문화(BC 7000~6500)가 그 기점이 된다. 적봉시 인근의 오한기(敖漢旗), 소하서촌, 우고토향(牛古土鄉), 천척영자촌(千斥營子村) 등 10여 개소에서 발굴된 최초의 신석기 문화유적을 말한다.

이어서 BC 6200여 년까지 거슬러 올라가는 중국 내에서는 가장 규모가 크고 오래된 적봉시 인근의 신석기 집단 주거지 중심의 흥륭와(興隆洼) 문화, 그리고 요녕성 부신(阜新)시 동북 20킬로미터 지점에서 발굴된 사해(査海) 문화(BC 5600년 이후), 평곡(平谷)현 현성 동북 17킬로미터 지점의 상택(上宅) 신석기 문화(BC 5400~4300), 대규모 취락지와 함께 후대(상대 商代)의 갑골점(甲骨占)으로 이어지는 복골(卜骨, 소 사슴 등의 견갑골 肩胛骨) 등이 발견된 서납목륜강(西拉木倫江) 이북의 부하(富河) 문화(BC 5200~5000)를 아우른다.

압인기하문(押印幾何文)을 주요 문양으로 하는 토기와 석질(石質)의 생산공구 등이 발굴된 조보구 문화(BC 5000~4400)를 거쳐 홍산문화(BC 4500~3000) 이후 소하연(小河沿) 문화(BC 3000~2000), 하가점(夏家店) 하층문화, 하가점 상층문화 등을 포괄하여 광의의 홍산문화라고 한다.

그러나 여기서 다루려는 홍산문화는 국가단계로 진입했다고 판단되는 협의의 홍산문화를 말한다.

고대사의 키워드 갈석산과 난하

본론에 들어가기에 앞서 이들 여러 단계의 문화를 총칭하는 요하문명의 이해를 돕고자 이 지역 일대의 지리를 상고해 볼 필요가 있을 것 같다.

북쪽으로는 내 몽골의 적봉시, 동쪽으로는 요녕성의 요하 남쪽으로는 발해 만에 이르는 비옥한 지역을 포함하고 있으며 총면적은 22만 평방km 에 달한다고 했다. 남북한 전역과 거의 맞먹는 면적이다.

적봉시와 노노아호산(努魯兒虎山)을 경계로 요녕성 조양시(朝陽市) 와 적봉시의 수계(水系)가 완전히 갈리는데 남쪽으로 형성된 수계는 동 북으로 흐르다 ㄱ자로 꺾이어 남쪽의 발해로 빠지는 대릉하(大凌河)를 이루고 북쪽의 수계는 적봉을 지나는 영금하(英金河)를 이룬다.

노노아호산 북쪽은 거대한 평원인데 이 평원을 흐르는 영금하는 더 남 쪽에서 흘러온 노합하(老哈河, 옛 흑수 黑水)와 합류한다.

영금하를 품은 노합하는 북쪽으로 흐르다 서쪽의 내몽고 고원에서 흘 러온 더 큰 강인 서납목륜하(西拉沐倫河)를 만나 서요하(西遼河)가 된 다. 서요하는 시계바늘 방향으로 굽이쳐 흐르다가 내몽고 자치구와 요녕 성 접경 지점에서 동요하와 만나 요하 본류가 된다. 전통적으로 요하의 동쪽을 요동, 서쪽(난하의 동쪽)을 요서라고 부른다.

노노아호산의 서쪽에는 발해로 흘러드는 난아(灤河)라는 수계가 형성 이 되는데 난하를 건너자마자 멀지 않은 곳에 중국의 수도인 베이징이 자리 잡고 있다.

우리 고대사를 이해하는 데 난하가 중요한 이유는 중국인이 자랑하는 황하문명과 오랑캐로 비하하던 동이(東夷)가 일으킨 요하문명의 접경선 으로 난하를 인식했기 때문이다.

만리장성 동쪽으로 요수를 끊고 일어난 갈석산(碣石山, 695m)은 난하 와 함께 우리 고대사를 푸는 또 하나의 키워드다. 이때의 요수는 곧 난하 를 가리킨다.

원(元)나라 초기학자 증선지(曾先之)의 『십구사략통고(十九史略通 考)』에 첨부된 지도상에 만리장성 남쪽에서 북쪽으로 관통하는 바로 그

강이다. 그 동쪽을 요동이라 하고 다시 조선(현재의 요하 하류지역)이라 표기한 것으로 보아 고조선의 실질적인 역사 무대가 요동이었다는 것을 말해주고 있다.

지금까지 고조선의 영토는 요하유역까지를 최대 서한(西限)으로 잡고 있으며 이어서 압록강 유역, 최소 청천강 유역으로까지 국한시키기도 하였다.

그러나 지금의 요하 서쪽 난하가 당시의 요수임이 중국 사서에 의해 밝혀짐으로서 고대의 요동은 지금의 요하와 난하 사이 요서 서부지역으로 이동하게 되고 따라서 고조선의 영역도 그 만큼 넓어지게 된 것이다.(『사료로 푸는 우리 고대사』, 윤내현 尹乃鉉 2007)

따라서 바로 이 난하의 하류 유역, 만리장성(진장성 秦長城)이 시작되는 지점의 갈석산이 곧 중국(진(秦), 한(漢))과 고조선의 경계였다는 것이다. 태강지리지(太康地理志, 280~289 西晉시대 지리지)에 나오는 말이다.

그리고 이 갈석산 지역에는 낙랑군 수성현(遂城縣)이 있다고 했으므로 한사군(漢四郡)의 낙랑군이 갈석산 지역에 있었음도 알 수 있다.

이병도(李丙燾, 1896년생)는 이 낙랑군 수성현 갈석산이 우리나라 황해도 수안(遂安)에 있었다고 잘못 비정(比定)하는 바람에 낙랑과 갈석산의 위치가 졸지에 황해도까지 쫓겨 들어와 우리 고대사가 크게 축소 왜곡되는 해프닝이 벌어지기도 하였다. 그런데 이 왜곡의 단초가 수성현의 수(遂) 자 하나에서 비롯되었다는 어처구니없는 사실을 뻔히 알면서 아직도 그 설을 추종하고 있는 학자가 있다는 것은 참으로 충격적인 일이 아닐 수 없다.

고조선과 중국의 자연 경계, 패수(浿水)

고조선 중심지의 위치를 규명하는 논고(論考)에서는 반드시 언급되는 하천 중의 하나가 패수(浿水)다. 고조선 때 열수(列水)와 함께 중국과 경계를 이루던 강 이름이다.

실제로 전한(前漢) 역사학자 사마천(史馬遷, BC 145~86)의 『사기 史記』 조선전 기록에 따르면 '한(漢)나라는 중국을 통일한 후 요동지방의 옛 요새를 수리하고 패수를 요동과 조선과의 경계로 삼았다'고 하였다. 그런데 이 패수가 우리나라 정사인 『삼국사기』나 『한서(漢書) 지리지』에는 대동강으로 명시되어 있다. 현재 중국 역사 지도 집에는 패수를 청천강으로 기록하고 있다.

시대마다 각기 다른 것이다. 『사기』의 기록은 한(漢) 위(魏) 시대의 패수를 말하는 것이고 수당(隋唐) 시대에는 대동강, 『삼국사기』의 백제 베이징(北境) 패수는 예성강(禮城江) 또는 임진강(臨津江) 하는 식이다.

이렇게 될 경우 중국 최고(古)의 지리지인 『수경(水經)』(漢나라 상흠(桑欽) 찬) 또는 『설문(說文)』(설문해자(說文解字), 후한(後漢)의 허신(許愼) 저)의 기록 '패수는 낙랑군 누방현(鏤方縣)에서 나와 동남으로 임패현(臨浿縣)을 지나 동쪽으로 바다에 흘러들어간다(패수출(浿水出) 낙랑누방동입해(樂浪鏤方東入海) 일왈출패수현(一曰出 浿水縣))'는 첫 대목과 정면으로 배치된다. 동고서저(東高西低) 형인 우리나라 서해안에서는 동쪽으로 흘러들어가는 강을 찾을 수 없기 때문이다.

한편 『한서(漢書)』 지리지는 한나라 때 설치한 패수현은 압록강 남안(南岸)의 의주(義州)이며 낙랑군 25개 현 중의 하나라고 하여 패수 압록강 설을 뒷받침하는 보루가 되고 있다.

그런데 『수경주(水經注)』를 지은 역도원(酈道元, 후위 後魏 때 주석가)은 『수경』의 '동쪽으로 바다에 들어간다(동입해(東入海))'는 기록은 잘못된 것이라 하여 자신이 주석한 모본(母本)을 부인하는 대동강 설을 주장함으로써 패수의 위치 비정문제는 더욱 혼선을 빚게 되었다.

『수경』과 쌍벽을 이루는 중국 고대의 또 다른 지리지 『산해경(山海經)』(전한(前漢) 말 유수(劉秀) 교정본)에서도 이 산(갈석산)은 초목이 없고 모래가 많은데 패수(浿水)가 여기서 발원한다고 하였다. 그런데 한반도 내에서는 모래가 많은 반 사막지역을 흐르는 강을 찾을 수 없다. 대신 대능하나 요하유역의 요택(遼澤) 지대 지형이 가장 근사하게 부합이 된다.

이때의 패(浿)는 곧 위만이 고조선으로 넘어올 때 건너왔다는 그 패수다. 앞에서 든 세 경우의 패수보다 가장 앞선 시기(고조선시대)의 패수를 말하는 것이다.

이처럼 지금의 동북공정과는 정 반대로 오히려 중국 측에서 문헌상으로 찾아준 우리의 옛 강역까지도 우리 스스로 버리고 결과적으로 한반도 내로 축소시키는 우(愚)를 범하고 있다. 이런 걸 보면 어느 평론가가 일본인을 일러 축소지향적(縮小指向的)이라고 말했다지만 적어도 영토문제에 관한 한 우리는 오히려 그보다도 더하면 더 했지 덜하지 않다는 생각을 하게 된다.

이것이 아직껏 극복하지 못하고 있는 우리 고대사의 그늘이고 한계라면 한계다.

세계문명사 다시 쓴 우하량 유적

이제 다시 홍산문화로 돌아가 보자.

세계문명사를 다시 쓰게 될 만큼 엄청난 발굴로 평가 받고 있는 우하량 유적은 홍산문화 만기(晩期, BC 3500~3000)에 속하는 문명으로 알려져 있다.

우실하(禹實夏, 항공대교수)의 『요하문명론』(2007)에 따르면 1979년 5월 요녕성 조양시(朝陽市) 객좌현(喀左縣) 동산취촌(東山嘴村) 뒷산 정상에서 대형제단 유적인 동산취 유적이 발견되었고 뒤이어서 이곳에서 50킬로미터쯤 떨어진 능원(凌源)현과 건평(建平)현의 경계 지역에서 진행된 발굴이 우하량촌 유적이다.(1983~1985)

이 유적에서 서기전 3500년까지 올라가는 대형 제단과 여신묘(女神廟), 적석총군(積石冢群)이 발굴된 것이다.

고고학자들은 이 발굴결과를 토대로 우하량 유적이 이미 1. 계급이 완전히 분화되고, 2. 사회적 분업이 이루어지고 있었으며, 3. 초기 국가단계 혹은 초기 문명단계에 진입했음을 보여주는 놀라운 유물들이 많이 발견되었다고 전 세계에 전했다.

우하량 유적 중에서도 3원 구조로 된 거대한 원형과 방형(方形)의 제단이 있는 제2지점 적석총 형태의 건축 구조물이 그 핵심 유적이다.

이 제단 유적지 안내판에는 우하량 홍산문화가 '약 5500년 전에 원형(原形)으로서의 초기적 국가가 되기 위한 모든 조건(all conditions to be a state, 구유국가(具有國家) 추형적(雛形的) 원시사회유지(原始社會遺趾))을 갖추고 있다고 표기하고 있다. 이를 가리켜 일반적으로 '신비(神秘)의 왕국' 또는 '여왕국'으로 불리는 고대 국가가 이 지역에 존재했었다고 보는 것이다.

우리의 최대 관심사인 홍산문화와 동이(東夷)와의 관련성에 대해 과학사가 이종호는 중국 고고학회 상임 이사장 곽대순(郭大順)과 장극거(張克擧)의 <요녕성 객좌현 동산취 홍산문화 유지군(遺趾群) 발굴 간보(簡報), 1984>가 가장 확실한 답(答)이 될 것이라며 유적지의 위치 및 출토된 여신상과 방형 원형 제단 등을 근거로 이 지역은 고대 생육(生育)과 농신(農神) 지모(地母) 산천(山川)숭배의 장소[성소(聖所)] 역할을 했던 공간이라는 설명까지 곁들인다.

그리고 하늘에 제사를 지내는 원단(圓壇)과 땅에 제사를 지내는 방단 (方壇)은 천원지방(天圓地方) 사상의 표현으로서 베이징 천단(天壇) 구조의 원형이라는 설명이다. 이와 함께 홍산문화의 옛 땅에서 일어난 오환 (烏丸), 거란 몽골 등 북방민족의 제천 풍속이 이에서 기원한다고 하였다.

홍산문화의 주인은 누구인가

그렇다면 홍산문화의 주인은 과연 누구인가? 보통 동이(東夷) 하면 한 민족과 만주 일본에 사는 종족으로 이해하고 있다. 맞는 말이기는 하나 그 내용을 보면 상당히 복잡하게 얽혀 있다. 그것을 한민족=동이라는 등 식(等式)으로만 이해하던 사람들에게는 더욱 그렇다.

앞에서 나온 오환의 족원(族源)과 그 갈래를 살펴보면 오환은 오환(烏 桓)과 같은 뜻으로 쓰이는 동호(東胡)의 별종이라고 하였다. 한(漢) 나라 초기 흉노(匈奴)에게 멸망당해 그 여류(餘類) 가운데 일부가 오환산(烏 桓山) 주변에 흩어져 살고 다른 일부는 내몽고 서쪽 고원지대에서 발원 하는 서자목륜하(西刺木倫, 西拉沐倫河와 같음) 유역에 살던 선비족 (鮮卑族)이다.

춘추시대 역사서『국어(國語)』주(注: 오(吳)나라 위소 韋紹)에서 선 비는 동이국(東夷國)이라 하였고 위지(魏志)에서는 '동호의 후예로서 그 언어 습속이 오환과 같다'고 하였다. 그리고 그 땅은 동쪽으로 요수(遼水) 와 맞닿아 있다고 하였다.

그러면 다음에는 동호에 대해서는 어떻게 인식하고 있었는지 살펴보도 록 하자.

『사기』(흉노전 上)에 따르면 춘추시대 이후 연(燕) 나라 북쪽에 사는 동호가 항상 위협이 되어왔는데 연나라 장수 진개(秦開)가 이를 격파하고 장성을 쌓아 방위하였다고 되어 있다. 진개는 연나라가 가장 강성했던 시기인 소왕(昭王) 때(BC 312~279) 장수로 '조선의 서쪽 땅 2천여 리를 차지하고 만번한(滿藩汗)에 이르러 경계를 삼았다.'고 한『위략(魏略)』(위나라 어환(魚豢) 찬)의 기록과 일치한다.

우하량 북쪽 여러 구릉 위의 적석총을 거느리고 그 중앙(해발 671.3미터)에 자리 잡고 있는 여신묘(廟)는 고대 종교의식이 벌어졌던 제사처의 중심이다.

이 여신묘에서 발견된 조소상(彫塑像: 진흙으로 빚은 인물 모형) 중에서 가장 주목을 끄는 등신대(等身大)의 여신상을 중국 고고학자들은 홍산인의 여자 조상이라면서 치우(蚩尤)를 삼조당(黃帝 炎帝와 함께)으로 끌어들여 그들의 조상이라고 부회(附會: 말이나 이론을 억지로 끌어다 붙임)한 것과 똑같은 수법으로 중화민족의 공동조상이라고 우겨대고 있다.

그러나 고고학자 곽대순(郭大順)은 여신묘에서 발견된 동물 조각상 가운데 웅룡(熊龍)의 상징성과 곰의 습속을 한민족과 관련지어 단군을 낳은 웅녀(熊女)의 조소상일 수 있다는 추론을 가능케 한 바도 있다.

이집트의 피라미드에 견주어도 결코 뒤지지 않는 우하량 남쪽 전산자산(傳山子山, 해발 564.8미터)의 거대한 적석총 유적은 지름이 약 100미터에 총면적이 1만 평방미터나 되는 자연구릉 그 자체이다.

이들 무덤 중에서도 대표적 무덤 형식의 하나인 돌널무덤(석곽묘(石槨墓))은 토광묘(土壙墓)가 주류를 이루던 고대 중국의 묘제와는 그 형태나 성격이 판이하게 다르다는 데 주목할 필요가 있다.

따라서 중국과 동이족의 무덤이 원천적으로 다르다는 것은 이들 문화의 뿌리가 근원적으로 다르다는 것을 의미한다.

요동에서 반도까지 수암(岫岩)옥 벨트

홍산문화 유적지에서 출토된 옥기(玉器) 가운데 동물의 머리를 양쪽 끝에 조각한 쌍수수삼공기(雙獸首三孔器)의 동물이 또한 곰 형상으로 추정됨으로써 곰과의 친연성이 유난히 높다는 것을 알 수 있고, 중국의 청동검과는 전혀 다른 비파형 동검(琵琶形 銅劍)의 비파 모양 옥기가 발견됨으로써 홍산문화 시대에 이미 동이(한민족) 문화의 가장 큰 특징 가운데 하나인 비파형동검의 조형(祖形)이 존재했다는 방증이 되고 있다.

그리고 홍산문화 지역에서 발견된 옥기의 원자재가 적봉에서 자그마치 450킬로미터나 떨어진 압록강 인근 요녕성 수암(岫岩)에서 출토되는 수 암옥으로 밝혀진데다(서기 전 6000년 경) 강원도 고성(高城) 문암리나 전남 여수 안도(安島, 2007) 등지의 선사유적지에서 같은 질(옥질)의 결 상이식(結像耳飾, 귀고리, 서기 전 4000년 경)이 발견됨으로써 우하량 지역에서 꽃피운 홍산 문화가 한반도 전역에 영향을 미쳤음이 입증되고 있다.

또한 서쪽 끝으로는 동이족이 중원의 하(夏)나라를 점령하고 세웠다는 상(商, 은 殷)나라의 수도 안양(安陽) 은허(殷墟)에서도 유사한 유물(결 상이식)이 발견됨으로써 당시 홍산문화는 가장 선진된 문물을 가진 천하 의 중심이었음을 말해주고 있다. 그리고 바로 이 은허에서 발굴된 갑골 (甲骨)문자를 원형으로 하여 개발하였다는 한자창제의 주인공(창힐(蒼 頡))이 동이족이라는 설이 설득력을 얻는 이유이다.

동이가 한자창제의 원조라는 사실을 입증하는 구체적인 증거도 있다.

대만의 문자학자 이경재(李敬齋)의 <정리문화 중도자술 整理文化 中 途自述>에 따르면 은대(殷代)에 문자의 뜻으로 쓰였다는 글(契) 자가 '기흘절 欺訖切'의 반절음으로 '글'이 되는데 이것이 한국어로 문자를 뜻하는 글이라는 것이다.

그 구체적인 용례는 글안(契丹)이라는 고대의 나라이름에서도 확인이
된다.

따라서 이 글이라는 명칭을 수천 년 동안 한결같이 써온 한민족이 한문
을 만든 주인임은 의심의 여지가 없다고 말하고 있다.

또한 중국의 학자 추맹군(鄒孟君)은 그의 <화하족 기원고론(華夏族
起源考論)>에서 소호(小昊) 김천씨(金天氏)는 치우의 후손으로 동이집
단에 속해 있다 하였으며, 오늘날 산동성 곡부(曲阜: 공자의 탄생지)에
입도한 동이의 군장으로 그의 즉위 시에 봉(鳳)새가 출현한 인연으로 관
등명(官等名)을 새의 이름으로 정하였다고 한다.

한자(漢字) 동이족 창제설의 진실

필자 자신도 한자의 동이족 창제설에 대해 최근까지도 일고의 가치도
없는 재야학자의 견강부회 정도로 치부하고 거들떠보지도 않았는데, 작
년(2009년) 12월에 열린 제9회 국제 한자 학술대회에서 발표된 진태하(陳
泰夏 1939년생, 인제대 仁濟大 석좌교수)의 기조연설(18년의 한자 자형
(字形) 통일의 국제민간운동, 이제 정부차원에서 협의 실천을 촉구함)을
통해서 앞의 사실을 확인하고, 그동안 역사를 대하는 태도가 얼마나 안이
하고 불성실했던가를 스스로 되돌아보는 계기가 되었다.

맹자(孟子, BC 372-289)는 이루장구(離婁章句: 맹자하(下)에서 순(舜
중국 전설상의 성천자 聖天子)임금을 가리켜 동이사람이라고 하였다. 그
런데 그의 출생지 제풍(諸馮)이 지금의 산동성 제성(諸城)현이며 죽은
곳(명조 鳴條) 역시 지금의 산동성 정도(定陶)현으로 산동지방과 동이와
의 관계가 의외로 깊다는 것을 알 수 있다.

공자의 출생지 또한 산동성 곡부인데 그가 동이족이라는 단서(端緒)가
논어 자한(子罕)편에 나온다. '공자께서 구이 九夷의 땅에서 살고 싶어

하신다.(자욕거구이(子慾 居九夷))’하였으며 공야장(公冶長) 편에서는
‘도가 행해지지 않으니 뗏목을 타고 바다로 멀리 떠나가 볼거나(도불행승
부(道不行乘桴) 부우해(浮于海))’고 했는데 그가 가고자 했던 곳이 곧
동이의 땅이라고 했다.

　그러나 현토(玄兎) 낙랑(樂浪) 고구려에서 일본까지 아우르는 구이(九
夷)의 범위가 너무 넓어 딱히 동이라고 꼭 집어서 말할 수가 없기 때문에
아무래도 막연하다 싶었는데, 이번에 그 의념(疑念)까지도 말끔히 씻어
내는 계기가 되었다.

　당(唐)나라 훈고(訓詁: 경서의 고증 해석 주석)학자 안사고(顔師古,
581-645)는 공자가 뗏목을 타고 구이에 가겠다고 한 것은 그 나라에 인현
(仁賢)의 화(化: 교화)가 있는 까닭이라고 하여 이는 곧 동이를 가리키는
말이라는 해석을 내어놓고 있어 구이와 동이는 같은 뜻으로 쓰인다는 사
실을 비로소 알게 되었다.

　거기에다 국문학자 진태하(陳泰夏)의 인류학적인 증언까지 곁들이면
서 공자 동이설은 더욱 탄력(彈力)을 받게 되었다.

　그는 내가 치우릉을 답사하기 4년 전(2000년)에 한국인으로서는 최초
로 이곳을 찾아 중국인에게 그 역사적 가치를 일깨워 주고 곡부에서는
공자의 후손들과 격의 없는 대화를 나누는 과정에서 그들도 우리와 같은
동이족이라는 사실을 확인하게 되었다는 것이다.

　‘널리 학문을 닦고 언행과 예절을 바르게 한다.’ 는 공자의 가르침을
실천하는 수련단체인 박약회(博約會: 회장 이용태(李龍兌)) 회원들이
매년 한 번씩 석전(釋奠) 행사에 참석하려고 곡부를 찾는데, 이때 만난
공자의 후손들로부터 역사 기록 이상으로 분명한 신체상의 고유한 특징,
즉 몽고반점(斑點)을 가지고 태어난다는 사실을 직접 들을 수 있었다는
것이다.

그러면서 그(진태하)는 공자 당시는 몽고라는 나라가 없었기 때문에 동이반점이라고 해야 맞는 말이라고 용어의 정정까지 해주었다.

동이(東夷)와 한민족은 어떤 관계인가

그러면 동이와 한민족은 어떤 관계인가. 우선 궁금한 것은 둘이는 서로 일치하는 개념인가. 일치한다면 완전히 일치하는 이콜 개념인가. 부분적으로만 겹치는 유사(類似)개념인가 하는 것이다.

우선 동이하게 되면 국어사전에 나오는 뜻풀이 그대로 동쪽 오랑캐라는 멸칭(蔑稱)으로 해서 정서적으로 경원하게 되는 이름이다.

'이(夷)'라는 종족 명칭은 이미 은대의 갑골문에 인방(人方, 寅方, 동방을 뜻함) 또는 이방(夷方, 동방) 등의 문자로 나타나는 것으로 보아 원래는 중국의 동방, 즉 황하 중하류 동쪽에 거주하던 이(異)민족을 가리키던 것이었는데, 중국민족이 접촉한 주변민족들 중에서 가장 강성하였기 때문에 사예(四裔) 또는 사이(四夷, 동이 서융(西戎) 남만(南蠻) 북적(北狄))와 같이 이(夷)는 동방민족의 통칭이 된 것이다.(김상기(金庠基), 1901~ 1977 동이와 회이(淮夷) 서융에 대하여)

동이는 원래 중국의 서북부에 있다가 동쪽으로 이동, 한 갈래는 산동반도 쪽으로 들어가고 다른 한 갈래는 다시 동진(東進), 발해만을 따라서 요동지방을 거쳐 한반도에 들어오게 된 것이다.

여기서 중국의 서북부란 지금의 난하(灤河)유역에서 적봉(赤峰)에 이르는 홍산(紅山) 문화 발상지를 아울러서 말하는 것인데 바로 지금 중국이 동북공정에 선행하여 2003년부터 추진하고 있는 '중국 고대문명 탐원(探源)공정'(중국고대문명의 근원 탐구)의 책원지(策源地, 책략의 근원이 되는 곳)이기도 하다.

이 공정을 통해서 앞에서도 말한 바와 같이 기존의 세계 4대 문명보다 앞서는 요하문명을 새로운 문명권(圈)으로 설정하고 중화 문명의 기원을 아예 황하 장강유역에서 요하유역으로 옮기는 대담한 발상을 하게 된 것이다.

따라서 하루아침에 오랑캐의 땅에서 중화문명의 중심발상지로 승격? 된 요하 일대에서 기원한 모든 고대민족을 중화민족의 시조인 황제의 후예로 만들어버린 것이다.

고조선을 비롯하여 부여·고구려 등 한민족이 세운 모든 고대국가가 중국의 역사로 편입되는 중국 중심의 역사체계, 이것이 이른바 동북공정의 실체이다.

일제 때는 창씨개명을 하여 제 핏줄을 스스로 부인하게 만들더니 중국은 이보다 한술 더 떠서 환부역조(換父易祖: 아비를 바꾸고 조상을 바꾸다)라는 씻을 수 없는 치욕을 한민족에게 안겨주고 있다. '세계화'라는 주문(呪文)도 무색하게 중국은 21세기 판(版) 패권주의적 역사침략을 일방통행 식으로 밀어 붙이고 있다.

다시 정리해보면 좁은 의미의 동이는 산동 반도로 부터 회수(淮水: 하남성에서 발원하여 안휘성을 지나 강소성을 거쳐 바다로 들어가는 중국에서 3번째로 큰 강)유역에 거주하던 우(嵎)·회(淮)·래이(萊夷)와 서융 등을 가리키며 넓은 의미로는 발해와 황해를 둘러싸고 있는 황하·요하 대동강 유역의 충적지(沖積地)에 말발굽 모양으로 분포되어 있는 종족을 말하는 것이다.(중국사학자 부사년(傅斯年) 1895년생)

동이를 한민족과 연결시킬 수 있는 또 다른 이유는 그들의 사서가 다루고 있는 동이의 역사는 모두 예외 없이 한민족을 그 주역으로 명시하고 있다.

『사기』『한서(漢書)』는 물론『후한서』 동이열전과『삼국지』『위서(魏書)』 동이전『진서(晉書)』『송서(宋書)』『남제서(南齊書)』『양서

(梁書)』등이 각각 다루고 있는 동이열전에 한결같이 조선과 부여·고구려·읍루(挹婁)·동옥저(東沃沮)·예(濊)·한(韓) 등을 하나도 빼놓지 않고 우리 고대사 체계 속에 그대로 편입시켜 놓고 있다는 것이다.

33. 삼수분화(三數分化)의 세계관

동양 사회사상 연구에 독보적 경지를 개척한 우실하(禹實夏, 항공대)
는 우하량 제단 유적과 베이징 천단(天壇) 구조를 비교하면서 그 바탕에
'3수분화의 세계관'이라는 북방민족 특유의 사유체계가 형상화 되어 있
음을 밝히고 있다.(『한국전통문화의 구성 원리』, 1998)

북방 샤머니즘 특유의 사유체계(思惟體系)

따라서 북방 샤머니즘을 그 원류로 하는 중국의 도교와 한국의 선교(仙
敎) 및 각종 민족종교들은 교리에 나타나는 수의 상징성, 즉 삼수(三數)
분화의 세계관을 그 바탕에 깔고 있다는 것이다.

한 어머니에게서 비슷하지만 서로 다른 자식이 태어나는 것처럼 북방
샤머니즘을 공유하고 있는 한중일·몽고(蒙古) 등 비슷하지만 서로 다른
문화의 기저(基底)에 깔려 있는 공유문화, 즉 모태(母胎)문화를 의미하
는 것이다.

대표적 북방민족으로 분류되는 청나라 때 완성된 베이징의 원구단(圜
丘壇, 천자가 새해가 시작되는 동지(冬至)날 천제를 지내던 천단, 원(圓)
과 통함, 환구가 아님)에 있는 천심석(天心石: 한 가운데 있는 돌)을 중앙

에 두고 1. 1-3-9-81로 이어지는 3수 분화 현상은 2. 4 단 혹은 5단 구조에 한 층이 12등분으로 2수 분화를 하고 있는 진(秦) 당(唐) 등 한족의 수도 장안(長安)의 천단구조와는 극명하게 대비된다는 것이다.

이는 북방 샤머니즘의 중요한 관념체계인 삼계구천설(三界九天說) 우주수(宇宙樹) 관념 삼혼(三魂) 일체설 등과 연결되어 있으며『한서(漢書)』 율력지(律曆志) 상의 '태극 원기(太極元氣) 함삼위일(含三爲一)'을 함축하고 있는 최초의 태극 관념인 삼태극(三太極) 삼원(三元) 태극 관념과도 연결된다고 하였다.

그런데 여기서 하나 짚고 넘어 갈 것은 삼태극을 최초의 태극관념으로 이해한다는 대목이다.

삼태극이 최초의 태극관념이라고?

태극이란 원래 양의(兩儀)-사상(四象)-팔괘(八卦)로 2수 분화되는 원리를 좇아 자연의 이치를 그대로 옮겨다가 구성한 논리인 만큼 엄밀하게 말하면 삼태극이라는 말 자체가 성립될 수 없는 명명(命名)이라고 한(漢) 학자 이동길(李東吉, 1928년생, 전 성균관전의 典儀)은 말한다.

더구나 이것이 한국에서는 주돈이(周敦頤, 1017~1073 북송의 유학자)의 <태극도설> 이전에 벌서 존재했었다는 사실을 어떻게 설명해야 할 것인가.

동양철학자 유승국(柳承國, 1922년생, 전 정신문화연구원장)은 '태극기'(『한국민족문화대백과』 23권) 해설을 통해서 주돈이의 <태극도설>보다 4백년이나 앞서 건립된(624, 신라 지평왕 50) 감은사(感恩寺) 지(址) 석각(石刻) 가운데 이미 태극도형이 새겨져 있었다면서 태극에 내포되어 있는 음양 사상은 우리나라 고대의 문화유적이나 생활 습속 가운데 은연 중에 스며들어 있었다고 단지 태극에 대해서만 설명하고 있다.

감은사지의 삼태극을 굳이 설명하자면 글자 그대로 태극모양을 하고 있기 때문에 삼태극이라는 이름이 붙여진 것일 뿐 태극의 원리를 좇아서 붙여진 이름은 아니라는 것이다.

앞에서도 말한바와 같이 우실하(禹實夏)의 삼태극 논리는『한서』율력지의 '태극원기(太極元氣) 함삼위일(含三爲一)'로부터 출발한다. 이를 풀이하면 '태극원기는 셋을 함유하고 있으면서 하나가 된다.'는 것이다. 삼기(三氣)를 함유하고 있는 일기(一氣), 그것이 곧 삼태극의 원리라는 것이다.

위(魏)나라 학자 맹강(孟康)의 주석으로 이 원리는 보다 확고하게 자리매김된다고 우실하는 강조하고 있다. 즉 원기는 자(子, 12지지(地支)의 첫 째로 모든 사물의 시작을 말한다. 하루 12시의 첫째 시, 구체적으로는 11시 30분~오전 1시 30분. 이 원리에 따라 우주 창조의 기점(起點) 역시 甲子년을 기준으로 한다.)에서 일어나는데 원기가 분화되기 전에는 천지인(天地人)이 혼합되어 하나로 되어 있다.

그러므로 자(子)의 수는 홀로 일(一)이라는 것이다.

원기, 즉 일기(一氣)는 삼기(三氣)를 함유하고 있는데 그 삼기가 바로 천지인 삼재(三才)를 말하는 것이라는 것이다.

우실하는 여기서 한 발 더 나아가 심태극의 개념은 당시에 통용되던 보편적인 태극 이해 방식이었다고까지 했다.

인간은 창조의 주재자 될 수 없다

이를 우주의 창조원리에 대입하여 다시 풀어보면 여기서 원기라고 하는 것은 창조운동, 즉 태극운동으로 음양의 분화가 일어나기 전의 혼돈(混沌, Chaos) 상태를 말하는 것으로 태극의 원리에 입각해서 보면 무극(無極)의 상태를 가리킨다.

보통 무극이라고 하면 극(끝)이 없는 상태, 즉 상대가 없는 무한대의 존재를 의미하며 음양으로서만 존재하는 상대적 존재를 태극이라고 말하는 것이다.

우주는 원래 지극히 커서 끝이 없고[지대무애(至大無涯)] 지극히 작아서 안이 없기[지소무내(至小無內)] 때문에 아무리 얇은 종이 한 장이라도 표리(表裏: 안과 밖)가 있게 마련이어서 음양의 원리가 작동하지 않는 것은 하나도 없다.

얼듯 보면 난해한 것 같지만 모든 존재는 그 지배를 받고 있는 것이다. 이것이 곧 조화(造化: 창조)의 원리다. 삼태극의 개념이 당시에 통용되던 태극이해의 방식이 될 수 없는 이유이기도 하다.

그리고 천·지·인 삼재(才)라고 하는 것은 단지 인간을 천지와 같은 수준의 품격(品格)으로 대우하여 정립(鼎立)시킨 것이지 조화, 즉 창조의 주재자는 아니라는 것이다. 이른바 참천이지(參天二地: 천지와 덕(德)을 함께함) 한다는 말이다.

전통 예법에 동고사(洞告祀)처럼 자연신에게 올리는 제사에는 사(祀)자를 붙여 부르는데 인간도 백세불천위(百世不遷位: 특별히 나라에 큰 공훈이 있어 영원히 사당에 모시도록 허락된 분의 신위)가 되면 자연과 일치하는 것으로 보고 향사(享祀)하는 것과 같은 이치라는 것이다.

중국의 철학자 노자(老子, BC 5~4 세기 초나라)의 창조관(우주) '도생일 일생이 이생삼 삼생만물(道生一 一生二 二生三 三生萬物)'이 이 원리를 보다 극명하게 보여주고 있다. 즉 도는 하나로 시작된다. 하나가 나뉘어 음양이 되고 음양이 화합하여 만물을 낳는다는 것이다. 여기서 도란 우주법칙을 말하는 것으로 일(一)은 태초(太初)의 무(無) 또는 혼륜(渾淪: 혼돈과 같다.)을 의미한다. 그리고 이(二)는 만물의 어머니로서 하나에서 나뉜 음과 양을 말한다. 삼(三)은 음양이 화합한 것, 충화(沖和: 음양이 부드럽게 화합하는 것, 충기(沖氣))의 기에 해당한다고 풀이한다.

바꿔 말하면 도가 한 기(氣)를 낳고 이 한 기가 나뉘어서 음양 두 기를 낳고 이 음양 두 기가 교합하여 다시 충화의 기를 낳고 이 충화의 기가 핵(核)이 되어 만물이 산출된다는 이치는 훗날 일본의 노벨상 수상 물리학자 유가와(湯川秀樹, 1907년생)가 <원자핵의 중간자이론>을 구성하는데 결정적 단서를 제공하게 된다. 어릴 적 그의 할아버지에게서 배운 노자『도덕경』의 이 한 구절(제42장)을 물리학적으로 풀어낸 것이다. 이로써 동양사상의 핵심이라고 할 수 있는 음양론이 과학적인 확증을 얻은 셈이다.

성환(成環) 5.7과 5.10 사이

숫자의 문제가 나온 김에 논란의 도마에 올라있는 천부경(天符經)의 핵심구절 가운데 하나인 성환오칠(成環五七) 풀이에 한번 도전해 보도록 하자.

'성환 5.7이란 조합은 애당초에 성립될 수 없는 수리(數理)다.' 천부경 신봉론자에게는 그야말로 청천벽력(靑天霹靂)과도 같은 충격이 아닐 수 없다.

이 성역의 금기(禁忌)를 깬 김계홍(金桂鴻, 1914년생, 천부경전 經典學會 회장)은 <천부경과 우주변화>-역경(易經)으로 본 천부경-(1988)에서 하도(河圖) 낙서(洛書)적으로 해석한다는 전제를 달긴 했으나 '어떤 이유로든 5와 연맥(連脈)되는 수는 7이 올 수 없으며 10 이외의 그 어떤 수도 이 자리에 정좌(定座)하지 못하는 것이 우주질서의 수와 이(理)에 맞는 서열법칙'이라고 말하고 있다.

이렇게 단정적으로 말하는 것은 처음부터 아예 이론(異論)의 여지를 남기지 않겠다는 뜻이다. 그가 주장하는 성환오십(成環五十)의 전제다.

그 이유는 이렇게 설명되고 있다.

천부경에서 성환(成環)이라는 용어는 우주창조의 생(生, 생수)과 성(成, 성수) 중 성수로서 끝없이 도는 옥고리[원성무단(圓成無端)의 환(環]를 의미한다. 이는 단 1초도 어김없이 무궁토록 스스로 도는[순이무궁(循而無窮)] 우주순환의 법칙을 말하는 것이다.

자연 수열(數列, 1 2 3 4 5 6 7 8 9 10) 중에서 하도 낙서의 음양 오행법상 1,6 수(水) 2,7 화(火) 3,8 목(木) 4,9 금(金) 5,10 토(土)로 오행의 5원질(原質)이 그 특성에 따라 분류되는데 수 화 목 금이 행운(行運: 수승화강(水昇火降)하는 우주순환 운동, 즉 태극운동)하는 과정에서 발산하는 정기(精氣)를 수렴(收斂)하여 토화(土化: 조화 조절 제어 통섭하는 작용을 말한다.)시켜나가는 책임에 충실한 수 가 곧 5,10 (토)라는 것이다.

다시 말해서 수 화 목 금 4행의 기운이 시간 공간적인 교차(交叉) 작용으로 자생하는 순수 정기의 기(氣) 주장자가 바로 5,10토 운동의 기라는 것이다.

5,10 토는 4행(行) 간에 상호 교차작용을 할 때 소요되는 인력(引力)과 추력(推力)을 통섭하고 조정하는 구심(求心) 역할을 하게 된다.

이 원리를 소우주(小宇宙)라고 하는 인체에다 대입해보면 인체는 기관 각 부위의 유착을 막고 세포 내부와 외부의 물질 이동을 적절히 조화 처리하는 독자적 기능과 역할을 할 수 있도록 막으로 둘러싸여 있다.

이(耳) 목(目) 구(口) 비(鼻) 오장육부 등 신체 각 부위의 어느 것 하나도 막으로 둘러싸여 있지 않은 것이라고는 없다.

즉 크게는 상체와 하체의 중간을 가로지른 횡격막으로부터 10조(兆)분의 1에 해당하는 세포 하나하나까지도 얇은 막으로 둘러 싸여 있다. 5토가 각 부위의 구심체를 포장하고 전체를 포장하고 관리하는 10토가 물질과 정보 에너지 등을 서로 교환할 때 수동적 수송(輸送)과 능동적

운반(運搬)으로 확산(diffusion), 삼투(滲透 smosis), 여과(濾過 filtration)
등에 기여하고 돕는 역할을 하는 것이다.

전자문명의 꽃이라고 일컫는 반도체의 역할이 이를 맡고 있다. 5행상으
로 토(진술축미 辰 戌 丑 未)에 해당하는 반도체의 신비한 기능이 직선적
이고 초고속적인 전자의 만능적인 힘과 작용을 마음먹은 대로 이끌어내
고 자동 관리할 수 있는 것이다.(심명(心命) 철학 상, 최봉수, 2002)

백인백색(百人百色)의 천부경 해설

앞에서도 말한바와 같이 수승화강(水昇火降) 운동은 수-화의 남북 축
선(軸線) 좌우에 있는 3,8 목(동 東)과 4,9 금(서 西)의 동시적인 횡적
작용에 의해 완성되는 것이다.

즉 수가 화로 올라갈 때 작용하는 추력(推力)과 다시 금으로 내려올
때 작용하는 인력(引力)의 항구적인 계속성을 말하는 것으로 이를 태극
운동이라고 하는 것이다.

이와 같이 동시적으로 일어나는 종횡(縱橫) 운동의 궤적(軌跡)을 따라
그리다보면 자연스럽게 태극모양으로 만들어지기 때문에 붙여진 이름이
태극인 것이다.

5,10토를 구심점으로 하는 5행의 태극운동이 우주의 생성원리를 현대
과학(천체물리학) 이상으로 가장 정확하고 적실하게 밝히고 있는데 시대
적으로는 벌서 수천 년 전부터 이 원리를 정립하고 구사해 왔다는 놀라운
사실 앞에 경탄을 금치 못한다.

지금까지는 역경(易經)을 통해서 천부경의 허(虛)와 실(實)을 따져 보
았다.

이제부터는 1975년 이후 이를 경전으로 채택하고 있는 대종교를 비롯
하여 천부경 연구에 심혈을 쏟고 있는 이른바 재야학자들의 이 대목(성환

成環 5,7)에 대한 해설을 살펴보도록 하자.

영문학자 출신의 고대사가 임승국(林承國, 1928년생, 명지대)은 엄밀한 의미에서 재야학자는 아니다. 그래서 그런지 몰라도 그는 천부경에 대한 해설도 무척 신중한 자세로 접근하고 있음을 알 수 있다. 이런 그의 시각은 천부경의 개요를 해제하는 식으로 풀이한 주(注)에 잘 나타나 있다.(『환단고기』 태백일사 편 소도경전 本訓 중에서 1986)

'학자에 따라 천부경에 대한 가치평가는 엄청나게 다르다. 민족의 3대 경전이라 치켜세우는 학자가 있는가 하면 천부경은 경전이라 볼 수 없고 이를 문장으로 해석할 수 없는 일종의 기호나 부적이라고 혹평하는 학자들도 있다.

또 일부 주역의 수리(數理)학자들은 천부경의 수리학적 가치만을 중시하여 우주 삼라만상의 원리가 과거 현재 미래까지도 꿰뚫는 경전이라고 격찬한다.

그러나 역학(팔괘나 오행 등)에 대한 심오한 지식 없이 이를 풀이하려는 것은 만용(蠻勇)이다. 천부경에 대해서는 현토(懸吐 토를 닮)나 읽는 법조차 통일된 것이 없다. 통일된 것이 없다함은 통일된 해석도 없다는 뜻이라고 미리 천부경의 다양한 해석을 전제해 놓고 축자(逐字) 식으로 원문을 따라가면서 해석하고 있다.

그의 말 그대로 그의 '성환 5,7' 현토는 좀 특이하다. '성환'을 앞 행(行)의 '운(運) 3,4' 뒤에다 부치고 '5,7'은 바로 뒤 행의 '일묘연(一妙衍)' 앞에다 얹어 놓음으로써, 운(運)의 3은 4로서 성환하고 5와 7은 1로서 묘연하여 라고 뜻이 아닌 글자풀이를 하고 있음을 알 수 있다. 한마디로 자신의 주관을 극도로 배제하고 있는 것이다.

토(吐)달기와 읽는 법도 각각 달라

그리고 그 주석에서 이르기를 '원문과 대조하면 이 부분의 해석에 대해 의아해할 것이다. 현토와 읽는 법이 서로 서로 다르다'는 것을 전제하면서 특히 현토에 유의할 것을 당부까지 하고 있다.

한편 일본인 가지마(鹿島昇)의 일어판 『환단고기』 번역에 자극받아 최초의 한글판을 낸(1985) 늘샘 강수원(姜壽元, 1910년생 대종교 총 전리, 삼일원장 역임)은 비교적 쉬운 문장으로 풀어서 쓰려고 노력하고 있는데 예의 대목에서 '3이란 끝남의 근본이요 4는 3으로부터 나는 것이니 이것이 근본의 변화된 자리다. 그러므로 3과 4로 운행한다 이르고 6이란 3극(極)의 크게 합침이요 7이란 6으로부터 나는 것이니 이 또한 근본의 변화함이다. 그러므로 5는 6의 먼저가 되고 7은 6의 뒤가 되므로 가락지(환 環)와 같은 원형을 이룬다.(운 運 3,4 성환 成環 5,7의 해설 중에서)'고 알듯 모를 듯한 극히 평면적인 해석을 내놓고 있다.

인터넷에서 만난 박광현은 「고인돌과 거석(巨石) 문화」(2000)라는 글에서 이 대목을 이렇게 접근하고 있었다. 5는 하늘[양(陽)] 땅[음(陰)]을 합치는 모양에서 비롯되어 1,7일을 주기로 삼신(三神)에게 나아가 맹서하고 자부(紫府) 선생(박포자(朴抱子)에 등장하는 중국시조 황제의 스승)이 7일을 주기로 토신(土神)에게 나아가 제사 지내는 것이라고 견강부회하는가 하면 심지어는 저 그리스의 피타고라스 정리(직각 삼각형의 가로 세로의 비례가 3,4 이면 그 빗금 길이는 5라는 공식)까지 다 동원하여 '성환 5,7'의 수리를 꿰어 맞추어 보려고 별 희한한 시도를 다 하고 있는 것을 볼 수 있었다. 잘못 끼워진 첫 단추의 그늘이다.

『태백일사』 첫 장에서 찾은 해답

그런데 정작 그 해답은 의외로 가까운데 있었다.

천부경 해설을 찾으려고 『환단고기』(임승국 역) 중 이맥(李陌, 1455~1528)의 『태백일사(太白逸史)』를 뒤적이다가 그 첫머리 (삼신오제본기 제1) 표훈천사(表訓天詞)에서 우연찮게 발견하게 된 것이다.

뜻이 있는 곳에 길이 있다고 전에도 여러 번 이편을 훑어보기는 했는데 그냥 지나쳤던 것을 이번에 다시 찾은 것이다. 종이 몇 장의 거리가 이토록 멀고 길 줄은 미처 몰랐다.

마치 깊은 수원지(水源池)처럼 '성환 5,10'의 오묘한 뜻을 고스란히 담고 있는 표훈천사를 내용 그대로 인용하여 풀어보면 다음과 같다.

아직 기(氣)가 있기 전(음양이 나눠지기 전 세상만물의 원시(元始) 상태, 즉 혼돈 카오스상태)에 제일 먼저 생명의 근원인 물을 낳게 하여 태수(太水, 1,6수)로 하여금 북방에 있으면서(일원(一圓), 즉 태극의 밑바닥은 북방) 사명(司命: 사람의 목숨을 관장함)으로 검은 색을 관장케 하고(흑제 黑帝) 아직 기(機: 사물이 일어나는 기미 또는 단서 실마리)가 있기 전에 먼저 불을 낳게 하여 태화(太火, 2,7 화)로 하여금 남방에 있으면서(일원의 상단은 남방) 붉은 색(적제(赤帝): 빛과 열을 주관)을 관장케 하고 아직 질(質)도 있기 전에 먼저 나무를 낳으니 태목(太木, 3,8 목)으로 하여금 동방에 있으면서 푸른 색[청제(靑帝): 낳아 기름을 관장]을 관장케 하고 아직 형(形)이 있기 앞서 먼저 금(金)을 낳아 태금(太金 4,9 금)으로 하여금 서방에 있으면서 흰색[백제(白帝): 성숙을 주관]을 관장케 하고 아직 체(體)도 생기기 전에 먼저 흙을 낳으니 태토(太土 5 무토 戊土 10 기토 己土)로 하여금 중앙에 있으면서 노란색[황제(黃帝): 조화를 주관]을 관장케 하니 5행이 일원상에서 종적 횡적 운동을 하는 것을 일러 태극운동이라고 하는 것이다. 태극운동은 종적 횡적 운동이 동시에 일어나는 것이기 때문에 운동의 순서가 큰 의미가 없는 듯하나 수승화강(水昇火降)의 이치로 보면 수가 목을 매개로 상승하였다가 화에서 금을 매개로 하강하는 것이 맞다.

이상 5제 중에서도 태토 황제가 조화를 주관하는 것은 앞에서도 설명한 바와 같이 성환 5,10의 근본 사명을 말하는 것이다.

크게는 대우주에서 작게는 곡식 낟알 한 개에 이르기까지 존재하는 모든 것은 생물 무생물을 불문하고 이 태극운동이 그 존립의 근거가 되고 있는 것이다. 우리의 태극기가 이 같은 우주의 생성원리를 고스라니 담고 있어 세계 어느 나라 국기보다 위대하고 뜻이 깊다는 것이다.

우실하의 삼태극 논리를 반론하다가 천부경의 수리를 논한 것이 초심자들에게는 좀 생뚱맞아 보일 수도 있으나 재야사학에서는 한 번은 꼭 짚고 넘어가야 할 문제라고 생각해서 정리를 해본 것이다.

3파문(巴紋)은 삼태극이 될 수 없다

그러면 이제 다시 본론으로 돌아가 우실하가 삼태극의 본원으로 들고 있는『한서』율력지의 원문 그대로 태극원기(泰極元氣) 함삼위일(含三爲一)이란 단지 자(子)의 수인 1에 3을 곱해가는 자승(自乘)의 원리를 말하는 것일 뿐 태극의 창조원리와는 무관하다는 것을 다시 한 번 강조해 둔다.

3태극의 기원에 대해서도 우실하는 둥근 태양 속에서 타오르는 불꽃 모양을 상형(象形)한 것이라 하여 일차적으로 모양, 즉 도상(圖像)으로서 파악하고 있는 것이다. 그리고 그는 우리나라에서는 태극선(扇 부채)이나 상호 등에 사용되고 있는 삼태극을 예로 들면서 중국에서 사용되고 있는 삼태극 도판자료만도 고대에서 지금까지 2백 여 개에 이르고 있다고 하였다. 가위 삼태극 천국이라 이를 만하다.

그러나 고고학계에서는 그 모양이 파(巴)자를 닮았다고 해서 파문(巴紋)이라 불리기도 하고 또는 물이 소용돌이치는 모습과 닮았다고 해서 와문(渦紋)이라 불리기도 한다는 것이다. 처음에는 3파문 4파문 5파문이 공존하다가 전국(戰國) 춘추시대 들어 대부분 3파문으로 통일되어 간다는 것이다.

일본에서는 주로 가문(家紋)으로 많이 쓰이고 신사에서 쓰는 것을 신문(神紋) 또는 사문(社紋)이라 하는데 일반적으로는 3파문이라 부른다고 한다.

지난 1991년 김해 대성동 고분(13호)에서 바로 이 파형 동기(銅器)가 발굴되어 화제가 된 일이 있었다. 지난 3월(2010) 서울에서 열린 한·일 역사공동연구위원회(한국 측 위원장 조광, 일본 측 도리우미 야스시)는 4~6 세기 경 왜(倭)가 한반도 남부 김해 주변에 통치기구를 세워 다스렸다는 일본의 이른바 황국사관(식민사학)의 뿌리인 임나(任那) 일본부설에 대해 용어 자체가 부적절하다는 데 의견을 같이 하였다.

동 연구위원회가 출범한 지 8년 만에 이룩한 이 성과로 장년에 걸친 한일 간의 역사 논쟁은 새로운 전기를 맞게 되었다.

그러나 이보다 10여년이나 앞서 김해 대성동 고분 발굴 때 출토된 유물 가운데 파(巴)형 동기(4파문)가 임나일본부의 허구성을 지적하는 결정적인 단서가 되었다. 이 파형 동기가 일본에서 출토된 것보다 시대적으로 훨씬 앞 설 뿐 아니라 기마와 관련된 출토품은 이 지역에 강력한 군사력을 지닌 국가가 실재했음을 실증하는 것이라고 본 것이다.

이와 같은 군사력의 격차와 문화적인 선후진(先後進)의 차이는 임나일본부가 들어설 수 없다는 것을 확증하는 것이고 또 당시 일본에는 이를 만들 만한 중앙집권국가가 성립되지 않았음을 인정하는 것이기도 하였다.

임나(任那)일본부 잠재운 파형(巴形) 동기

이때 일본의 NHK 방송은 '역사 탄생'이라는 프로그램을 통해서 이 같은 사실에 근거하여 임나일본부의 존재란 생각할 수 없다는 결론을 내린 바 있다.

과거(일제시기)에 일본 사가들은 임나일본부설을 증명하는 결정적인 자료로서 광개토대왕 비문과 이소노가미(石上) 신궁 소장의 칠지도 명문을 곧잘 끌어다 대곤 했었다.

'왜이 신묘년 내도해파백잔 라이위신민(倭而 辛卯年來渡海破百殘羅以爲臣民'이라는 광개토대왕 비문을 두고 '왜가 신라와 백제를 신민으로 삼았다'는 일본식 해석과 이 구절의 앞 문장에 등장하는 고구려를 주어로 '고구려가 백제와 신라를 신민으로 삼았다.'는 한국측 해석의 두 주장이 팽팽하게 맞서 왔었다.

칠지도 역시 그 명문을 밝혀낸 간 마사도모(菅政友)의 <임나고(任那考)>(1890) 이래 일본 사가들에 의해 임나일본부설의 기본사료로 인용되어 왔었다.

그러나 이 역시 헌상(獻上: 일본 측)과 하사(下賜: 한국 측)로 맞서 쉽사리 결론이 나지 않자 그 실재 여부는 결국 고고학적 발굴 성과에 의존할 수밖에 없다는 잠정적 합의를 이끌어내고 이 합의에 의해 식민사학을 대표하는 이마니시(今西龍, 1875~1931)를 동원하여 방대한 발굴조사를 실시한바 있다. 그러나 이 역시 아무런 성과 없는 보고서(1917)가 나왔을 뿐이다.

이런 가운데에서도 일제는 임나일본부설을 역사교과서에까지 반영하여 지금까지 그대로 가르치고 있었는데 이번에 양국 사가들이 그 존재를 인정하지 않는다고 합의한 것은 실로 120년 만의 역사적 쾌거라 하지 않을 수 없다. 우리 입장에서 보면 본래 제 자리로 돌아간 것일 뿐이지만 앞으로 100년 일본 침략의 역사적 교두보를 제거했다는 점에서 그렇다는 것이다.

그런데 이와 같은 합의를 이끌어내는 데 결정적인 역할을 한 것이 다름 아닌 김해 대성동 고분에서 발굴된 파형(巴形) 동기라는 사실을 다시 한 번 환기하고 본 편에서 다루고 있는 삼태극의 가설과는 너무나 거리가 멀다는 것을 새삼 느끼게 된다.

지금까지 살펴본 그대로 일본의 식민사관을 잠재우는 데 결정적인 역할을 한 파형 동기가 왜계 유물이라는 설이 최근 일각에서 제기되어 그 진위(眞僞, 참인지 거짓인지) 여부가 궁금하던 차에 알고 보니 일본에는 예부터 6개의 뿔모양의 관상(管狀) 돌기(突起)가 달린 스이지가이(水字貝)라는 조개를 화재를 예방하는 부적(符籍)으로 신성시하는 풍습이 있었는데 이것을 삼파문(三巴文)의 원형으로 보았다는 파형과는 아무런 상관도 없는 조금은 엉뚱한 족보를 끌어다 부치고 있다.

이처럼 중국이나 일본의 삼파문이 어느 것 하나 삼태극과의 관련성을 언급한 것이 없는데도 단지 모양이 비슷하다는 이유 하나만으로 삼태극과 맞바로 결부시키는 것은 아무래도 성급한 결론이 아니었나 싶다.

8장
민족의 고향 역사의 고향

우강 양기탁　　석농 유근　　위암 장지연　　우창 신석우　　남강 이승훈　　호암 문일평

위당 정인보　　산운 장도빈　　벽초 홍명희　　희산 김승학　　추송 장덕준　　춘원 이광수

정부도 못한 일을 한 민간인(검자 김영기)이 국제사법제판소에 간도 반환소송을 제기하고 평화궁 앞에서 풀레카드를 들고 1인 시위를 하고 있다. 좌측은 간도문제의 원인이 된 백두산정계비

34. 일제 식민사관 서설(序說)

지금 중국이 그런 것처럼 지난 날 일본이 소위 황국(皇國) 사관을 앞세워 우리 역사를 난도질 칠 때 우선 명분상의 우위(優位)를 선점하고자 우리 역사 속에서 그 단서를 찾아냈다. 앞장에서 잠시 언급한 것처럼 광개토대왕 비문이 그 대표적인 예라고 할 수 있을 것이다.

비문 왜곡으로 임나일본부 조작

동양 최고(古)임을 자타가 공인하는 이 비문의 권위를 십분 활용하여 이 비문의 한 구절(신묘년 기사)에서 임나일본부설을 이끌어내고, 이 설을 고리로 하여 그들의 식민 지배를 정당화하는 논리로 이용했던 것이다.

그러나 일본의 이런 수법은 너무 성급하고 또 서툴렀다.

일반적으로 공적비를 세울 때 지켜야 할 가장 핵심적인 가치는 비문의 주인공과 그의 공적을 기리고 부각시키는 일인데 앞뒤를 헤아리지 않고 견강부회 식 축자(逐字) 해석에 매달리다 보니 이처럼 가장 기초적인 원리를 망각하고 남의 잔치(비문 건립)에 자신(왜)을 주인공처럼 끼워 넣는 우(愚)를 범하고 만 것이다.

그래서 상식적으로 생각해도 앞뒤가 안 맞는 억지 해석을 하게 된 것이다.

또 하나의 결정적 실수는 연대순(年代順)의 어긋남[저어(齟齬): 이가 맞지 아니함)이다. 더구나 이 문제를 제기한 사람은 일본인 학자(후루다 다케히코(古田武彦), 1926년생 소화(昭和) 약과대 교수)였다.

그는 그의 저서『잃어버린 구주왕조(九州王朝)』(1986) 가운데 '비문 해독과 왜의 역사'에서 묘갈명 작성의 필수조건이라고 할 수 있는 연대순 훈적사인 호태왕 비문을 영락(永樂) 5년~영락 원년(辛卯年)~영락 6년 하는 식으로 착란(錯亂) 도치(倒置)된 형태로 이해해 왔다면서 신묘년 기사 중의 도해(渡海) 파위(破·爲) 등 동사들이 모두 영락 5년의 글 머리에 있는 왕궁솔(王躬率: 왕이 몸소 거느리고)을 받고 있다고 본 것이다.

등하불명(燈下不明)이라고 바로 눈앞에 있는 신묘년에는 의문을 갖지 않고 뜻이 제대로 통할 리 없는 글자 풀이에만 집착해온 지금까지의 비문 해독 방식이 얼마나 무모했는가를 날카롭게 지적하고 있다.

전 후 사정이 이러할 진 데 '辛卯年' 3자는 들어가서는 안 되고 들어갈 필요가 없는 자리에 들어가 있다는 예기가 된다. 뒤집어서 말하면 그것은 본래 그 자리에 있던 글자가 왜에는 결정적으로 불리한 문자라는 추론이 가능하다.

이에 대해 한문학자 이동길(李東吉)은 왜에 결정적으로 불리한 문자 1 순위는 조공(朝貢) 아니겠느냐며 '신묘년(辛卯年)'의 '신 辛'자와 자형이 비슷한 '亦' 자를 앞에다 놓으면 '역조공(亦朝貢)'이 되어 뜻과 자형(字形)에 있어서 가장 근사한 문구가 될 것이라고 하였다.

일제에 의해 변조된 문자를 드러내고 재구성한 신묘년 기사를 다시 한 번 정리해 보면 '백제와 신라는 본래 고구려의 속민(屬民)으로 고구려에 조공을 바쳐왔으며 왜 또한 바다를 건너와서 조공하였다. 고구려가 백제를 파하고 신라를 정벌하여 신민(臣民)으로 삼았다. 영락 6년에는 왕이 친히 백제를 정벌하였다.'로 앞뒤 문장의 맥(文脈)이 막힘없이 자연스럽게 물 흐르듯 생동(生動)함을 느낄 수 있다.

스스로 해친 역사 남도 무시

자모이후(自侮而後)에 인이해지(人而害之)라는 말이 있다. 자기 스스로 자신을 업신여긴 연후에야 남들도 나를 해친다는 뜻이다. 우리 역사 중에서도 고대사가 특히 그렇다.

한국인의 정신적 구심점인 단군을 말살하고자 일제가 획책한 음모에 직간접적으로 가담하여 지금껏 그 멍에를 벗지 못하고, 단군의 실재를 부인하려고 일부 학자들은 아직도 단군을 신화의 울안에다 가두어놓은 채 꼼짝달싹 하지 못하게 하고 있다.

그들이 단군을 부인하는 꼬투리는 아주 단순명료하다. 순진무구한 어린이들에게나 먹혀 듬직한 단군 치세(治世) 1500년이라든가 1908세 장수, 심지어는 '곰의 자식' 또는 인용 전거의 불확실성 등이 단골 메뉴로 등장하기도 한다.

인용 전거나 '곰의 자식' 운운은 뒤에 다시 설명하겠지만 예를 들면 연세대를 '신촌 독수리' 고려대를 '안암골 호랑이' 하는 식으로 상징적인 동물을 앞세워 힘을 과시하려는 일종의 토테미즘에 다름 아니고 '치세 1500년' '1908세 장수'는 단군의 혈통을 이은 역대 왕조를 가리키는 말인 데도 마치 단군 한 사람의 수명이나 치세가 그런 것처럼 견강부회하고 있는 것이다. 데마고기(사실과 반대되는 선동적 선전)의 전형이라고 할 수 있다. 중국이 동북공정을 강행하면서 작정하고 단군 조선을 부인하는 방편으로 이를 이용하고 있는 것도 따지고 보면 그 원인 제공자가 바로 우리 자신이라는 사실을 알아야 할 것이다.

중국처럼 자국 중심의 역사 서술을 위해 의도적으로 왜곡하는 것이 아니면 한문의 해석에서 그 의미의 함축성이나 신축성(伸縮性)이 얼마나 넓고 깊은지 몰라서 하는 소리다. 한마디로 말해서 무식의 소치다. 아니면 무식한 척하고 위악(僞惡)을 하는 것인지도 모른다. 그렇다고 48대 단군의 이름까지 거명하면서 일견 짜 맞추기 식 인상을 주는 성급한 결론을 내려서도 안 될 것이다.

거기에다 은나라 사람 기자가 단군 조선에 이어 조선을 통치(교화)하고 연(燕) 나라 사람 위만(衛滿)이 이를 계승하였다고 하였으니 우리 상고사에 관한 한 가위 중국의 독무대나 다름이 없다.

또 위만조선을 멸망시킨 한무제(漢武帝)는 그 자리에 다시 한사군을 두게 된다.

이렇듯 우리 역사의 머리 부분에 해당하는 상고사 역대 왕조가 모두 앉은 자리에서 중국의 역사체계 속에 편입되어버리고 만다. 이것이 모두 일제 식민사관의 영향을 받은 한국인 자신의 손에 의해 이루어졌다는 사실 앞에 조금이라도 의식 있는 사람이라면 할 말을 잊고 만다. 그것마저 한반도 안에서 모두 이루어진 것이라고 하니 거기다 대고 더 이상 무슨 말을 하겠는가!

중국이 동북공정을 가동하면서 맨 먼저 고구려를 들고 나온 것은 고구려가 한 4군의 하나인 현토군(고구려 현)에서 일어났으니 고구려 또한 중국 역사에 포함된다는 역사적 정당성을 확보하기 위해서였다.

역사상 이름이 가장 많이 알려지고 가장 강력했던 고구려를 선점함으로써 동북공정의 효과를 극대화하려는 의도가 그 저변에는 깔려 있다.

동북공정이 노리는 것은 우리 고대사의 허리 부분에 해당하는 고구려를 제일 먼저 중국사에 편입시킴으로써 마치 성벽 중간의 벽돌 한 켜를 몽땅 들어내는 효과를 기대하고 있는 것이다.

그리하여 위로는 고조선사와 아래로는 발해사까지 동시에 무너뜨려 궁극적으로는 한국 고대사 전체를 해체시키려는 것이나 다름이 없다.

위기를 기회로 바꾸는 지혜

"조금도 걱정할 것 없다. 그들이 지금 우리가 할 일을 대신 해주고 있지 않으냐". 고조선의 요람으로 일컬어지는 요동 일대 홍산(紅山)문화 지역만도 십수 차례를 답사한 지리학자 이형석(李炯石)은 동북공정에 대해 비분강개하거나 감정적 비판만 하기에 앞서 오히려 이런 기회를 잘 활용하여 역사복원의 디딤돌로 삼아야 한다고 생전에 곧잘 말하곤 했다.

낙관론이라기보다는 위기를 기회로 바꾸는 지혜를 주문했던 그다. 개방 초만 해도 한국관광객들이 중국 땅 현지에서 고토 수복의 비원을 불태우며 실속 없는 허장성세로 격정을 토로한 것이 도리어 부메랑이 되어 되돌아오고 있음을 경계하면서 말이다.

조용한 가운데 내실을 쌓고 다지는 것이 먼저라는 것이다. 그러면서 다시 보라는 것이다.

황제가 홍산인이라는 설명만 해도 그동안 중국이 견지해오던 주장[화하족(華夏族)의 조상]과는 거리가 너무 멀기 때문에 실감이 들지 않을뿐더러 누가 봐도 역사 연대 끌어올리기의 한 방편에 불과하다는 것을 한눈에 알 수 있다면서 그러면 그럴수록 손바닥으로 하늘 가리기 식 중국의 역사공략에 대응할 수 있는 운신의 폭은 그만큼 더 넓어진다는 것을 의미하는 것이라고 그는 기회 있을 때마다 환기시켜주곤 했다.

중국인이 그동안 일궈낸 고고학적 성과를 토대로 확인한 홍산문화 지역에 존재했다는 '신비의 왕국'은 이제 더 이상 신화가 아닌 실존 고대국가 문명으로 자리매김 되고 있다. 중국인이 지난 수천 년간 야만이라고 멸시하던 동이족(東夷族)이 그들의 영역에다 세운 고대국가(단군조선 건국과 연대가 일치함)를 다른 사람 아닌 중국인 학자들이 입증해준 것이다.

단재(丹齋)가 개발한 동북공정 대응논리

'중국의 동북공정에 대응하는 우리 논리는 70여 년 전에 이미 단재(丹齋) 선생(신채호)이 개발해 놓았다.'고 한 출판인(박기봉, 1948년생)의 말을 새삼스럽게 상기시키는 이유는 그가 항일투쟁의 염원을 불태우며 개척한 이른바 민족사학이 정작 광복된 조국에 돌아와서는 정통성이 허약한 재야사학 대접밖에 받지 못했는데 아이러니하게도 중국의 동북공정을 계기로 그 진가(眞價)를 발휘하여 비로소 제 자리를 찾게 되었기 때문이다.

재야사학은 그 기본사서(환단고기를 말함)의 진위 논란이 있음에도 불구하고 이제 더 이상 과거와 같은 맹목적 과대사관에 사로잡혀 있지 않다는 것을 당당하게 선언해야 할 것이다.

그런 의미에서 앞서 말한 출판인이 한자(漢字) 문맹세대들이 읽고 하루 빨리 식민사관에서 벗어나기를 바라는 마음에서 한글 번역을 하였다는『조선상고사』에 담은 단재의 투철한 역사의식과 다시 만나보는 것도 의미 있는 일이 될 것이다.

더욱이 이 책은 단재가 여순 감옥에서 옥중생활을 할 때 참고문헌 하나 없이 순전히 머릿속 기억을 되살려 일필휘지로 써 내려갔다는 일화를 남기고 있다. 마치 영상(映像)을 되돌려 재생시키듯 한 그의 천재성에 다시금 탄복하지 않을 수 없다.

'역사란 무엇인가. 인류 사회의 아(我)와 비아(非我)의 투쟁이 시간으로 발전하고 공간으로 확대되는 심적(心的) 활동 상태의 기록'이라는 머리말로 더 유명한 이 책갈피마다에는 오늘을 미리 예견이라도 한 듯 우리의 강역을 한반도 안으로 축소 왜곡하고 있다고 준열하게 질타하고 있다.

'나로서 보건대(우안 愚案) 그 지리설(구암 久菴 한백겸 韓百謙 1552~1615의 동국지리설) 중 삼한과 조선을 분리함이 범엽(范曄: 후한서 지리지의 저자)이 전한 동이열전(東夷列傳)의 지리를 설명함에는 족하나 이로서 고조선 3천년 동안의 지리를 단정하며 동국은 옛날부터 한강 이남을 삼한이라 하고 한강 이북을 조선이라 하였다는 결론을 내렸음은 너무도 맹목적이요 무단적(武斷的)이라 생각한다.'

이것은 선생(한백겸)이 삼신(三神) 삼경(三京) 삼한(三韓) 삼조선(三朝鮮)의 연락적 관계, 발조선(發朝鮮) 발숙신(發肅愼) 부여 조선 예맥(濊貊)조선 진국(震國)진번(眞番)조선 진한(辰韓) 마립간(麻立干) 마한 모한(慕韓) 등이 동음 이역(異譯)임을 몰랐으므로 이 같은 큰 착오가 있게 된 것이라고 그 원인을 진단한 뒤 '그러나 동이열전에 보이는 삼한의 위치는 선생이 비로소 간단명료하게 분석해서 밝힘으로서 기왕의 역사는 기록만 있고 연구는 없었다고 하는 조선 사학계에서 선생이 처음으로 사학의 실마리를 풀었다고 해도 과언이 아니다.'고 (미력하나마) 그의 지리서가 사학 발전의 기폭제가 되었음을 인정하고 있다.

이어서 '한백겸의 「동국지리서」가 비록 수십 줄(사실은 1책 60장)에 지나지 않는 간단한 논문이지만 일반 사학계에 큰 광명을 열어서 그 뒤 다산(茶山) 정약용(丁若鏞, 1762~1836)의 <강역고(疆域考)>며 한진서(韓鎭書, 생몰년 미상)의 <지리고(地理考)>(15권) 순암(順菴) 안정복(安鼎福, 1712~1791)의 <동사강목(東史綱目)>에 실린' 강역론, 그밖에 '조선 역사지리를 설하는 사람은 모두 한(韓) 선생의 그 간단한 지리서를 부연하고 있을 뿐'이라고 한백겸 이후의 척박하기 이를 데 없는 연구풍토를 비판하고 있다.

35. 싹쓸이식 중국의 신식민 사관

'고주몽은 고신(高辛)씨(중국 5제의 한 사람, 일명 제곡(帝嚳), 황제의
증손)의 후예라느니 김수로(金首露, 가야국의 시조)는 금천(金天)씨(황
제의 아들, 소호(小昊))의 후예라느니 또는 진한(辰韓)은 중국 진인(秦
人)이 동래(東來)한 것이라 하여 말(언어)이나 피(혈통)나 뼈나 교(敎: 교
육과 정치의 힘으로 풍습을 잘 교화시킨다는 풍교를 이름)나 풍습이 한
가지도 같은 것이 없는 지나(支那: 중국을 가리킴)족을 동족으로 보아
말살[마육(馬肉)]에다 쇠살(소고기)을 묻힌 어림없는 붓을 놀린 뒤로 (일
찍이) 그 편벽된 소견을 간파한 이가 없었으므로 우리 부여의 족계(族系)
가 분명치 못하여 드디어는 조선사의 위치를 캄캄한 구석에 둔 지가 오래
되었다'고 중국의 정사(正史)라는 대표적인 사서들이 오늘날 자행하고
있는 역사 침탈의 얼개를 그때 이미 만들어 놓았음을 우리만 모르고 있다
고 한탄하고 있다.

말살(馬肉)에다 쇠살을 묻힌 붓놀림

시대 따라 끌어다 붙이는 조상마저 달라지는지 최근 동북공정에서는
고주몽의 출자(出自)에 관해서 중국 고대의 고이족(高夷族)에다 그 뿌리

를 대고 고구려족이 중국인이라고 억지(생떼)를 부리고 있다.

반면에 중국의 정사격인『위서(魏書)』(554, 위수(魏收))에 따르면 고구려의 고씨는 부여에서 나온 고주몽에게서 유래한 것이라고 고구려 족의 유래가 중원과는 관계없는 별(別) 계통임을 분명히 하고 있다. 저희 역사책마저 부인하는 중국인과는 역사라는 이름을 걸고 말한다는 것 자체가 오히려 부끄럽고 무의미한 일이다.

진인동래(秦人東來)의 진원지는『후한서』동이열전 한조(韓條)에 나오는 '자언지망인(自言之亡人) 피역내적한국(避役 來適 韓國), 마한할 동계지여지(馬韓 割 東界地 與之)'라는 한 구절이다.

즉 '진한(辰韓)은 그 노인들이 스스로 말하기를 진(秦)나라에서 망명한 사람들로서 고역(苦役: 만리장성 축조에 동원된 성역(城役)을 말함)을 피하여 한국에 오자 마한이 그들의 동쪽 지역을 떼어주어 살게 하였다.'는 것이다. 마한 동쪽에 있었다는 것으로 보아 진한은 신라의 발상지로 신라와 거의 동의어로 쓰일 정도로 그 영역이 일치한다.

그래서 그 진한이 진나라 망명객이 세운 나라라는 것이다. 그렇다면 신라의 뿌리도 종국에는 중국인이라는 결론에 이르게 된다는 것을 단재는 지적한 것이다.

지난해 말(2009. 12. 21) 열린 한중일 국제한자문화 학술대회에서 한 일본인 학자(모리히로미치 森 博達 , 교토 산업대)가 '진한과 백제의 한자문화'를 발표하면서『후한서』에 '기묘한 기사'가 하나 있다고 전제한 뒤 바로 이 구절[진인동래(秦人東來)]을 들어 '진한은 중국 진대(秦代)에 망명해온 중국인의 나라였다.'고 거침없이 말하는 것이었다. 듣기에 따라서는 사실상 신라 정통을 내세우고 있는 한국의 역사가 송두리 채 중국인의 역사로 뒤바뀌는 그런 순간이었다.

발표회가 끝난 뒤에 일본인 교수를 따로 만나 이 사실을 지적하자 그는 사서(史書)에 나와 있는 그대로를 발표했을 뿐이라며 예의 중국 정사(正史) 쪽으로 화살을 돌리는 것이었다.

그때 필자는 발표회를 주관한 국제 한자진흥협의회의 기관지(한글+漢字문화)에 반드시 반론을 제기하겠다고 선언을 했으나 지금껏 실천에 옮기지 못하고 있었는데 이번 기회에 반론 약속도 지키기 겸해서 일찍이 단재가 제기했던 '진인동래'의 진실은 과연 무엇인가 다시 한 번 짚어보기로 하겠다. 김부식(金富軾, 1075~1151)의 『삼국사기』에 따르면 2천 년 전 신라 유리왕(24~56) 때 추석 명절날이면 여인들이 궁성 뜰에 모여 길쌈 내기를 한 뒤 회소곡(會蘇曲, 또는 회악(會樂))을 불렀다고 한다.

'아소서(知) 또는 모이소(集)'라는 뜻을 지닌 이 노래는 진시황이 발해만 건너에 만리장성을 쌓을 때 힘든 노역을 피해 진한(辰韓 후에 신라가 일어난) 땅으로 흘러들어온 도망자나 그들의 후손이 고향에 두고 온 가족들을 그리며 애별이고(愛別離苦: 사랑하는 사람과 헤어져 만나지 못하는 고통)의 슬픔을 피를 토해내듯이 불렀다고 한다.

전쟁과 기근이 유난히 잦았던 시절이었으니까 이산(離散)의 아픔은 그들 뿐 만의 것은 아니었을 것이다. 발길 닿는 곳이면 어디서든 쉽게 만날 수 있는 아픔이었을 것이다.

신라건국의 모체는 서라벌 6촌

또 '신라본기'맨 첫 장에 보면 일찍이 '조선(고조선을 말함)의 유민(流民 또는 遺民)들이 이곳(진한 땅)에 와서 산곡간(山谷間)에 흩어져 여섯 촌락을 이루었다.'고 하였는데 이것이 바로 신라 건국의 모체가 되었던 '서라벌 6촌'을 말하는 것이다.

그리고 조선 유민에 대해서도 망인(亡人), 즉 망명자라는 주(注)를 달고 있는데 이들 역시 진(秦)나라 등 중원 세력에 밀려 동(東)으로 이동해

온 동이(東夷)인이라는 것을 미루어 알 수 있다.

알천(閼川)의 양산(陽山)촌을 비롯하여 돌산(突山)의 고허(高墟)촌, 취산(嘴山)의 진지(珍支)촌(혹은 우진촌(于珍村)), 무산(茂山)의 대수(大樹)촌, 금산(金山)의 가리(加利)촌, 명활산(明活山)의 고야(高耶)촌 등 이른바 서라벌 6촌에 대해서는 교과서에까지 이미 실려 있는 말하자면 우리의 정사인 셈이다.

이때가 박혁거세(朴赫居世)가 신라의 첫 임금으로 추대(서기 전 57년)되기 전이니까 진시황(서기전 259~210)이 만리장성을 축조하던 2백년쯤 후가 된다. 그들이 신라의 모태(母胎)인 진한의 주인공이 되었다는 이야기다.

바로 그 진지망인(秦之亡人)이 마치 진한의 건국세력인 것처럼 묘사하고 몇 가지 언어상의 유사점(도(徒)라고 부르는 상대방에 대한 호칭 등)을 들어 진나라 사람들과 흡사하다느니 이런 연유로 진한(辰韓)을 진한(秦韓)이라 부르기도 한다는 등 비약에 비약을 거듭하고 있다.

한자문화의 측면에서 이 문제를 제기하고 있는 일본인 학자는 진한 사람들이 진나라 사람들과 비슷한 점이 있다고 생각하는 결정적인 단서로 국(國)을 방(邦)이라고 한 데서 찾고 있다.

용례를 들면 전국시대부터 진대(秦代)까지 재상을 상방(相邦)이라 부르다가 한(漢)대 이후 상국(相國)이 되었는데 삼국시대가 되어서도 국(國)을 방(邦)이라고 말하는 진한은 진나라 시대의 고풍(古風)스러운 한어(漢語)를 사용하는 종족으로 생각된다는 것이다. 원래 중국에서 상국은 승상(丞相)의 위에 있었으나 승상도 상국으로 칭하게 되면서 오늘날 같은 하나의 통칭이 되었다는 것이다. 글자 그대로 관직명은 아니고 칭명(稱名)이다.

그러나 삼국 시대 초까지 쓰였다는 '상방'이라는 단어는 그 어디에서도 찾을 길이 없다. 신라 상대(上代)의 직관제(職官制)를 보면 2대 남해왕(재위 4~24) 때 국사를 위임받은 대보(大輔)라는 직책이 '상국'에 상당하는 것 같고 3대왕 유리왕 9년 17등 품관(品官)의 1급이 이벌찬(伊伐湌, 혹은 서발한 舒發翰)이었으며 법흥왕 17년(556)에 '상국'에 해당하는 상대등(上大等, 혹은 上臣) 제도를 두었다고 되어 있다.

서불(徐市) 일행과 진지망인(秦之亡人)

『진서(晉書)』 동이열전 진한전은 그 주석에서 진한에 진나라사람들이 망명해 와서 살았다는 진지망인(秦之亡人)에 대해 진한(辰韓)의 진(辰)과 진(秦)의 음이 유사하기 때문에 쉽게 결부되어진 것이지만 중국인의 피난이 유독 진인(秦人)에만 국한되는 것은 아니라는 것이다. 중국 대륙의 혼란기에는 언제든지 유이민(流移民)들이 흘러들어 올 가능성이 있기 때문에 진인의 경우도 그 중의 하나로 볼 수 있다는 것이다.

또 『후한서』 동이열전에서도 '진지망인'의 주석을 통해서 '중국에서 내란 등 소요가 일어나면 많은 피난민이 우리나라로 들어오곤 했는데 진한 지역에 들어온 진인들은 역시 진(辰)과 진(秦)의 음이 유사하기 때문에 아무래도 실제 보다는 과장된 측면이 있을 수 있다'고 한 것을 보면 일본인 학자가 앞세우고 있는 중국사서의 한계를 실감할 수 있을 것 같다.(중국정사 조선전 1권, 국사편찬위원회,1987)

실학자 성호(星湖) 이익(李瀷, 1681~1713)도 『성호사설(星湖僿說)』(권 50) 경시문 서불(徐市, 서복(徐福))조에서 이 문제를 다루고 있다.

'서불이 삼신산에 선약(仙藥)을 구하러 갔다.'라는 전설은 다만 거짓말로 남(진시황)을 속이는 데 불과했던 것이며 동사(東史: 우리나라 역사)를 상고하건대 '진한은 진나라 때 피난한 자가 와서 살던 나라이다.'라고 하였고 송나라 때 마단림(馬端臨)이 지은 『문헌통고(文獻通考)』(1319)

에는 그들의 언어가 진나라 사람과 비슷한 까닭에 혹 진한(秦韓)이라고
도 한다고 하였으니 이 진(辰)과 진(秦)의 음이 같은 것은 좌전(左傳 좌
씨전)에 나오는 진영(辰嬴)이라는 말을 보아도 증거할 수 있다. 거꾸로
영진(嬴秦)이라고 하면 진나라 또는 진나라 성씨가 된다.

그때 마침 서불이 바닷길로 한반도의 남동 해안에 상륙(경남 남해 섬
금산에는 서불과차(徐市過此)라는 각자(刻字)가 남아 있다) 기왕에 진
나라에서 피난 온 자들과 만나 결합을 했다면 진한이 서불의 나라가 되었
을 가능성도 있다고 이익은 추론(推論)하고 있다.

또한 이익은 '진황제가 어린 남녀 3천명을 보내고 오곡의 종자와 백공
(百工)의 기구도 빠짐없이 대주었는데 서복은 평원과 넓은 진펄(진창으
로 된 뻘), 즉 광택(廣澤)을 얻어 거기에 정착하여 왕 노릇을 하며 돌아오
지 않았다.'고 한『사기』회남왕전(淮南王傳)을 마땅히 상고해 보아야
한다고도 하였다.

그의 제자인 영조 때 실학자 안정복(安鼎福)은『동사강목』에서 진(辰)
과 진(秦)의 통용에 대해서 진한(辰韓)을 진한(秦韓)이라고도 한다.『삼
국유사』(1206)에서 최치원(崔致遠)은 진한(辰韓)은 본래 연(燕) 나라 사
람들이 피난해온 것이므로 그 나라 탁수(涿水)의 이름을 따서 그들이 사
는 마을 이름을 사탁(沙涿) 점탁(漸涿) 등으로 불렀다고 하는데『사기』
에서 그들이 상륙하였다고·지목한 평원광택(平原廣澤), 즉 평탄한 들과
넓은 진펄이 있는 경북 울주군 두동면 일대에다 진한 12국 중 한 나라를
건설했을 것으로 보고 있다. 이익의 추론에 비하면 보다 구체적이고 합리
적이다.

현재 국보 제147호로 지정되어 있는 선사유적 울주 천전리 각석에는
우리나라 다른 지역에서는 찾아볼 수 없는 독특한 고기(고래 상어 등) 잡
이와 연노(連弩: 쇠뇌) 그림이 바위 위에 새겨져 있으며 판독 가능한 8백

여 자에 이르는 명문 가운데는 신라 6부(6촌의 후신) 가운데 하나인 사탁부(沙啄部)라는 지명이 여러 번 언급되고 있는데 『삼국유사』의 사탁(沙啄)과 일치하고 있다.

신라(사로 斯盧) 6부의 범위를 경북 일원으로 볼 때 이곳이 사탁부 지역이었음이 확인된 셈이다. 신라 건국에 참여한 일부 세력인 것만은 틀림없는 사실이나 결코 '신라'는 아님을 알 수 있다.

조공(朝貢)의 허구성(虛構性)

이어서 단재는 중국이 마치 종속의 대명사처럼 주변국에게 단골로 써먹던 조공(朝貢)의 허구성에 대해서도 낱낱이 들춰 내 바로 잡고 있다. 삼국 이후 고려 말엽 이전(몽고 침입 이전)에 우리나라 형세가 강성하여 지나(支那)에 대하여 전쟁으로 맞설 때에도 저들이 보낸 국서에 우리를 낮추어 한 말이 많이 있었거니와 그들은 다른 나라가 사신을 보내오면 반드시 내조(來朝: 신하가 임금을 뵙는 것을 말한다)라는 표현을 써서 지나인의 병적인 자존성(自尊性)을 충족시키고자 했다. '내조'란 본래 다른 나라 사신이 찾아온다는 평범한 뜻인데 그들의 구미에 맞게 한 단계 높여서 부르게 한 것이다.

기자(箕子) 봉작설(封爵說)에 대해서는 장유(張維, 호는 계곡 谿谷 1587~1638, 조선 4대 문장가 중 한 사람)의 주장을 내세워 부인하고 있다.

옛날에 장유가 『사기』에 '주무왕(周武王)이 기자를 조선에 봉하였다.'고 한 것을 변정(辯正: 변명하여 바로 잡음)하였는데 '첫째로 상서(尙書)에 나는 남의 신하가 되지 않겠다'고 스스로 맹서하였으니 무왕의 봉작에 기자가 조선으로 몸을 피하였다(기자피지조선(箕子避之朝鮮))고 한 것을 들어 반고(班固, 32~92 후한 초기 학자)는 사마천(司馬遷, 145~86 전한의 역사학자)의 『사기』에 기록된 기자의 봉작설을 빼 버리고 그것은 사실이 아니라고 단언을 내렸으니 이는 인증(人證)이라고 주장하고 있다.

일제 식민사학의 뿌리를 거슬러 올라가다 보면 '기자 봉작설' 말고도 '패수'를 비롯한 우리 역사의 핵심 키워드가 안타깝게도 우리나라 실학자에 의해 자충수(自充手)로 작용하는 경우가 종종 있다. 그 중 하나가 한백겸의 윤관 구성(九城) 위치 비정이다. 한백겸이 고려 예종 때 윤관(尹瓘, ?~1111)이 동북지역에 개척한 9성의 위치를 두고 공험진의 고려정계비는 마운령 꼭대기에 있을 것이라는 가설을 내어놓은 이래 반계(磻溪) 유형원(柳馨遠, 1622~73)을 비롯하여 신경준(申景濬, 1712~ 81), 한진서(韓鎭書), 윤정기(尹廷琦, 1810~?) 등 후기 실학자에게 그대로 계승되었다.

사실은 그곳에 신라 진흥왕 순수비가 세워졌음이 후에 밝혀졌는데 오인을 한 것이다. 이렇게 역사적 사실과는 동떨어진 정계비의 이른바 길주 이남설이 그 후 일제의 함흥 평야설 조작의 빌미가 되었다.

그렇지 않아도 우리 역사의 축소왜곡에 혈안이 되어 있던 일제에게는 이보다 더 좋은 호재는 없었을 것이다. 자기들 스스로 깎아내리는 꼴이 된 정계비의 북 한계는 그래서 두만 강북 7백리에서 함흥평야까지 고속 후퇴를 하게 된 것이다. 이렇게 한번 잘못 채워진 족쇄는 광복 60년이 지난 지금까지도 풀리지 않은 채 학교 교과서 상에서 정설(定說)로 버젓이 행세를 하고 있다.

36. 실학자와 강단사학

패수가 또한 이와 같다. 그 진원지는 역시 한백겸의 <동국지리설>인데 패수를 청천강으로 비정한 것을 근거로 단군 부인을 비롯하여 일제 식민사학을 사실상 진두지휘했던 도쿄(東京)대 교수 이마니시(今西龍, 1875~1931)가 이를 그대로 계승한 것을 광복 이후 줄곧 강단 사학을 이끌었던 두계(斗溪) 이병도(李丙燾)가 이 설을 다시 상세하게 고증하고 이론 정립을 하게 된다.

일제 식민사학의 빌미 제공

'패수는 낙랑 누방(鏤方)에서 동남으로 임패현(臨浿縣)을 지나 동으로 구부러져서 바다로 들어간다.(패수출(浿水出) 낙랑누방현(樂浪鏤方縣) 동남과어임패현동구입우해(東南過於臨浿縣東句入于海))

중국 전토의 하천을 망라한 중국 최고(古)의 지리지 『수경(水經)』(한나라 성제(成帝) 때 상흠(桑欽) 찬)의 주(수경주, 북위(北魏) 역도원(酈道元))에서 오늘의 주제인 패수를 처음 만나게 된다.

이를 중국에서는 융땅강(永定江)이라 부른다. 그 상류는 산시성(山西省) 태원(太原)의 서쪽에서 시원하여 서북으로 역류하다가 다시 동쪽으로 흘러 동남으로 구부러지면서 동쪽 바다로 들어간다고 되어 있다.

그러나 동고서저(東高西低)의 지형으로 되어있는 한반도 북부에는 서에서 동으로 흐르는 강은 있을 수도 없고 또 실제로 있지도 않다. 따라서 일단은 수경주에서 요구하는 패수의 조건을 갖춘 강이 한반도에는 없다는 잠정 결론을 얻게 된다.

또 『통전(通典)』(당나라 두우 杜佑 찬)에 따르면 위만이 도읍하였던 왕험성은 패수의 동쪽에 있다 하였고 후한 때 학자 응소(應劭)는 요동군 험독현(險瀆縣)은 조선왕 위만이 도읍하였던 곳으로 물이 험하기 때문에 붙여진 이름이라 하였다. 한편 한서(漢書) 주석가 신찬(臣讚, 진(晉)나라 사람)도 '왕험성은 패수의 동쪽에 있다. 그곳이 바로 험독이라고 했다.' 당대의 주석가 안사고(顏師古)도 신찬의 말이 옳다고 주석을 다시 주석하여 그 신빙도를 높여주었다.

시대적으로는 많이 떨어지나 청나라 때 성경통지(盛京通志, 동병충(童秉忠) 감수)에 따르면 험독현은 서한(西漢) 때 설치된 요동군에 속해 있었는데 옛날 집주(集州, 심양(瀋陽) 동남 쪽)를 이같이 이름 하였다고 한다.

또 황여강목(皇興綱目, 내석지 일조 內釋地一條)에 이르기를 험독은 역시 낙랑 패수의 동쪽에 있다 하였다.

시대에 따라서 패수의 위치는 요서(遼西) 지방의 난하에서 요수(요하) 압록강 한반도 북부의 청천강에 이르기까지 동진(東進)을 계속하여 여러 개의 강으로 비정되고 있다. 패수의 일반 명사론이 거론되고 있는 이유이기도 하다.

그러나 적어도 고조선 연간에서 만은 '낙랑군 패수의 동쪽에 위만 조선의 도읍지 험독이 있었다.'는 사실 확인만으로도 반도 사관의 얼굴 격인 평양 왕검성의 오랜 질곡(桎梏)에서 벗어날 수 있다는 자신감을 회복할 수 있게 되었다.

낙랑군은 요동의 조선에 있다

『수경』에 나오는 패수의 기록은 이미 많이 알려져 있는 사실이다. 그러나 그것이 영정강이라고 명시한 것은 우연한 기회에 입수한 한 복사자료(P. 356)에서 그대로 옮겨온 것임을 밝혀 둔다.

영정강을 언급하고 있는 또 다른 기록으로는 재야 사학자 최재인(崔在仁 1930년 생, 국사광복회 대표)의 논문「노태돈(盧泰敦) 교수 저서인 『단군과 고조선사』를 읽고 의문점을 제시한다」에서다.

상고사학자 노태돈(1949년생 서울대 교수)에 대한 질의 형식으로 쓰여진 이 논문에서 최재인은 '후한서에 광무제가 낙랑인 왕조(王調)가 낙랑군에 웅거하면서 복종치 아니하였다(왕조거군불복(王調據郡不服))'라는 기사의 주(注)에 엄연히 '낙랑군 재요동 조선국야(樂浪郡 在遼東 朝鮮國也)'라고 했는데도 불구하고 이를 무시하거나 착각한 나머지 계속 청천강 설을 주장하고 있다고 공격하였다.

노태돈이 주장하는 근거인『삼국사기』(고구려본기 27년 9월조)기록 '후한의 광무제가 군사를 파견하여 바다를 건너 낙랑을 쳐서 그 땅을 뺏어 군현을 삼으니 살수(薩水) 이남이 한(漢)에 속하게 되었다'(한광무제 견병도해벌낙랑취구지위군현 살수 이남속한(漢光武帝遣兵渡海伐樂浪取具地爲郡縣 薩水以南 屬漢))의 해석을 둘러싸고도 노태돈은 그의 스승인 이병도의 주장을 좇아 청천강이라 하고 최재인은 살수는 패수의 다른 이름이라며 곧 베이징 서쪽의 영정하라고 주장하고 있다.

이병도 주석본『삼국사기』(1994)에 따르면 '살수는 지금의 청천강에 대한 고구려 때의 칭호라 하고 언어학적인 해석을 통해서 청주(淸州, 충북)의 고속현(古屬縣)인 청천현(淸川縣)의 고호(古號)를 역시 살매(薩

買)라고 한 것을 보면 살(薩)은 청천(淸川)의 뜻을 가진 듯하다는 것이다. 설득력 있는 주장이었다.

이에 비해 최재인의 영정강 설은 그것을 뒷받침할 직접 근거를 제시하지 못해 너무 비약하는 것 아니냐는 의혹을 사기에 충분했다.

그러나 이병도 주석본『삼국사기』다음 장에서 해답의 실마리를 찾을 수 있었다. 바로 대무신왕의 원자인 모본왕(慕本王, 고구려 제 5대왕) 2년 조 기사에 '왕이 장수를 보내어 한(漢)의 우북평(右北平, 베이징 동북 3백리, 풍윤현 豊潤縣) 어양(漁陽, 베이징 동북 밀운현 密雲縣 서남) 상곡(上谷, 베이징 북 회래현 懷來縣) 태원(太原, 지금의 태원과 같다)을 침습(侵襲)케 하더니 한나라 요동태수 채동(蔡肜)이 은의와 신의로서 우리에게 대함으로 다시 한(漢)과 화친하였다'고 했는데 여기에 보이는 지명들이 모두 영정강 상류에서 하류 유역 일대에 걸쳐있는 지역이라는 점으로 미루어 당시 고구려의 강역은 한반도가 아님이 분명하다는 결론에 이를 뿐더러 영정강의 실재 역시 동시에 확인된 셈이다.

그렇지 않아도 패수를 영정강에다 곧바로 비정한 것은 좀 무모하다는 생각이 들던 참이었다. 우선 강의 이름부터가 생소한데다 우연찮게 손에 들어온 저자를 알 수 없는 자료 하나를 가지고 너무 쉽게(안이하게) 낸 결론이라 마치 불로소득이라도 한 것처럼 마음 한 구석이 늘 편치 않았던 게 사실이었다.

재야(在野)의 도전과 강단(講壇)의 한계

재야학자 최재인(崔在仁)의 역사 탐구에 쏟는 열정은 남 다른 데가 있었다.

지난 2007년 교과서 상의 단군 기사가 종전의『삼국유사』를 인용한 간접화법에서 직접화법(BC 2333년에 단군왕검이 고조선을 건국하였다.)

으로 기술된 데 대해 단군 실재를 믿거나 주장해온 많은 국민이 수십 년에 걸친 투쟁의 결과라고 승리를 자축하고 있을 때였다.

어느 해 개천절 기념 강연을 의뢰한 인연으로 알고 지내던 그에게 반가운 나머지 전화를 걸어 이 사실을 거론하자 함께 기뻐해 줄 줄로만 알았던 그의 반응은 의외로 냉담하리만큼 차분하기만 했다.

이유인 즉슨, 정작 내용(고고학적 연대 등)은 텅 비어있는데 그깟 표현의 강약이 문제가 아니라는 것이다. 그러면서 우리나라 청동기의 고고학 연대는 중국의 그것에 비해 1500년 넘게 차이가 나는데 그것을 메우지 않고는 단군의 역사가 결코 바로 설 수 없다는 것이다.

그것이 반도사관의 한계일 수밖에 없다고 한탄하던 격앙된 그의 목소리가 지금도 귓전을 맴돌고 있다.

이건 주제와는 좀 다른 이야기이긴 하나 대학(일본 메이지 대 동문) 시절부터 이병도와 오랜 교분을 맺어왔던 최태영(崔泰永)은 이병도가 타계하기 2년 전에 단군의 실재를 시인하는 설득 작업을 선도한 사람이다. 이때 필자는 병석의 이병도가 구술하는 단군 실재 기사(단군은 신화 아닌 우리의 국조)를 받아 가지고 다시 정리하여 신문(1986. 10. 9일자 조선일보)에 게재할 때 교정 등 중간 심부름을 맡았는데, 최태영은 이병도의 사관 전향을 시도하게 된 계기에 대해서 바로 이『삼국사기』의 지명 주석 때문이라고 말한 적이 있다.

이 주석을 보면 표면적으로는『삼국사기』내용의 주지가 반도 사관의 테두리를 벗어나지 못하고 있는 듯하나 앞의 모본왕 조처럼 당시 고구려의 실제 역사무대는 베이징 일대임을 알 수 있다는 것이다. 최태영은 이병도도 그것을 알고 있었을 것이라고 말하면서 "왜 알면서 그렇게 했을까요"라는 소박한 나의 질문에 직답을 피하면서 단지 그것은 학문 외적(外的)인 문제일 것이라고만 했다.

이 말의 뉘앙스는 자신의 학설을 따르는 역사학계의 마피아(일종의 비밀 결사)로 통하던 이른바 '이병도 사단'의 향배(向背)와 직접 관련이 있는 문제이거나 이 학설을 중심으로 편찬된 교과서의 이권(利權)과 관련이 있는 문제라는 추리를 어렴풋이나마 할 수 있었다.

왕검성 평양설은 '비상한 망발'

한편 중국 정사의 모본(母本)이라고 하는 『사기』(사마천(史馬遷). BC 135~93)에 '요동에 험독현이 있는데 험독현에는 왕검성이 있다'(요동유 험독현 왕검성(遼東有險瀆縣 王儉城))하였고 『한서』 지리지(반고(班固), 32~92)에서는 이를 받아 '요동군 험독현은 조선왕 위만(衛滿)의 옛 도읍지'라고 주제를 완결시켜주고 있다.

이에 대해 진(晉)나라 역사가 서광(徐廣)은 말하기를 '발해 북안(北岸)의 창려(昌黎)에 험독현이 있는데 그곳에 왕검성이 있다'고 왕검성의 위치를 창려군 험독현으로 못 박고 있다.

그리고는 다시 신찬(臣瓚)의 주석으로 돌아와 '왕검성은 요동 낙랑의 패수 동쪽이고 그곳이 험독현이라고 같은 주제인 왕검성의 위치를 강 중심과 행정구역 중심의 두 갈래로 각각 나누어 설명하고 있다.

'『삼국사기』 동천왕(東川王) 20년 조에 위(魏)나라 군사들이 고구려에 패해 낙랑으로 물러날 때(동천왕 20년 10월) 동천왕은 평양으로 도읍을 옮겼으며 동천왕의 평양 천도(동천왕 21년 12월) 후에도 위, 진(晉)의 낙랑태수는 여전히 존재하였다는 말이 된다. 만약에 낙랑이 곧 조선의 평양이라고 한다면 이는 평양이 곧 고구려의 왕도인 동시에 중국의 치소(治所, 낙랑군)가 되는 것이니 천하에 이같이 모순되고 당착(撞着)되는 역사적 사실이 있을 수 있다는 말인가.'

낙랑군의 평양 존치설에 대한 신채호의 반응은 한마디로 어불성설(語
不成說)이라는 것이었다.

위나라 군의 철수와 평양 천도 간에는 1년여의 시차가 있어 일제 어용
학자들의 주장대로라면 낙랑 치소와 고구려 왕도가 겹치는 선후의 차이
는 있으나 전후가 당착되는 결과는 똑같이 나타나게 되어 있다.

이 무렵 신채호는 고대사 정립의 키-스톤(쐐기돌)인 한사군과 위만조선
의 강역 설정에 온 정력을 기울이고 있던 터라, 종래의 대동강을 기준으로
하는 '왕검성 평양설'에 대해 '비상한 망발'이라고 성토하고 있다.

그는 요동반도 흥경(興京) 부근을 한사군의 존치 지역이라고 주장하고
BC 75년에 이설된 현토군(玄兎郡)을 봉천성(지금의 심양)으로 지목했
다. 그리고 위만의 근거지를 해성(海城) 개평(蓋平) 지역으로 보고 있는
데 개평은 초기에 북한이 '고조선의 중심(왕검성)'으로 지목한 곳이기도
하다.

그러나 1993년 9월 평양 단군릉 발굴을 계기로 북한은 고조선의 수도
를 평양으로 못 박고 요하 유역(개평 지역을 말함)에는 부 수도가 있었다
고 종래의 주장(정설)을 정면으로 뒤집었다.

고조선의 심벌 고인돌과 비파형 동검

2007년 단군조선이 교과서 상에서 '신화에서 역사'로 정식 편입되던
해에 이 지역 일대를 답사한 일이 있었다.

요동반도의 끝 부분에 해당하는 대련(大連, 중국명 旅大)시 감정자구
(甘井子區)에 있는 고조선 유적(무덤) 강상묘(岡上墓)부터 먼저 찾았는
데 1964년 북한 학계와 공동 발굴한 결과 고조선 말기(BC 8~7세기경)에
조성된 것으로 보이는 이 무덤(7호)을 중심으로 방사형(放射形)으로 배
치된 23기의 무덤에서 순장(殉葬)된 140여 명의 사람 뼈와 함께 고조선

의 트레이드마크로 불리는 비파형 동검 4 자루가 발굴되었다고 한다. 이때 동행했던 과학사가 이종호(李鍾鎬)는 이와 같이 1백 명 이상의 순장자(殉葬者)가 발굴된 것은 노예를 부리는 국가의 권력 밑에서나 이루어질 수 있다는 것을 감안할 때 고조선 사회가 노예 소유주와 노예를 기본으로 하는 지배 피지배 관계를 형성하고 있었으며 지배계급이 자신의 재산권과 권력을 유지하고자 각종 통치수단을 동원할 수 있는 강력한 국가 형태를 갖추고 있었다는 추측을 가능케 한다고 하였다.

강상 무덤에서 심대(沈大, 심양~대련 간) 고속도로 상의 이관참(李官站)에서 갈려 나와 와방점(瓦房店) 들 한 가운데 서 있는 세계 최대의 탁자식 고인돌(무게 4백 톤)을 보고 다시 1시간여를 달린 끝에 영구(營口) 관내 개주(蓋州, 蓋平을 말함) 석붕산(石棚山: 중국에서는 고인돌을 석붕이라고 함) 위의 고인돌 숲을 찾았다. 제단으로 쓰였을 것으로 보이는 이들 고인돌 바닥에는 별자리가 음각되어 있었다.

이에 대해서도 이종호는 '고조선의 상징이나 다름없는 이런 대형 고인돌의 채석과 운반 축조 과정에 동원될 수 있는 인력의 규모로 보아 적어도 국가 체계와 같은 강력한 시스템을 갖춘 강대한 세력이 아니면 감당하기 힘들 것'이라고 고조선이 이미 강력한 국가 형태를 갖추고 있었음을 시사했다.

'조선에는 습수(濕水) 열수(列水) 산수(汕水) 등 세 개의 강이 있는데 이 세 강을 합해서 열수(列水)라고 한다. 아마도 낙랑 조선은 여기서 이름을 따온 듯싶다.(조선유습수열수산수삼수합위열수의 낙랑조선취명어차야(朝鮮有 濕水 列水 汕水 三水 合爲 列水 疑 樂浪朝鮮 取名 於此 也))'라는 『사기집해(史記 集解)』(남조 송 배인(南朝 宋 裵駰) 찬)에 인용된 위나라 학자 장안(張晏)의 주석을 통해서 패수와 조선이라는 나라 이름의 역사적 근거를 찾으려는 시도도 있었다.

『사기』주석서인 『색은(索隱)』(당나라 사마정(司馬貞) 찬)에서는 조
(朝) 음은 조(潮)에서 따고 선(鮮)음은 산(汕= 音 訕)에서 나온다고 했는
데 난데없이 조(潮)는 어디서 나왔으며 산수(汕水)는 또 어디란 말인가.

곧바로 이어지는 본문에서는 그 해답의 실마리를 찾을 수 있을까 추적
해보았더니 연거푸 세 번에 걸쳐 패수(浿水)라는 강 이름이 나온다. 그
중 하나는 '한나라가 일어나 요동 고색(故塞: 오래된 성채)을 다시 수리
하고 패수를 (조선과의) 경계로 삼았다.'(복수요동고색지패수위계(復修
遼東故塞至浿水爲界))고 했으며 요동 새(塞) 밖에서 나온 패수는 서남
쪽 낙랑 현에 이르러 서쪽 바다로 들어간다고 하였다.(패수출요동새외서
남지낙랑현서입해(浿水出遼東塞外西南至樂浪縣西入海))

그리고 두 번째는 위만(衛滿)이 북상투 머리에 오랑캐 옷을 입고 연나
라에서 동쪽으로 새(塞: 요동 새)를 도망쳐 나와 건넌 강이 또한 패수다.
앞의 요동 고색과 같은 새(塞)를 나와 패수를 건넜다는 것이다.(추결만이
복복이동주출새도패수(魋結蠻夷服而東走出塞渡浿水))

다음에는 위만이 진번 조선의 만이(蠻夷)를 복속시키고 옛 연이나 제
(齊) 나라의 망명자들을 규합하여 왕이 되고 왕검에 도읍하였다고 했는데
이 왕검성이 낙랑군 패수 동쪽에 있었다(왕검성재낙랑군패수지동야(王儉
城在樂浪郡 浿水之東也))는 것이다. 이상 세 번에 걸쳐 일어난 역사적 사
건의 현장이 모두 패수와 낙랑이라는 공통점을 가지고 있다.

37. 윤내현(尹乃鉉)의 신 대륙사관

그런데 낙랑이 시작되는 동쪽 끝 갈석산이 낙랑군 수성현에 있다(낙랑
수성현유갈석산장성소기(樂浪 遂城縣有碣石山長城所起))는 태강(太康)지
리지의 기록을 들어 윤내현(尹乃鉉)은 난하 하류에 있는 갈석산이 위만
조선의 멸망으로 한나라가 정복한 땅에 설치한 한사군의 하나인 낙랑군
에 자연히 들어가게 되어 있다는 것이다.

이리하여 난하가 고대의 요수이며 따라서 요동·요서의 개념도 현재의
요수가 아니고 고대의 요수, 즉 난하를 경계로 해서 형성된다는 이른바
'난하 요수설' 또는 '패수설'로 자리 잡게 된 것이다.

난하 요수설(灤河遼水說)

이로써 윤내현은 지금까지의 주류 학설인 낙랑군의 대동강 유역 설은
잘못 고증된 결과라고 고대사의 판도를 중국 대륙 깊숙이까지 확대하는
이른바 대륙사관의 새로운 틀을 제시하기에 이르렀다.

일제 때는 말할 것도 없고 기왕에 많은 민족사학자가 대륙 고조선 설을
주장해 왔으나 이른바 강단 사학을 대표하는 재조(在朝) 학자들이 사학
계를 장악하고 있는 상태에서 재야학자들은 설 자리마저 잃고 메아리 없

는 주장만을 되풀이하고 있을 때다.

이런 때 미국 최고의 명문 대학 동양학 연구재단(하바드대 옌칭 燕京재단)에서 중국 고전(대 동양학)을 연구하고 돌아와 강단에 선 윤내현은 때마침 요녕성 지역에서 발굴된 홍산문화의 고고학적 성과까지 함께 반영함으로써 우리 고대사 연구에 새로운 지평을 개척하였다.

바로 이 대목에서 강단 사학의 총수 격인 원로 사학자 이병도(李丙燾)가 작심하고 엮었다고 밖에는 달리 설명할 길이 없는 넌센스 스토리가 하나 좋은 대조를 이루고 있다.

그는 수성현(낙랑군)과 갈석산을 찾는 것이 낙랑으로 가는 지름길이라 보고 이를 지렛대로 삼아 고조선의 평양 입도(立都) 문제까지도 동시에 풀 수 있다는 계산 하에 수성현을 황해도 수안현(遂安縣)에다 비정하였다(낙랑군고)는 것이다.

주석가 장안(張晏)이 주장하는 패수는 열수 습수로 그 명칭만 다를 뿐 동일 강임을 전제로 한다. 그러나 낙랑 조선이라는 이름과의 연관성에 대해서는 더 이상 상고할 길이 없다. 다만 요하 지류인 요락수(遼樂水)와 백랑수(白浪水)에서 두 강의 가운데 글자를 따서 그리(낙랑) 이름 붙였다는 재야학자 심백강(沈伯綱, 민족문화연구원장)의 주장이 있을 뿐이다.

장안(張晏)은 산수할 때 산(汕)의 발음이 조선의 선(鮮)과 같다는 점을 조선과의 연계 고리로 들고 있는가 하면 다산 정약용은 산(汕)이라는 글자의 구조상 산골에서 나오는 물, 즉 북한강의 랑천(狼川: 강원도 화천)을 지목하고 있으나 둘 다 정곡을 찌르지는 못한 것 같다. 다산 역시 열수에 대해서는 선배 학자인 한백겸(韓百謙)과 안정복(安鼎福)의 설을 지지하여 한수(漢水, 江)가 곧 열수라고 단정하고 있다. 강 이름에 한(漢) 자를 붙인 것을 한나라(한무제와 광무제)와 결부시키면서 한강을 한나라 군현인 낙랑과 동이(東夷)의 삼한 지방을 가르는 자연 지리적 국경이었다고 본 것이다. 실증을 중시한다는 실학자들의 문헌(文獻)사학적 한계라고 하지 않을 수 없다.

시대 따라 달라지는 패수의 위치

한 네티즌(한겨레)이 '습수는 하북성을 가로지르는 강'이라는 제목으로 올린(2009. 12. 23일자) 한 중국 고지도(우적도(禹跡圖))에 따르면 중국 하북성 서쪽에서 동으로 가로질러 흐르는 강이 곧 습수다. 지금의 상간하 (桑干河)다. 고조선의 중심 강인 습수는 산서성 음산(陰山)이라는 곳에서 발원하여 5천 년 전 동이족의 수장 치우와 황제가 건곤일척의 자웅을 겨루던 탁록을 지나 항산(恒山 2017m)을 오른 쪽으로 끼고 동류하다가 동북쪽으로 베이징을 바라보면서 약간 동남류하여 영정강으로 흘러든다.

합류하는 것이 아니라 이름만 다를 뿐 줄기는 하나라는 뜻이다. 하류 쪽은 해하(海河)라고 부르는데 옛날 고하(沽河)다. 다시 천진을 왼쪽으로 끼고 흐르다가 천진 신항이 있는 당고구(塘沽區)에서 발해만으로 흘러 들어간다. 해하구(海河口)는 동남방향 그대로 나 있다.

『수경』에서 처음 만난 패수의 수류(水流)와 일치한다.

여기서 주목해야 할 역사적 포인트는 습수의 발원지인 태원(太原) 북방 삭주(朔州) 지방(음산)에서 가늘게 북류하는 강줄기 중간쯤에서 만나는 진(秦) 장성(만리장성)의 종점(서남쪽 기점이 될 수도 있음)이 가지는 역사적 의미다. 그것은 장성의 동방 기점인 산해관(山海關) 중심으로만 그려오던 고대사 지도에 너무 익숙해져 있는 관성(慣性)에서 탈피하는 또 다른 시각도 있다는 것을 뜻하는 것이기도 하다.

패수의 위치에 관한 견해 가운데 대표적인 것으로는 제일 먼저 정약용의 압록강 설을 꼽을 수 있는데, 『수경』이 쓰여진 3세기의 패수(대동강설)와 고조선 당시의 패수는 다르다는 주장을 폈다. 그 다음이 북한 학계가 주장하는 대능하 설인데, 산해관의 동쪽인 요녕 서부에서 발원하여 동북쪽으로 흐르다가 조양(朝陽)에 이르러 다시 동남쪽으로 꺾어져 바다로 들어가는 수류가 『수경』의 그것과 엇비슷하게 맞아 떨어진다.

그러나 지리학자 이형석(李炯石)은 원래 패수를 설명하고 있는『수경주(水經注)』제14권에 수록된 하천들은 베이징 서북쪽의 상곡(上谷)으로부터 차츰 동쪽으로 가로질러 나아간 강물의 흐름과 발원지 또한 각각 다른 점을 들어 두 강은 동일 강이 될 수 없다고 주장하고 있다. 뿐만 아니라 패수의 앞에는 소(小)요수가 있고 그 앞에는 대(大)요수가 또 그 앞에는 유수(濡水)가 있는데, 이 강들은 각기 혼하(琿河), 요하, 난하로 비정되고 있다고도 했다. 그렇다 하더라도 지금의 요동 요서 개념을 완전히 뒤바꾸어 놓았을 뿐 아니라 낙랑군이 요서(遼西)로 이치된 것은 4세기 일인데 3세기에 쓰여진『수경』에 이것(지명)이 나올 수 있겠느냐는 것이다.

세번째가 윤내현(尹乃鉉, 단국대 교수)의 난하(灤河) 설이다.

진(晉)나라 때『태강지리지(太康地理志)』(무제 때)와『십구사략통고 十九史略通考』(명나라 때 여진(余進)이 송말 원초의 증선지(曾先之)가 엮은『十八 史略』에 원 나라를 더 하여 찬함)의 지도에 만리장성 남쪽에서 북쪽으로 관통하는 강(난하 추정)을 요수로 그 동쪽을 조선이라 그린 지도에 근거하여 패수를 난하로 추정하고 있으나 전거가 지나치게 단선적이라고 비판했다.

최재인(崔在仁)의 영정강 설은 고조선이 바로 중원의 패자임을 부각시키고 있는 것이 그 특징이다. 그러나 이 설을 처음 대했을 때만 해도 솔직히 황당하다는 생각이 먼저 들었다. 거기에는 고대사의 시공간(時空間) 영역을 보다 넓고 보다 높게 잡으려는 재야사가 특유의 과대(誇大) 증후군이 깔려 있을 것이라는 선입관이 자리 잡고 있었다. 실증적인 뒷받침이 없는 상태에서 허장성세로 일관하던 지난날 재야학계의 고질적 타성을 수 없이 보아온 터라 '또' 하는 생각이 드는 것도 어쩌면 자연스러운 반응이었는지 모른다.

21세기 판 분서갱유(焚書坑儒) 동북공정

그리고 반드시 최재인의 말이 아니더라도 중국의 동북공정을 계기로 마치 적전 분열이라도 한 것처럼 중심을 못 잡고 표류하고 있는 우리 고대사가 언뜻언뜻 초라한 뒷모습을 드러낼 때마다 가슴이 미어지는 아픔을 느낀다.

개인적으로는 망팔(望八: 여든을 바라보는 나이)의 결코 적지 않은 나이에 지난날 나의 삶을 지탱하는 동력으로 작용했다고 해도 과언이 아닌 내 마음 속의 심벌이었던 단군과 그의 역사를 지키고자 내가 감당해야 할 몫은 과연 무엇인가를 다시 한 번 고민하게 하는 계기이기도 했다.

거기에다 우리 고대사의 요람으로 각광 받을 날만을 손꼽아 기다리고 있는 홍산문화의 발굴과 함께 갑작스럽게 굴러들어온 횡재에 마음이 돌변한 중국은 자신이 마치 길 가다가 우연찮게 주은 보화(寶貨)의 원 주인인 양 행세를 하고 있다. 이것이 지난날 중원을 호령하던 이른바 대국(大國)의 일그러진 자화상(自畵像)이다.

4~5천 년의 시공을 넘나드는 고대사의 영역은 그야말로 이 빠진 짝을 찾는 퍼즐게임 같은 것이다. 그러나 이 미로투성이의 정글 지대에도 길은 있었다. 그나마 고맙고 다행스러운 것은 1차적으로는 그들 자신이 남긴 역사서가 시퍼렇게 살아 있다는 점이다. 물론 그들은 지금 자기 조상이 남긴 역사서까지도 막무가내로 부정하는 어처구니없는 자기부정의 미몽(迷夢)에서 깨어나지 못하고 있지만, 그들이라고 언제까지 준엄한 역사의 심판에서 자유로울 수 있겠는가. 그들은 지금 결국에는 자신들의 목을

조르고 말 거대한 프랑켄슈타인의 출현을 재촉하고 있는지도 모른다.

거기에 또 하나의 믿을 수 있는 원군이 있다. 바로 지명(地名)이다. 이것 또한 사람 따라 이동하고 시대 따라 변하나 그 결(나무결 살결 따위) 따라 잘 읽어내기만 하면 또 다른 하나의 가늠자가 될 수 있다. 앞의 세 가지 패수 설에서처럼 어떤 유사한 상황, 예를 들면 강의 발원지와 수류(水流)가 틀리는 데도 홍산문화 지대와 가장 가깝다는 이유만으로 패하로 추론하는 대릉하 설 같은 실례도 있다.

난하 설 역시 한 지도(십구 사략 통고 첨부)의 강(요수)을 난하로 추정하는 전제 하에서 출발하고 있으며 『수경』 원문 가운데 한 글자의 해석상의 차이점을 가지고 판단한 다산의 주장 역시 기발한 착상이기는 하나 무리(無理)하기로는 다를 바가 없다. 그래서 마지막 남은 것이 지명의 고증이다.

이것은 상황 설명 이전의 가장 확실한 살아 있는 표지석(標識石)인 동시에 움직일 수 없는 실증을 전제로 하기 때문이다.

이 같은 작업이 가능했던 것은 지명을 비교적 상세하게 시대 별로 해설하고 있는 일본의 『대 한화(漢和)사전』(모로바시 데쓰지 諸橋 轍次 1986) 덕분이다. 물론 이 사전도 일제 식민사학의 영향을 받아 한국 관련 지명은 일률적으로 한반도 내에 국한시키는 한계를 노출하고 있기는 하다. 그러나 그 다음(2번째) 다음에 인용하고 있는 중국사서 상의 전거만은 있는 그대로 옮겨 놓지 않았겠느냐는 최소한의 믿음이 있기 때문이다.

그리고 그것은 21세기의 분서갱유(焚書坑儒)에 비견될 동북공정 논자들이 넘어야 할 마지막 산이기도 하다.

지명(地名)은 고대사 푸는 마지막 열쇠

그러나 말이 좋아 도전이지 그것이 그렇게 녹록치가 않았다. 다분히 선입견이 개입된 사고이겠지만, 심정 상으로는 중국 대륙을 온통 다 석권(席捲)하고도 오히려 부족할 것 같은데 막상 지명 하나를 앞에 놓고 들여다 보면 시대 따라 '칠색조'처럼 변하는 다양한 색깔의 해석에 그만 길을 잃고 망연자실해지는 일이 한두 번이 아니다. 어떤 지명은 중국 전역에서 무려 17개나 같은 이름이 나오는 것(사하(沙河)의 경우)도 있다.

이 가운데서 패수와 가장 근사한 것 또는 그 이명(異名)을 찾아야 하는 반복 작업을 계속했는데도 지명 간의 유기적인 상관관계를 찾을 길이 없어 기껏 해서 단편적인 단어의 해석에 그치고 만다. 그래서 정작 패수 찾기는 한 치도 앞으로 더 나아가지 못하고 답보 상태에 머물고 만다.

예를 들면 패수의 경우, 패(浿)자의 해설에서 <설문(說文)>(후한 때 허신 許愼)의 '패수출낙랑군누방현동입해(浿水出樂浪郡鏤方縣 東入海)'를 맨 먼저 앞세워놓고 그 첫 번째 강줄기가 패수현에서 나온다고 하였다. 그리고 패수 항목에서는 한(漢) 위(魏) 시대의 패수라 하고 '조선 베이징(北境)의 압록강'이라는 고증을 잇대어서 내어 놓고 있다.

그런데 그 뒤에 인용된 『사기』 조선 전 기사에서는 '복수요동고색지패수위계(復修遼東故塞至浿水爲界)'라고 한 항목 내에서 각기 다른 지역에 존재하는 두 개의 패수와 만나게 된다.

앞에서도 말한 것처럼 이 설(압록강 설)은 정약용이 처음 제기한 것인데 식민사학의 원조 격인 일본의 어용학자 이마니시(今西龍, 1875~1931)가 기다렸다는 듯이 이를 받아들여 정설처럼 굳힌 바로 그 학설이다.

이 대목에서 문득 단재 신채호의 생각이 떠오른 것은 역사를 향한 그의 순수한 열정과 실증적 노력이 오늘날까지도 사람들의 마음을 움직이는 생명력의 원천이 되고 있다는 평범한 진리를 뒤늦게나마 깨달았기 때문일 것이다.

'집안현을 한 번 봄이 김부식의 고구려사를 만 번 읽는 것보다 낫다.'는 유명한 말을 남긴 <조선 상고사 연구 초 抄>에서 그는 이처럼 현장 정신을 강조하면서 '그러나 여비가 모자라서 능묘가 모두 몇인지 세어볼 여가도 없이 능으로 인정할 것이 수백이요, 묘가 1만 내외라는 억단(臆斷 :억측으로 하는 판단)을 하였을 뿐이었다. 마을 사람들이 사라고 권하는 댓잎 그린 금척(金尺: 원래는 이성계가 꿈에 얻었다는 제왕의 신표를 의미하는데 여기서는 무슨 뜻인지 정확히 알 수 없음)과 그곳에 거주하는 일본인이 박아서(탁본 본을 말하는 듯) 파는 광개토왕 비문을 값만 물어 보았으며, 수백의 왕릉 가운데 천행으로 남아 있는 8층 석탑 4면이 네모진 광개토대왕릉과 그 오른 편의 제천단을 붓으로 대강 그려서 사진을 대신하였고, 그 왕릉의 높이와 넓이를 발로 재고 몸으로 견주어서 자로 재는 것을 대신하였을 뿐이다.'고 취사선택의 눈만 있으면 얼마든지 손에 넣을 수 있는 정보(역사지식)의 홍수 속에서 살고 있는 우리 자신을 다시 한 번 되돌아보게 한다.

민족의 고향 고조선을 가다

사실 어떻게 보면 4~5천 년 전의 역사를 현대인의 문자로 복원한다는 것은 그 자체가 불가능한 영역에 속하는 일일는지 모른다. 설사 그 흔적이 남아 있다손 치더라도 그토록 긴 세월 속에서 자연적인 풍화(風化) 작용으로 일그러져 망가지고 또는 인위적으로 파괴된 잔해들을 가뜩이나 넓은 중원 천지 어느 구석에서 이거다 하고 집어 낼 수 있다는 말인가! 그래서 결국 남은 것은 앞에서도 잠시 말한 것처럼 오늘의 그들을 있게 해준 그들 자신이 쓴 역사서와 최근 들어 밝혀지고 있는 홍산문화 유적의 고고학적 성과에 기대하는 수밖에 달리 방법이 없다.

사실 홍산문화에 대해서는 근년 들어 사학계의 관심이 집중되고 있다는 뜻이지, 이 문제가 처음 제기된 것은 벌써 20년도 넘는다.

미국 하버드 대학 대동양학과에서 동양사를 연구하고 돌아온 당시 47세의 신예 학자 윤내현(尹乃鉉, 단국대 교수)이 처음 제기한 것이다. 그는 1986년 11월 5일자 조선일보에 '민족의 고향 고조선을 가다.'를 연재하면서 그 첫 번째 시리즈에서 고조선과 한(漢) 나라와의 경계를 난하(패수로 봄)까지 서진(西進)시킴으로써 '고조선 난하 설'을 주장하고 나섰다. 그리고 요동 요서의 개념도 요수(요하) 중심이 아니라 난하(요수)를 중심으로 설정해야 한다는 주장을 폈다.

즉 고대(고조선)의 요동은 지금의 요하 동쪽이 아니라 베이징 근처에 있는 난하 동북쪽이라는 것이다. 그러면서 이런 사실을 알려주는 중국의 정사라고 하는『사기』진시황 본기(秦始皇本紀)를 그 근거로 들었다.

진나라 2 세 황제 원년(元年) 조에 보면 동북 국경을 순행(巡幸)하던 황제가 갈석산(碣石山)에 이르렀을 때, 그를 수행한 신하들이 선대 시황제가 세운 비석 한 쪽에 자신들의 이름을 새기고 돌아왔는데, 비석에 새긴 진 황제의 명칭을 시황제로 구별하지 않을 경우 자칫 후대 황제의 업적으로 잘못 전해질 수도 있다면서 신하들이 이 점을 깨닫지 못하고 자신들의 이름 새기는 데만 급급했다고 꾸짖었다. 이에 신하들이 황제의 뜻을 받들어 다녀온 곳을 요동이라고 적시한 것이다.(수지요동이환 遂至遼東而還)

그러므로 고대의 요동은 갈석산이 있는 지역이었음을 알 수 있으며, 바로 그 갈석산이 지금의 난하 하류 동부 연안이었다는 사실까지 밝혀냄으로서 난하와 갈석산을 중심축으로 하는 고대사 해석의 결정적 고리를 찾아내게 된 것이다.

홍산문화에 대해서는 앞서 설명한 바 있기 때문에 여기서는 더 다루지 않겠으나 윤내현이 처음 이 문제를 들고 나올 때만 해도 중국과 정식으로 국교를 트가 전이었기 때문에 나라 이름도 6·25 당시 사용했던 중공(中共)이라고 그대로 부르던 시절이다. 학술정보이기는 하나 당시로서는 금기시(禁忌視)되던 공산권 정보를 여과 없이 전해들은 것만으로도 신선한 충격이었는데, 그것이 식민사학으로 오염된 우리 역사 풍토를 정면으로 비판하고 국사 교과서의 개정을 요구한 그 자체가 하나의 역사적 사건으로 받아들여졌다.

단기(원년), 즉 서기 전 2333년으로 정립된 단군기원(단기 4319년, 1986년 현재)과 맞먹는 요녕 지역의 청동기 문화인 풍하(豊下) 문화(하가점(夏家店) 하층문화)가 공교롭게도 단군의 건국 연대와 일치한다는 사실 하나만으로도 현지답사를 한 많은 한국인의 가슴을 뜨겁게 달구었다. 이제는 그 지긋지긋한 반도사관의 질곡에서 벗어날 수 있겠다는 희망의 싹을 발견했기 때문이다.

그런데 이들 문화를 모두 아우르는 홍산 문화가 세계 4대문명 발상지인 황하 문명권과 질적으로 다르고 연대도 황하권보다 1천여 년이나 앞서 있다. 이 같은 두 문명 간의 두드러진 시차가 훗날 동북공정의 빌미가 될 줄은 아마 중국인들조차도 미처 예측하지 못 했을는지 모른다.

그뿐만 아니라 5500여 년 전으로 추정되는 홍산문화 말기의 유적들(대형제단, 여신묘 廟, 적석총)은 이때 이미 초기 국가 단계(윤내현 학설에서 말하는 추방(酋邦 chiefdoms)사회, 즉 부락 연맹체사회)에 진입했음을 뒷받침 해주고 있다.

38. 요동에 별유천지(別有天地)하니······.

고구려 고도 집안 가는 길에서 본 끝없이 펼쳐진 질펀한 평야를 떠 올릴 때마다 나의 마음은 어느새 요동 벌을 향해 달려가고 있었다.

내 마음은 대륙을 향해 달린다

이때의 역사기행 주제는 '고구려 고도 집안 답사'였는데, 백두산 주변의 청산리 전적지 등 항일 전적지 순례까지 곁들이는 바람에 백두산을 중심으로 지린성 전역을 한 바퀴 도는 서북간도 일원에서 이루어졌다.

먼저 백두산과 그 주변 관광을 마치고 길림으로 다시 나가 거기서 집안으로 가는 야간 침대 열차를 타고 밤을 새워 가는 길이었다.

집안으로 꺾여 들어가는 일제 때 군사 요충지였던 통화(通化) 근처에 이르렀을 때, 차창 밖에서는 날이 뿌옇게 밝아오고 있었다. 때마침 이른 11월 추수철이었다.

가도 가도 끝없이 늘어선 볏가리(볏단을 세워놓은)가 일대 장관을 이루었다. 나는 그때 여명이 밝아오는 대륙의 지평선을 처음 보았다.

정확히 말하면 이 지역은 아직 지린성이라 요녕성(遼寧省) 일대에 걸쳐있는 요동 평야까지는 통화에서 남으로 한참을 더 달려 다시 서진(西

進)을 해야 한다.

다시 말해서 이곳은 요동평야로 들어가기 전 서간도 일대의 남만주 통구(通溝)벌이다. 그런데 나는 이곳이 요동평야인 줄 알고 미리 흥분해버린 것이다. 한 잡지에 기행문을 쓰면서 내가 지금 달리고 있는 요동 평야야말로 대륙을 제패한 고구려의 힘의 원천이라고 말이다. 가보지도 않은 요동평야 찬가를 부른 셈이다. 들어가는 초입에 불과한 여기가 이 정도인데 실제 요동은 얼마나 더 넓을까 이따금 상상 속에서 그려볼 때가 있다.

> 요동에 별유천지(別有天地)하니
> 중조(中朝: 中原의 나라들)와 완전히 구별되는 나라
> 홍도만경(洪濤萬頃: 마치 끝없이 밀려오는 파도처럼)이 춤을 추듯 출렁이고
> 대륙은 북녘을 지키는 진산(鎭山: 백두산을 일컬음)의 뿌리가
> 한 줄기로 이어 힘차게 달리나니

오늘 같은 날은 『제왕운기』 지리기의 머리글에 남긴 이승휴(李承休, 1168~1241)의 그 웅혼(雄渾)한 서사시를 한 번쯤 소리 내어 읽어보고 싶어진다.

수양제, 상건하(桑乾河)서 승전 기원 천제

수양제(隋煬帝)가 고구려를 침공하던 해(611 고구려 영양왕 22) 2월에 출전하기 앞서 천지신명에게 제를 올렸다는 기록이 나온다. 그 제사처가 지금까지 패수의 위치 확인을 위해 자주 거론했던 낯익은 지명이라 반가운 마음이 들어 소개하려 한다. 단(壇)을 모아 지신(地神)에게 제사를 지낸 곳이 바로 계성(薊城, 지금의 베이징) 서남쪽의 상건하다. 옛 습수로

재야사가 최재인(崔在仁)이 패수로 지목했던 지금의 영정하 상류다. 강 이름 말고는 구체적인 지점이 밝혀지지 않고 있는데, 같은 해 4월에 사방의 군사가 회동하였다는 곳이 탁군(涿郡)이었으며 또 상제(上帝, 하느님)에게 천제를 올린 곳 역시 탁군의 임삭궁(臨朔宮)이라는 점으로 미루어 일찍이 황제와 치우가 중원제패를 놓고 사활을 걸고 일전을 벌였던 상건하 중류의 탁록 부근일 것이 틀림없다. 아니 어쩌면 중국인에게도 전쟁의 신으로 추앙받던 치우에게 전승을 기원하는 제를 여기서 함께 올렸을는지도 모른다.

탁군은 지금의 베이징 일대(당시는 계성(薊城))를 포함하는 상곡군(上谷郡) 관할로 일찍이 연(燕) 나라가 도읍했던 곳이기도 하다.

이 당시 수나라의 도읍은 섬서성 장안으로 후에 대흥(大興)으로 이름을 바꾸었는데, 백만이 넘는 군대가 탁군을 출발하여 요동까지 만도 5천리 가까운 거리를 대부분 걸어서 갔다는 이야기다. 5천리라면 부산에서 신의주까지 한반도(3천리)를 종단하고도 다시 2천리를 더 간다는 것인데, 그리고 요동에서 압록수까지 다시 1100여 리를 가고 압록강을 건너 평양까지 7백여 리를 가야 하는 길고도 험난한 노정이다.(압록강에서 청천강까지 450리)

인축(人畜)이 끄는 수레를 타거나 말을 타고 가는 것이 이 당시 전쟁에 동원할 수 있는 최고의 기동력이었을 것이다.

상상을 초월하는 백만 대군 이동

한편 수군이 출발한 곳은 산동의 내주(萊州: 지금의 등주(登州))라고 하는데 그때만 해도 황해를 횡단하는 항해술이 아직 개발되지 않았기 때문에 연안 항해로 평양 대동강까지 간 것으로 되어 있다.(신라 말 장보고(?~846)에 의해 최초로 황해 횡단 항로가 개척되었다고 함)

수나라가 614년(영양왕 25)에 세 번째 침략전쟁을 일으켰을 때는 수사(水師) 총관 내호아(來護兒)가 등주(내주) 바로 맞은 편 발해해협 건너 지금의 요동만 북안 대화상산(大和尙山)에 있던 고구려 비사성(卑沙城)을 공격하였는데, 그 전에 평양 공격을 할 때는 요동 반도 동남쪽에 징검다리처럼 촘촘하게 박혀 있는 장산(長山) 열도를 건너 압록강 강구 쪽으로 다시 연안을 따라 평양 대동강에 접근한 것으로 되어 있다.

육로고 해로고 간에 원시적 형태를 못 벗어난 당시의 교통수단으로 1백만이 넘었다는 대 병력의 이동이 어떻게 가능했겠느냐 하는 의문은 여전히 남는다.

무엇보다도 우리나라처럼 기복(起伏)이 심한 지형에서는 그 많은 병력을 단번에 수용하기가 어렵다는 것이다.

'황산벌'이라는 영화로 더 잘 알려진 신라 삼국통일의 결전장이었던 충청남도 논산(연산 連山) 신양리(新良里) 일대 황산벌은 고려 태조 왕건(王建, 877~943)이 후삼국 통일의 대단원(大團圓)을 장식한 곳이기도 해 통일 운동을 하는 사람들에게는 역사상 통일의 성지로 필수 순례 코스나 다름없다.

통일 단체에 몸담고 있을 때 매년 10월(음력)이 되면 이 부근(논산시 연무대)에다 모은 제단에서 통일 기원천제를 받들고 십수 년째 황산벌 순례를 계속해 왔는데, 그때마다 이 좁은 야산(野山)에서 어떻게 김유신(金庚信, 595~673)의 5만 병력과 계백(階伯, ?~660))의 5천 결사대가 맞붙어 전투를 벌일 수 있었을까하는 의문이 아직도 가시지 않고 있다.

당시 김유신은 계백이 설치한 삼영(황령(黃嶺) 산성 산직리(山直里) 산성 신흥리(新興里) 산성)을 공격하려고 5만 군을 삼도로 나누어서 진격해 왔다고 한다. 5만 병력이면 지금 편제로 따져도 약 3개 사단 병력인데 이것이 한 동리 규모의 공간에서 작전을 수행했다는 사실이 좀처럼 이해가 가지 않는다.

불과 5만 병력이 이러한데 하물며 압록강을 건넌 수나라의 30만 병력이 평양 북쪽 30리 지점까지 진출하여 작전을 전개했다는 것을 어떻게 실감할 수 있겠는가.

고조선 지도에 6개의 패수

지리학자 이형석(李炯石, 전 한국땅이름학회회장)이 그의 생애 마지막 저서인 『고조선 신화에서 역사로』(2008)를 출판하기 꼭 1년 전인 2007년(10월)에 지난 십수 년간 40여 회에 걸친 현지답사 결과를 총정리한 <고조선 역사지도>를 발행한 일이 있는데, 이번에 그 지도를 다시 꺼내보니 내가 지금 패수라는 지명 하나를 찾고자 좌충우돌하고 있는 것처럼 그도 이 문제를 가지고 진즉부터 고심에 고심을 거듭한 흔적을 역력하게 읽어낼 수가 있었다.

지금까지 패수로 거론됐던 강을 친절하게도 번호까지 일일이 매겨가면서 모두 올려놓았는데 그 수가 자그마치 6개에 이른다. 결국 유일 패수는 없다는 결론이다.

맨 먼저 적(籍)을 올린 난하 패수를 비롯하여 홍산문화의 중심 지역인 우하량 동산취 부근에서 발원하여 옛 아사달로 알려진 조양(朝陽 이병도의 삼국유사 주석에 따르면 Sunny spot 양달, 조양(朝陽) 조광(朝光)의 땅을 이른다.)쪽으로 동북류 하다가 한동안 동남류 하고 이번에는 능해(凌海)쪽으로 서남류 하다가 다시 동남류하여 요동만으로 들어가는 대능하(大凌河)가 2번이다. 이형석은 고대의 패수를 대능하로 보고 있다.

그 다음 3번이 요하다. 고대에는 압록수로 불렸다고 한다. 탄광지대인 무순(撫順)쪽에서 발원하여 심양을 오른쪽으로 끼고 서남류 하다가 헌우락(軒芋濼)에서 혼하(渾河)와 만나 하구인 영구(營口)로 동류 입해(入

海)한다.

요하와 태자하가 갈라지는 물목이 바로 위만이 도읍했다는 험독(險瀆)이다. 지난 2007년(3월) 이른 봄에 고구려 명장 양만춘(楊萬春)의 안시성(安市城: 현지에서는 영성자(英城子) 산성이라 부름)을 답사하러 해성(海城)까지 갔던 길에 해성시 외곽으로 흐르는 요하 지류에서 강줄기 따라 이어지는 험독을 멀리서 바라보며 남긴 기행문이 있다.

'위만의 도읍지로 알려진 험독은 해성시 외곽에 있는 요하와 태자하 혼하가 만나는 삼차수(三叉水: 양수리를 두물머리라고 하는 것과 같이 삼차수는 세물 머리인 셈이다) 변에 있다고 하였는데 지류이기는 하나 아직 얼음이 채 녹지 않은 요하 상류의 물줄기 따라 고개를 들어 바라보니 어느새 질펀하게 불어난 봄 강물이 이른 봄 햇살을 받아 파닥거리는 고기 비늘처럼 눈부시게 빛나고 있었다. 이곳이 일찍이 민족 사학자 신채호(申采浩)가 패수로 지목했던 요동 해성 부근의 헌우락(軒芋濼)이 아니던가'

네 번째 패수가 정약용이 주장한 압록강이다. 다섯 번째 패수가 실학자 한백겸이 주장한 청천강이고 맨 마지막 여섯 번째가 대동강(패강)이다.

이병도는 패수의 주석에서 지금의 대동강이라고 하였으나 이는 진한(秦漢) 대(代)의 청천강 패수를 수·당 대(代) 들어 대동강 패수로 오해 또는 오칭(誤稱)한데서 비롯된 것이라고 청천강 패수 주장에는 한 치도 변함이 없음을 다시 한 번 확인하고 있다.

개정 전 교과서도 요동 발상 설 제기

앞에서도 몇 차례 언급한바 있지만 2007년은 우리의 시원사가 본래의 자리로 되돌아 온 해이다. 즉 단군의 건국역사가 간접화법에서 직접화법으로 돌아왔다는 말이다.

1990년 당시 교육부가 초판 발행한 고등학교 『국사』(상)의 '단군과 고조선' 항을 보면 '…… 가장 먼저 국가로 발전한 것은 고조선이었다. 고조선은 단군왕검(檀君王儉)에 의해 건국되었다고 한다.(BC. 2333).' 하고 그 주석에서 '단군의 건국에 관한 기록은 삼국유사 제왕운기 응제시주 세종실록지리지 동국여지승람 등에 나타나고 있다'고 간접화법을 사용하게 된 근거를 대고 있다. 그리고 다음 절에서 '단군왕검은 당시 지배자의 칭호였다. 고조선은 요령지방을 중심으로 성장하여 점차 인접한 군장사회들을 통합하면서 한반도까지 진출하였다'고 사실상 고조선의 요령중심 설을 이때 이미 제시해 놓았다. 이는 우리의 시원사가 '대동강 평양설'보다는 요령설에 무게가 실리는 대목이기도 하다. 그리고 그 주석에서 말하기를 고조선의 세력 범위는 청동기시대를 특징짓는 유물인 비파형 동검이나 (청동기시대의 무문 토기인) 미송리식 토기(평안북도 의주 출토)가 나오는 지역과 거의 일치하고 있다고 하였다. 한편 동이족의 분포는 고대의 한 민족이라고 할 수 있는 예·맥·부여·고구려·북옥저·읍루 등을 아우르는 지역으로 추정되고 있다고 민족 원류의 가닥까지도 상세하게 정리해주고 있다. 다만 그 표현이 이현령 비현령(耳懸鈴 鼻懸鈴) 식으로 확신을 주지 못하고 다소 애매했을 뿐이다.

2007년에 교육인적자원부가 편찬한『국사』교과서에서는 단군의 건국 사실을 주석 없이 직접화법으로 확인하여주었을 뿐만 아니라 '추정'으로 정리했던 고조선의 발상과 발전의 중심을 요령지방으로 못 박고 있다. 즉 '청동기문화가 형성되면서 만주 요령지방과 한반도 서북지방에는 족장(군장)이 다스리는 많은 부족이 나타났다. 단군은 이러한 부족들을 통합하여 고조선을 건국하였다. 서기 전 4세기경에는 요령지방을 중심으로 만주와 한반도 북부를 잇는 넓은 지역을 통치하는 국가로 발전하였다'고 자신감에 넘치는 기술을 하고 있다.

그렇다면『삼국유사』에 나오는 단군이 처음 도읍한 평양성은 어디이며 다음에 옮긴 백악산(白岳山) 아사달(阿斯達)은 또 어디란 말인가! 유사에서는 평양성에 주석하기를 '지금의 서경'이라고 하였는데 요령중심설과 정면으로 배치되기 때문이다.

아사달 백악산 평양은 이명동체(異名同體)?

유사에서는 아사달에 주석하기를 '경(經)에는 무엽산(無葉山)이라 하고 또 백악(白岳)이라고도 한다.'고 하였으며 문헌사학자 이병도는 유사 역주에서 아사달(일명 백악)은 평양이니 평양 고명에 백아강(白牙岡)이라고 하였다고 평양과 아사달 백악(산)을 모두 이명동체(異名同體)로 보고 있다. 그리고 아사달의 주석에서는 '영어로 Sunny spot(양(陽) 달), 즉 조양(朝陽), 조광(朝光)의 땅(Morning land)의 뜻이니 조선(朝鮮)의 원 뜻일 것'이라고도 하였다. 일본말에서 '아침'을 '아사'라고 하는 것은 우리 고어(아사달)에서 유래한 것이라며 여기서 '달'은 넓은 들판 또는 땅을 의미한다고 했다. 그런데 환웅이 무리 삼천을 이끌고 내려와 신시(神市)를 베풀었다는 태백산, 즉 백두산을 일러 일명 백악(산)이라고 하는 것은 그 정상에 사시사철 눈이 덮여있을 뿐 아니라 눈이 아니더라도 정상 부근에는 흰색의 부석(浮石, 화산 석)이 덮여있어 그런 이름을 얻게 되었다는 것이다. 그러함에도 불구하고 합리적인 사고방식으로는 이해가 되지 않는 부분이 있다. 아무리 원시생활을 하는 고대인이라 하더라도 백두산 정상에 신시를 베풀기에는 지리적으로나 기후여건상 최소한의 생존 조건조차 갖추지 못하고 있기 때문이다. 1년 중 9개월이 겨울인 백두산 정상은 상징적인 의미는 있으나, 실제로 생존을 영위할 수 없을 뿐더러 세계 4대 문명의 발상지가 모두 강을 끼고 있다는 점에 착안하여 눈길을 돌린 곳이 요녕성을 가로지르는 요하유역이다.

<고조선은 중국 내몽고 자치구에 있었다>(신동아 2006. 10월호, 필자

이정훈(李政勳))는 한 월간지 기사에 따르면 요녕성 북부에서 동-서로 갈라지는 요하의 한줄기(서요하)가 내몽고 자치구로 뻗어 올라가 노합하와 합류하고 다시 영금하(英金河)가 지류를 형성하는데 이 일대를 적봉(赤峰)이라 이른다. 영금하가 노합하와 합수되는 지점쯤에 홍산(紅山)이 있는데, 이곳에서 서기전 3500년 전쯤에 형성된 신석기 후기 유적이 대량 발굴됨으로써 중국이 황하문명보다 1500년이나 앞선 홍산문화를 그들의 시원사로 바꿔치기 한 요하문명의 중심이기도하다.

이곳에서 걸어서 30분쯤 걸리는 곳인 하가점(夏家店)에서는 서기전 2400여 년의 것으로 보이는 청동기가 많이 출토됨으로써 그 연대가 단군기원과 거의 일치되어 고조선의 출범과 연결 짓고 있는 '하가점 하층문화'의 현장이기도 하다. 즉 홍산문화를 환인이 이끄는 신석기 후기의 국가체로 보는 것이다.

이 국가체에서 청동기를 개발한 환웅이 3천여 무리를 이끌고 하가점 지역에서 신석기 후기 문명단계에 있는 곰족과 결혼동맹을 맺고 세운 새로운 국가체를 신시로 상정할 수 있을 것이다. 이때 환웅은 곰족 여성과의 사이에서 난 아들을 단군이라 명명하고 왕위를 물려줌으로써 고조선 세습왕조를 탄생시킨 것이다. 평야지대로 이루어진 하가점 지역을 편평한 땅이라는 뜻의 평양(平壤)으로 명명하고『삼국유사』에 보이듯이 고조선이 여러 번 도읍지를 옮길 때마다 평양이라는 이름도 함께 따라갈 수 있지 않았겠느냐는 것이다.

광명의 땅, 고죽(孤竹)과 평양과 북평

박병식(朴炳植,1930년생)은 해외건설업에 종사하다가 일약 세계적인 언어역사학자로 변신한 이색적인 이력의 소유자다. '한국어는 일본어의

모태(母胎)'라는 일관된 주제로 특히 일본 독서계를 풍미(風靡'바람에
몰려 초목이 쓰러지듯이 위세에 딸려 저절로 쏠림)했던 박병식이 이번에
는 고구려의 수도 평양(平壤)의 위치를 한반도 아닌 중국대륙 북경으로
비정하는 새로운 주장을 제기했다. 2008 년 7월 20일자 <주간현대> '역사
의 재발견'(어원 語源으로 밝히는 우리 상고사)에서다.

먼저 낙랑군(樂浪郡)의 위치추적에서 기자(箕子)조선의 또 다른 이름
인 고죽(孤竹)국의 고(孤)의 첫째 뜻을 '홀=독(獨)'으로 풀고 원래 '하라-
하나=일(一) 독(獨)'이었던 것이 모음 교체를 거치는 과정에서 '하라-호
로-홀'이 되었음을 밝히고 있다. 그 다음의 죽(竹)은 요즘말로 '대'라고
하지만 옛날에는 '다라/다'라고 하여 '나라 또는 땅'을 의미하는 고어(古
語)와 그 소리가 같다. 때문에 고죽(孤竹)은 곧 '하라다라'라는 우리말을
표기한 것으로 '하라=태양/광명'+'다라=땅/곳/나라'로서 '광명의 땅'을
의미한다. 다시 말해서 '고죽'이라는 이름은 낙랑이나 평양(平壤)과 같은
뜻일 뿐 아니라 우리의 옛 서울 '아사달=광명의 땅'과도 그 뜻이 일치하고
있음을 말해주고 있다. 북평(北平)이라는 이름 역시 고죽(孤竹)이라는
이름과 마찬가지로 '바라나라/하라다라= 밝은 나라=광명의 땅'이라는 뜻
이 담긴 우리말을 나타내기 위한 표기문자라는 사실을 알게 된다. 이 같은
사실은 <삼국사기>(권35)에 나오는 지명의 고어풀이로 뒷받침되고 있다.

예를 들면 고구려시대에 평원(平原)이라고 하던 지명이 후기 신라시대
에 북원(北原)으로 바뀌고 고려시대에 오늘날의 원주(原州)가 된 것인데
이 지명에 나오는 평(平) 북(北) 원(原)이 모두 이두(吏讀)식으로 '바라/
부루'가 된다. 그리고 서양(西壤)과 서천(西川)은 가라나라-가라마라가
되며 국양(國壤)-국천(國川)은 부루나라가로 읽히는 이치와 같다는 것이
다.

결론적으로 말해서 평안남도에 있는 평양은 장수왕 때까지 고구려의

수도로 쓰인 적이 단 한 번도 없으며 일부 식민사학자들이 '한4군=한반도' '낙랑군=평양'으로 착각하는 바람에 숱한 역사적 오류를 범하게 된 것이라고 한다.

재발견한 역사의 고향 의무려산(醫巫閭山)

하가점 동쪽 150km 지점에 있는 노노아호산(努魯兒虎山, 500m)과 그 넘어 다시 2백여km 떨어진 의무려산(醫巫閭山, 700m)은 고대인이 공동체의 번영을 기원하고 영혼의 안식을 구하는 신령스러운 '흰머리산' 또는 '흰 바위산'으로 불려지지 않았을까 하는 것이다.

2008년(7.19) 여름 역사지리학자 이형석이 이 산 정상에 올라 기록한 답사기를 보면 그 호원(浩遠)한 정경이 손에 잡힐 듯하다. '산줄기의 정상에 위치한 천년 고찰 운암사에 오르니 곧게 뻗은 아름드리 천년 고송이 우리들을 반기는 듯하다. 요태조가 시주하였다는 관음불, 고도(옛길), 불탑(티투바), 조그만 절을 감싸는 청명한 기운으로 저 넓은 요동벌이 손바닥처럼 훤히 내려다보인다. 이 산줄기는 요하와 대능하를 가르는 분수령이기도 하다. 이번에는 (의무려산 동쪽에 있는) 북진시의 북진묘 서쪽으로부터 의무려산을 조망(眺望)하고 감상할 수 있는 기회를 가졌는데, 웅장하게 솟은 흰 바위산이 마치 큰 파도가 넘실대듯 큰 줄기를 이루며 남북으로 뻗어내려 자연 방어선을 이루고 있었다.'

조선 후기의 실학자인 박지원(朴趾源, 1737~1805)이 남긴 『열하일기(熱河日記)』에도 '요동지역에 평양이 있다'는 내용이 적혀 있는데 평야지대인 요동지역에 평양이 있었다면 '평양은 넓은 땅을 가리키는 보통명사'일 수도 있다는 추론을 가능케 하는 대목이다.

우리가 흔히 아사달이라고 부르는 조양(朝陽)은 이병도가 주석한대로 지명 자체로도 아사달이 되지만 그것이 바로 이 의무려산에서 발원하는 대능하 서쪽 상류에 있다는 것은 결코 우연의 일치로만 볼 수 없는 일이기 때문이다.

일찍이 신채호는 아사달을 송화강변의 완달산(完達山) 하얼빈이라고 하였으며 금석학의 대가 추사(秋史) 김정희(金正喜,1786~1856) 역시 합이빈(哈爾濱, 하얼빈) 완달 산을 아사달 산이라고 하였다.

이에 대해 한글 연구가인 반재원(潘在遠, 1949년생, 훈민정음연구소장)은 그의 논문「왕검조선의 도읍지 아사달지명 연구」(2007)에서 음운학적인 접근을 시도하고 있는데,『삼국유사』에 나오는 아사달의 다른 이름인 방홀산(方忽山)을 하얼빈에 있는 모을산(帽兒山, 완달산의 최고봉)에다 비정하면서 '방'은 모방(方)임으로 모을산이 된 것으로 본다고 추정하였다. 그리고『삼성기전(三聖紀全)』상편에 나오는 불함산(不咸山) 또한 안달산, 안다산, 완달산과 모두 뜻이 같다면서 안달이란 불함을 우리말로 적은 이두 발음이라고 하였다. 즉 '안다'의 '안'은 아니불(不)의 '안'에서 왔으며 '다'는 다함(咸)의 '다'에서 연유한 것으로 '불함산'은 '안다산'이 되며 안다산이 안달산, 완달산으로 변한 것이라는 것이다. 이어서 '안달'이 '앗달'로 '앗달'이 아사달로 변한 것이라는 것이다. '앗달'의 '앗'은 '아시' '아사'(일본어로 아침이라는 뜻)로 변하니 '아시'는 처음 초벌이라는 뜻이며 '아사달'은 첫 도읍지라는 뜻이라고 하였다. 고조선이 여러 번에 걸쳐 도읍지를 옮겼다는 증좌라고도 할 수 있을 것이다.

9장
새벽을 기다리며

용재 백낙준

노산 이은상

우촌 전진한

범부 김정설

김영기

김용하

박정희

팔봉 김기진

삼연 곽상훈

명원 김미희

심강 고재욱

박순천

청산리와 청산리 대첩비 청산리 대첩의 승전고를 울린 오늘날 청산리와 대첩비(우측)
위쪽은 청산리대첩 후에 찍은 사진. 앞쪽에 앉아 있는 사람이 김좌진 장군

39. 독립운동가의 무덤, 액하(掖河) 감옥

그는 아버지 옥바라지를 하고자 아예 처음부터 액하(掖河) 감옥의 육중한 철문이 마주 바라다 보이는 강(목단강 지류) 건너 마을에 하숙방을 얻어 들었다고 한다.

시체 냄새 맡고 까마귀 떼 몰려

거의 아침 마다 까아악 까아악 울어대는 까마귀 소리에 눈을 떠 창문을 열고 내다보면, 밤새 숨을 거둔 수감자의 시신을 가마니로 둘둘 말아 감옥 벽돌담 밖 밭 가운데 내다 버리고 다시 들어가면서 옥문 잠그는 금속성 파열음이 유난히 크게 들렸다고 한다.

9순을 바라보는 이영재(李榮載, 1922~2010) 대종교 총전교는 근 70년 전 아스라한 기억을 더듬으면서 불그레하게 상기된 노안을 지그시 감는다. 그가 돌아가기 꼭 1년 전에 만났을 때다.

그의 나이 21세 때인 1943년, 고향(충북 제천) 국민학교(지금 초등학교)에서 잠시 교편을 잡다가 금융조합(현 농협의 전신)으로 자리를 옮긴 그는 이제 막 새 직장에 손끝이 익어갈 무렵이었다고 한다. 이때 중국에 망명해 있던 아버지(단암 이용태(檀菴 李容兌), 1890~1966)의 투옥 소식을 듣게 되었다. 이때가 바로 임오교변(壬午敎變, 1942년 11월 19일)이 일어난 해다.

백정기(白貞基, 1896~1936)의사와 천진(天津) 일본 영사관에 폭탄을 던진 동생 이용준(李容俊, 1890~1946)과 함께 형제 독립운동가로 유명한 이용태는 고향에서 면장(백운면)을 지내다 발심(發心)하여 중국으로 망명(1939), 당시 독립운동의 본산이었던 대종교에 들어가 여러 직책을 맡아 활동하다가 임오교변 때 대종교 간부 24명과 함께 잡혀 징역 8년을 선고 받고 액하 감옥에서 복역 중이었다.

독립운동가의 무덤으로 불리던 이 악명 높은 감옥에서 임오교변 때 붙들려 간 대종교 간부 10명이 목숨을 잃었는데, 이들 순교자들을 대종교에서는 임오십현(壬午十賢)이라고 높여 부른다.

이영재는 아버지의 투옥 소식을 듣고 직장에 사표를 낸 뒤 그 길로 만주로 건너가 액하 감옥에서 10리쯤 떨어진 장안 액하 우급(優級)학교(당시 초등학교와 맞먹는) 교감으로 있던 이상훈(李祥勳)을 찾아갔다. 이상훈은 광복 후 총전교까지 지낸 독실한 대종교인이었다. 그의 주선으로 그 학교 교사로 취직된 이영재는 학교에 나가면서 아버지의 옥바라지에 전념할 수 있었다.

면회가 허락되는 한 달에 두세 번은 반드시 감옥으로 찾아가 사식과 옷을 차입하고 건강을 살피는 것이 자식으로서 그의 의무이자 책임이기도 했다.

영양실조 탓으로 얼굴이 부석 부석 부어오르고 모진 고문에 혹독한 추위까지 겹쳐 송구스러워서 차마 눈뜨고 바로 쳐다볼 수조차 없는 아버지의 참혹한 형상을 대할 때마다 미어지는 가슴을 주체할 길이 없었다고 한다.

그의 아버지 이용태가 순교실록(殉敎實錄, 1971)에 남긴 글(구금고황

拘禁 苦況)을 보면 그 정황이 사실감 나게 묘사되어 있다.

숭늉 한 공기로 끼니 때우기도

수감자에게 지급되는 이른바 관식은 메조 7부에 쌀을 3부 비율로 섞은 조밥으로 끈기가 하나도 없어 입으로 혹 불면 날아갈 정도였다고 한다. 작은 공기로 수북하게 한 공기씩 하루 두 끼 나오는 조밥은 그나마 (계란도 유골(有骨)이라는 옛말처럼) 돌이 많이 섞인 데다 반찬으로는 멀건 채탕 한 그릇이 전부였다고 한다. 그 마저 없을 때는 날 소금을 한 숟갈씩 주기도 하고, 그도 없을 때는 숭늉 한 공기로 끼니를 때울 때도 있었다고 한다. 사식의 경우는 비율이 반대로 적용되었기 때문에 그나마 좀 나은 편이어서 면회 때는 열 일 제치고 사식 챙기는 일에 신경을 기울였다는 것이다.

이마저 허락이 안 되는 연고 없는 수감자는 감옥 안에서 갖은 악형을 다 당하고 추위와 영양실조를 이기지 못해 끝내 쓰러지고 마는 참극이 다반사로 벌어지는 그야말로 생지옥 그 자체였다.

그렇다고 종단 차원에서 돌볼 여력은 더구나 없었다. 정작 후원자가 되어야 할 교주 이하 주요 간부들이 모두 붙들려 들어와 거꾸로 돌봄을 받아야 할 처지가 되었으니, 이런 사정을 어디다 호소할 곳조차 없었다.

교주 윤세복(尹世復, 1881~1960)도 마찬가지였다. 일점혈육인 외동딸이 옥바라지를 하였는데, 면회 날이면 불구의 몸을 이끌고 꽁꽁 얼어붙은 땅바닥에 엎디어 기다시피 감옥 문을 오르내리던 정경이 아직도 눈에 선하게 밟힌다고 회고하는 그의 눈시울은 어느새 촉촉하게 젖어 있다.

함정 규칙 만들어 악형

다시 이용태의 증언(구금고황)으로 돌아가 보자.

영안(寧安) 현청 내에 있던 구류소(예심 때 수감되었던 유치장)의 내부 구조는 한 채 5칸의 토옥(土獄)인데 좌우로는 두텁게 벽돌담이 높게 쌓였고 앞뒤에 2층으로 토벽과 목책을 세웠다. 칸마다 목책으로 막은 복판에는 허리를 굽혀 출입하는 문이 있으나 밤낮 없이 굵은 자물쇠를 채우고 그 곁에 밥을 받는 작은 창구가 있다. 그 실내에는 길고 높은 연돌을 설치하여 갈 자리[노석(蘆席)] 한 잎을 펴고 그 앞에는 두터운 널(널 판지)을 칸에 맞도록 두었으니 제물에 걸상이 되고 목침 노릇도 하였다.

연돌 앞에는 넓이가 평반쯤 되는 바닥에 벽돌을 세워 깔았으며 한편에는 오줌 누는 양철통을 갖다 놓았다. 뒷벽 위로 복판에는 작은 철창이 있고 그 천장에는 전등을 장치하였다.

한 방에 네 사람씩 이름 지어 있게 하고 한노(悍奴: 사나운 간수를 기리 킴) 8명(모두 왜놈)이 번갈아 돌면서 몽둥이와 죽편(竹鞭: 대나무로 만든 매)을 끌고 감방 문 밖을 왔다갔다하면서 마치 동물원의 조련사처럼 수감자들의 동정을 살피고 있었다.

구류소 안에서는 돌아가며 가하는 모진 악형으로 신음과 비명 소리가 온 종일 끊이지 않았다. 그들은 고문의 이유를 규칙위반에다 끌어다 붙였다.

주로 자연적인 생리현상을 규칙이라고 만들어 놓고 이를 위반했다고 징벌을 가하는 이른바 위규범칙(違規犯則)을 내세워 그들은 악형의 정당성을 위장하고자 했다. 이처럼 간교한 함정에 빠지지 않을 장사가 없었다.

예를 들면 밥 먹을 때 왜 국과 밥을 남에게 주거나 받아먹었느냐 부터 졸고, 코를 골거나 수감자끼리 마주보고 웃거나 잠 잘 때 잠꼬대, 심지어 용변은 규정시간 외에는 허락하지 않으면서 설사로 옷을 버리는 경우까지 처벌 대상이 되었다.

온몸이 땀범벅이 되도록 이를 악물고 참다가 결국은 설사를 하고 마는 사람을 다시 기진맥진할 때까지 무수히 난타하고 2~3일씩 밥을 굶기는 만행을 저질렀다.

일행 중 장로였던 아현(亞峴) 권영준(權寧濬)은 당년 72세의 고령이었다. 나이에 비해서는 의외로 체력이 강왕하고 기백 또한 강의(剛毅)하여 취조 중에도 굽히는 기색이 없었다. 그의 기세를 꺾으려고 일제는 그에게 특히 혹독한 징벌을 가했다. 감방 공간에다 차렷 자세로 세워놓고 백묵으로 두 발 밖에다 금을 그어놓고는 선채로 1주일을 그대로 서 있으라는 것이었다.

마루에 금 긋고 선체로 5주야(晝夜)

만일 요동을 하거나 함부로 앉든지 누우면 곧 타살하리라 경고하고 간수 둘이서 교대로 감시하였다. 이러기를 꼬박 이틀 밤낮을 계속하다보니 자연 다리가 떨리고 발이 조금 금 밖으로 옮겨지자 기다렸다는 듯이 곤봉으로 소나기 난타를 퍼부어 유혈이 낭자하고 골절 맞는 소리가 감방 안 공기를 찢는 듯하였다.

이렇게 5 주야가 계속되자 그토록 강건하다던 그도 기력이 쇠진하여 여러 번 혼절하기도 하였는데 그래도 난타는 멈추지 않았다. 이런 와중에 잠시 정신을 차린 틈을 타서 그는 자진을 하기로 결심하고 머리를 목책 말뚝(울짱)에다 대고 사정없이 부딪치니 이를 본 일인 간수가 도리어 놀라 급히 의사를 불러다 응급 구출한 적도 있었다.

이때, 무기징역으로 가장 무거운 형을 선고 받은 교주 윤세복은 「복당서시(福堂 序詩)」라는 옥중 유시를 남겼다. 제2편 '감중자술 坎中自述(함정과 같은 옥중이라는 뜻)'에서 당시의 참혹한 정경을 이렇게 읊고 있다.

하루 두 끼 죽(죽 粥) 두 주발(완 椀)씩
설창빙판(雪窓氷板: 눈 쌓인 창 너머 빙판길) 삼동(三冬) 나니
새우잠에 허리 아파
체력이 미치지 못해 법정 공판 보지 못할 듯하다

이러기를 예심이라는 이름으로 4개월간 지속하다가 넘겨진 곳이 마(魔)의 액하 감옥이다. 법 취지대로라면 형이 확정된 기결수에 대한 처우가 예심 때와는 달라야 할 터인데도 그들에게 법은 한낱 장식품에 불과했다.

오히려 액하 감옥 지하에는 악명 높은 물고문 탱크[수조(水槽)]까지 설치해놓고 조직적으로 살인을 자행하였다. 그 대상은 주로 대종교 출신의 독립운동가였다. 이 혹독한 물고문을 견디지 못해 많은 대종교인이 희생되었다. 순교 10현(賢)이 바로 그들이다.

월드컵이 열리던 1988년에 이곳을 찾은 우원상(禹元相 선도사) 등 대종교인들이 바로 이 물고문 탱크 앞에서 위령제를 지냈다고 한다. 그때까지만 해도 액하 감옥 옥사는 그대로 보존되어 있었는데, 옛 정문 앞에는 목단강 공안 간부학교(3층 건물)가 들어서 있었다고 한다.

악형에 쓰러진 열 명의 지도자

같은 사건으로 징역 7년을 선고받은 근재(槿齋) 이현익(李顯翼 1896~1970)이 남긴 글 <순교와 수형(受刑)>을 보면 '가지가지 악독한 고형(拷刑)과 형유(形喩: 비유하다)할 수 없는 난감(難堪)의 기한(飢寒)에 시달린 우리 신체는 제 정신의 지배도 받기 어려운데다가 저 잔인 무정한 병마는 천일암흑(天日暗黑)의 장면에서 방황하는 우리의 생명을 빼앗으려고 호시탐탐 노리고 있다'면서 '이상 세계의 광명도 거의 경멸(耿滅)되고 우

리의 몸은 형해(形骸) 사나운 아귀마졸(餓鬼魔卒)로 자인할 정도이다. 어떠한 인생 철학자라도 이것을 체험하지 않고는 그 진경(眞境)을 잘 모를 것이다.'고 그가 겪은 인간의 한계상황을 적실하게 표현하고 있다. 경신(庚申)참변 때의 만행을 다시 보는 듯해 절로 몸서리가 쳐진다. 이런 저들의 계획적이고 조직적인 살인 고문에 무려 10명의 대종교 지도자가 쓰러져 갔다.

우리에게 그 이름이 잘 알려진 백산(白山) 안희제(安熙濟, 1885~1943)를 비롯하여 창교주인 나철(羅喆)의 두 아들, 염재(念齋) 나정련(羅正練 당시 61세)과 차남 일도(一島) 정문(正紋, 당시 52세)이 이때 함께 순교하였다. 이리하여 이 집안 3부자가 나란히 순교의 길을 걷는 경이로운 역사의 주인공이 되었다. 이밖에도 권상익(權相益, 당시 41세), 이정(李楨, 당시 38세), 설도(雪島), 김서종(金書鐘, 당시 50세), 해산(海山) 강철구(姜鐵求, 52세), 죽포(竹圃) 오근태(吳根泰, 당시 61세), 백향(白香) 이창언(李昌彦, 당시 66세), 백람(白嵐), 이재유(李在圃, 당시 65세) 등이 불귀의 객이 되고 말았다.

부끄러운 이야기지만 필자도 독립운동사상 유례없이 다양한 분야에서 큰 족적을 남긴 백산(白山)이 이때 희생되었다는 것을 까맣게 모르고 있다가 이 글을 정리하면서 처음 알고 깜작 놀랐다.

그를 말할 때는 으레 백산(白山)상회를 떠올리기 마련이어서 2선에서 비밀리에 독립운동 자금이나 모집하고 지원하는 숨은 지사쯤으로 기억되었기 때문일 것이다.

40. 독립운동 주도한 영남인맥

알고 보니 그의 독립운동은 교육 구국운동으로부터 시작해서 학회활동, 비밀결사 단체 활동, 민족 산업육성, 항일 언론투쟁 등에 이르기까지 광범위하게 걸쳐 있는데, 어느 것 하나 그 업적이 발군의 성과를 올리지 않은 것이 없다. 그야말로 전천후(全天候) 독립운동가였다.

'임정 첩보 36호' 백산(白山) 안희제(安熙濟)

그러나 그에게 붙여진 별명이 '독립운동 자금의 젖줄'인 것처럼 여러 업적 중에서도 독립자금 모금활동이 가장 활발하고 두드러졌다.

자신이 백산상회를 운영하면서 번 돈은 물론 국내 갑부나 기업가들로부터 모금한 돈을 임시정부로 전달하는 일까지도 맡았다. 그의 암호명은 '임정첩보 36호' 이렇게 전달된 돈이 임정 운영자금의 60%에 이르렀다니 독립운동에서 차지하는 그의 비중이 얼마나 컸던가를 짐작할 수 있을 것이다.

목숨을 건 독립자금 모금과정에서 꽃피운 숱한 일화는 아직도 인구에 회자(膾炙)되고 있는 것이 많다.

한 번은 경주 갑부 문파(汶坡) 최준(崔俊, 일명 최부자 1884~1970)의 집에 복면을 하고 들어 가 독립운동 자금을 요구한 일이 있었다. 말하자면 강도행각을 한 것이다. 최준에게는 전에도 여러 차례 헌금을 받아간 일이 있어 면목이 없었을 뿐만 아니라, 무엇보다도 거절을 당하지나 않을까 두려워서 위장까지 했으나 결국 본색이 탄로나 안희제 본인임을 밝히고 약속어음을 받아간 일도 있다.

이보다 더 감동적인 일이 일어난 것은 광복이 되고 나서다.

돈을 주면서도 최준은 자신이 준 돈의 절반만이라도 임정에 전해진다면 다행이겠다 싶었는데, 광복 후 환국한 주석 김구(金九, 1875~1949)와의 면담 자리에서 독립운동자금 명세를 대조한 결과 그가 안희제에게 전달한 돈과 김구가 받은 돈 액수가 한 푼도 틀리지 않고 일치함을 알고 한 때나마 의심했던 자신의 옹졸함을 자책하면서 2년 전에 이미 고인이 되어 고향 땅(경남 의령)에 묻혀있는 안희제의 무덤을 향해 대성통곡을 했다는 것이다.

김구가 확인해준 독립자금 내역

얼마 전 '명가(名家)'라는 드라마로도 방영된 일이 있는 최준은 9대 진사에 12대 만석꾼이라는 명가의 후손답게 항일 운동에 헌신하였는데, 1914년 경주 그의 고택에서 안희제와 백산상회 설립을 결의한 것도 그 일환이었다. 일찍이 대구에 상덕태(尙德泰)상회를 설립(1912)하여 독립 운동의 거점으로 활용해오던 고헌(固軒) 박상진(朴尙鎭 1884~1921)이 달성에서 조직한 조선국권회복단에 최준은 안희제와 함께 직접 참여하였다. 이들 외에도 서상일(徐相日, 대궁(大弓)상회), 윤한병(尹翰炳, 향산(香山)상회) 등 대구 경북 지방의 부호를 주축으로 조직된 국권회복단의 후신인 대한광복회(총사령 박상진)는 그 경제적 기반에 힘입어 훗날 대종교와 함께 만주지역의 무장독립운동을 이끄는 대표적인 단체가 되었다.

대한광복회는 같은 해 7월에 채기중(蔡基中, 1873~1921)의 풍기 광복단과 통합, 확대개편하면서 군자금 모금활동을 활발히 전개하였다.

한편, 이에 앞서 1909년 재경(在京) 영남청년들을 중심으로 조직된 항일 비밀결사단체인 대동(大東)청년단에서 안희제는 밀양 출신의 대종교 3세 교주 단애(檀崖) 윤세복(尹世復)과 첫 인연을 맺게 되는데, 그 후 대종교에 입교하여 광복을 2년 앞두고 일제가 독립운동 조직의 말살책의 일환으로 조작한 임오교변의 와중에서 순교에까지 이르게 된다. 국권회복이라는 민족의 염원을 달성하려고 그가 가진 모든 것을 다 바치고 마지막 남은 몸뚱이 하나까지 미련 없이 조국광복의 제단에 바친 것이다.

이밖에 대동청년단 출신으로는 안동의 일송(一松) 김동삼(金東三, 1878~1937), 청주의 경부(畊夫) 신백우(申伯雨, 1888~1962), 의령출신의 소창(小滄) 신성모(申性模, 1091~1960) 등 대종교계 독립운동가이다.

박상진(朴尚鎮)과 김원봉(金元鳳)

대부분 영남인으로 구성된 이 단체(대동청년단)에는 황해도 안악(安岳) 출신의 김홍량(金鴻亮, 1885~1950)도 참여하고 있는데, 10만 석 지기 큰 부자로 알려진 그는 신민회 회원으로 군자금 모금과 서간도 이주민을 모집하는 등 독립운동을 적극 지원하였다. 또 하나 특기할 것은 동향인이었던 백범(白凡) 김구(金九)도 망명하기 전에는 105인 사건의 발원지이기도 했던 안악 그의 농장 관리인으로 몸을 숨기고 일한 적이 있다고 한다.

결론 삼아 말한다면 무장 독립운동의 두 큰 흐름을 이끌었던 대종교와 대한광복회가 밀양 출신의 윤세복과 울산 출신의 박상진에 의해 주도되었으며, 사실상 임시정부 존립의 마지막 버팀목 구실을 했던 의령 출신의 안희제가 우리나라 독립운동사를 다시 쓰는 계기를 만들었다고 해도 과언이 아니다.

대한광복회가 전국적으로 벌인 독립자금 모금활동에는 여러 가지 뒷이야기가 따라다닌다. 독립자금 모금에 호응하지 않은 칠곡 부호 장승원의 처단은 그 대표적인 예이다. 1917년의 일이다. 이때 박상진은 채기중, 유창순(庚昌淳), 임봉주(林鳳柱), 강순필(姜順必) 등으로 하여금 장승원을 타살케 했는데, 그가 바로 광복 후 수도경찰청장을 지낸 창랑(滄浪) 장택상(張澤相, 1893~1969)의 아버지다. 지금까지 장승원을 살해한 장본인은 밀양 출신의 약산(若山) 김원봉(金元鳳, 1898~?)이 이끌던 의열단의 단원으로 알려져 있었다. 그리하여 장택상은 아버지 살해범에 대한 보복으로 원래 (급진적)민족주의자였던 김원봉을 공산주의자로 몰아 탄압하는 바람에 결국 그는 월북하게 되었다는 설이 그럴듯하게 나돌았다. 과연 그 실상은 어떠한가? 확인해보기로 하자.

대한광복회는 1918년에 전국의 조직망이 발각되고 총사령 박상진이 사형으로 순국하자 모두 뿔뿔이 흩어졌는데, 살아남은 일부가 주비단(籌備團, 1919 이민식(李敏軾))과 암살단(1919 최영만(崔英漫), 1885~1939), 의열단 등 의혈 투쟁 단체로 옮겨 활동을 계속하게 된다. 의열단과 연계되는 부분이 약간 눈에 띄기는 하나 그것이 장승원의 처단과 직접적으로 연관되어 있느냐 여부는 확인할 길이 없다.

영남 일대에서 일어난 독립운동가나 그들이 만든 단체를 추적하다 보면 모두 전후좌우로 이리저리 얽혀 있어 좀처럼 가닥을 잡기가 쉽지 않다. 그래서 이야기가 잠시 본지를 벗어나는 듯하나 다른 한편으로는 이처럼 지연(地緣)이나 인맥을 타고 가지에 또 가지를 치는 식으로 전개되는 이야기가 서로 유기적으로 연계되어 있어 역사를 종합적으로 이해하는 데는 오히려 도움이 되는 경우도 있다.

남과 북에 외면당한 신판 25시

앞서 (급진)민족주의자라고 진단했던 의열단 단장 김원봉의 사상성에 대해서는 보는 시각에 따라 여러 가지 해석이 나올 수 있다. 의혈 투쟁의 대명사나 다름없는 김원봉이 한 때 조선공산당(M L파)과 제휴하여 활동한 것은 사실이나, 일제라는 대적을 눈앞에 두고 있는 당시의 민족운동은 계급에 기반을 둔 공산주의 운동이 아니라 일본과의 투쟁을 위한 연합전선 결성이 그 중심이 되어야 한다는 노선을 견지하고 있었다. 이와 같은 그의 노선의 연장선상에서 1944년에는 임시정부 군무부장에 취임하여 이듬 해 광복을 맞이하여서는 군무부장 자격을 그대로 유지한 채 환국하게 되는데 귀국 후에도 좌우 합작 노력을 계속하였다. 그러나 전해오는 말로는 좌우대립으로 혼미를 거듭하던 해방정국의 한 복판에서 정치적 폭력 사건이 일어날 때 마다 그는 오히려 의열단 투쟁 경력이 짐이 되었고 공산당 전력이 꼬리표가 되어 배후로 지목, 곤욕을 치르곤 했다는 것이다.

그중에도 수도경찰청장 장택상의 지시에 따라 구속될 당시 악명 높은 친일경찰 노덕술(虜德述)에게 뺨을 맞고 고문까지 당하는 굴욕적인 사건이 있었는데 이 사건으로 입은 충격이 그의 월북의 직접 동기가 된 것으로 전해지고 있다. 이 무렵 남한에서는 단독정부 수립이 본격화되자 월북한 김원봉은 북에서 국가 검열상 등을 지내기도 했으나 오래지 않아 끝내 숙청당하는 비운을 맞게 된다.(1958년 11월)

이리하여 일제가 가장 두려워했던 항일 무력투쟁의 심벌이었던 김원봉은 남과 북 어느 쪽에서도 환영받지 못하는 '신판 25시'의 주인공처럼 되어버렸다.

김원봉이 지휘하는 의열단의 의거활동은 열손가락으로 일일이 다 꼽을 수 없을 만큼 많았고 처절했다. 우리가 보통 알고 있는 사건으로는 의열단원 김상옥(金相玉, 1890~1923)이 단신으로 결행한 종로경찰서 폭탄

투척 사건이나 나석주(羅錫疇, 1889~1926)의 동척(東拓: 동양척식회사)
투탄의거, 부산 경찰서(1920. 9. 14, 박재혁(朴載赫), 1895~1921)와 밀양
경찰서 폭탄 투척 사건(1920. 12. 27, 최수봉(崔壽鳳)) 정도인데, 폭탄 불
발로 미수에 그치거나 폭탄 반입 과정에서 적발된 사건을 보면 김지섭(金
趾燮, 1885~1923)의 니쥬바시(二重橋) 폭탄투척사건(1924. 1. 5)을 비롯
하여 김익상(金益相, 본명 김봉남 金鳳男 1895~1922)의 조선총독부(왜
성대(倭城臺)) 폭탄투척의거(1921. 9. 12), 오성륜(吳成崙) 등의 상해 황
포탄(黃浦灘) 의거(다나카(田中義一) 대장 저격 의거 1922. 3. 28), 황옥
(黃鈺), 김시현(金始顯) 등의 사이토(齊藤實) 조선총독암살계획(제2차
암살 파괴계획 1923년초), 곽재기(郭在驥)의 밀양 진영(進永) 폭탄반입
사건(1920. 3) 등 한·중·일 3국간을 넘나들면서 일으킨 의거는 모두 적의
심장부를 겨냥한 대담하고도 허(虛)를 찌르는 사건들이었다.

  이밖에 제3차 폭탄 투척계획을 비롯하여 대구부호 암살계획, 베이징
밀정암살 사건, 이종암(李鍾巖, 1896~?, 의열단 부단장)의 국내 잠입 군
자금 모금 사건 등 끊임없이 이어지는 의열단의 의거는 식민통치에 신음
하는 민족에게는 희망을 일제에게는 공포의 대상이 되었다.

41. 건국의 초석(礎石)

안희제의 교육구국은 단지 학교를 세우는 데 그치지 아니하였다.

3·1운동이 일어나던 그 해 11월 기미육영회를 설립하고 많은 애국 청년 학생들을 국내뿐 아니라 외국에까지 유학을 보냈다.

차세대 지도자 기른 구국교육

우선 당면한 독립운동의 인적 자원을 충원하고 다음 세대를 이끌어갈 지도자를 양성하기 위해서였다. 이때 배출된 인물들은 모두 독립운동가로 활동하다가 광복 후에는 건국의 초석을 다지는 역군이 되었다.

초대 문교부 장관을 지낸 한뫼 안호상(安浩相, 1902~1999 의령출신)을 비롯하여 한글 학자 고루(固陋) 이극로(李克魯, 의령 출신), 초대 사회부장관 우촌(牛村) 전진한(錢鎭漢, 1901~1971 尙州 출신), 2대 국방부장관 신성모(申性模, 1891~1960 의령 출신), 동양철학자 범부(凡父) 김정설(金鼎卨, 1897~1966 경주 출신) 등이 그들이다.

모두 다 한 시대를 풍미하고 이끌었던 정치가요 학자였다. 그 중에도 안호상은 2000년대 직전까지 근 백수(白壽)를 누리면서 일제에게 침탈당한 역사회복 운동의 선두에 섰었으며, 대종교 최고 지도자로서 분단 극복을 위한 남북교류사에 큰 자취를 남겼다.

이극로에 대해서는 앞서 어학회 사건을 다룰 때 비교적 자세히 언급한 바 있다. 그러나 이미 진단한 바 있는 김원봉의 이념 성향처럼 이극로의 그것도 단지 월북 후의 행적만 가지고 따질 성질의 것은 아니라고 생각한다. 광복 전이나 후나 그의 일관된 화두는 한글연구였다. 월북 후에도 한글연구의 끈을 한 번도 놓은 적이 없는 그다. 정치적으로는 김원봉과 같이 통합주의자였다.

'민족의 살길은 독단과 오해와 상쟁을 버리고 남북좌우 민족의 단합에 달려 있다.'고 한 건민회(健民會, 1946. 6) 조직 발기취지문이 그의 이런 이념 성향을 단적으로 말해주고 있다.

그는 1945년 귀국 후에 국민의 지도이념으로 선비의 길[사도(士道)]을 내세운 바 있다. 전 민족이 먼저 인격수양과 향상에 주력해야 하며 이것이 이루어지면 자주독립도 이루어진다며 그 실천 덕목으로 1. 하늘을 감동시킬 만한 정성스러운 마음[감천지성심(感天至誠心)], 2. 전문능력을 연마하여 기르고[연성전능력(研成專能力)] 3. 더불어 사는 큰 공중도덕[공영대공덕(共榮大公德)]을 들고 있다. 건민회는 바로 이 사도를 실천하는 기구로 조직한 정치단체였다.

'선비의 길' 지도이념으로 채택

1946년 들어 그 첫 실험으로 통일정권 촉성회를 조직하고 좌우 정당의 즉시 합작을 촉구하고 나섰다. 그 스스로 당시 우익의 비상 국민회의와 좌익의 민전(民戰: 민주주의 민족전선)을 오가며 통일 노력을 기울였으나 결국 실패로 돌아가고 이에 환멸을 느낀 나머지 좌우 두 단체를 모두 탈퇴하고 조선어학회 대표 명의로 학자의 길로 복귀 선언을 하기에 이른다.

그 후 미·소공위를 통하여 합작노력을 다시 시도했으나 역시 실패하고 좌·우합작의 좌익 측 지도자 여운형(呂運亨)의 암살을 계기로 그의 카운터 파트너였던 우익 측의 김규식(金奎植)이 결성한 민족 자주연맹이 그 이후의 통합운동을 주도하게 되었다.

이때 이극로는 민족자주연맹 노선에 적극 동조하여 같은 시기 단정(單政: 남한 단독정부) 수립 반대 세력의 한 축을 담당했던 김구의 한독당 계와도 제휴, 남북협상(남북 제 정당 사회단체협의회)에 참석하게 되는 것이다.(북으로 간 한글 운동가 이극로 평전, 박용규 朴龍圭 2005)

이처럼 해방 공간에서 그의 활동 궤적(軌跡)을 추적해 보면 엄밀하게 말해서 그의 이념 성향은 중간 우익 정도 된다. 그를 한마디로 딱 잘라서 공산주의자로 매도 할 수 없는 이유이다.

이극로의 학문적 스승이자 대종교의 대 선배였던 백연(白淵) 김두봉(金枓奉, 1889~1961)의 공산당 편력은 그 연원이 훨씬 더 깊다. 1920년에 벌써 이동휘가 주도하던 고려공산당에 입당하였고, 1928년 코민테른 지시로 공산당이 해산될 때까지 간부로 활약하였는데, 그의 나이 불과 34세 때 무려 30만 단어를 수록한 필생의 역작인『깁더 조선 말본』(정해 조선어문전(精解 朝鮮語 文典))을 펴내 한글 연구에 신기원을 장식하게 된다.(1922년)

1935년 김원봉과 함께 한국민족혁명당(후의 조선민족혁명당)을 결성한 후 임정을 따라 활동무대를 중경(重慶)으로까지 옮겼으나 ,그때(1942)까지 임정과의 관계를 유지하고 있던 김원봉과 노선을 달리하여 당시 팔로군의 근거지였던 연안(延安)으로 들어가 독립동맹을 결성하고 주석에 취임하게 된다.

민족, 공산주의자의 통합 상징?

이때까지의 김두봉의 행적에 대해 북한 전문가 김남식(金南植, 1925년생 '남노당 연구' 저자)은 '그가 비록 공산당에 가입한 적은 있으나 당시에는 공산주의 활동보다는 반일투쟁운동가로 평가 받는다'면서 그가 주석(독립동맹)으로 취임한 것은 민족주의자와 공산주의자의 통합의 상징으로서 이루어 진 것이라고도 했다.

실제로 김두봉은 임시정부와 국내의 건국동맹(여운형) 등과 대일연합전선 형성을 논의하던 중에 광복을 맞아 독립동맹과 함께 평양으로 귀환하게 된다.

1946년(8월)에는 그가 이끌던 조선신민당(독립동맹 개편)과 조선공산당(김일성)이 합당하여 북조선 노동당으로 통합하면서 위원장으로 선출되었고 이후 김일성 대 총장, 북조선 인민회의 의장, 최고인민회의 상임위원장 등 최고위직을 두루 역임하였으나, 1958년(3월) 제1차 공산당 대표자 대회에서 반혁명 종파분자로 몰려 숙청당하게 된다.

그러나 그가 거세된 진짜 이유는 1940년 모택동(毛澤東)이 제창한 중국혁명 전략인 신민주주의 혁명노선을 추구하던 그가 당시 소련의 경제지원에 크게 의존하고 있던 김일성과의 권력 투쟁에서 패배한 것이었다. 좀 더 구체적으로 표현하면 친소파와 친중파의 싸움에서 친소파가 승리했음을 의미한다.

그러면 김두봉이 추구했던 신민주주의 노선이란 무엇인가. 왕조(로마노프) 체제하의 봉건적 제(諸)관계를 타파하고 자본주의적 제 관계를 재정립하는 부르주아 주도의 사회혁명인 이른바 부르주아 혁명과는 그 노선을 달리하고 있다. 노동자 계급의 지도를 받는 노동 인민연합에 의한 혁명노선을 말한다.

이상으로 안희제와 윤세복을 주축으로 하여 임정 산파역을 맡았던 대

종교 계와 같은 대종교 계이면서 김두봉(동래 출신) 김원봉, 이극로 등
항일 민족주의적 좌파계열로 그 정치적 성향이 갈리는데 이들이 모두 영
남 출신이라는 특징을 가지고 있다. 김두봉은 1913년 대동(大東) 청년단
(大同청년단과는 다른 단체임)에도 가입한 전력이 있는 것으로 보아 안
희제를 비롯한 청년단 인사들과는 젊은 시절부터 서로 교류가 있었던 것
으로 보인다.

기미장학회 제1기생 전진한(錢鎭漢)

김두봉에 대해 대종교는 어떠한 시각을 가지고 있을까?

총전교 안호상과 함께 대종교를 앞세워 남북 교류 길을 차음으로 튼
종무원장 암만 김선적(金善積, 1926년생)은 김두봉을 순수한 민족주의
자로 규정하고 있었다. 방북협의차 만난 김일성의 측근을 통해서다. 이때
의 대화록인 「대천명(大天命)」(2005)에서 김선적은 대종교의 핵심 간부
였던 김두봉이 북에서 숙청된 사실을 들어 김일성의 주체사상이 과연 민
족 주체이념에 기반을 둔 것이 맞느냐는 의문을 제기하고 있다. 민족의
상징인 단군문제를 협의하는 자리에서 '민족주의자' 김두봉의 존재를 다
시 한 번 확인하고자 했던 것이다.

당시 김일성의 사자였던 박모(부장급)는 김선적의 지적에 대해 '동감'
을 표시했다고 한다. 그러나 그 후 김두봉이 북에서 복권되었다는 말은
들은 일이 없다. 그는 아직도 북 체제하에서 영원한 반혁명분자로 남아
있다는 뜻이다.

안희제의 키드 중 전진한은 우파로 분류된다. 1920년 기미장학회 제1
기생으로 선발된 전진한은 일본의 사립 명문 와세다(早稻田)대학에서 경
제학을 전공한 뒤 곧바로 민족주의를 표방하는 협동조합운동에 투신하여
당시 사회주의 기치를 내걸고 재일학생운동의 한 축을 형성했던 ML당

(공산당)과 확연하게 다른 입장을 견지하고 있었다. 특히 국내에서 일어난 신간회 운동의 연장으로 일본에 지부를 설치할 무렵, 그의 협동조합론이 이론적 체계를 형성하는 데 뒷받침이 되었다.

1930년 일제에 피검되어 2년간 복역한 후 함경도 오지인 갑산(甲山)의 한 사립학교에서 복무하였으나 일제탄압의 촉수(觸手)는 이런 후미진 곳마저 비켜가지 않았다. 불온분자로 몰려 추방된 것이다.

그 후, 그는 금강산과 오대산 등지를 떠돌며 은둔생활을 계속한 것으로 되어 있다. 그의 은둔생활의 종착지는 내륙의 고도(孤島)인 강원도 홍천 살둔(生屯)이라는 곳이다. 정문연(精文硏: 한국정신문화연구원) 시절 등산 마니아들과 어울려 오지 탐험 길에서 만난 '살둔'은 순수한 우리 지명으로 통하는 통신과 교통의 완전 사각(死角)지대. 심마니와 산판일을 유일한 생업으로 대물림하는 내린천(內麟川) 상류의 모래버덩[사평(沙坪)]에서 채소(고랭지 채소)를 가꾸면서 일제 말 엄혹했던 도피 세월을 보낸 그의 이야기를 한 시사 잡지에 소개한 일이 있었다.

'정감록의 신봉자들'이라는 부제가 붙은 이 탐험 기(傳統과 時論 창간호, 1989)에서 '이 때 살둔에 몸을 숨겼다가 광복이 된 뒤에 초대 사회부 장관이 된 전진한 씨에 얽힌 일화는 이 고장의 전설적 실화로 뿌리 내린지 이미 오래다. 전진한 뿐 아니라 그를 숨겨준 당시 이장 임(林) 모씨가 인근 어느 지역 군수로 나갔다'는 등 보은담(報恩談)까지 꼬리를 물고 이야기는 사뭇 흥미진진하게 전개된다. 거기에다 피란지지(정감록의 10승지지) 생방(生方)의 영험담까지 곁들여 '살둔'의 이름값을 톡톡히 하고 있었다.

천년에 한 번 나올 천재

소설 「등신불(等身佛)」(1963)의 작가 김동리(金東里)는 자신의 친형인 범부(凡父) 김정설(金鼎卨, 1887~1966)이 '전설적 인물'로 불리는 이유에 대해 이렇게 설명하고 있다. '직접 만나 대화를 통해 들으면 동서고금에 모르는 것이 없다 할 정도로 해박한 지식이랄까 그보다 아주 도통한 도인(道人) 같은 분인데 그러면서 내세울 만한 저서가 단 한 권도 없다는 것'이라고.

그의 해박한 지식과 총명을 두고 어느 시인은 조사에서 '천 년에 한 번 나올까 말까하는 천재'라고 감탄했을 정도이다.

그가 백산 상회 장학생으로 선발된 것은 기미장학회가 발족하기 전인 1915년이다. 일본 도요대(東洋大)에서 철학을 전공하고 당시 동경과 경도(京都)의 두 제대(帝大: 제국대학)에서 청강생으로 학문의 깊이를 더욱 천착한 뒤 귀국하여서는 경남 사천(泗川) 다솔사(多率寺: 당시 주지 효당(曉堂) 최범술(崔凡述), 1904~1979 제헌의원)에서 일본 최대의 불교 종파인 천태종의 간부 승려와 대학교수(40여 명)들을 상대로 노장(老莊) 철학인 청담파(淸談派)의 현리(玄理) 사상을 강의할 정도로 명성이 높았다. 해인사 사건으로 일시 옥고(1년)를 치르기도 하였다

광복 후에는 곽상훈(郭尙勳, 1896~1980 민의원의장) 김법린(金法麟, 1899~1964 문교부장관) 등과 1.5구락부를 조직, 건국방책을 강론하고 1948년에는 경세(經世)학회를 조직하는 등 건국시기 나라경영의 싱크탱크를 자처하기도 하였다.

6·25 한국전쟁이 나던 1950년, 국회(2대)에 진출하기도 하였으며 5·16 후에는 대통령 박정희에게 통치철학을 전수한 명실상부한 사부였다는 설이 유력하다. 그의 이력 중에 혁명 주체들의 모임인 5월 동지회 부회장이 이를 뒷받침해주고 있다.

광복 후 최준(경주 최부자)이 나라를 이끌 인재를 양성하기 위해 1955년 전 재산을 털어 세운 학교가 계림(鷄林) 대학이다. 이 학교의 초대

학장으로 김정설(金鼎卨)을 영입했다.

안희제가 일제하에서, 최준이 광복된 조국에서 각기 벌인 육영 사업을 통해서 한 시대를 이끌어갈 인재를 길러내는 수원지의 역할을 하게 된다.

최준이 세운 계림대는 그 후 대구대학으로, 대구대학이 다시 청구(靑丘)대학과 통합하여 오늘의 영남대학이 되었다.

그러나 칼럼니스트 조용헌(61년생)의 『5백년 내력의 명문가 이야기』(2009)에 따르면 최준이 대학 설립한 시기와 경위가 좀 다르다.

인촌(仁村) 김성수(金性洙)의 영향을 받아 육영사업에 뜻을 두고 그가 대구대학(전신이 경북 종합대학으로 1956년에 한국사회실업학교로 출발한 현 대구대학과는 동명이교다.)을 세운 것은 해방직후로 이때 수백 정보에 이르는 부동산과 장서 8천 권을 희사하였다고 한다.

한편 계림학숙(學塾, 계림대학이 아님)은 6·25 후 경주 집을 포함한 나머지 재산을 모두 털어서 세운 것이라고 한다. 말하자면 대구대학에는 여유재산이 들어갔고 계림학숙에는 남은 재산이 모두 들어간 셈이다.

창립 초에는 계림학숙 초대학장 김범부의 명성도 있고 해서 피란 온 유명교수들이 많았으나 수복 후에는 교수들이 모두 서울로 올라가버려 부득이 대구대와 합치게 되었다는 것이다.

그 후 청구(靑丘)대학과 합쳐 영남대학이 되었는데 5·16 후에는 경영이 어려워져 고심하던 차에 마침 삼성 창업주 이병철(李秉喆, 호 湖巖, 1910~1987)이 학교를 운영해보겠다는 뜻을 비쳐 집으로 불러다가 대가를 일절 받지 않고 넘겨주었다는 것이다. 장손 최염(1933년생)의 증언이다.

최염은 또 지금껏 안희제가 연출한 것으로 알려진 독립운동자금에 얽힌 강도 해프닝에 대해서도 그것은 안희제가 아니고 박상진(朴尙鎭)이었다고 바로잡아주었다. 그의 할아버지 최준과 박상진은 종(從: 4촌) 남매 간으로 자주 내왕하는 사이였는데, 하루는 한 방에서 함께 잠자리에 들었다가 깊은 밤에 갑자기 배를 타고 앉아 권총을 머리에 겨누며 돈을 요구했다는 것이다. 최준이 아무래도 이상해서 드러누운 채로 침착하게 복면을 벗겨보니 박상진이었다는 것이다. "새형(자형의 경상도 사투리) 어찌된 일이요?"라고 툭툭 털면서 일어난 최준에게 "아무리 처남이지만 하도 염치가 없어 그랬네."라고 계면쩍어 하는 그에게 독립운동자금을 주어서 돌려보냈다는 이 일화를 조선일보 이규태(李圭泰)가 그의 칼럼에서 안희제로 잘못 기술한 후로 그렇게 굳어진 것이라고 그 경위까지 설명해주었다.

42. 단군숭모운동의 불길

그러나 그의 주된 관심사는 정치보다는 한학과 동양철학에 있었다. 그런 의미에서 건국대(낙원동시절) 동양학연구소 시대(1958~1961)는 그의 생애의 학문적 전성시대라고 할 수 있을 것이다.

학계중진 상대 토요강좌 개설

역학(易學)과 오행 사상의 대의(大義)를 강설하는 이 강좌(일명 토요강좌)에는 당시 법철학계의 권위로 알려진 서울대의 황산덕(黃山德, 1917~1989)을 비롯하여 고려대의 이항녕(李恒寧, 1915~2008 당시 경향신문 주필), 원로 언론인 오종식(吳宗植, 1906~1976 한국일보 주필), 정치철학자 이대위(李大偉, 건국대 부총장), 불교학자 이종익(李鍾益, 동국대 교수), 이종규(李鍾奎), 이종후(李鍾厚) 등 수십 명이 수강했다. 언론인 오종식은 호가 석천(昔泉)인데 필자가 한국일보 입사시험 볼 때 그의 호를 써놓고 이름이 누구냐고 상식시험에 출제할 정도로 유명했다. 또 이들 수강생 가운데는 훗날 단군 숭모운동의 주류를 형성하게 되는 현정회(顯正會, 1968) 창립의 숨은 주역 이희수(李喜秀, 1928년생)가 포함되어 있다.

당시 대학(숙명여대) 국사 강사로 막 강단에 섰던 이희수는 범부의 동양사상 강좌의 영향을 받아 한의대(동양의약대, 경희한의대 전신) 진학을 결심하게 되고 한의대 재학시절에는 또 이 대학이 개설한 범부의 동방사상 강좌를 다시 듣는 행운을 누리게 된다.

그뿐만 아니라 평소 병약했던 범부의 건강을 돌보기 위해서 시내 누상동(종로구)에 있는 천화불교(天華 佛敎, 이희수가 포교원장으로 있는 18개 불교 종단의 하나) 본산 격인 용운사(龍雲寺)에 그의 거처를 마련하여 서울의 명물로 통하던 인왕산 약탕 요양을 받게 하는 등 극진한 예우를 아끼지 않았다.

현정회에 대해서는 앞으로 별도의 항목을 설정하여 상론할 계획이나 이희수는 범부의 적극적인 자문과 조언에 따라 그 기본 이념과 취지의 틀을 이때 구상하고 추진하게 된다.

현정회의 태동기를 연 사람들

그리고 토요 강좌에서 만난 불교학자 법운(法雲) 이종익(李鍾益, 1912~1991)을 통해서는 『유가 밀교(瑜伽密敎)』(1968)라는 이론서를 출판하여 천화불교의 종지(宗旨)를 확립하고, 국조(國祖)신앙과 습합(習合: 서로 다른 교리 등을 절충 조화함)된 호국불교 이념을 도출하는 한편 그 수호 대상인 민족 공동체의 지속적인 유지 발전을 위해서 단군을 그 구심점으로 설정하게 된 것이다. 이종익은 현정회(顯正會)의 공식적인 창립 멤버에는 들어 있지 않으나 김정설과 함께 그 태동기를 형성했던 사람 중 하나이다.

4·19 의거의 도화선이 되었던 3·26 교수 데모에 앞장 서 선언문을 낭독했던 이항녕은 일제시 대학(경성제대 현 서울대 전신)재학 중에 고등문관 시험(현재의 사법 행정고시)에 합격하여 학생복 차림(양복 깃을 세우는

제복. 일어로 쓰메에리)으로 군수(경남 하동)에 부임하여 화제가 되었던 인물이다. 그런데 그는 해방 후에 군수 재임시절 공출(供出: 일제의 악명 높은 수탈 정책의 하나로 지역 별로 미곡을 할당하여 강제로 거두어들임) 독려 등으로 군민을 괴롭힌 친일 행적을 고백하고 군민의 용서를 구한 이른바 '친일고백'(1986)으로도 유명하다.

마지막 단군 맨 이항녕

창립 회장 이희승에 이어 20년 넘게 현정회를 이끌면서 단군숭모운동을 한 단계 업그레이드시킨 마지막 단군 맨으로 기억되는 인물이다.

지나친 비약일는지 몰라도 거슬러 올라가 보면 이들의 연원은 모두 안희제에게로 귀착이 된다. 그의 2세대 3세대들인 셈이다.

김정설(범부)의 역사(고대사)인식의 출발은 언어(한자)로부터 시작된다.

한자(漢字)는 황제(黃帝)의 사신 창힐(蒼頡: 일명 사황씨(史皇氏))의 소작이라고 하는데 썬키라고 하는 창힐의 음은 곧 동방인을 의미한다는 것이다.

그가 꼭 조선인인지 여부를 알 길은 없다. 그러나 중국인들은 그를 가리켜 동방 변수(邊陲: 변경 지방) 사람이라고 하는 것으로 보아 조선 계통의 사람이라고 할 수 도 있을 것 같다.

그리고 지나(支那) 인문(人文)의 개조(開祖)인 황제 헌원(軒轅)씨가 어느 종족이냐는 유래에 대해서는 한(漢)족인지 타족인지 정확히 알 길이 없으나 진(晉) 대의 선술사(仙術師) 갈홍(葛洪)의 <박포자(朴抱子)>를 보면 그 해답의 실마리를 찾을 수 있다.

주로 신선설(說)과 양생술 의술 등을 다루고 있는 이 책 가운데 한 구절, '황제도청구풍산견(黃帝到靑邱風山見) 자부진인습삼황내문비각지위지만신(紫府眞人習三皇內文俾刻之謂之萬神)'을 두고 하는 말이다. 여기서 청구(靑邱)는 동방 진단(震壇)이니 중국인이 고조선 숙신(肅愼) 지방을 가리켜 부르는 말이요 풍산(風山)은 정확치는 않으나 고조선 땅에 있는 산이요 자부 진인(紫府眞人)은 고선인(古仙人)이니 삼황내문(三皇內文)은 황제 이전의 동방 고대문자로서 한자의 연원과도 맞닿아 있음을 알 수 있다.

여기서 청구(靑邱)란 곧 청구(靑丘)로 중국에서 한국을 일컫는 말이다. 오행상 청색은 동방을 뜻하기 때문에 붙여진 이름이다. 진단(震壇) 역시 우리나라의 이칭(異稱)이다. <신지비사 神誌秘詞>에 나오는 구변진단(九變震壇)에서 유래하였다는 조선왕조 창건 찬가인 용비어천가(龍飛御天歌)의 주석에도 인용되고 있다. 단 인도 사람이 중국을 부를 때 진단(震旦, 치나타나 치나스탄)이라고 하는 것과는 엄연히 다르다.

고조선 숙신 지방이란 지금의 송화강 오소리강(烏蘇利江) 헤이룽 강 유역을 말하는 것으로 광개토 대왕 때 고구려에 완전히 복속된 땅이다. 읍루(挹婁), 물길(勿吉), 말갈(靺鞨)이라고도 한다.

황제가 청구 가는 길에 지나쳤다는 풍산은 평양(平陽) 북굴현(北屈縣)에 있는 수레바퀴처럼 둥그런 굴(穴)에서 소슬한 바람 소리가 끊임없이 나는 지금의 섬서(陝西)성 봉상부(鳳翔府) 동쪽 기산(岐山)현 남쪽에 있는 산이다. 기산은 일찍이 주문왕(周文王)의 조부인 고공단보(古公亶父)가 빈(豳: 주나라가 최초로 봉해 받은 섬서 성의 옛 이름)에서 천도한 땅으로 주실(周室: 주나라 왕실)의 터를 닦은 유서 깊은 곳이다. 문왕 때 봉황(鳳凰)이 우는 서조(瑞兆)가 나타났다고 전해온다.

만신(萬神)이란 지금의 무당을 가리키는 말로 만(萬)은 곧 샤만(shaman)을 뜻한다. 우리 민족은 우랄알타이 계 어족(語族)으로 종족적으로는 퉁구스(滿蒙)계에 속하고 문화적으로는 샤만 계이다.

고대에 황제(黃帝)가 동방에서 왔다고 하는 것은 황제가 서북 간도에

서 왔음을 의미하는 것으로도 해석할 수 있다. 또한 순제(舜帝)가 동이인
이라고 하는 것은 문헌(맹자)에 들어나 있는 사실로 황제의 증 고손 벌이
되니 중국인이 자랑하는 화하(華夏) 정통의 뿌리가 과연 어디인지 헛갈
릴뿐더러 점점 더 미궁에 빠지는 듯한 느낌마저 든다.

남과 북, 좌우의 본류本流

퇴계 이황 　　　성호 이익 　　　열암 박종홍 　　　무호 최태영 　　　윤내현 　　　만주 박창암

박창욱 　　　박병식 　　　백산 박성수 　　　이현희 　　　조동걸 　　　조항래

이종호 　　　두계 이병도 　　　정영훈

연해주 우수스리크 앞을 흐르는 스위프강 우수스리크에서 마지막 숨을 거둔 보재 이상설의 시신은 그의 소원대로 화장되어 이 강물에 뿌려졌다 한다. 남으로 굽이쳐 동해로 흘러든다는 스위프 강물이 한반도 동해안 어딘가에 닿아 넋이라도 고국에 돌아와 길고 긴 안식에 들었으리라. 우측은 화장장 자리에 세운 이상설 유허비

43. 만주국의 실체

‘여기는 엄연히 만주 땅이다. 재판을 하려거든 먼저 저 일장기부터 떼고 하라.’

광복되기 꼭 1년 전(1944. 4. 27)에 열린 임오교변 사건의 선고 공판정에서 교주 윤세복(尹世復)은 머리맡의 만주국기(오색기)와 나란히 걸려 있는 일본의 히노마루(日丸)를 가리키며 일본인 재판장에게 강력히 요구했다.

먼저 저 일본기부터 떼고 재판하라

이날 공판정의 분위기는 그의 옥중 유시(제4편 공판개정)에도 잘 나타나 있다.

뜻밖, 4월 27일 고등 법원 제1호실
우리 동지 일곱 사람 한 자리에 호출되니
기소장 못 받을 죄인 공판 개정 했구려

이날 공판정 방청석에는 수십 명의 가족 친지가 나와 숨죽인 채 재판결

과를 기다리고 있었는데, '관 민선이 분간 없는 율사(律士) 1명'이라고
한 것은 변호인을 가리키는 듯하다.

그리고 한 달여 만에(6. 27) 언도(선고)공판이 있었는데 모두가 검사
구형 그대로(징역 최고 무기에서 최저 5년까지) 판결을 했다. 그리고는
'신성한 우리 대종교가 일시에 해소된 모양'이라고 교주인 자신과 핵심
간부들이 모두 영어(囹圄)의 몸이 된 이상 이제 도리 없이 해체할 수밖에
없음을 한탄하고 있었다. 검거된 지 꼭 1년 5개월만의 일이다.

공판정에 걸어 놓았다는 만주 국기는 오행 상 중앙(土, 黃)행정이 동서
남북 사방을 다스린다는 적(赤), 청(靑), 백(白), 홍(紅), 황(黃). 오색기
(1932년 제정)를 가리키는데 이는 1928년 이전 중화민국의 국기이기도
하다.

윤세복이 일장기에 대해 시비를 걸고 나온 것은 일제가 만주국이라는
나라를 세워놓고 사실상 식민통치를 하고 있는 데 대한 비난이었던 것
이다.

과거 일제가 우리나라를 합병할 당시 써먹던 술수 그대로 다시 되풀이
하고 있는 그들의 간계(奸計)를 잘 알고 있기 때문에 그것을 지적하는
소리다.

나라 아닌 나라 만주국의 명암(明暗)

1932년부터 1945년까지 13년 동안 지속한 만주국은 아직도 많은 한국
인에게는 있는 것 같기도 하고 없는 것 같기도 한 신기루(蜃氣樓)같은
나라다.

사실상 일제의 식민지이면서 국가 형태를 갖추고 있던 나라 아닌 나라
만주국은 오족 협화(五族 協和)라는 이름 아래 일본, 만주족, 한족, 조선
족, 몽골족을 아울러 일제(관동군)에 의해 세워진 문자 그대로 괴뢰(傀儡)

이다. 중국에서는 이를 가리켜 위(僞) 만주국 또는 줄여서 위만(僞滿)이라고 한다. 가짜라는 뜻이다.

일제는 중국 침략의 교두보로서 만주국을 세우기 이전인 1931년(9월 18일)에 이른바 만주 사변을 일으켜 봉천(奉天: 현 심양 瀋陽)성을 점령하고 개전 반 년 만에 만주 일대의 주요 거점을 모두 석권함으로써 장장 15년 중일 전쟁의 전단(戰端)을 열었다.

그 후(1937년) 일본은 노구교(蘆溝橋: 앞에서 패수로 비정되던 영정하의 상류 桑乾河 상의 다리) 사건을 일으켜 중일 전쟁을 본격화하였다. 일본군은 주로 도시 철도를 중점적으로 점령하고 중국은 국공(國共) 합작, 참정회(參政會) 등을 통하여 국민의 단결을 촉구하고 1938년 11월에는 충칭(重慶)으로 천도하면서 장기 항전에 들어갔다. 화북에서 화중(華中) 화남까지 진출한 일군은 왕조명(汪兆銘) 괴뢰정권을 수립하여 만주에서와 같은 수법으로 중국을 장악하려 하였으나 2차 대전 말기 소련군이 대일 전쟁을 선포하고(1945. 8. 8) 만주 침공을 감행함으로써 전쟁의 주역이었던 관동군은 마침내 괴멸되고 말았다. 따라서 관동군의 조종을 받던 만주국도 종말을 고하게 된다.

세기의 난폭자 관동군의 최후

일본은 러·일전쟁(1905)의 결과로서 요동반도의 서남단을 조차지로 확보하여 관동주(關東州: 원래 관동은 일본의 수도 동경 일대를 이르는 말이었다)라고 명명하였는데, 여기에 사령부를 두고 있던 관동군의 이름이 된 것이다. 남만주의 특수 권익(안산(鞍山)의 철광산과 무순(撫順)의 석탄광, 남만주 철도 등 이권을 가리킴)을 옹호하기 위해 세계 최강을 자랑하는 관동군을 여기에 배치하여 만주지배의 중추적 역할을 담당케 하였다고 일본의 유명사전(일본어 대사전 岩波 書店 1971)에서조차 만주지배의 정당성을 기술하고 있는 걸 보면 통시대적으로 일관되고 있는 그들의 침략근성을 한 눈에 읽을 수 있다.

관동군은 만주 침략 시기 우리 독립군을 괴롭힌 천적(天敵)이었고, 역설적이게도 광복 전후해서는 우리의 남북분단을 초래케 한 원인제공자가 되기도 하였다.

그것은 2차 대전 말기 소련이 대일전에 참전할 무렵 관동군은 그 주력부대를 거의 모두 미군방어를 위해 남양군도나 남방전선(동남아)으로 빼돌려 겉껍데기만 남은 상태에서 소만 국경이 뚫리자 변변한 전투 한 번 못해보고 일시에 와르르 무너져 버리고 만 것이다.

이렇게 배후의 위협을 손쉽게 제거한 소련군은 바로 그 이튿날(8월 9일) 거칠 것 없이 북한(나진)에 상륙하여 미군보다 앞서서 38선에 진주하게 되었다. 원래 일본군의 무장해제를 목적으로 미·소 간에 설정했던 군사적인 분할 진주선(3.8선)이 정치적인 경계선으로 고착화되면서 한민족에게는 영구분단의 비극으로 남게 되었다.

만주국 시기 까오리 빵즈(고려 봉자(棒子) 몽둥이 든 조선인) 또는 '이등공민 한국인'이라는 멸칭(蔑稱)으로 곧잘 불리던 한국인에게 그러나 만주는 기회의 땅이기도 했다. 후일 남북정치의 권력지도(地圖)가 그들에 의해서 그려진다.

박정희(朴正熙, 1917~1979)를 필두로 하는 만주군관학교 출신들이 남쪽의 그들이다. 멀리는 건국 내각에서 국무총리를 역임한 청산리 대첩의 영웅 철기(鐵驥) 이범석(李範奭, 1910년생)으로까지 거슬러 올라갈 수 있으나, 5·16 군사 쿠데타를 일으킨 주역이 대부분 그들이었다는 사실이 이를 입증해주고 있다.

이들의 좌장 격이었던 정일권(丁一權, 1917~1994)은 1932년에 봉천(심양의 옛 이름) 군관학교(신경(新京), 즉 만주군관학교 전신)를 거쳐 일본 육사 코스를 밟은 최초의 한국인이었으며 그의 동료로는 해군 방위사령관을 지낸 김석범(金錫範, 1915~1998, 1934년 만주사관학교 입학)을 꼽는다. 그 직속 후배가 군인 외교관 출신의 백선엽(白善燁, 1920년생 1941년 만주군관학교 졸업)이다.

건국동맹, 만군 한인장교 영입작전

박정희가 선배 군인으로서 가장 존경한 김백일(金白一, 1915~1951, 군단장, 1940년 만주군관학교 졸업)을 비롯하여 신현준(申鉉俊, 1915~2007, 해병대 초대 사령관, 1936년 만주군관학교 입학), 이주일(李周一, 1918~2002, 대장 예편 감사원장, 신경 군관학교 1기), 5·16 주체의 일원인 방원철(方圓哲, 1920~1999, 예비역 대령), 김동하(金東河, 1919~1993, 해병대 소장), 군사정부 초대 서울시장 윤태일(尹泰日, 1918~1982), 예관수(芮琯壽, 신경군관학교 4기) 등이 무두 1~2년 선배였고 만주 군관학교-일본육사 동기로는 군사정부 건설부 장관을 지낸 박임항(朴林恒, 1919~1985, 5군단장)과 이한림(李翰林, 1921년생, 1군사령관) 등을 꼽는다. 이처럼 연령상으로는 박정희의 동년배이거나 1, 2년 후배까지도 군관학교 동기 또는 선배가 된 것은 그가 1937년에 대구 사범을 졸업하고 3년간 교사생활을 하였기 때문이다.

그 대표적인 예가 박승환(朴承煥, 1918~?)이다. 박정희보다 나이는 한 살 아래이나 군관학교로 치면 3년 선배가 된다. 제2고보(현 경복고)출신으로 몽양(夢陽) 여운형(呂運亨, 1886~1947)의 열렬한 신봉자였던 박승환은 군관학교 졸업 후(1937) 봉천비행대에 근무하면서 만군소속 한인장교들을 대상으로, 일본패전 시에 대비하여 본토진공 작전계획을 세우고 의식화 작업을 추진할 때 박정희를 군관학교 2기생 대표로 추천하였을 정도로 투철한 민족의식을 가지고 있었다고 후일 만군 대위 출신의 문용

채(文容采, 육군중장)는 증언하고 있다.

이런 비밀활동과 행적이 비록 진위(眞僞) 논란이 있음에도 불구하고, 광복 후에 박정희가 광복군 제2지대장 자격으로 귀국하게 되는 계기를 만들지 않았을까 유추(類推)해 볼 수 있을 것 같다.

우사(尤史) 김규식(金奎植, 1881~1950)의 비서실장을 지낸 송남헌(宋南憲, 1922~2001)은 그의 『해방 3년사』(1990)에서 문용채의 증언을 있는 그대로 가감 없이 인용하고 있다. 이 증언에 따르면 '1945년 4월 박승환과 박준호, 이상윤과 나는 건국동맹 만주분맹(分盟) 군사위원회를 조직하고 봉천비행단의 박임항(朴林恒)과 최창륜을 포섭하는 한편 2기생 대표로 박정희를 추천하였다'는 것이다.

광복 1년 전인 1944년 8월 국내 일부 사회주의자들이 주축이 되어 여운형을 위원장으로 일본의 패망과 광복에 대비키 위해 불문(不文) 불언(不言) 불명(不名)을 모토로 하여 조직된 건국동맹은 당시 중국에서 활동 중인 광복군과도 기맥을 통하여 일본군 내의 한인장교를 영입하는 공작을 폈던 것으로 알려지고 있다. 이때 박승환을 중심으로 하는 군사 활동도 계획하고 있었음이 밝혀지고 있다.(『한국민족문화대백과』 건국동맹 항목 1988, 이정식(李庭植) 집필)

44. 남북한 권력의 뿌리

박승환의 광복 후 행적에 대해서는 알려진 것이 없으나 경기도 파주 출신으로 4선 의원을 지낸 그의 조카 박명근(朴命根, 1928~2004)의 증언을 통해서 박승한과 박정희의 관계를 어느 정도 짐작 할 수 있을 것 같다.

만군(滿軍)이 5·16 주체 인맥 형성

심계원 검사관으로 출발하여 재무부 경제기획원의 예산 통으로 한 때 청와대에서도 근무한 일이 있는 박명근은 삼촌인 박승환의 사상이 불온하다 하여 곤욕을 치른 적도 있었다는 것이다. 그러나 이때 박정희가 직접 나서 그는 공산주의자가 아닌 민족주의자라고 변호까지 할 정도로 박승환을 향한 신뢰와 애정이 남달랐다고 한다. 그 후 박명근은 박정희의 권고와 지원에 힘입어 정계에 진출, 국회의 꽃이라고 하는 예산결산 위원장으로 다년 간 경제부처에서 익힌 전문성을 마음껏 발휘할 수 있었다고 한다.

군관학교라는 정통 코스 외에도 1940년 관동군 헌병보좌관(이등병)으로 직접 지원해 들어간 김창룡(金昌龍, 1916~1956)은 오장(伍長: 병장) 시절 소만국경의 첩보부대 대원으로 근무한 경력을 인정받아 이승만 정권의 육군방첩대(CIC)장으로 무소불위의 권력을 휘둘렀는가 하면, 세브란스 의과전문 출신 의사로 만주 국민군의 군의관을 지낸 원용덕(元容德, 1908~1968)은 국방경비대 초대사령관 등으로 건군에 기여하는 한편 헌병사령관으로 막강한 권력을 휘두른 장본인이기도 하다.

5·16 때 혁명검찰소장으로 이른바 구악척결의 전면에 섰던 박창암(朴蒼岩, 1923~2003)은 만주군 하사관 출신으로 간도 특설대에 배치되어 공산당 소탕 임무를 수행하였다.

야인 시절에는 스스로 명명한 그의 당호[만주(滿洲)] 그대로 고구려 고토회복[다물(多勿) 운동]의 집념을 불태우고 진정한 광복을 이루려는 역사광복운동에 헌신적으로 노력하였다.

대표적인 문민(文民)으로는 문교부장관 등을 지낸 하성(霞城) 이선근(李瑄根, 1905~1983)과 대통령에까지 오른 현석(玄石) 최규하(崔圭夏, 1919~2008)를 꼽는다. 한 때 만몽(滿蒙)산업의 상무로 관동군에 군량미를 공급했던 이선근은 광복이후 언론계(조선일보)와 학계에서 몸을 일으켜 6·25를 당해서는 군 정훈감으로 활동하였다.(육군 준장예편)

1952년 학계로 다시 돌아와서는 <화랑도 연구> 등 20여 권의 저서와 논문 5백여 편을 남기는 등 학자로서의 저력을 발휘하기도 하였다.

한편 최규하는 만주대동(大同)학원 출신(1943)으로 몸에 밴 근검절약 정신과 청렴결백한 공직생활로 21세기 판 청백리의 본이 되었다.

충성 맹서 혈서를 쓰게 된 경위

그리고 그(박정희) 후배로는 정래혁(丁來爀, 1926년생 육군중장, 국회의장), 박원석(朴元錫, 1923년생, 공군참모총장), 신상철(申尙徹, 1924~2005 공군소장, 월남대사), 최주종(崔周鍾, 1922~1998 건설부장관, 신경군관학교 3기), 안광수(安光銖, 육군대령, 군인외교관) 등이 있다. 따라서 군관학교 진학 적령을 넘긴 박정희는 입학자격을 인정받고자 최근 친일 논란의 도마에 오른 '충성맹서혈서'를 이때 쓰게 된다.

주제와 직접 관련은 없으나 한 집안 군인 가족으로 유명한 안광수의 이야기가 적지 않은 감동을 준다. 우선 그의 아버지 안병범(安秉範, 1890~1950)은 일본 육사(제26기) 출신으로 동기인 김석원(金錫源, 1893~1978)과 함께 육군대좌(대령)까지 승진하여 광복을 맞이하였는데, 안광수 역시 전쟁말기(1945. 5) 일본 육사를 졸업하고 귀국해서는 나란히 국군에 입대하여 마지막 계급도 똑같이 육군 대령이었다고 한다.

수도 방위대의 고문으로 있던 아버지 안병범은 6·25가 일어난 지 3일 만에 서울이 적에게 점령당하자 인왕산에 올라 칼로 자결을 하였고 역시 군인이었던 두 동생도 전투 중에 전사하여 삼형제가 나란히 조국 수호의 방패가 되었다.

한편, 군인 외교관으로 LA총영사 등을 지낸 안광수는 마지막 직책이 외무부 의전실장에까지 이르렀다고 한다.

이상으로 당시 만주지방을 무대로 활약한 만군계 인맥을 훑어보았거니와 박정희에게 있어 군관 학교의 선후배와 만군(滿軍)인맥은 5·16군사 쿠데타의 인재 풀(수원지)구실을 하게 된다.

그 중에도 특히 건국 직후(1948.10.19.)에 일어난 여순(麗順) 국군 반란 사건 때 토벌 사령부 작전 참모로 참전했던 박정희의 남로당 가입 사실(군 세포 조직)이 탄로나 체포(11.11)되어 사형 선고까지 받는 절체절명의 위기에서 만군 선배(김창룡, 원용덕, 백선엽 등)들의 구명 운동이 주효하여 숙군 작업에 협조한다는 조건으로 살아남는 기적을 일구어내기도 한다.

앞서 여운형 계의 사회주의자였던 박승환을 민족주의자라고 변호했던 박정희는 자신 또한 민족주의자라는 자부심을 가지고 있었던 것 같다.

흔히들 민족 항일기(일제시대)의 공산주의자와 냉전 시대의 그것을 혼동하기 쉬운데 광복직전의 독립운동계(특히 민족진영 계)는 거의 고사(枯死) 상태에 빠져 제 기능을 발휘할 수 없었고, 그나마 명맥을 유지하고 있던 공산당의 비밀 지하조직을 통해서 가까스로 운신(運身)이 가능했던 그런 시절의 이야기다. 이것이 해방 공간에서 남로당이라는 이름으로 되살아 난 것이다.

이념의 굴레에서 기사회생(起死回生)

박정희의 중형 박상희(朴相熙, 정치인 김종필 金鍾泌의 장인) 역시 이런 전형적인 코스를 밟은 사회주의자로 알려져 있다. 막내인 박정희의 대구 사범 시절의 학비 등 뒷바라지를 거의 도맡다시피 한 실질적인 보호자였던 박상희는 민족지 동아일보 지국을 경영하는 고향(구미(龜尾))의 유지였다. 그런데 해방 후 그는 박정희가 육사(조선 경비 사관학교)에 입학할 무렵(1946. 9, 24) 일어난 대구 10월 폭동 때 이른바 '구미항쟁'을 주도하다 경찰에 의해 사살되고 만다. 이때 박상희의 친구였던 이재복(李在福)이 접근하여 박정희의 남로당 가입을 유도하게 된다. 이것이 그 뒤 박정희의 족쇄가 됐던 이념 편력(遍歷)의 시말이다.

박정희의 친일 경위에 대해서는 다음에 또 상론할 기회가 있을 것이다.

광복 직후 이한림을 비롯하여 최주종, 김동하, 윤태일 등이 만주군(관동군도 포함) 출신을 주축으로 4백여 한인들을 한데 묶어 신경보안사(新京保安司)라는 군사 조직을 발족시킨 적이 있었다. 관동군과 만주국이라는 두 개의 거대한 축(軸)이 동시에 붕괴되면서 무정부 상태나 다름없는 진공(眞空) 지대에서 치안 유지를 하기 위한 일종의 자구책(自救策)이었다. 그러나 곧 이어 진입한 소련군과 현지 중국인의 반대에 부딪혀 해체되고 말았다.

만주군(보통 줄여서 만군이라고 부름)이란 과연 어떤 존재였기에 이토록 많은 한인 청년이 머리를 두르고 찾았던 것일까!

사실상 일제의 식민지였던 만주국이 독립된 군대를 보유한다는 것 자체가 얼른 이해가 가지 않는 일이긴 하나 일제의 노림수는 다른 데 있었다.

관동군 지원부대라는 명목으로 토착군(만주군)을 10만 내지 12만 가량 양성하여 이들을 주로 공산당 토벌작전에 투입하였다. 이이제이(以夷制夷) 전략이었다. 그러나 그들이 공산당이라고 지목한 토벌 대상은 이때 열병처럼 번져가던 중국 공산당(모택동의 신민주주의 추종자)과 한인 무장독립군들이었다.

청산리 전투 이후 군이 직접 맡아서 하던 이른바 불령선인(不逞鮮人)과 공산 게릴라 토벌을 만군에게 넘겨주고 그들의 주력을 중일 전에 집중 투입하기 위해서였다.

북한의 주체, 동북항일 연군(東北抗日聯軍)

한편 북한 권력을 잉태한 곳 역시 만주였다. 동북 항일 연군(東北 抗日 聯軍)이 그 모체다. 중국과 한국의 민족 통일 전선적 성격을 띤 동북항일 연군은 만주에서 활동하던 한국인과 중국인의 유격부대를 중국 공산당 주도로 통합한 군사조직이다. 북한 정권의 명목상 국가수반이었던 최용건(崔鏞健, 1900~1976)이 바로 이 항일 연군의 참모장이었다.(1936) 이범석이 다닌 곤명(昆明)의 운남(雲南) 군관학교를 졸업하고, 황푸(黃埔) 군관학교 교관으로 군의 엘리트 코스를 밟은 최용건은 김일성(金日成, 본명 김성주(金成柱), 1912~1994)이나 김책(金策, 1903~1951)보다는 한 단계 높은 위치의 최고 원로였다. 1936년 김일성이 24세 때 동북 항일 1로군 6사장(師長)으로 있으면서 모시던 상관(참모장)이 최용건이다.

김일성에게는 어려운 고비 때마다 그를 지원하고 이끌어준 멘토 격인 두 은인이 있었다. 그 중 한 사람이 10대 전후 그가 다닌 화성의숙(華城義塾)의 교장 의산(義山) 최동오(崔東旿, 1892~?)다.

또 다른 한 사람은 소년 시절 의지할 데 없이 떠돌던 김일성을 거두어 길렀으며 중학교(육문중(毓文中))에 다니던 10대 후반(17세때) '타도 제국주의 동맹'이라는 항일 단체를 조직하여 독립운동을 하다가 투옥 당하자 구명의 손길을 뻗쳤던 목사 출신의 해석(海石) 손정도(孫貞道 1872~1931)다.

그런데 김일성과 이들의 관계는 당자들뿐 아니라 그 아들 대까지 두터운 인연을 이어오고 있다.

김일성이 난생 처음으로 현대교육을 받은 화성 의숙은 1924년 서북간도 지역 독립운동단체들의 연합체로 출발한 정의부가 무력투쟁을 지양하고 현실적 여건에 맞게 식산흥업(殖産興業)책의 일환으로 설립한 초등교육기관이었다. 이 학교의 초대 교장이었던 최동오는 그 뒤 임시정부에 참여하여 국무위원으로 있다가 광복을 맞아 귀국하였으나 곧 이어 일어난 6·25때 납북되었다.

그의 아들이 바로 최덕신(崔德新, 1914~1989)이다. 군 출신(예비역 중장)으로 5·16 이후 외무부장관까지 지낸 그는 관계에서 물러나 천도교 교령으로 추대되어 10년 가까이 자리를 지켰는데, 이때 저지른 부정 사건으로 소추되자 일단 미국으로 망명하게 된다. 여기서 다시 친북 인사 최홍희(崔泓熙, 1918~2002)를 만나 그의 꼬임으로 북한행을 택하게 된 것이다.

대한태권도협회(1959)와 국제 태권도연맹(1966)의 창시자이기도 한 최홍희는 박정희와 5·16 군사혁명을 함께 모의할 정도로 가까운 사이였으나 주체에서 소외된데 앙심을 품고 주 말레이시아 대사를 끝으로 미국으로 망명하여 마치 친북 반체제의 대명사처럼 되어버렸다. 그가 최덕신에게

부친 산소(평양 열사 능에 묻혀 있다고 함) 참배를 빌미로 북한행을 권유
하여 여러 번 내왕하던 끝에 결국 그 곳에 정착하게 되었다.

북이 역사적 정통 주장하는 근거

북으로 간 남한의 최고위급 인사였던 최덕신은 북에서 청우당(靑友黨)
당수, 조선 종교인협회장 등을 역임하게 되는데, 그 또한 죽어서 애국 열
사 능에 그의 아버지와 함께 묻히게 된다.

북의 김정일(金正日, 1942년생)이 어머니처럼 예우하고 있다는 유미
영(柳美英, 1930년생)은 광복 후 미군정에서 통위부장(統衛部長: 국방
부 장관)을 지낸 춘교(春郊) 유동열(柳東說, 1877~?)의 딸이자 최덕신의
아내다. 일본육사 출신으로 상해 임시정부의 초대 참모총장과 군무부장
을 지낸 유동열 역시 6·25 때 74세의 고령으로 납북되었다. 남편의 뒤를
이어 조선종교인협회장 등 직위를 그대로 물려받은 유미영은 대종교를
통해서 남북교류의 물꼬를 트는 창구 역할을 맡기도 하였다. 이 대목은
다음에 다시 상술할 기회가 있을 것이다.

임시정부 때 의정원 의장으로 길림(吉林)에서 목회 생활을 할 때 어린
김일성을 거두어 기른 손정도는 3·1운동 직후 상해로 망명하여 곧장 임시
의정원 회의를 소집, 임시정부수립을 위한 산파 역할을 성공적으로 수행
하였다.

우리나라 해군창설의 주역이었던 손원일(孫元一, 1909~1980)은 바로
그의 아들이다. 어려서 한 때 그의 아버지가 돌봐주고 있던 김일성과도
함께 자랐을 손원일은 후일 국방장관 등 요직을 맡아 나라 발전에 크게
공헌하게 된다.

한편 '연합기독뉴스(2011. 3. 9일자)에 따르면 손정도는 김일성의 아버
지 김형직(金亨稷, 1894~1926)과 평양 숭실 중학 동급생으로 후일 가족

들끼리 서로 왕래하는 친형제처럼 친밀한 사이였는데, 김형직이 일찍 세상을 뜨자 거두어 기른 것이라고 한다. 뿐만 아니라 그의 둘째아들 손원태(孫元太)는 육문 중학에 함께 다닌 김일성을 친형처럼 따랐다고 하는데, 후일 의사가 되어 미국에서 살다가 김일성에게로 돌아가 북한에서 여생을 마쳤다고 한다.

명암이 엇갈리는 두 부자의 연(緣)이 남북분단으로 얼룩진 냉전시대의 한 단면을 그대로 보여주고 있다.

한편 김일성이 만주에서 벌인 마지막 전투(1940년의 홍기하(紅旗河) 전투)에서 일제 토벌대 140명을 전멸시키고 소만 국경지대로 후퇴하여 전전하다가 아무르 강가에서 소련의 88특별 저격여단에 편입되는데, 이 때 진중에서 김정숙(金貞淑)과의 사이에서 낳은 아들이 바로 김정일이다. 그의 나이 33세 때의 일이다.

그런데 이상하게도 북에서는 이처럼 전과가 큰 사건은 입에 올리지도 않고 겨우 일본인 7명 사살(2명 사살설도 있다)에 7명 중상을 입힌 보천보 전투를 김일성의 최대 항일업적으로 교과서에까지 올려 선전하고 있다. 아무래도 석연치 않아 위키백과의 '김일성' 항목을 쳐보니 1940년 3월 25일 김일성의 부대(동북항일연군)가 일본군의 가혹한 토벌작전에 쫓기다 화룡현 홍치허(紅旗河)에서 마에다 부대를 습격하여 1백여 명을 사살하고 30여 명을 생포하였으나 북에서는 조명 받지 못하는 사건이라고 토를 달아놓았다. 그리고 마에다 부대 습격사건은 '존재하지 않는 문서'라는 주석까지 달아놓았다. 결국 공격 대상의 존재 자체가 불투명하다는 것인데 그렇다면 이 사건은 허구일 가능성이 높다는 예기다.

뿐만 아니라 북이 김일성의 항일독립투쟁 간판으로 내세우고 있는 보천보 전투의 전과가 겨우 일본 여인 등에 업힌 갓난아기를 포함한 일본인 2명이라는 사실로 미루어 보아 그의 항일운동 자체가 소리만 요란한 빈

수레에 지나지 않는다는 것을 짐작할 수 있다.

초대 산업상 겸 부수상을 지낸 김책(金策, 1903~1951)은 1940년 동북 항일 연군에서 김일성을 만나 북한정부 수립에 공헌한 업적을 기려 그의 이름을 딴 시(김책시)와 공과대학을 세우기도 하였다.

역시 동북항일연군에서 김일성과 같이 제1로군 4사장을 지낸 최현(崔賢, 1907~1982)은 초대 인민무력부장(국방장관 격)으로 북한군(인민군) 건군의 주역이 되었다.

앞에서 살펴본 바와 같이 건국 이후 나라를 이끈 주역 대부분이 만군이나 일본 육사출신의 엘리트이었던데 비해, 북은 동북항일 연군을 중심으로 하는 항일운동 단체였다는 점을 들어 오직 그들에게만 역사적 정통성이 있다고 주장하는 근거가 되었다.

그리하여 일부 진보단체에서는 이들을 모두 친일인사로 분류하여 성급하게 낙인(烙印)을 찍는 그들 특유의 단선적(單線的)인 접근으로 옥석구분(玉石俱焚)의 우(愚)를 범하는 것 같아 안타까움을 느낀다. 특히 박정희 같은 경우 단지 눈앞의 정치적 목적을 이루기 위해서 상징(象徵) 죽이기의 수단으로 이용한다면 이 나라 역사는 끝도 없이 황폐화되고 추락하고 말 것이기 때문이다. 과연 누구를 위해서 이 같은 자충수(自充手)에 박수를 보내야만 하는지 가슴에 손을 얹고 한 번쯤 생각해 볼 일이다.

45. 만주 벌판도 울었다

‘OOO 聯合會(연합회), 鄭一隅 氏 被殺(정일우씨 피살)’이라는 주제 (主題)에 ‘共産黨 狙擊(공산당저격)으로, 民族主義者(민족주의자)로 活動(활동)’이라는 부제(副題)가 붙은 1931년 1월 10일자 동아일보 사회면 기사(중간 톱)는 북만주 성도(省都)인 장춘(長春 현 길림 吉林) 발로 제목이고 본문이고 간에 독립운동 단체의 이름들은 모두 OO으로 처리하여 당시의 엄혹했던 사회상과 언론분위기를 그대로 말해주고 있었다.

김좌진의 뜻 이은 민족주의자

한 겨울의 비보(悲報)가 날아든 이날 추위가 얼마나 혹심했던지 한국의 남부지역(경북 성주) 수은주가 영하 23도까지 곤두박질치는 바람에 대구로 나가는 교통이 모두 두절되었다고 신문은 전하고 있었다.

기사는 계속해서 ‘북만(北滿州)에 있는 OO연합회(한족 총연합회를 말함) 주석이던 고 김좌진씨의 부하로 있던 정일우(鄭一隅: 원래는 일우 (一雨)임, 일명 정신(鄭信), 초명 정윤(鄭潤) 43세)씨가 지난 달 초순(1월 이라고도 함) 길장선과 합장선(哈長線) 사이에서 조선공산당원에게 피살되었다. 아직 정확한 사실은 알 수 없으나 작년 11월경에 정일우 씨는 지린성에 가서 중국 관원들이 조선농민들을 핍박하는 데 대한 대책을 강구하고자 동지를 만나 의론을 해보았으나 별로 시원한 대책이 없으므로 그만 북만으로 돌아가려고 지난 달 하순 경 길림을 떠나 길장선을 타고 나오다가 합장선 차로 갈아타기 위해 길장선과 합장선 사이(길장선 화피樺皮역)를 걸어가던 중 뜻밖에 나타난 공산당원에게 피살되었다고 하는데 10중 8, 9는 사실인 듯하다'고 사건 경위를 르포 형식으로 아주 소상하게 전하고 있다.

기사 끝에는 그의 약력까지 간략하게 소개하고 있다.

함경남도 홍원 출신인 정신은 대종교의 중진으로서 일찍이(1918) 서일(徐一)이 영도하던 중광단(重光團)에 입단하여 항일 운동을 전개하다가 북로군정서로 개편될 때 인사국장을 맡아 총사령관 김좌진과 인연을 맺게 되는데 서로 내밀한 속말을 주고받는 가까운 친구이자 측근이었다고 한다.

임시정부에서는 그를 교민 규합단체로 출범한 간북(墾北) 북부총판부 재무관으로 임명하였고 대한 독립군 대표로 국민대표대회(1923 상해 개최)에 참석하였고, 1925년 신민부 조직에도 역시 독립군 대표로 참석, 연락부 또는 경리부 위원장으로 참여하는 등 그는 언제나 독립군의 얼굴과 같은 존재였다.

1927년 길림에서 열린 독립운동단체통합회의에는 신민부 대표로 참석하였고 1930년 김좌진이 공산주의자에게 암살된 뒤에는 홍진(洪震, 1877~1946 임정 국무령), 지청천(池靑天, 1888~1959 광복군 사령관) 등과 한국독립당을 결성하고 한국독립군을 편성하여 청산리대첩의 영광을 되찾고자 동분서주하고 있을 때였다. 말하자면 김좌진의 유지를 받들어 다시 일어서려는 그 순간에 김좌진이 피살된 것과 똑같은 수법과 똑같은 상대로부터 피격을 당한 것이다.

언어학자로서 문무 겸전(兼全)

그런데 정신에게는 이런 독립 운동가로서의 면모 이외에도 우리말의 어원(語源)을 밝히는 데 공헌한 언어학자로서의 자질도 갖추고 있었다는 새로운 사실이 밝혀져 그의 죽음은 안타까움을 더해주고 있다.

그가 남긴 논문 「사지 통속고(史誌 通俗攷)」에 따르면 나라 이름[국호(國號)]과 관련된 33개의 우리말을 설명하고 왕명과 인명 관련 27개, 산수(山水) 관련 27 개의 어원과 문화 풍속적 배경을 설명하고 있다.

'일우(一雨)가 고심고예(苦心苦詣: 마음과 힘을 다하여 학업을 깊이 연찬함)한 연구로 「사지 통속고」를 출판하여 종전에 사가들이 발휘치 못한 바를 발휘하였도다. 대개 언어와 풍속은 그 민족의 천연적 구조로 불문적(不文的) 역사의 지지(地誌)가 된 것이라 비록 고금 연혁이 다른 점이 있으나 전조후인(前造後因: 선인이 만든 것을 후인이 따름)의 통서(統緒: 일관된 정서)가 상승(相承)하여 오늘날의 어떤 말로부터 전한 것이요. 오늘날의 어떤 풍속은 전 시대의 어떤 풍속에서 말미암은 것이나 역사의 족계(族系)와 지지(地誌)의 산수, 교화(敎化)의 원류를 모두 이에서 취(就)하여 그 실마리를 찾을 수 있은즉[심역(尋繹)] 그 성능과 효력이 금석(金石: 비문)과 간책(簡冊: 죽간(竹簡))보다 더욱 진실하고 장구할지로다. 차(此)로서 사가의 자료를 공급하고 우리 민족의 정신을 부지함이 어찌 적다고 하리오.'

역사가로서 한 때 임정 대통령까지 역임한 박은식(朴殷植)의 연구 업적에 대한 예찬평은 너무도 절절하고 진솔한바가 있었다.

'혼(魂)의 됨됨은 백(魄)에 따라 죽고 사는 것이다. 그러므로 국교(國敎 대종교를 가리킴)와 국사가 망하지 아니하면 나라도 망하지 않는다. 한국의 백(몸체)은 이미 죽었으나 이른바 혼(역사 정신)이라는 것은 존재하는 것인가 죽은 것인가'고 일제라는 대적을 상대하려면 사위어가는 국혼을 다시 일깨우는 것이 가장 시급한 과제임을 누구보다도 잘 알고 있는 그였기에 정신의 연구논문에 대한 관심도 그만큼 컸으리라 짐작이 된다.

그는 또 교민들이 모아준 공금(독립자금)을 몸에 몰래 숨겨가지고 상해로 잠입해 들어가 임정을 지원하고 『삼일신고』를 비롯한 대종교 경전과 『신단민사』, 『신단실기』, 자신의 『사지통속고』 등을 출판하여 각처에 보급하고 민족정신을 앙양하고자 헌신적인 노력을 아끼지 않은 이론과 실천을 겸비한 독립운동가의 살아 있는 표본과 같은 존재였다.

한편 대종교의 중진 근재(槿齋) 이현익(李顯翼, 896~1970)은 그의 생생한 독립운동 증언록인 <대종교인과 독립운동 연원(淵源)>을 통해서 정신에 대한 기록을 이렇게 남기고 있다.

연이은 민족지도자 암살극

'일우 정신선생은 본래 영걸지재(英傑之材)로서 북로군정서 맹장이며 총사령관 김좌진 장군의 유일한 동지요 최고 비서로서 백야(白冶) 김좌진장군 피살 후에 계속 신민부 중앙위원으로 활약하다가 애석하게도 중동 카룬역에서 공산당에게 피살되었으니 때는 경오(庚午, 1930)이다.

백야장군이 피격된 이듬해 지린성 당국의 실업청장과 교민정책에 관한 교섭을 하려고 왔다가 윤화전(尹樺田)선생(복영(復榮), ?~1969 길림 한족동향회 회장)의 사저에서 필자(이현익)와 회담하고 마침 길돈(吉敦)사변으로 모든 시선이 그 쪽으로 쏠려 있는 때라 오히려 안전할 것이라는 판단 아래 마음 놓고 내왕하다가 백야 선생과 똑같은 수법으로 피해되었으니 이 역시 친일좌익의 소행이 아닌가 한다.'며 정신과의 마지막 만남을 회고하고 있다.

정신 등을 살해한 이른바 친일 좌익이란 일제가 한·중 이간책의 일환으로 뒷배를 보아주고 민족진영의 요인암살을 사주(使嗾)하였는데 그 하수인으로 전락한 한인 공산주의자를 이르는 말이다.

이들의 손에 청산리 대첩의 영웅 김좌진이 살해되고 그와 가장 가까웠던 정신도 희생되었다. 이 사건을 전후해서 김성극(金星極), 박명진(朴明鎭)으로 이어지는 공산주의자들에 의한 민족 지도자 암살극은 끊이지 않았다.

김좌진이 공산주의자 박상실(朴尙實)의 흉탄에 맞아 순국한 것은 이미 널리 알려져 있는 사실이나 나머지 3인의 변은 이현익의 <대종교인과 독립운동사 연원> 중에 소개된 1백여 명의 독립운동가 중에서 찾아낸 것이다. 기록에 올라 있지 않은 유무명의 독립운동가 중에서 얼마나 더 많은 사람들이 이런 방법으로 희생되었는지는 알 길이 없다.

그 중 하나로 임정 주석 김구도 임정말기 공산주의자에게 피격 당한 일이 있었다고 한다. 그런데 그는 자신의 몸에 박힌 총탄 제거수술을 거부하고 몸속에 그대로 간직한 채 끝내 암살로 생을 마감하게 된다.

'40여 성상(星霜) 망명생활의 선물'이라며 끝내 수술을 거부했던 그 총탄이 광복으로 귀국한 후에도 날씨가 궂은 날이면 눈앞에서 빙빙 도는 것처럼 아른거린다고 호소했다는 것이다.

길돈(吉敦: 길림과 돈화) 사변은 여기서 처음 나오는 사건의 이름이다. 당시 교민은 일제의 간교한 한중 이간책으로 경신 대 참변에 이은 제2의 수난을 겪게 된다. 1929년 8월 15일 공산당을 가장한 일제가 자본주의 군벌 타도라는 슬로건을 내걸고 돈화와 액목현(額穆縣)에 주둔하고 있던 중국군 병영을 야습하여 다수의 무기를 탈취한 사건이 발생했는데, 이 사건을 한인들의 소행으로 단정하고 관민 합동으로 대대적인 한인 수색전을 펼친 끝에 체포하여 고문하고 14명의 한인 지도자들이 총살형을 받은 일대 사건이었다.

이때 화를 피하려고 도망쳤던 한인들 중에는 길거리를 떠돌다 아사하거나 행방불명된 사람이 많았다고 한다.

메아리 없는 사부곡(思夫曲)

그러나 정신의 비극은 여기서 끝나지 않았다. 부군의 피살 소식을 전해 들은 미망인(이함(李涵): 민족지의 동삼성 특파기자로 알려짐))이 사정없이 몰아치는 북만주의 칼바람 속에서 그만 정신을 놓아버린 것이다. 목 놓아 남편을 부르다 못해 죽음보다도 오히려 더 비참한 몰골로 스스로를 얼부푼 동토 위에 내던져버린 이 여인, 어린 아들 손을 잡고 정처 없이 길바닥을 휩쓸고 헤매 다니다 낯익은 교민의 집 앞에 이르러서는 '내 남편을 내어 놓으라'고 절규하며 몸부림치던 이 여인은 그 후 어떻게 되었는지 아무도 아는 이가 없다.

비련(悲戀) 영화의 한 장면을 연상케 하는 이 여인의 '마음의 행로'는 언제쯤 어디서 어떻게 끝이 났을까! 손을 잡고 다녔다는 어린 아들은 또 어떻게 되었을까!

특파기자라고 하였으나 지금 개념으로 본사에서 직접 파견한 기자는 아니고 현지에 살면서 기사거리가 있으면 써서 보내는 요즘 통신원 같은 존재가 아니었나 싶다. 기자로서의 이함은 바로 1년 전에 변을 당한 김좌진의 사적을 그의 이름으로 신문에 공개하기도 하였는데, 오랜 동안 김좌진의 측근에 있었기 때문에 누구보다도 잘 아는 그의 행적을 정신이 부인에게 알려주어 기사를 쓴 것으로 보고 있다.

이현익의 <대종교인과 독립운동사 연원>에서는 이함에 대해 그가 동아 일보 특파원인지 조선일보 특파원인지 잘 모른다는 뜻으로 미평(未評: 미상(未詳)을 말하는 듯하다)이라고 하여 놓았다. 혹시 해서 두 신문사를 들러 신문사 연혁을 다룬 사사(社史)를 다 뒤적여 보았으나 이함에 대한 기록은 끝내 찾지 못했다.

또 한사람의 희생자는 계산(桂山) 김성극(金星極)이다. 그는 일찍이 헤이그 특사 파견 연루 혐의로 붙들려 투옥되었던 원로 독립운동가로 만주에 망명하여서는 무장독립단체인 광복단설립 단장으로 광복단(1920)을 탄생시킨 뒤 그 지도자로 활약하였다. 그 해 10월 홍범도(洪範圖)의 독립군부대인 대한독립군에 편성되어 청산리전투에서 대승을 거두었다. 그 후 함경남도 갑산과 혜산진(惠山鎭) 등 접경지대 관서들을 습격하여 많은 전과를 거두고 한 때 대동(大同)회 회장으로도 두각을 나타내었는데 정신이 변을 당하기 2년 전인 1929년 10월 안도현에서 역시 공산당원에게 피살되었다.

그런데 『한국민족문화대백과』(1989)에서는 이 같은 일급 독립운동가에 대해 항목도 설정하지 않은 채 빠뜨리고 있어 안타깝다. 역사의 반면(反面)교사로 삼고자 친일 인사들까지도 버젓이 다루고 있는 이 사전에서 이런 원로 독립운동가를 빠트린 것은 돌이킬 수 없는 천려일실(千慮一失)이 아닐 수 없다.

삼형제가 독립운동 투신

하산(河山) 박세진(朴世鎭: 본명 의열(義烈))도 마찬가지다. 1919년 신흥무관학교 출신으로 서로군정서에 소속되어 이도구(二道溝) 전투(청산리 전투 가운데 하나)에 대한통의부(1922년 김동삼이 홍경현에서 조직) 검무감(檢務監) 겸 중대장으로 참전하였던 그는 일군 토벌대의 포위망을 피해 밀산으로 북정(北征)할 당시 함께 후퇴했다가 돌아와서는 이 무렵 동지를 규합하려고 주하현(珠河縣: 지린성 수현 壽縣의 서남쪽)에 갔다가 공산당원에게 피살되었다.(정확한 피살 시기나 경위는 알려지지 않았음)

같은 신흥무관 학교 출신으로 소속도 같은 통의부 요원(4 중대)으로 무력 투쟁에 몸을 던졌던 호산(湖山) 박명진(朴明鎭: 대종교 독립운동사 저술)과 서로군정서, 통의부, 정의부(1924 유하현(柳河縣), 이탁(李鐸))의 주요 간부로 활약하다가 병사한 해사(海蓑) 박우진(朴宇鎭)과는 친형제지간으로 3형제가 나란히 독립운동에 헌신한 보기 드문 가족력(歷)의 소유자다. '태백산 호랑이'이라는 별명으로 통하던 한말 의병장 신돌석(申乭石, 본명 태호 泰浩, 1878~1908)을 배출한 경북 영덕(盈德) 출신이다.

정신의 피살 기사가 보도된 1931년 1월 10일자 신문(동아일보)의 같은 면(3면) 가운데 공산당과 관련된 기사가 무려 3건이나 된다. 그것도 톱기사로부터 '공산당과 육군교화(交火: 교전을 말함)'라는 교전소식에 이어 정일우(정신) 피살 기사가 중간 톱으로 채워져 있으니 이날 자 신문은 사실상 공산당 판이나 다름없다.

처녀 파르티잔의 극적인 최후도

간도 발로 보도된 교전 소식은 '5명 피살 8명 被逮(피체)'라는 주제로 '무기도 다수 압수'라는 부제 밑에는 '妙齡(묘령) 處女(처녀)도 한 명 被殺(피살)'이라는 선정적인 서브타이틀이 유난히 눈길을 끈다.

'지난 4일(1931. 1) 왕청현(汪淸縣) 소백초구(小百草溝) 지방에 무장 공산당 50여 명이 출현하여 대폭동을 일으키고자[야기(惹起)]한다는 정보를 접한 소관 육군 12연대 소속 군 20여 명이 현지에 출동하여 공산당과 교전한 결과 5명을 사살하고 8명을 검거함과 동시에 장총 10정과 사총(사제총) 2정을 압수하고 계속 추적 중'이라고 보도했다. 그리고 '3일 오전 7시경에는 두도구(頭道溝) 주둔 육군 3연대가 이수구(梨樹溝)에서 공산당 20여 명과 장시간 교전하다가 현장에서 공산당원 1명을 사살하고 방년(芳年) 20세 내외의 꽃 같은 처녀 홍혜순(洪惠順) 외 1명은 중상을 입고 검거되었는데 지난 6일 홍혜순은 드디어 절명하였다.'고 '꽃 같은 처녀'라는 수식어까지 달아 한 여 파르티잔의 최후를 극적으로 묘사하고 있다.

톱기사 바로 옆단에는'不穩(불온) 학생의 整理(정리)를 命令(명령)'이라는 타이틀의 기사가 또한 눈길을 끈다.

'작년 이래 각 학교 학생들이 공산당과 연락을 취해 동맹휴학을 강행하고 삐라를 살포하는 등 국민교육을 방해하고 치안을 어지럽힌다는 이유로 지린성 교육국에서는 각 학교에 불온학생을 정리하라는 명령을 하달하였다.'

이날 단 하루 신문 사회면에 난 공산당 관련 기사를 보면서 해방 직후의 혼란스러웠던 우리나라 학원가의 풍경이 문득 떠올랐다.

당시 중학교 1학년생이었던 나는 아침 등교시간이면 학교정문 앞에서 동맹휴학을 선동하는 고학년 선배와 이를 말리는 또 다른 선배들의 밀고 밀리는 몸싸움을 자주 목격할 수 있었다. 그것(국대 안 반대)이 정확하게 무슨 뜻인지조차 모르고 끌고 당기는 두 패의 선배들 사이에서 곤혹스러워하던 기억이 지금도 아련하게 떠오를 때가 있다. 우리와는 처지가 다르긴 해도 1930년대의 간도가 아마 그랬던 것 같다.

46. 이념의 소용돌이

조선공산당 만주총국은 1927년 10월에 일어난 제1차 공산당 사건으로부터 2차(1928. 5) 3차에 걸친 공산당 사건을 거치면서 대량 검거와 투옥 등으로 역량이 크게 약화되어 1930년 말경에는 만주총국을 해산하고 개별적으로 중국공산당에 가입하여 '타도 일제와 국민당'을 겨냥한 실질적인 통일전선을 구축하게 된다.

무장투쟁으로 발전한 농민폭동

조선족 출신으로 연변(延邊)에 살면서 청산리 대첩의 영웅 서일에게 매료되어 그의 행적을 발로 추적했던 강용권(1945~1999)은 <서 종사와 그의 후예들>이라는 기사(알소리 2006, 4월 호, 국학연구소)에서 그 당시 상황을 다음과 같이 생생하게 전하고 있다.

'5월 1일(1930) 용정의 대 시위에 뒤이어 화룡(和龍)현 왕청현, 연길현, 돈화현, 액목(額穆)현, 영안(寧安)현에 폭동이 파급되어 파죽지세(破竹之勢)를 이루었다. 저명한 5.30폭동과 8.1길돈(吉敦)폭동에 뒤이어 폭동은 무시로 폭발하는 화산 마냥 동만(東滿) 각지에 비일비재로 터졌다. 1930년 10월에는 왕청에서 대규모의 폭동을 일으켜 친일 주구를 처단하고 민회(民會)를 불사르고 지주의 양곡을 몰수하여 백성에게 나누어 주었다.

이 폭동에 왕청 주변의 다수 농민들이 참가하였는데 당시 덕원리(德源里 북로군정서 청사가 있었던 곳)의 대부분의 주민도 적극 호응한 주력이었다.

농민운동은 드디어 동북군(東北軍)의 진압을 받게 되었다. 기병과 보병들이 마을마다 참빗질을 하며 무릇 시위에 참가한 사람들을 모조리 잡아가서는 무자비한 고문을 들이대며 영도자를 찾아내라고 날뛰었다.'

앞서 간도 발 공산당과의 교전 기사에서 보도한 바로 그 현장(왕청현)이다. 농민 폭동이 무장투쟁으로까지 발전하였음을 알 수 있다. 이때 농민 폭동을 진압하려고 출동한 동북군은 그로부터 2년 후(1932 년)로 예정되어 있는 만주국 수립에 맞추어 새로 편성된 관동군의 통제를 받는 중국군, 즉 만군(만주군)이다.

동상이몽(同床異夢)으로 무너진 통일전선

1920년 청산리 대첩 이후 만주 지방의 독립운동은 일제의 강력한 무력 탄압에 의해 독립운동 단체 간의 내부 분열과 갈등이 겹치면서 투쟁 역량이 눈에 띄게 약화되었다.

이에 대한 반성의 산물로 결성된 것이 한국 유일당(唯一黨)이다(1927 년 4월). 이를 확대 강화하기 위해 동 당의 관내 촉성회 연합회가 열리면서(1927년 11 월) 좌우 합작과 통일전선 구축 운동이 활기를 되찾는 듯했다.

그러나 1928년 12월 코민테른(Commintern, 일명 제3인터내셔널 1919, 세계 각국 공산당의 통일적 국제 조직으로 국제공산주의운동 지도)이 12월 테제를 채택함으로써 민족협동전선의 붕괴와 함께 유일당과 그 촉성회는 해체되고 말았다(1929, 10, 28). 패권 강대국의 속성을 그대로 본뜬 전형적인 디바이드 엔드 룰(Divide and rule 분리지배)정책이다.

출발 초부터 모든 독립운동 세력의 통일이라는 대 명제를 내 걸긴 했으나 민족진영에서는 영향력을 차츰 잃어가고 있는 임시정부의 강화가 가장 시급한 당면과제였고 좌파 세력은 또 그들 나름으로 세계혁명이라는 원대한 목표를 위해 모든 수단은 정당화된다는 투쟁 속성 그대로 민족진영과의 한시적인 전선 통일을 통해서 세력 확산을 도모하려는 동상이몽(同床異夢)을 꿈꾸고 있었던 것이다. 거기에다 코민테른이라는 국제세력까지 개입함으로써 당초 설정했던 좌파의 연합전선노선은 수정이 불가피하게 되었다.

코민테른이 발표한 '12월 테제'는 세계혁명의 현 단계를 제국주의 타도와 토지 문제의 혁명적 해결을 주 내용으로 하는 부르주아 민주주의 혁명으로 규정하고 공장 노동자와 곤궁한 농민, 도시 부르주아 대중에게서 그 원동력을 찾아야 한다고 주장하고 있다. 이에 발 빠르게 대처한 공산주의자들의 다음 카드는 1929년 10월에 결성한 유호(留滬) 한국독립운동자동맹이었다.(김희곤(金喜坤) 안동대 「1930년대 초 한인 공산주의자의 동향」에서)

여기서 유호란 상해의 옛 이름인 호상(滬上)을 빌어다 재상해(在上海)라는 뜻으로 쓴 것이다. 약해서 유호동맹이라고도 하는데 세상에 많이 알려진 이름은 아니나 이 단체를 이끈 지도자 중에 이승만 정권에서 농림부장관을 지내고 후에 대통령 선거에 출마하여 이승만에게 도전했다가 결국 간첩 혐의로 사형 당한 조봉암(曺奉岩, 1898~1959)이 눈길을 끈다.

애초에 대종교 세력을 배경으로 탄생한 임시정부는 당시 사상적으로 세계 조류를 주도하던 사회주의라는 격랑을 만나 좋든 싫든 그들과 공존을 모색하지 않으면 존립 자체가 위태로운 그런 시기였다.

김구의 '보자기론'이 나온 이유

김구(金九)의 이른바 '보자기 론'의 발상도 아마 이런 환경의 산물이 아니었나 싶다. 좌가 되었건 우가 되었건 한 보자기에 싼다는 포용의 논리 말이다. 물론 타고난 그의 도량(度量)도 한 몫을 했으리라 보지만 앞에서 도 잠시 언급한 대로 공산주의자가 쏜 총탄을 몸속에 지닌 채 이번에는 우파진영이 쏜 총탄에 죽어간 그의 통합을 향한 집념이 없었다면 아직 요원하기만한 통일의 실마리를 어디서부터 어떻게 풀었을까 막막한 심정 이 들 때가 있다.

김구와 얽힌 또 하나의 일화가 있다. 한 때 임정에서 경무국장까지 지 낸 손두환(孫斗煥)이라는 인사는 중일전쟁이 한창 치열했던 1940년 여 름 성도(成都)에서 일본군의 폭격으로 노모와 자부를 잃고 오랫동안 끊 고 지내던 김구를 찾아와 복수를 다짐하면서 도움을 요청하였다.

그러자 김구는 '너의 가족생활은 내가 부담할 터이니 안심하고 복수를 위해 분투하라. 주의와 사상이 판이하니 네가 나에게 오기는 바라지 않는 다. 팔로군(八路軍: 현 중국군의 모태)으로 가도 좋다. 왜적을 많이 죽여 라'고 오히려 격려를 하며 용기를 북돋아 주었다고 한다.

손두환은 바로 김구가 황해도 장련(長連)의 봉양학교 교사로 있을 때 그의 상투 머리를 잘라준 제자이기도 했다. 한편 무호(無號) 최태영(崔泰 永)도 이 학교에서 김구에게 배운 제자 가운데 한 사람이다. 이 학교는 바로 최태영의 할아버지가 서당을 개량해서 세운 황해도 최초의 근대교 육기관이었다.

김구가 양복 입고 신식여성과 연애편지를 주고받던 시절 이야기를 기 억하는 걸 보면 손두환 보다는 후배인 것 같다. 이런 깊은 인연으로 광복 후에는 '김구 사람'으로 낙인이 찍혀 있었으나 그의 해박한 법률지식이나 외국어 능력으로 이승만의 러브콜을 받기도 하였다고 한다.

로동신문이 앞장서 '김구좌파' 낙인

'백범이 공산당에게 이용당하고 그들을 보호하기 때문에 민족을 위해 그를 암살했다.' 암살범 안두희(安斗熙)의 이 같은 강변(强辯)은 어쩌면 '김구 좌파'라는 낙인의 뿌리가 되었는지 모른다. 게다가 지난 10년간의 두 정권에서 이승만을 격하하고 김구를 지나치게 부각시킨 탓도 있을 것이다. 또는 우파 일각(극우파)에서 그의 남북협상 경력을 들어 좌파와 결부시키는 측면도 있다.

그러나 '백범이 하나의 통일을 염원하는 일념으로 남북협상에 임하고 좌우합작을 도모한 것은 그들도 동족이라는 순수한 동족애의 차원에서 포용한 것'이라는 독립운동사연구의 원로 이연희(李炫熙, 1937년생)의 평가를 통해서 정치나 학문의 영역을 뛰어넘는 순수한 인간적인 접근을 할 수는 없을까 생각해 본다. 그 마자 좌편향(偏向)으로 몰아 상처를 입힐 수 없는 것은 그는 독립운동사의 마지막 심벌이기 때문이다.

그리고 안두희의 변론 어디를 보아도 좌파에게 '이용당하고 보호했다'는 것 외에 그가 좌파 그 자체라는 언급은 없다. 지레 짐작하고 추측하였을 뿐이다.

그리고 우리가 절망하는 또 다른 이유는 이 같은 정치인의 순수성이 현실 정치에서 외면을 당하고 공산주의자들에게서는 오히려 역이용까지 당하고 있다는 사실을 잘 알고 있기 때문이다.

『북조선왕조비사, 부제 김일성 정전(正傳)』의 저자 임은(林隱: 본명 허진(許眞) 1928년생)이 전해주는 말이다.

그 전에 가명으로 김일성의 정체를 폭로한 허진이라는 인물부터 먼저 살펴 볼 필요가 있을 것 같다. 김일성에 관한 이야기에는 늘 진위(眞僞) 논란이 따르기 때문에 증인의 신빙성을 담보하기 위해서다.

그는 우리나라가 일제에게 합병되기 2년 전인 1908년(10월)에 13도 의

군(義軍, 의병)을 지휘하여 한양(서울) 탈환전을 지휘했던 경북 선산(善山) 출신의 마지막 의병대장 왕산(旺山) 허위(許蔿, 1855~1908)의 손자다. 허위는 서울 탈환 작전에 실패하고 임진강변으로 후퇴하여 재기를 도모하다가 일군에게 붙들려 서대문 감옥에서 순국하게 되는데, 그의 아들 준(埈, 1895~1956)이 가솔을 이끌고 북간도로 망명하여 낳은 아들이 이 책의 저자 허진이다. 그가 만주에서 다시 러시아로 들어가 정착하게 되는데 광복 직후 그리던 고국에 돌아와 청운의 뜻을 펴보려 하였으나 좌우 대립으로 혼란이 극에 달했던 냉전의 소용돌이 속에서 방황하다가 당시로서는 그가 소련에서 겪은 체제상의 친연성(親緣性)에 이끌려 북한을 택하게 된 것이다.

죽은 김구 동원, 산 김일성 찬양

남한과의 정통성 경쟁에서 우위를 차지하려고 혈안이 된 북한은 허진과 같은 의병장의 자손은 이용 가치가 높다고 보고 김일성이 직접 그를 불러 측근으로 발탁하였다고 한다.

특히 노어에 능통했던 그는 소련의 사주로 일으킨 6·25 전쟁 발발 당일 새벽 김일성을 대신해서 남침의 첫 신호탄을 발사하리만큼 두터운 신임을 얻고 있었다는 것이다.

그런데 그 뒤 소련파가 숙청될 당시 구 소련으로 망명한 그는 러시아가 민주화된 뒤에 고향 선산을 다시 방문한 자리에서 자신이 6·25 남침의 첫 신호탄을 발사한 장본인임을 직접 밝혔다는 것이다.

책 제목에 붙어 있는 비사(秘史)라는 낱말이 말해주듯 그는 남들이 접근할 수 없는 최측근에서 직접 보고들은 김일성의 정체를 낱낱이 밝힘으로써 왜곡된 역사를 바로 잡고 지난 세월 그가 한 때나마 민족에게 지은 죄과를 씻는 길이라고 생각하여 이 책을 내게 되었다는 것이다.

그는 이 책에서 1948년 4월 평양에서 열린 남북협상(남북 제 정당 사회단체 연석회의)에 참석했던 김구와 김일성의 대화록, '위대한 수령님(김일성)이 좌익 정객 김구를 애국의 길로 인도하신 이야기.'라는 긴 제목의 1980년 6월 3일자 노동신문 기사를 소개하면서 이야기의 실마리를 풀어가고 있었다.

김구가 유명(幽冥)을 달리한 지 30년도 더 지난 시점에서 그 당시 두 사람 사이에서 오갔다는 대화는 먼저 깊은 참회로 말문을 연 김구가 김일성의 은덕에 감동하여 부르는 '장군님 찬가'로부터 시작된다.

"장군님 나는 교양도 없고 여러 가지로 부족한 사람입니다. 장군님께서도 짐작하실 줄 압니다마는 나는 지금까지 공산주의자들을 적대시 해온 사람입니다. 장군님 지난날 나 자신이 저지른 여러 가지 잘못된 행동을 잊어주시기 바랍니다. 지금부터는 장군님을 받들어 모시고 가르치시는 대로 살겠습니다. 이제 나이도 먹을 만치 먹은 나에게 무슨 정권욕이 있겠습니까. 아무것도 없습니다.

제가 이번에 와서 장군님께서 고난을 무릅쓰고 쌓아올린 성과를 직접 눈으로 확인하고 조선이 우리 조국이 진정한 주인을 만났다고 생각합니다. 앞으로 나는 장군님을 받들고 장군님을 위해 제 몸을 던져 일하기로 굳게 다짐하였습니다."

그리고 김구는 '제가 평양에 억류되었다는 남조선 당국의 선전이 걱정되니 일단 남조선으로 돌아가 투쟁하고 다시 평양으로 돌아올 것'이라면서 '그때는 과수원이라도 하나 배려해 주신다면 그 곳에서 평범한 여생을 보내고 싶다.'고 말했다는 것이다. 이것이 한 때 항간에 그럴싸하게 나돌던 김구의 과수원 구걸 루머의 진원(震源)이다.

이념의 궁극 목표는 공존(共存) 공생(共生)

김구를 마치 노망 들린 노인네 다루듯 졸렬하다 못해 치사하기 짝이 없는 인물로 그리고 있다. 이미 고인이 되어 영원한 침묵을 지키고 있는 김구를 살아 있는 김일성이가 제 구미대로 난도질을 한 것이다.

차마 못할 것 같은 일까지도 아무렇지 않게 해치우는 것. 그것이 공산주의자의 속성이라고 하던 어느 작가의 말이 생각난다.

그들은 목적(혁명)을 위해 모든 수단을 정당화하기 때문에 양심의 가책이나 윤리적 부담을 지지 않는다. 이런 투쟁방법 또는 경쟁의식이 당장 가시적(可視的) 효과를 거둘 수 있다고 믿기 때문에 지금은 비단 좌파뿐 아니라 우리 사회의 전반으로 이런 풍조가 확산되어 일반화되어가고 있는 경향마자 보이고 있다. 인간관계가 그만큼 각박하고 삭막해졌다는 이야기다.

얼마 전 '좌파 교육이 나라를 망친다.'고 경고한 한 정치인의 말은 이런 현상을 두고 우려하는 목소리일 것이다.

'경쟁이 목적인 교육은 교육이라고 할 수 없다. 그런 교육은 남을 제치고 남의 성공을 방해하고 자기 이득만을 생각하는 이기적 인간을 만들 뿐 아니라 다른 사람과 더불어 사는 인간적 자질을 상실하기 때문이다.'

남들이 한 번하기도 어려운 대학 총장을 3개 대학에서 역임하고(연임까지 4회) 80을 눈앞에 두고 있는 지금도 현역 교수로 강단을 지키고 있는 한 원로교육자(신극범(愼克範), 1932년생, 순천향대 석좌교수)가 기회 있을 때 마다 역설하는 경쟁의 윤리다.

'모든 길은 로마로 통한다'고 종교고 이념이고 간에 지향하는 궁극의 목표는 공존 공생의 실현에 있다. 우리의 건국이념이자 교육이념인 홍익인간(弘益人間)정신을 높이 사는 이유도 바로 여기에 있다 할 것이다.

47. 무정부주의자 열전

무정부주의(anarchism) 하게 되면 먼저 떠 올리게 되는 것이 있다. 공산주의(또는 사회주의)가 그 하나요 또 다른 하나는 폭력이다.

무정부주의와 공산주의

독립운동가들 대부분이 민족주의자인데 그들이 공산주의의 최고 발전 형태로 자연히 그와 친연성(親緣性)이 높을 수밖에 없는 무정부주의자라는 점이 얼른 이해가 가지 않을뿐더러 이미지 자체가 어울리지 않는다.

무정부주의란 '정치적 사회적인 일체의 권력을 부정하고 개인과 그의 자연적 집단의 완전한 자유를 주장하는 사회주의 사상'으로 요약할 수 있다.

고대에는 이를 인류가 희구하는 이상 세계로 설정했으나 근대들어 이를 실지로 실현하고자 하는 과정에서 자연히 수반될 수밖에 없는 폭력을 정당화하고 독립운동가들이 이를 원용한 것이라고 볼 수 있다.

우리나라 1세대 무정부주의자라고 할 수 있는 우당(友堂) 이회영은 그의 사상적 배경에 대해서 이렇게 말한 적이 있다. '내가 별안간에 180도 전환한 것이 아니라 본래 무정부적인 자유사상가였다고 자재(自在: 속박

이나 장애가 없이 스스로 있음)할 뿐이다. 지배 없는 세상 억압과 수탈이 없는 세상이 우리 독립한국에 실현되어야 한다는 것이 말의 표현은 달랐을망정 나의 일관된 정견(政見)이었다.'

본래 벼슬을 싫어했다는 그는 독립한국을 반드시 사민(四民) 평등한 만인이 자유 평등을 누릴 수 있고 따라서 공평하게 다 같이 행복을 누리며 자유 발전할 수 있는 기회가 균등하게 부여될 수 있는 사회가 되어야겠다는 것이 그의 독립관이며 정치 이상이라고도 했다.(부인 이은숙(李恩淑) 자서(自敍)『서간도 시종기(始終記)』중에서)

그의 말을 액면 그대로 받아들인다면 외래 사상으로서의 무정부주의를 따르는 것이 아니라 자신이 생래적(生來的)으로 지니고 있던 사상이 무정부주의와 합치되기 때문에 자연스럽게 수용하게 되었다는 것이다.

이른바 6영(榮, 榮자 항렬(行列)의 6종형제를 가리킴)의 가산을 모두 정리하여 서간도로 집단 망명함으로써 독립운동사에 한 획을 그은 이회영이 무정부주의자라는 사실에 필자도 처음엔 의아한 생각이 들 정도였는데 사상 전환에 대한 그의 해명성 발언으로 보아 그 당시에도 논란의 대상이 되었던 것으로 미루어 알 수 있겠다.

자유 보장되어야 진정한 평등

그러나 우리가 흔히 혼동하기 쉬운 소비에트식 공산주의와는 분명히 거리를 두고 있었다. 그의 판단은 아주 간명(簡明)하고 직설적이다.

'소련식 프롤레타리아 독재국가는 인민에게 평등한 의식주를 보장해 준다지만 인간에게 자유가 없다면 그런 식의 평등한 생활은 실상 1일 3식을 골고루 나누어주는 감옥 생활과 다를 것이 무엇이겠는가.'고 사람은 물론 평등해야 하지만 그 위에 자유가 보장되어야만 진정한 평등이 될 것이라며 독립운동이건 혁명운동이건 이 조건을 결(缺)한다면 아무런 의미(가치)가 없다고까지 했다.(하기락(河岐洛)의 무정부주의 항목 중에서, 『한국민족문화대백과』)

무정부주의운동하면 이회영과 함께 떠 올리게 되는 또 한 사람 신채호(申采浩)와는 조석으로 함께 만나 흉금을 털어놓고 민족의 자주 독립과 미래의 새나라 건설에 대한 격의 없는 의견을 나누었다.

전설적인 인물로 알려져 있는 또 다른 한 사람 우근(友槿) 유자명(柳子明, 1891~1985)은 중국의 신문학 기초를 닦은『아큐 정전(阿Q 正傳)』의 저자 노신(魯迅, 1881~1931)과 크로포토킨의 <상호부조론(相互扶助論)>을 처음 소개한 계몽사상가 이석증(李石曾, 1882~?) 등과 제휴하고 안으로는 의열단의 비밀 참모로 활약하면서 국내외 일본인과 친일파들에게는 저승사자 같은 공포의 대상이 되기도 하였다.

이처럼 이론과 실제를 겸비했던 그는 광복 후에도 귀국하지 않고 중국에 남아 학구생활을 계속하였다. 대학교수로 끝까지 강단을 지키면서 운남(雲南) 고원지대에서 최초의 특수 벼 재배에 성공하고 농학박사가 되어 독립운동가 출신 원예학자로도 알려진 신비한 인물이다.

정화암(鄭華岩: 1896~1981)은 1930년 4월 이름부터가 무시무시한 흑색공포단을 조직하여 친일배의 숙청으로 독립운동에 일대활기를 불어넣어준 인물로 알려져 있다. 광복 후에 귀국하여서는 1961년 민족주체성에 입각한 민주적 사회주의를 표방하는 통일 사회당 조직에 참여하였다. 일찍이 조소앙이 삼균주의를 통해 제창하였던 서구적 민주사회주의의 계승이라고 할 수 있을 것이다.

이들 외에도 광복회 회장을 지낸 청뢰(青雷) 이강훈(李康勳, 1903~2003) 등과 함께 주중 일본대사(有吉明)를 암살하려다 미수에 그친 의사로 널리 알려진 백정기(白貞基, 1896~1935), 이을규(李乙奎), 이정규(李丁奎) 형제 등 초기 무정부주의자들이 주축이 되어 재 중국 조선무정부주의자 연맹을 조직하고 다시 중국과 대만 무정부주의자들의 협력을 얻어 동방 무정부주의자 동맹을 결성하였으며, 이것이 1929년 7월 난징(南京) 대회에서 조선·중국·일본·대만·필리핀·안남(安南: 현재의 베트남) 등 각국 무정부주의자들에 의해서 명실상부한 국제기구로서 동방무정부주의 연맹으로 확대 개편되었다.

동학농민운동의 마지막 불꽃

한편 운남(雲南)군관학교 출신 시야(是也) 김종진(金宗鎭, 1901~1931) 등이 해림(海林)에서 조직한 재만 조선 무정부주의자연맹(1929. 7)은 청산리 대첩의 영웅 김좌진이 이끄는 교민 자치기구인 한족 총연합회(신민부를 개편하여 조직)와 제휴하여 자본주의와 공산주의를 모두 배격하고 일찍이 미국의 에이브러험 링컨 대통령이 제창했던 '인민을 위한, 인민의, 인민에 의한' 민주주의의 정석(定石) 그대로 인민의 진정한 자치실험을 교민들의 열띤 호응 속에 추진하고 있었다.

이를 두고 한국정신문화연구원이 펴낸 『한국민족문화대백과사전』(1990)의 이 항목(무정부주의) 필자인 허유(虛有) 하기락(河岐洛 1912~1997)은 갑오농민 운동의 해외판 부활이라고 예찬하면서 또한 그것은 무정부주의의 실현 가능성을 현실적으로 다시 한 번 입증한 것이라고도 했다.

그가 예찬한 모델은 갑오농민운동의 집강소(執綱所), 즉 당시 농민군이 전라도 각 고을[읍주(邑州)]의 관아 안에 설치하였던 민정(民政)기관을 말하는 것이다. 현대적인 용어로 농민자치위원회 같은 것이다.

동학의 교단조직에서 각 고을마다 설치한 기초단위 행정조직인 접(接)의 수령을 접주(接主) 또는 집강이라고 한데서 유래된 이름의 제도인데 그동안 농민봉기로 인하여 마비상태에 빠진 치안질서와 지방의 행정기관과 같은 분장(分掌) 아래 서기 성찰(省察: 일종의 감찰기능), 집사(執事:

향리(鄕吏)), 동몽(童蒙: 교육직) 등의 임원을 두어 행정사무를 맡아보게 한 것이다.

집강소를 통하여 농민군의 폐정(弊政)개혁은 추진되었다.

봉건제도의 수탈과 신분제도의 철폐, 외국침략세력의 배제, 토지제도의 개혁 등을 골자로 하는 폐정 개혁안은 전주화약(全州和約)으로 일단 수용은 되었으나, 농민군이 그토록 우려했던 외국군의 영입으로 결국 스스로 망국의 비운을 자초하는 결과가 되고 말았다.

'금일 이 병을 고치지 않으면 반드시 나라가 망한 후에야 그치리라'(경세유표 經世遺表)던 다산(茶山)의 예언 그대로 적중하고 만 것이다.

하늘의 시샘이었을까. 신천지를 꿈꾸던 100만 교민의 염원 역시 산산이 부서지고 만다. 1930년 1월 중동선 산서(山西) 역전에서 김좌진이 공산 당원에게 저격당한데 이어 이듬해 김종진 또한 같은 중동선의 해림역 부근에서 공산당원에게 피살되었다.

앞에서도 본바와 같이 정신(鄭信)의 피살과 함께 김좌진과 그 측근 인물들은 이렇게 하나 둘씩 동족의 손에 의해 죽어나갔다.

식민지 경영 정당화의 대응논리

19~20세기 초에 동양 각지에 전파되었던 무정부주의는 우승열패(優勝劣敗) 약육강식으로 대변되는 정글의 법칙인 다윈의 <진화론>에 입각한 제국주의자들의 이른바 사회진화론 극복논리로부터 출발한다,

문명이 앞 선 제국주의자들이 이를 열등(劣等) 식민지 경영의 정당화 논리로 활용하는데 대한 대응(對應)논리라고 할 수 있다.

러시아의 크로포트킨(Kropotkin 1841~1921) 이 주도한 이 논리의 핵심은 동족의 생존 발전을 도모하는 <상호부조론(相互扶助論)>(1902)이다. 생존경쟁 설을 앞세우는 다윈의 <진화론>에 맞서 상호 투쟁과 상호부조

는 자연의 법칙이라 전제한 뒤 이것을 인류사회에 응용하는 지혜가 요구
된다며 사회의 진화, 문화의 발전은 상호부조에 의해서만이 더욱 완전하
게 이루어진다고 주장하였다.

그 실천과정에서 테러리즘과 결합하게 되는데 대표적인 독립운동 단체
로는 1919년(11월) 길림에서 조직된 김원봉(金元鳳), 윤세주(尹世胄) 중
심의 (조선)의열단(義烈團)을 들 수 있다.

'조선 독립과 혁명 달성을 위한 유일한 무기는 폭력이며 파괴는 곧 건
설'이라는 슬로건 아래 민중 직접 혁명과 평등주의를 표방하고 있는 신채
호가 기초한 의열단 선언이 이 단체의 성격을 극명하게 보여주고 있다.

한 손에 실존적 자유의 깃발을
다른 손에 인간적 해방의 깃발을
높이 쳐들고
일생을 통한 뜨거운 열정으로
이론과 실천을 하나로……

하기락이 태어난 경상남도 함양 안의(安義) 공원 안에 세워진 그의 '학
덕비'의 한 구절이다.

비문 내용 그대로 이론과 실천을 겸비한 하기락은 광복 이전과 이후에
걸친 양 시기에 활약한 한국 아나키즘 운동의 연결고리로 비유될 만큼
비중 높은 학자요 실천가였다. 그는 25권의 저서와 19권의 번역서를 남긴
대학자이면서, 광복 직후 창당한(1946) 독립노동당(유림(柳林), 1894~
1961)을 비롯하여 1973년에 민주통일당(양일동(梁一東), 1912~1980) 사
회당(1987년 창당)에 이르기까지 변화하는 시대의 고비마다 정당을 만들
거나 참여하여 그의 사상을 실천한 실천적 사상가로서의 면모를 약여하
게 드러내기도 하였다.(하기락의 생애와 사상, 김성국 부산대)

직접민주주의의 원형 여전제(閭田制)

그의 무정부주의의 사상적 뿌리는 다산(茶山) 실학과 맞닿아 있다. 그 중에도 특히 '농사를 짓는 자는 토지를 얻고 농사를 하지 않는 자는 토지를 얻지 못한다.'는 경자유전(耕者有田)의 원칙에 근거를 둔 여전제(閭田制)가 그 중심에 있다.

토지를 여(閭: 마을 공동체) 단위로 공동 소유 공동 경작하고 노동 일수에 따라 공동 분배하는 여전제는 만인의 생존권 보장과 사람마다의 자유 의사를 원칙으로 하는 제도로서 노동이 인간의 신성한 권리로서 신성시될 때 각 개인의 자유와 사회적 연대성(連帶性)이 아름다운 조화를 이룬다고 본 것이다.

이 같은 경제적 기반 위에서 5호 단위로 대표자를 선출하여 마을 회의를 구성하고 한 마을의 대표자로 선출된 자들이 모여서 고을의 민회(民會)를 구성하고 민회의 대표자들이 모여서 나라 전체의 대표자를 선출한다는 정치권력의 발생 과정과 그 정통성을 다룬 그(다산)의 <탕론(蕩論)>은 현대 민주주의 중에서도 가장 발전된 형태인 직접민주주의의 원형으로서 조금도 손색이 없다.

글자 그대로 <탕론>은 중국의 상(商: 은(殷)) 왕조의 개국왕인 탕왕이 하(夏)의 걸왕(桀王)을 치고 즉위한 것을 두고 그 정당성 여부를 가리는 과정을 다루고 있다. 앞에서 살펴본 바와 같이 각 행정 단위에서 상향식으로 대표자를 선출해 올라간 끝에 최종적으로 뽑은 나라의 대표자(즉 천자)에게 정통성을 부여한다는 취지를 담고 있다.

이와는 반대로 여러 사람이 추대하지 않거나 화협(和協)하지 못할 경우에는 기초 단위인 5가(家)가 같은 이유로 인장(隣長)을 바꾸고 25 가의 대표인 이장(里長)을 바꾸는 것과 같은 이치로 구후(九侯: 제후(諸侯))와 팔백(八伯: 공경대부(公卿大夫) 장관)이 화협하지 못하면 서로 의논

하여 천자도 바꿀 수 있다는 현대 민주주의에서 말하는 소환권(召還權 recall 제도)을 기초로 하는 완벽한 형태의 직접민주주의다.

수운(水雲) 최제우(崔濟愚, 1824~1864)에 의한 동학의 홍기는 이와 같은 이념을 단지 한 학자의 정관적(靜觀的) 이론에 그치지 아니하고 누란의 위기에 처한 나라의 안정과 도탄에 빠진 백성의 구원을 담보하는 '보국안민 輔國安民 광제창생 廣濟蒼生'의 메시지로 바꾸어 놓았다.

이어서 나온 제2세 교주 해월(海月) 최시형(崔時亨, 1829~1898)의 사인여천(事人如天)사상과 3세 교주 의암(義菴) 손병희(孫秉熙, 1061~1922)의 인내천(人乃天)사상은 현대 서구 민주주의의 정석(定石)으로 일컬어지고 있는 미국 제16대 대통령 에이브러험 링컨(1809~1865)의 게티스버그 연설(Gettysburg Adress 1863)가운데 '국민의'(of the people) '국민에 의한'(by the people) '국민을 위한'(for the people) 정치와 거의 동시대에 인류평등과 천부(天賦)인권을 주창하여 홍익인간 이래로 전승되어 내려오는 뿌리 깊은 토착 민주주의의 전통을 과시하고 있다.

화백의 재현, 국민주권 직접민주주의

앞에서 여러 사람이 추대하거나 화협하여 뽑는다는 대표자의 선출 방식이 단군의 건국이념인 홍익인간(弘益人間)의 정치적 표현으로 일컬어지는 화백(和白) 제도와 유사한 데가 많다.

다수결을 넘어 전원합의제를 채택하고 있는 화백의 실천을 위해서는 무엇보다도 구성원 상호 간의 화협을 절실하게 필요로 하기 때문이다.

그런 의미에서 통일운동가 최치영(崔致榮, 일명 최봉수 1928년생, 통일건국민족회 회장)이 주창하고 있는 '국민주권 직접민주주의'는 21세기판(版) 화백제도의 부활이라고 볼 수 있다.

1997년(6, 16) 반세기 헌정사상 최초로 국민청원(請願)의 형식을 빌어서 국회(16대)에 제출한 바 있는 '국민주권 직접민주정치 개헌(안)'에 따르면, 그 전문(前文)에서 지금까지 3.1운동에 머무르던 헌법 정신의 원류를 단군의 건국이념인 홍익인간으로까지 거슬러 올라가 설정하고 자율과 조화를 바탕으로 하는 자유민주주의적 기본질서 확립을 천명하고 있다. 여기서 말하는 자율과 조화란 주권자 스스로 자신의 방종(放縱)을 억제하며 이성에 입각한 도덕적 주관을 세워 외적인 권위 등에 구속되지 않음을 말한다.

주권자인 국민은 이 같은 자주인(自主人)으로서의 정신을 바탕으로 직접 치자(治者)도 되고 피치자도 되는 '동일성(同一性) 자동성(自同性, 암수, 즉 '자웅(雌雄)'이 한 몸으로 되어 있는 말미잘이라는 어패류처럼 치자와 피치자가 한 몸이라는 뜻)의 원리'에 입각하여 글자 그대로 순수한 자치(自治)를 실현하는 것이다.

10~20가구(통 반, 인구로는 70~80 명)를 단위로 하는 기초 민주회(약해서 기민회(基民會))에서 뽑은 대표(3명), 즉 통 대표가 그들 중에서 면 및 동 대표를 뽑고 그들 중에서 다시 시·군·구 대표를 선출한다. 시·군·구 대표 중에서 최종적으로 광역 시·도 대표를 겸하는 중앙의 국민주권 민주회 대표를 선출하게 되는 것이다.

헌법적으로 보장된 주권 기구인 국민주권 민주회는 지금까지 정당에 의해 대행되던 간접 민주정치를 청산하고 국민 전체가 자기 살림 자기가 직접 경영하는 새로운 정치의 틀로서 대표자의 추천 기준과 원칙 및 평가 기준을 설정하고 국민이 그 기준에 따라서 대표를 추천도 하고 선택도 하는 투명하고 공정한 선거문화의 창출을 그 일차적 목표로 삼고 있다. 그리하여 지금까지 정당과 선거를 통해 확대 재생산되어 민주주의의 존립 자체를 위협하여 오던 부정과 비리의 연결 고리를 단절하고자 하는 것이다.

일반적으로 직접민주주의 하게 되면 2500년 전 그리스 아테네의 아크로폴리스 언덕에 꽃피웠던 광장민주주의를 연상하고 인구가 많고 국토가 넓은 오늘날에는 아예 실현 불가능한 것으로 치지도외(置之度外)하려는 경향이 있는데 현대판 직접 민주주의의 고향으로 일컬어지는 스위스에서조차 이미 그 제도는 화석화(化石化)된 지 오래다.

기초 행정 단위에서부터 상향식으로 대표자를 선출해 올라가는 직접민주주의 제도를 두고 스위스에서는 있는 그대로 반절의 직접민주주의(semi-direct democracy)라고 부른다.

이 제도가 중국에서는 3천여 년 전 은(殷) 나라 초기에 벌써 제도로 정착되어 있었음이 정약용의 <탕론>에 의해 밝혀지고 있으며 이 전통이 이보다 1천여 년 뒤인 신라 건국 시기(서기전 57) 6부(6촌)의 촌민(백성)들이 서라벌(지금 경주) 알천(閼川) 둑(광장)에 모여 건국 입법 회의를 열고 나라 경영의 지혜를 모았던 오늘날 직접민주주의의 원형이라고 할 수 있는 화백으로 되살아나 신라 천년 사직을 지탱하는 동력(動力)으로 작용했던 것이다.

동일성 이론과 직접민주주의

앞 절에서 언급한 동일성이론은 룻소(Rousseau, Jean Jacques 1712~78)의 <사회계약론>에서 비롯되는데 이른바 '총합적 의지' 또는 일반의지(General Will)를 통해서 최초로 국가를 의지적 현상으로 파악하고 피치자가 치자의 의사에 복종하는 것은 결국은 총의(總意)의 형태로 나타나는 자기 스스로의 의지에 복종하는 것이라고 설명되고 있다.

이와 같이 치자와 피치자의 의지적 동일성(Will of identity)을 추정함으로서 그때까지 단순히 국가 권력의 지배대상 내지 목적물로 간주되던 국민을 자기지배의 주체적 관계로 끌어올렸다는 점에서 당시로서는 혁신적이고도 급진적인 정치이론으로 평가되었다.

그러나 국민이 국가권력의 주체인 통치형태를 민주주의라고 이해하는 고전적 이론과는 달리 선재하는 국가권력을 전제로 하지 않는 동일성 이론은 국민전체가 하나의 '통일된 전체'(einige Ganzheit)로서 유일한 정치적 의사를 갖는다는 의제(擬制: 성질이 전혀 다른 것을 법률상 동일한 것으로 간주)에서 출발하기 때문에 정치적인 견해 차이 내지 대립 같은 것은 처음부터 상상할 수조차 없는 전체주의적 위험성을 내포하고 있다는 반론도 만만치 않다. 치자가 즉 피치자라는 동일성 이론에 따르면 구체적으로 정치의 집행자인 국가기관은 통일된 전체로서의 국민이 가지는 통일된 정치의사를 단순이 집행하는 사역자(使役者)에 불과하기 때문에 거꾸로 이 논리를 역이용할 경우 국가의 기관이 행하는 일은 언제나 통일된 국민의사를 집행하는 것이라고도 주장할 수 있다는 것이다. 따라서 이 이론이 오히려 민주주의와는 정반대의 정치적인 방향으로 이용될 소지가 있다고 보는 것이다. 북한과 같은 공산국가에서 이른바 인민민주주의를 앞세워 일당독제를 합리화하고 있는 것이 그 좋은 본보기가 될 것이다.(허영(許營)의 헌법이론과 헌법 2010 신 4판에서 인용)

통일건국민족회가 주장하고 있는 국민주권직접민주주의 또한 자치 정신을 고양한다는 의미에서 동일성 원리를 그 지표로 설정하고 있으나 다수결 원칙에 입각한 상향식 의회민주주의를 그 뼈대로 하고 있기 때문에 일당독재로 흐를 위험은 없으며 세계정치사상 최초로 윤리적 가치를 정치에 도입함으로써 스위스보다도 오히려 한 차원 높은 민주주의의 최고 발전 형태로 간주되고 있다.

홍익인간, 개인과 공동체의 조화추구

민주주의의 원형이자 그 최고 발전 형태로 불리는 '직접민주주의'를 마무리하면서 광복 이후 66년 동안 우리나라 정치 형태의 롤 모델로 삼아온 서구식 민주주의의 맹점(盲點)과 허점을 객관적인 시각을 가지고 다시 한 번 짚어보기로 하자.

보통 Democracy로 불리는 민주주의는 어원(語源) 자체부터 태생적인 한계를 안고 태어났다. 서구민주주의의 최초 발상지로 알려지고 있는 그리스어로는 democratia다. 대중, 즉 인민을 의미하는 demos와 권력을 의미하는 cratia가 결합하여 '인민의 권력에 의한 정치형태'를 말하는데 대중지배 또는 다수지배(majority rule)라는 뜻을 내포하고 있다.

이와 같이 데모크라시는 질적(質的)인 면보다는 양적인 다과(多寡)에 의해 권력의 향배가 결정되기 때문에 다수 획득을 위한 경쟁의 와중에서 갖가지 부작용이 파생되고 있다. 일찍이 민주주의 자체의 존립근거까지도 위협하는 정치적 혼란의 원인을 예견한 아리스토텔레스는 데모크라시를 우중정치(愚衆政治)로 명명하고 진실한 조화와 균형이 취해지는 온건한 민주정치, 즉 폴리티(polity)와 구별하고 있는 것도 바로 이런 이유 때문이다.

한마디로 말해서 국민을 권력 장악이라는 정치적 목적을 실현하기 위한 수단으로 간주하고 있는 현대 민주주의의 속성상, 오직 다수표만을 지고지선(至高至善)의 가치로 간주하기 때문에 이를 위해서는 동원할 수 있는 모든 수단과 방법이 정당화되고 있다. 선동적인 인기 전술이나 권력과 금력의 동원은 항다반사(恒茶飯事)이고 요즘 논란의 도마에 오른 망국적 포퓰리즘인 감언이설과 선심공세가 판을 치게 되는 것이다.

이렇게 해서 어렵사리 승패는 가려진다하더라도 승자와 패자 간에 한 번 패인 감정의 골은 더욱 깊어만 지고 설욕과 복수를 다짐하는 패자와 이에 대한 방어수단을 더욱 강화하는 승자 사이의 암투는 마침내 극한적인 투쟁으로까지 확대, 끝없는 악순환의 소용돌이에 빠져들게 되는 것이다.

서구 민주주의의 이와 같은 폐단을 시정하고 극복하기 위한 대안으로 제시된 국민주권직접민주주의는 국민을 국가 구성의 기반으로서뿐 만 아니라 목적 또는 본질로서 파악하고 있는 우리 민족 고유의 민본적(民本的) 토양의 산물인 홍익인간 이념을 그 모태(母胎)로 하여 탄생한 이른바 한국적 민주주의의 전형아라고 할 수 있다.

홍익인간은 왕성하고 가득 찬 것에서 덜어다가 허약한 것을 채워주고 다시 허약했다가 충실해진 쪽에서 충실했다가 허약해진 쪽을 채워주는 손상익하(損上盆下,(역경 易經의 손익괘 損盆卦))의 순환원리를 원용한 평등사상을 그 바탕에 깔고 있는 순수한 우리의 사상이다. 다시 말해서 개인과 전체(공동체), 사익과 공익(公盆)의 조화를 추구하는 홍익인간은 국민의 4대 기본의무를 완수하고 남는 여력을 사회에 환원하고 사회기여도에 따라서 지도자(국민의 대표)의 자질을 평가하는 적선가치평가제도(積善價値評價制度)가 그 핵심을 이루고 있다.

국민주권직접민주주의는 일찍이 원로 정치학자 진덕규(陳德奎, 전 이화여대 교수)가 '한국에서 민주주의의 실질적이고도 제도적인 변용(變容)을 고려할 때 첫째로 한국 민주주의의 이념적인 가치를 전통적인 한국 사회에서 연원되는 것과 일치시켜야하는 일종의 민주주의의 이념적인 한국화가 필요하다'(민주주의 항목, 한국 민족문화대백과, 1989)고 갈파한 바로 그 한국적 민주주의의 실습장이라고도 할 수 있다.

11장
단군신앙과 숭모崇慕사이

천지(天池) 분할선과 국경 표지판 중국과 북한이 백두산과 천지를 분할하면서 천지 서쪽 대지(臺地) 위에 국경 경계비를 세우고 마름쇠울타리 끝에 빨간 페인트글씨로 이곳을 넘지 말라는 금지월계(禁止越界) 표시를 해놓았다. (좌상)

48. 광복과 환국(還國)

듣기만 하여도 가슴 설레는 만주에서의 광복은 생지옥 같은 액하 감옥 철문이 열리면서 그 막이 올랐다.

1945년 8월 6일 하로시마에 원자폭탄이 투하되고 이틀 후인 8월 8일에 소련이 대일 선전(宣戰)을 포고하고 소·만(滿) 국경을 넘어 물밀듯이 진격해왔다. 그리고 8·15 광복 3일 전인 1945년 8월 12일 오후 2시 목단강 변 액하 감옥의 그 육중한 철문이 푸른 하늘을 향해 활짝 열린 것이다.

참성단(塹星壇)에 타오르는 성화(聖火)

이른바 임오교변(壬午敎變)의 주동자로 몰려 무기징역을 선고받고 책문(柵門) 철창 속에서 세사(世事)를 체념한 채 면벽(面壁), 좌선(坐禪)에 들어 있던 대종교 교주 윤세복(尹世復)은 꿈 아닌 현실에 자신의 이목을 의심하면서 출소 즉시 발해 고도 동경성으로 돌아왔다.

동경성은 그가 4년 전에 지핀 천진전(天眞殿) 건립운동의 불씨가 아직 남아 있는 대종교의 성지였다. 이곳에 총본사 간판을 다시 달고 본격적인 교무를 집행하기 시작한 것은 8월 14일부터다.

8월 26일에는 대종(大倧)학원 주관으로 한글 강수회(講修會)를 열어 한글과 역사 한문 시사(時事) 등 과목을 전담 교수하고 해방 기념 개천절 경하 예식까지 성대하게 거행하는 등 적어도 겉보기에는 나름대로 정상을 되찾아 가는 듯하였다.

그러나 해방군을 자처하는 붉은 군대는 약탈과 강간 등 행패를 자행하여 주민을 공포에 떨게 했고, 팔로군(八路軍: 빠로, 현 중국 인민 해방군의 전신)이 진주한 후에는 중앙군(장개석(蔣介石) 국민정부군)과의 교전이 날로 치열하여 안도감을 가질 수가 없었다.

총본사 건물은 현지 치안을 담당하는 지방 자치군에 의해 징발 강점되고 강습회 회원과 학원생들 심지어는 간부 직원들에게까지 적화(赤化) 선전과 공산당 입당을 강요 당했다.

이에 불응하자 '대종교는 공산정책에 비협조적 단체이며 교주 이하 중진들은 반동분자이니 처단하여야 한다'고 공갈과 협박을 되풀이하였다.

마치 여우 굴을 피해 호랑이 굴로 잘못 들어선 것처럼 일제의 박해 못지않게 자심하기 이를 데 없는 새로운 난관에 직면하게 되었다.

이처럼 날로 더해가는 공산당의 박해로 만주에서의 포교는 사실상 불가능하다는 판단을 내리고 이듬 해(1946) 1월 17일 강천봉(姜天奉) 등 4인의 수행원만 대동한 채 동경성을 출발, 꼭 보름 만에 서울에 도착하였다. 실로 조국을 떠난 지 36년 만에 몽매에도 잊지 못하던 조국의 품으로 돌아온 것이다.

애국단체 연합회 주관 해방 1주년 축하행사의 일환으로 환국 이후 처음 봉행한 봉화(烽火)제전에서는 베를린 올림픽(1932)의 영웅 손기정(孫基禎, 1912~2002) 선수가 꿈에 그리던 태극마크를 가슴에 달고 당당히 성화를 봉송하는 감격적인 순간도 연출하였다.

이날의 성화는 8월 14일 오후 6시 대종교의 윤세복(尹世復) 종사가 서울 시내 저동(苧洞) 총본사 천진전에서 채화하여 성화 봉송단 대표인 손기정에게 건네준 것을 임시정부 주석 백범(白凡) 김구(金九)에게 전하여 남산 산정에 마련된 봉화대에 점화되었다.

그해, 개천절 행사 때는 10월 3일 정오에 강화 마니산 참성단에서 성화제를 올렸는데, 그날 상오 6시 역시 총본사 천진전에서 채화한 봉화를 보스톤 마라톤(1946)의 영웅 함기용(咸基鎔, 1930년생) 선수가 전송하고 민세(民世) 안재홍(安在鴻) 민정장관이 이를 넘겨받아 봉화대에 점화하였다.

미군정 하에서 한국인으로는 최고위직에 있었던 안재홍은 대형(大兄)이라는 품계 칭호까지 받은 대종교의 중진이기도 했다.

그 후, 해마다 전국 각지에서 열린 전국 체전 개막식 때 강화 마니산에서 채화한 성화를 점화하는 전통은 이때부터 비롯된 것이다.

단군전 봉안운동의 불길 지피고

대종교가 환국 후에 처음으로 일으킨 운동이 단군전 봉안운동이었다.

후에 대한민국 정부 초대 부통령을 지낸 성재(省齋) 이시영(李始榮)과 임시정부 시절 독립신문 사장을 지낸 희산(希山) 김승학(金承學, 1881~1965)이 주동이 되어 전국 각지에 단군전 건립 운동 붐을 일으킨 것이다.

이때 건립 확인된 단군전만도 50여 개에 이른다. 서울과 계룡산을 비롯하여 곡성(谷城), 해남(海南), 고창(高敞), 이리(裡里 현 익산), 김제(金堤), 시흥(始興), 밀양(密陽), 연산(連山), 부여(扶餘), 증평(曾坪), 대전(大田), 유성(儒城), 청원(淸原), 서산(瑞山), 진잠(鎭岑), 중원(中原), 강화(江華), 대구(大邱), 왜관(倭館), 진주(晉州), 거창(居昌), 완도(莞島), 연기(燕岐), 제주(濟州), 순창(淳昌), 부산(釜山), 충무(忠武), 욕지도(欲知島), 소사(素沙 부천 富川), 안양(安養), 청양(靑陽), 익산(益山) 등지에서 봉안운동의 결실을 보게 되었다.

이상은 1983년 대종교 총본사가 발행행한 <대종교 요강>에 단군전 현황이라고 해서 이시영 등이 일으킨 봉안운동을 계기로 전국에 걸쳐 파악한 단군전 소재지 지명이다. 이 지명중에 이리와 익산이 함께 나오는데 이는 이리 단군전의 중복이 아닌가 싶다.

이 이리(현재의 익산시 동산동) 단군전은 이시영이 만주에서부터 봉안하고 있던 단군영정을 넘겨받아 세운 가장 유서 깊은 단군전 가운데 하나다.

단군 영정(익산)

또한 이리 단군전(단군성묘(聖廟))은 애초에 단군교 교인 김현승(金顯承)이 1951년에 설립하여 그 후 모성계(慕聖契)가 운영하다가 다시 지방민이 맡아 자치적으로 관리 운영해 오던 것이다. 대종교의 중진(도형 道兄 칭호로 불리던)이던 이시영이 하필이면 초창기에 대종교와 대립 분파하여 친일의 길을 걸었던 단군교계 단군전에 영정을 넘겨주었느냐하는 의문이 드는데, 한 때 일제의 비호를 받던 단군교가 광복과 함께 자연도태(淘汰)되면서 산하 지부 대부분이 대종교로 흡수되었기 때문이 아닌가 여겨진다.

시기적으로 보면 일제 초기(1913)에 건립된 충남 논산 두마면의 작산(作山) 단군전(대종교인 이진탁(李進鐸) 설립)과 충남 서산군(운산면)의 모촌(茅村) 단군전(대종교인 이민걸(李敏杰) 설립)이 가장 오래 되었다. 역시 대종교인 신태윤(申泰允, 호는 백당(白堂))이 설립한 전남 곡성(읍내리) 단군전이 그 다음을 잇고 있다. (1916 이강오(李康五)의 단군사묘

중에서, 『민족문화대백과사전』) 그런데 최근 곡성군 관광코스에 소개된 단군전의 설립 연대를 보면 1931년으로 무려 15년의 차이가 나는데 그 이유를 알 길이 없다.

다만 곡성의 인물로 소개된 신태윤은 일찍이 서울에서 한성사범학교를 나온 교육가 출신으로 처음에 동악산 기슭 삼인동 밭이랑에 단칸 모옥(茅屋 때 집)을 짓고 일본 경찰의 눈을 피해 봄(3.15 어천절) 가을(10.3 개천절)로 밤에 제사를 지낸 것

단군 영정(곡성)

이 시초가 되어 경북 성주(星州) 가야산 산정, 전남 담양군 남면, 고서면 등에 단군단을 설단하여 민족정신을 일깨우고 동지 지사(志士)를 모으는 지하 독립운동의 중심으로 자리 잡게 되었다.

1930년 단군교의 정훈모(鄭熏模)에 의해 설립된 경기도 시흥(녹동) 단군전에 대해서는 앞에서 단군교를 소개할 때 상술하였으므로 여기서는 생략한다.

광복 이후 최초의 단군전은 1946년 대종교의 3세 교주 단애(檀崖) 윤세복의 고향이기도 한 밀양(영남루 경내)에 세워진 천진전이다. 단군 진영(眞影) 봉안 기성회에서 창립하여 그 뒤 지방유림과 유지들이 맡아 관리 운영하고 있다.

밀양 천진궁 단군영정

연산(連山) 개태사의 창운각(創運閣)

그 1년 뒤인 1947년 충남 논산 연산면
(천호리) 개태사(開泰寺) 경내에 세워진
창운각(創運閣)은 비승비속(非僧非俗)
의 한 여인(김광영(金光榮))의 영력(靈
力)이랄까 예지력(豫知力)이 빛을 발하
는 일종의 이적(異蹟) 같은 것이었다.

우선 개태사라는 절부터 소개를 하면
936년 고려 태조 왕건(王建)이 역사상
가장 완벽한 민족통일이었던 후삼국 통
일을 완성한 기념으로 후백제와의 마지
막 결전장이었던 황산벌에 세운 절이다.

후삼국을 통일한 것이 하늘의 도움이
라하여 황산(黃山)을 천호산(天護山)으
로 이름을 바꾸고 그 해 12월 4 년여의

단군 영정(개태사)

대역사 끝에 완공을 본 절(태평성대를 연다는 뜻으로 개태사라는 이름을
명명) 낙성법회를 성대하게 베풀었다.

이때 부처님께 왕건이 친히 지어 올렸다는 친제(親製) 원문(願文 발원
문)을 보면 참혹한 전쟁의 실상과 차마 눈뜨고 볼 수 없는 백성의 고통이
손에 잡힐 듯 생생하게 그려져 있다.

'사람이 태어나서 백 가지 근심과 많은 재앙을 맞이하지만 겹치는 재난
은 이길 수가 없다.'로 시작되는 발원문은 계속해서 '현토군(이때의 현토
군은 어느 지역을 말하는지 알 길이 없다)이 전란에 휩싸여있고 진한(辰
韓)군은 재난을 당하여 안정을 되찾지 못하니 백성은 의탁하여 편히 살
길이 없고 집집마다 온전히 보전된 담이 없나이다.'고 전화(戰禍)가 휩쓸

고 지나간 폐허더미 위에서 유리방황하는 백성의 참상을 전하고 '하늘에
고하고 맹세하오니 침입자의 무리를 토벌 평정하여 도탄에 빠져 있는 백
성을 건져내 고향에서 마음 놓고 농사지으며 길쌈할 수 있게 하겠나이다.'
라고 애끓는 다짐을 하고 있다.

한낱 말치레가 아닌 태조 왕건의 진심에서 우러난 인자한 천품이 그대
로 드러나는 대목이다.

그런데 위 발원문 중의 현토군은 고려 건국 1천여 년 전에 설치된 것으
로 알려진 한 4군 중의 하나로 고구려가 발흥한 땅인데 왕건이 당시에
살아 있는 지명처럼 기록한 것은 무슨 뜻일까. 이에 대해 백제사 연구가인
한종섭(韓宗燮, 1943년생 백제문화연구소장)은 이때의 현토군은 조선을
뜻하는 낙랑군과 같이 고유명사가 아니고 고구려 등을 가리키는 보통명
사일 것이라고 하였다.

송서(宋書, 488 심약(沈約) 찬)에 보면 역대 중국왕조에서는 고구려의
장수왕이나 문자명왕, 신라의 진흥왕을 비롯한 7명의 왕에게 모두 낙랑공
이라는 봉작을 주고 있는데 이는 낙랑을 그들의 동방 영역을 뜻하는 개념
으로 사용한 것으로 보인다는 것이다.

한편 전 충남대 교수 성주탁(成周鐸, 1929년생)은 고구려를 계승한 고
려가 건국 초부터 표방한 북진정책의 일환으로 회복해야할 고구려의 구
토를 현토군으로 표현하였을 것이라는 견해를 내놓았다.

이렇게 창건된 개태사는 그 후 태조 왕건의 영전(影殿 영정을 봉안하
는 전각)을 설치하고 그의 옷과 요대(腰帶)를 보관하여 국가에 중대한
일이 있을 때마다 길흉을 점치는 성소(聖所)로 지정되어 고대의 소도(蘇
塗)와 같은 역할을 맡고 있었다.

그러나 배불숭유(排佛崇儒)를 국시로 하는 조선개국 이후 점차 퇴락
해가던 개태사는 그나마 임진왜란 때 완전히 소실되어 폐허로 변하고 말

았다.

이것을 평범한 주부였던 김광영(金光榮, 1883 계미(癸未)생)이 다시 일으켜 세운 것이다.

해인도(海印圖)를 찾아라

물론 개태사 본전 자리는 아니나 원래 땅속에 묻혀 있던 지금의 삼존(三尊)법당(용화대보전(龍華 大寶殿))에 봉안되어 있는 삼존불을 김광영이 현몽(現夢)의 지시로 발굴하게 되었다는 전설 같은 이야기가 법당 앞마당 그의 기적비(紀績碑)에 그대로 새겨져 있다.

1979년(음력 7월24일)에 세워진 이 비(김대성화(金大成華) 공덕비)의 비문은 다른 사람 아닌 우리나라 불교학박사(일본 大正大) 1호인 이종익(李鍾益: 당시 동국대교수)이 찬한 것으로 되어 있다.

거기에다 난데없이 우리나라 천태종(天台宗)의 종조(宗祖)로 일컬어지는 신라 의상(義湘)대사의 해인도(海印圖: 비문에는 인보(印寶) 또는 공서(珙璈라고 표현)가 등장하면서 마치 추리소설의 한 장면을 연상케 하는 팽팽한 긴장감마자 불러일으키고 있다. 비문에서도 비장(秘藏)이라는 용어까지 구사하면서 인보(도장)의 소재를 암중모색 하듯 기술하고 있는데 실재 내용인즉슨 후에 김광영의 사위가 되는 대처승이었던 포산(泡山) 윤만선(尹萬善)이 해방 직후 비구(比丘) 대처 분쟁 때 해인사에서 가지고 나온 것이라고 한다.(개태사에서는 공공연한 비밀로 통하는 이야기이다.)

그런데 비문에서는 해인사가 아닌 전주(全州) 김병소(金炳紹)가(家) 비장으로 입수 시기까지 1933년으로 올려 잡고 그 이듬해 본전 증명(證明) 단상에 봉안하였다가 다시 1938년에 삼존법당 준공 후에는 인보(공서)를 법당 천장에 숨겨두고 신도들과 함께 '조국통일 세계평화기도'를 올렸다는 것이다.

이때 한 신도의 밀고로 왜경에게 적발되어 구속 문초 끝에 재판정에
선 김광영은 그 자리서 독립만세를 부르고 을유년(乙酉年, 1945) 칠석(七
夕) 날(음력 7. 7. 양력으로 8.15.)이면 왜왕이 항복하고 조선이 해방될
터인데 재판은 무슨 놈의 재판이냐고 재판관에게 도리어 호통을 쳤다는
것이다.

1938년이면 태평양 전쟁도 일어나기 5년 전이니까 일제의 기세가 자못
등등할 때다. 김광영의 황당한 발언(?)에 법관도 그를 정신병자로 간주하
고 석방하였는데 이 당시의 변호사가 해방 후 미군정 하에서 대법원장을
지낸 김용무(金用茂, 1891~?, 6·25 때 납북)다.

광복이 된 뒤에 김광영이 피검 당시 압수당했던 인보(공서) 등 증거물
을 담당 변호사 김용무에게 의뢰하여 회수하게 되었다는 드라마틱한 스
토리다.

안중식(安中植) 본 단군영정

이런 인연으로 감동을 받은 김용무는 한 때 개태사 신도회장까지 맡는
등 기연(奇緣)으로 김광영과의 해방 전후사(前後史)를 이어갔다고 한다.

그럼에도 불구하고 문제의 인보(공서)의 정체는 아직도 베일에 가려진
체 본래의 모습을 드러내지 않고 있다.

지난 2005년에 개태사를 인수하여 태조 왕건이 창건한 그 모습 그대로
의 복원공사를 추진하고 있는 주지 스님 양산(陽山, 1947년생, 조계종
사회부장 역임)은 원래 해인도를 소장하고 있던 해인사로부터 역추적 끝
에 해방 후 혼란기에 없어진 것을 확인하고 그것은 일 개 사찰이나 종단
차원의 문제가 아니고 범국가적인 문화유산임을 상기시키면서 모든 노력
을 총동원하여서라도 반드시 회수하여 제자리에 돌려 놓아야한다고 다짐

하고 있다.

문제의 인보(印寶)를 직접 본 사람이 있다.

13대째 천호리에 산다는 김광영의 손자뻘(12촌)되는 유재준(兪在濬 1923년생)이 바로 그 사람이다. 그가 군대생활을 했다는 일제말기(또는 해방 후) 1년에 두 번 있는 행사(제사) 때 불려가 허드렛일이나 심부름을 도맡아서 하였다고 한다.

이때 본 인보는 크기가 장정 양 손바닥 맞댄 크기였으며 꼭지가 달려 있었는데 서기를 뿜고 있었다고 한다. 유재준의 증언이 맞는다면 인보의 유출은 해방 전(1943~4년)이라는 계산이 나오는데 당시 (일제 때) 군인들 에게 그럴만한 자유가 있었겠느냐는 의문이 남는다.

1970년대 문화재관리국(현 문화재청)에 근무하다가 퇴직 후 한 때 개태 사 총무로 일한 적이 있는 최창규(崔昌圭, 1934년생)는 계룡시(계룡출장 소)가 발행하는 <계룡소사(鷄龍小史)>라는 소책자에 개태사 창건과 태 조 왕건의 발원문을 번역 소개하고 창운각과 단군 영정에 얽힌 일화를 옛날이야기 하듯 차분하게 풀어서 들려주었다.

광복 후, 하루는 김광영이 절 직책(종무소임)을 불러 쌀 한가마 값을 쥐어주면서 이 길로 서울 종로 어느 어느 거리에 가서 그 곳에 좌판을 벌여놓고 있는 사람에게 단군 영정을 구하러 왔다고 하면 줄 것이니 쌀 한가마 값을 쳐주고 받아오라는 것이었다. 그녀가 시키는 대로 서울 가서 쌀 한가마 값을 주고 사온 것이 한말 일제 초기 화단을 대표하는 화가 심전(心田) 안중식(安中植, 1861~1919)이 그린 유일본 단군영정이다.

1911년 이왕가의 후원으로 설립된 서화(書畵) 미술원에서 그가 직접 지도한 후진들(김은호(金殷鎬),박승무(朴勝武), 최우석(崔禹錫), 노수 현(盧壽鉉), 이상범(李象範))이 훗날 모두 한국 근대전통화를 이끄는 대 표적인 화가로 성장하여 한국의 정통 화맥(畵脈)을 잇게 된다.

이 단군 영정을 봉안하고자 창운각을 지은 것은 그 다 다음 해(1947) 가을이었다. 전국적으로도 단군전을 함께 모신 사찰로는 개태사가 유일하다.

어천절과 개천절에 단군께 제(祭)를 올리고 창운각 앞 국기게양대에서는 항상 태극기가 바람에 나부끼는 광경을 볼 수 있는 곳이 또한 개태사다.

1989년 가을 어느 날 이 영정이 갑자기 흔적도 없이 사라졌다. 도난을 당한 것이다. 누군가 두루마리 채로 들고 가버린 것이다.

경찰에 수사의뢰를 하고 백방으로 찾았으나 몇 년 동안(4년 여) 나타나지 않던 영정이 그 무렵 창간된(1991. 11. 1) 한 석간신문(문화일보)의 신년(1992 년) 표지 사진으로 대문짝만하게 보도가 된 것이다.

알고 보니 문화일보 초대 회장을 지낸 낸 원로 언론인 이규행(李揆行, 1935년생)이 서울시내 군자동 고서화점에 들렀다가 우연히 눈에 띤 단군 영정을 구입한 것인데 이것을 자기 신문 신년호 표지사진으로 사용한 것이다.

이 영정을 돌려받을 당시 발굴자인 이규행은 영정을 모사한 흉상을 하나 남기게 하여 달라고 요구하여 황동(黃銅) 조각상이 문화일보 정문 좌측 벽 위에 걸려 있었는데, 2년 전 한 시국강연회에 참석하러 들렀다가 눈여겨보니 조각상은 이미 사라지고 없었다. 경비원에게 조각상의 행방을 물어보았으나 그런 것이 언제 있었느냐는 표정으로 모른다고 딱 잡아뗐다.

49. 단군숭모운동의 중심

개태사 단군전(창운각) 이후 21년만인 1968년에 발족하는 현정회(顯正
會: 초대회장 일석(一石) 이희승(李熙昇) 1896~1989) 역시 그 태동기는
불교에 뿌리를 두고 있다.

단군을 자기조상 모시듯 하라

한국불교 18개 교단 가운데 하나인 천화(天華)불교(교주 이숙봉 李淑
峰)를 모태로 하여 탄생한 현정회는 그러나 종교의 울을 넘어 거족적인
국조숭모운동으로 승화시키는 데 성공했다. 그리하여 명실상부(名實相
符)한 단군숭모운동의 중심이 되었다.

개태사가 한 여인의 영력에 의지하여 마치 이적을 행하듯이 국조 숭모
를 포교와 함께 관운장의 충의(忠義)까지 곁들이려고 한 데 비하여, 불교
의 토착과정에서 만난 국조 신앙을 경전 안에서 수용하고 있는 천화불교
는 신앙 상으로 이를 체계화하고 있는 점이 서로 다르다.

마치 남색(藍色)으로부터 청색이 나오듯이[청출어람(靑出於藍)] 현정
회의 국조신앙은 불교에 그 뿌리를 두고 있으나 불교에 국집(局執)하지
않고 글자 그대로 한 단계 업그레이드된 환골탈태(換骨奪胎)의 새로운

경지를 개척한 것이다. 국민이 저마다 자기 조상을 받들듯이 그 연장선상에서 국조를 모시는 지극히 자연스러운 숭모(崇慕) 정신의 발로 말이다.

천화불교 교전(敎典)인 『한국불교 유가밀교(瑜伽密敎)』(1968, 이종익(李鍾益), 이희수(李喜秀) 편찬)에 따르면 『삼국유사』의 첫 구절 '고기운(古記云) 석유환인(昔有桓因: 주운 제석야(註云 帝釋也))에서 하나님은 환인 곧 제석(帝釋)이라는 전제하에서 우리 고유의 경천(敬天)사상을 제석천(帝釋天)에 배합(配合)시킴으로써 민속신앙으로 토착화시키고 있다.

옛 부터 산마루턱이나 동구 밖 마을 어귀의 고목 밑에 돌을 쌓아 만든 단을 선황당(仙皇堂: 중국식 성황당(城隍堂)이 아님)이라고 하여 오고 가는 사람들이 그 신단에 예(禮)를 올리고 제물을 바치기도 하였는데, 이는 국조인 단군왕검이 세사를 마치고 아사달에 들어가 산신이 되었다는 『삼국유사』의 기록과 그 전설에 의한 것이다.

후에 불교가 들어와 절 한 곁에 따로 사당을 짓고 국조를 모시도록 하였는데 이것이 독성(獨聖)님 독성각(獨聖閣)이 된 것이다.

개태사에서 창운각을 짓고 단군을 모신 것도 이와 똑같은 발상인데 태고 적부터 전해 내려오는 뿌리 깊은 국조신앙의 반영이라고 볼 수 있다.

절과는 관계없이 산마루 같은데 홀로 서있는 산신당(山神堂)에는 보통 호랑이를 거느린 백발노인의 그림이 그려져 있는데 이 산신이 곧 단군이다.

이 이론을 보다 밀도(密度) 있게 정리한 것이 이희수(李喜秀)의 「토착화(土着化) 과정(過程)에서 본 한국불교」(1971)다. 이희수가 그의 은사이기도 한 이병도(李丙燾)와 불교학자 이종익(李鍾益)의 감수(監修)와 지도를 받아 지은 이 책에서 우리 고유의 역사적 풍토 위에서 토착화된 불교의 신앙 형태를 추구하면서 우리 민족이 신앙하는 하늘의 개념과 국조신앙과의 연관관계에 대해서도 독특한 이론화를 시도하고 있다.

끝내 백기 든 강단사학의 총수

앞 장의 마지막 대목을 읽다보면 얼른 이해가 가지 않는 부분이 있을 것이다. 사학계에서는 벌서 오래 전부터 식민사학의 상징으로 낙인이 찍힌 그래서 단군을 부인하는 이병도(李丙燾)가 어떻게 단군 숭모단체인 현정회에 참여할 수 있느냐는 것이다. 맞는 말이다.

아무리 이희수의 대학 은사라고 하나 그것은 두 사람 간의 인간관계이고 한 단체의 정체성에 관계되는 민감한 문제이기 때문이다. 원하든 원치 않든 그것은 현정회에 하나의 족쇄로 작용할 수밖에 없었다. 제례행사 때 이병도가 제관이 되어 참례할 때는 객석 여기저기서 볼멘 불만의 소리가 터져 나왔다.

그러나 이에 대해 이병도는 태연하게 "내가 학문으로 역사를 연구하는 것과 단군을 민족의 시조로 경배 드리는 것은 전혀 별개의 문제"라고 강변(强辯)했다. 그럼에도 불구하고 재야사학계의 공격과 매도는 조금도 수그러들지 않았다.

시달리다 못한 이병도는 작고하기 2년 전 병석에 누워서 「단군은 신화 아닌 우리의 국조」라는 논문을 써서 그해(1986) 10월 9일자 조선일보에 기고하여 그의 사관을 180도 전향하는 결단을 내렸다.

이 작업을 착상하고 주도한 이는 일본 유학시절부터 이병도와 막역한 교분을 쌓아온 법학자로 말년에는 역사연구에 전념하고 있던 최태영(崔泰永, 1900년생)이다. 이때 이병도는 이미 집필능력을 상실했기 때문에 그의 제자 이희수(당시 현정회 상무이사)가 구술에 따라 원고를 받아쓰고 필자가 교정 정리를 맡아 마무리를 했던 기억이 지금도 새롭다.

이리하여 장년에 걸친 현안 하나가 해결이 되었다.

이때 이병도는 그의 글 대부분을 제자 이희수의 글(사서상(史書上)에서 본 국조 단군)에서 인용하고 있는데 이른바 강단사학의 총수가 어느 날 갑자기 백기를 든 형국이어서 대내외적인 충격도 그만큼 컸다.

그 중에도 과거 소위 황국(皇國)사관의 산실이었던 도쿄대 역사학 교실이 가장 빠르고 민감하게 반응했다. 신문이 나가던 그 날 이른 아침에 조선일보로 직접 전화를 걸어 문제의 논문 복사를 의뢰하더라는 것이다. 서울에서 신문을 보자마자 연락을 받고 바로 전화를 한 것이다. 일사불란하게 작동되고 있는 그들의 인텔리젠트 시스템은 조금도 녹슬지 않았음을 행동으로 입증해 보인 셈이다.

산파역 맡은 세 자매의 인간만세

이희수는 그의 첫 편저작(編著作, 공저)이기도 했던 『유가밀교』의 연장선상에서 『삼국유사』에 등장하는 환인천제(桓因天帝)와 제석천(帝釋天)의 관계를 이렇게 설명하고 있다.

먼저 그 원문을 보면 '옛적에 환인이 있었는데[석유 환인 주운 제석야(昔有 桓因, 註云帝釋也)] 서자 환웅이 천하에 뜻을 두고[수의 천하(數意天下)] 인간세계에 내려가기를 간청하므로 아버지가 아들의 뜻을 알아서[부지자의(父知子意)] 인간계의 삼위태백(三危太白)을 내려다보고 그곳에서 가(可)히 인간을 홍익할 수 있다고 하여 천부인(天符印) 3개를 주어 내려 보냈다'고 하였는데 부여의 11월(음력 정월) 제천행사인 영고(迎鼓)를 비롯하여 10월의 고구려 제천행사인 동맹(東盟), 예(濊)의 무천(舞天, 10월), 한(韓: 마한(馬韓) 등 삼한)의 제천행사(10월)를 주관하는 제사장 천군(天君) 등에서 말하고 있는 천(天), 즉 하나님이 바로 이 환인천제를 가리킨다는 것이다.

일연이 『삼국유사』 주석에서 환인(桓因)이 제석(帝釋)이라고 말한 것은 상대(上代)로부터 우리 겨레가 신봉하는 환인천제가 불교에서 말하는 제석천(帝釋天), 즉 제석환인(帝釋桓因)과 같다는 것이다. 제석천(帝釋

天)의 어원을 거슬러 올라가 보면 석가제파인다라(釋迦提婆因陀羅, Sakra deraindara)를 약(略)한 석제환인(釋帝桓因), 또는 제석(帝釋)이 되는 것이다.

한편 불교에 있어서 제석천의 위상은 욕계 육천(欲界六天) 가운데 맨 아래 있는 하늘로서 우리 인간계와 가장 가까운 하늘을 말한다. 불교에서는 이 하늘이 바로 우리 겨레가 경천·제천 사상을 통해서 믿는 하나님이라 하여 제석천 신앙과 동격으로 배합시켰던 것이다. 단군을 국조로 받들고 있는 우리 민족을 일러 천손족(天孫族)이라고 하는 이유가 여기에 있다.

독성각(獨聖閣)의 유래

앞에서도 잠시 언급했듯이 옛적에 산마루턱이나 동리 어귀에 돌을 쌓아 만든 신단을 선황당(仙皇堂)이라고 하는데 천신과 국조를 함께 제사 지내던 곳이다.

그런데 불교가 들어온 후에 명산에 절(수도장)을 지으면서 고신도(古神道)에서 받들던 신단을 무시할 수 없어 절 한 쪽에 따로 사당을 짓고 국조를 모시도록 하였는데 이것이 독성각이다.

이곳에 모신 독성(獨聖)님이란 말은 독각불(獨覺佛), 곧 무불세(無佛世: 부처가 나기 전)에 나서 자기 홀로 12 인연법을 깨닫고 부처가 된 분을 가리키는데 불교 발상지인 인도나 중국 각지에서도 독성님을 따로 신앙 대상으로 모시는 예는 없다.

그런데 우리나라에서 유독 독성님을 모시게 된 것은 당초에 국조 단군 선황(仙皇)을 위하여 오던 사당을 뒤에 독성각이라 명명(命名)하고 단군을 부처가 나오기 전에 태어나서 불도를 깨달은 독성불로 승화시켰기 때문이다.

이처럼 탄탄한 이론적 배경을 가지고 국조신앙을 체계화할 수 있었던 데는 현정회의 산파역을 맡았던 이정봉(李貞峰, 천안 광명사), 이숙봉(李淑峰, 천화불교), 이희수(李喜秀, 현정회) 등 세 자매의 역할 분담이 크게 주효(奏效)한 것 같다. 즉 맏이인 이정봉과 지차인 이숙봉은 안살림과 교단(천화불교)의 상징적인 존재(교주)로, 서울대 국사학과 출신의 막내 이희수(당시 대학강사)는 이론 정립과 대외적인 창구 구실을 맡는 불퇴전(不退轉)의 골든 트리오였다. 그 연장선상에 현정회가 있다.

현정회가 탄생하던 60년대 후반(1968)은 단군숭모운동의 분수령이 되는 해다. 단기로 4300년이 되는 그 전 해(1967) 대종교 주도로 삼청공원에서 기공 테이프를 끊었던 (단군)민족관 건립공사가 기독교 측의 강력한 반대로 무산되자 새로운 돌파구를 모색하는 과정에서 현정회가 바로 그 대타(代打)로서 지명을 받게 된 것이다.

그것은 현정회가 단군을 신앙의 대상으로서가 아니라 민족의 시조로서 받들고 그 가르침(홍익인간 정신)을 계승 발전시키는 순수한 민족 주체성 회복 운동의 선두 주자로서 스스로 다시 태어났기 때문일 것이다.

무엇보다도 법정 국경일을 통하여 단군을 국조로 모시고 거족적으로 기리기 위해서는 신앙의 대상으로서의 단군으로서는 다종교사회의 구심 역할을 기대할 수 없다는 판단 아래 정부가 먼저 그런 부담이 없는 현정회의 협조를 구하기에 이른 것이다. 이는 종교를 초월해서 일제와 맞서 싸우던 통일전선 시대의 연장선상에서 민주 개방화시대를 여는 서막이라고 봐야 할 것 같다.

그 이후 정부주관 행사에 있어서의 민간 대표 자격 부여라든가 정부 표준 단군영정 지정 그리고 표준영정의 공공 출판물 게재 등 일련의 단군 프리미엄을 현정회가 선점하게 되는 배경이자 이유라고 할 수 있을 것이다.

구름처럼 몰려든 각계 인사들

당시 대종교의 영향력은 단지 단군전 봉안 운동에 그치지 아니하였다. 각계를 대표하는 기라성 같은 인물들이 구름처럼 몰려들었다. 지금 들어도 생소하지 않은 낯익은 인기인을 비롯해서 사학자 과학자 실업인 체육인 언론인 중에서도 자타가 공인하는 의식 있는 인사가 많았다.

1936년 베를린 올림픽에서 마라톤을 제패한 민족의 영웅 손기정(孫基禎)을 비롯하여 보스턴 마라톤의 영웅 함기용(咸基鎔), '하늘에는 안창남(安昌男, 1901~1930 한국 최초의 비행사) 땅에는 엄복동(嚴福童, 1892~1950 사이클 선수)'으로 통하던 경기인들이 있었고, 영화인으로는 간도 용정(龍井) 명동(明東) 중학 동창인 나운규(羅運奎, 1902~1937, 영화 아리랑 제작 주연 감독)와 윤봉춘(尹逢春, 1902~1975), 그리고 <춘향전>을 감독한 홍성기(洪性麒, 1928~2001), 시조작가 노산(鷺山) 이은상(李殷相 1903~1982), 국악인 성원경(成元慶), 바둑의 명인 조남철(趙南哲, 1923~2006) 등이 포진하고 있었다.

학자 겸 정치인으로는 양명(陽明)학자 위당(爲堂) 정인보(鄭寅普)를 비롯하여 미군정의 민정장관을 지낸 민세(民世) 안재홍(安在鴻), 철학자 한뫼 안호상(安浩相), 경로(卿輅) 이상은(李相殷, 1905~1976), 강천봉(姜天奉 본명 성모 聖模 1916년생). 한글학자 이극로(李克魯 월북), 국어학자 일석(一石) 이희승(李熙昇), 사학자 이선근(李瑄根, 1905~1983 문교부장관), 산운(汕耘) 장도빈(張道斌, 1888~1963), 김용국(金龍國), <한국의학사>의 김두종(金斗鍾, 1896~1988), 고고학자 손보기(孫寶基, 1922~2010 연세대), 국제법학자 이한기(李漢基, 1917~1995 국무총리 서리) 등 당대의 1인자들이 총망라되다시피 하였다. 교육가로는 단국대학을 창립한 장형(張炯, 1889~1964)을 비롯하여 홍익대학 창립자인 송암(松巖) 이홍수(李興秀, 1896~1973), 국학대학(현 우석대학의 전신) 초대학장 정열모(鄭烈

模, 1905~1976 국어학자), 수당(水堂) 맹주천(孟柱天, 1897~1973 서울고교 교장) 등을 꼽을 수 있으며 제헌의원 서상일(徐相日, 1887~1962) 동아일보의 정치단평 <단상단하(壇上壇下)>를 집필하던 언론인 백광하(白光河, 1921~1986)도 종사(倧史, 대종교 역사) 편찬에 참여하고 있었다.

안중근(安重根)과 함께 이토(伊藤博文) 포살을 모의했던 우덕순(禹德淳, 1888~?), 실업인 조정구(趙鼎九, 삼부토건 회장), 이동준(李東俊, 인천제철 사장), 그리고 군 출신으로는 청산리 대첩의 영웅 철기(鐵驥) 이범석(李範奭 국무총리)을 비롯하여 국방경비대의 창설 대장인 송호성(宋虎聲, 월북), 강영훈(姜英勳), 박영준(朴英俊, 5.16 주체, 독립운동가) 등이 모두 대종교인 들이다.

이들 가운데 이동준은 앞서 기술한 소년독립투사 이원대(李源臺)의 아들로 원로원의장 이동보(李東保)의 형이며 김영진(金永珍)은 강영훈(姜英勳)의 장인으로 박찬익 박영준 부자와 함께 일가가 모두 대종교 가족이다.

50. 무궁화는 다시 핀다

한국 정신문화연구원 시절(1980년대 중반) 지리산 등반 후 하산 길에 남원 실상사(實相寺)를 답사한 일이 있었다.

숯대의 영토 남원 실상사(實相寺)

고려 말 이성계(李成桂)가 왜구를 크게 무찌른 저 유명한 남원군 운봉면(화수리) 황산(荒山) 대첩비지(사적 제104호)를 지나 여느 마을의 동구 밖 풍경처럼 장승(석 장승)이 도열하고 선 길(일주문 들어가는)에서 건너다보이는 실상사는 절하면 으레 산을 연상하기 마련인 일반적인 통념과는 달리 넉넉한 초가을 들녘을 가로질러 마치 사막 한 가운데 오아시스처럼 푸른 숲 속에 파묻혀 있었다.

산행 경험이 많아 언제나 안내역을 자원하는 한 동료(미술가 최병찬(崔秉讚))의 설명에 따르면 실상사 자리는 원래 절이 들어서기 전 소도(蘇塗)가 있었던 자리라고 귀띔해 주었다. 그때만 해도 소도에 대한 예비지식이 별반 없었던 터라 그저 그런가 보다 하고 지나쳤는데, 이 말 한마디에 응축되어있는 의미가 우리 고대사의 원류와 맞닿아 있음을 뒤늦게 알고 그 무엇과도 바꿀 수 없는 역사의 가치를 다시금 실감하게 되었다.

『삼국지』 위지(魏志) 한(韓)전에 따르면 '귀신을 믿음으로 국읍(國邑)
에서는 각기 한 사람씩을 뽑아 천신(天神)에 대한 제사를 주관하게 하였
는데 이를 천군(天君)이라 부른다. 또 이들 여러 나라에 각각 하나씩 있는
별읍(別邑)을 소도라고 하는데 그 한 복판에 큰 나무를 세우고 거기에
방울과 북을 매달아 놓고 귀신을 섬긴다. 도망자가 그 곳에 들어가면 돌려
보내지 않는다.'고 하여 긴급 피난(緊急避難) 또는 성역(聖域, sanctuary)
구실을 하였음을 알 수 있다.

절 입구를 외호하고 있는 석 장승부터 민속적인 색채가 유달리 농후하
다는 느낌을 받긴 했는데 일본 지도 모양의 종문(鍾紋)을 표적 삼아 타종
을 계속하여 일본의 멸망을 기원한다는 주지스님의 설명을 들으면서 풍
수지리적인 측면에서 접근하는 또 다른 호국불교의 현장을 경험하기도
하였다.

828년(신라 흥덕왕 3년)에 홍척(洪陟, 호는 홍직(洪直) 생몰 미상)이
구산선문(九山禪門)의 하나로 실상산문(實相山門)을 열면서 절을 창건
할 당시에도 이곳에 절을 세우지 않으면 우리나라의 정기가 일본으로 건
너간다는 풍수지리설을 따른 것이라고 하는데 지리산 최고봉인 천황봉과
일직 선상에 있는 약사전의 철제여래좌상(보물 41호) 또한 우리나라 정
기를 일본으로 보내지 않겠다는 호국적 염원이 서려 있는 불상이라는 것
이다.

이처럼 일본과의 사이에 한(恨)맺힌 사연이 특히 많은 것은 어쩌면
1597년(선조 30 년) 정유재란(丁酉再亂) 때 1만여 명의 희생자를 낸 남
원성 전투로 뱃속까지 사무친 원한을 해원(解寃)하려는 반사작용인지도
모른다.

그러면서 주지스님은 독성각 이야기도 들려주었다. 배불숭유(排佛崇
儒)를 하던 조선시대는 말할 것도 없고 반상(班常,양반과 상인 (常人))

관념이 유난히 강했던 이 지역 풍토에서 그나마 절이 유지되는 것은 독성 각 덕분이라는 말도 했다. 신도의 대부분을 차지하는 부녀자가 절을 찾는 이유는 바로 독성각 때문이라는 것이다.

부처님뿐 아니라 국조 단군을 향한 신앙이 이처럼 생활 속 깊숙이 스며 들어 있었다는 이야기다.

고려시대 무궁화 꽃무늬 창살

그러고 보면 실상사라는 절은 절의 옷을 입었을 뿐이지 실제로는 우리 고유문화의 유산을 고스란히 간직하고 있는 보고(寶庫)처럼 신비롭고 또 다른 한 편으로는 신기하기까지 한 살아 있는 역사의 현장이다.

국보 보물만도 열 손가락을 헤아리는 문화재가 미니 노천 박물관을 방 불케 하는 실상사에서는 축에도 끼지 못하는 목각 무궁화 꽃무늬가 유난 히 나의 눈길을 사로잡은 것은 고금을 관통하는 불멸의 상징성(象徵性) 때문이다. 네 짝 자리 대웅전 앞 문 문살마다 아침 햇살을 머금고 갓 피어 난 꽃송이들이 자로 잰 듯 촘촘하게 새겨져 있었다.

정확한 전거(典據)를 알 길은 없었으나 주지스님 설명에 따르면 이는 고려 때부터 전해 내려오는 작자미상의 작품이라는 것이다.

무궁화에 대한 가장 오래된 기록으로는 서기전 3세기의 지리서(중국) 로 알려진 산해경(山海經, 동진(東晉) 곽박(郭璞))을 꼽는다. '군자의 나 라에 훈화초가 있는데 아침에 피었다가 저녁에 진다(군자지국(君子之 國) 유훈화초(有薰華草) 조생모사(朝生暮死))가 그것이다. 이때의 군자 국은 우리나라를 가리키는 것이며 훈화초는 무궁화의 옛 이름이다. 이로 미루어 아주 먼 옛날부터 무궁화가 우리나라에 있었다는 것을 알 수 있다.

국내에서 가장 오래된 기록으로는 신라 성덕왕(36년) 때 최치원(崔致 遠)이 왕명을 받들어 작성한 당나라에 보내는 국서 가운데 '근화항(槿花

鄕: 무궁화의 나라 신라를 일컬음)은 겸양하고 정중하지만 고시국(楛矢國: 숙신(肅愼))은 강폭(强暴)함이 날로 더해간다.'는 구절을 들어 말한다.

구당서 신라 전에서도 서기 737년(신라 혜공왕 때) 신라가 보낸 국서에 '그 나라를 일컬어 근화향, 곧 무궁화의 나라라고 하였다.'고 기록하고 있다.

조선 세종 때의 문신 서화가인 인재(人齋) 강희안(姜希顔, 1417~1464)은 그의 원예서인『양화소록(養花小錄)』(1474)에서 우리나라에는 단군이 개국할 때 목근화(木槿花)가 비로소 나왔기 때문에 중국에서 우리나라를 일컬을 때 반드시 무궁화의 나라(근역 槿域)라고 말하였다는 것이다.

포성(砲聲) 속에 날아든 목근통신(木槿通信)

'고려시대에는 무궁화가 전 국민으로부터 열광적인 사랑을 받았으며 문학상 의학(醫學)상으로도 진중한 대우를 받았다'고 농학자 류달영(柳達永, 1911~2004)은『왜기(倭記)』(작자 불명)라는 책을 인용하여 아주 소상하게 밝히고 있다. 그리고 이어서 일본의 벚꽃, 영국의 장미와 같이 국화(國花)로 되어 있다가 조선조 들어와 왕실화(王室花)가 배꽃(이화 梨花)으로 정해지는 바람에 무궁화는 점차 세력을 잃고 조선 민족으로부터 소원해졌다고 전하고 있다.

그러나 추적할 수 없는 전거의 불확실성뿐만 아니라『왜기』의 기록은 현대적인 감각을 강조한 나머지 고려시대에 이미 무궁화가 국화로 지정되어 국민으로부터 열광적인 사랑을 받았다고 다소 과장된 듯한 표현을 하는가 하면 맞바로 일본이나 영국의 국화와 비교하는 등 시대적인 비약도 좀 있는 것 같다.

『왜기』는 계속해서 '20세기의 신문명이 조선에 들어옴에 따라 뜻있는 사람들은 민족사상의 고취와 국민정신의 통일 진작(振作)의 일환으로 여름과 가을에 걸쳐 3~4개월 동안 피는 무궁화의 고결한 정신과 위인적인 자용(姿容)을 찬미하고 있다. 한일 합병 전후해서 개화바람이 불어 닥치자 서양인의 출입이 잦아지면서 윤치호(尹致昊) 등이 양악대의 창설과 함께 애국가를 창작할 때 그 후렴에 '무궁화 삼천리 화려강산'이라는 구절을 반복하면서 이후로 무궁화는 명실상부한 국화가 되었다'고도 했다.

비록 내 어머니가 레프라일지라도

많은 독립운동가 중에서도 명 연설가였던 도산(島山) 안창호(安昌浩)의 연설문에 단골로 등장하던 '무궁화동산'을 한서(翰西) 남궁억(南宮檍 1863~1939)은 그의 고향(강원도 홍천)거리에 실제로 조성하여 무궁화 항일의 불심지를 뜨겁게 달구었다.

수필가 소운(巢雲) 김소운(金素雲, 1907~1981)은 6 ·25전쟁의 포성이 울리던 피난수도 부산에서 일본인에게 보내는 공개장 형식으로 쓰여 진 장편 수필「목근통신(木槿通信, 1951)」을 신문(대한일보)에 발표하였는데, 후에 노벨상 수상 작가가 되는 가와바다(川端康成)가 이를『중앙공론 中央公論』에 번역 소개하여 일본사회에 공전(空前)의 큰 반향을 불러일으키기도 하였다.

13세 어린 나이에 일본에 들어가 34년간 그곳에서 생활하다가 해방되던 그해 귀국한 그는 아이러니하게도 한국 아닌 일본 가마구라(鎌倉) 하세(長谷)에 있던 그의 집 뜰에서 자라던 무궁화 한 그루에 얽힌 애상(哀傷)을 녹여 목근(木槿) 통신이라는 이름을 붙였다고 한다.

이 통신에서 그는 참혹한 전쟁의 상흔을 어루만지며 '그러나 우리는 또 하나의 섭리(攝理)를 믿는 자입니다. 사나운 바람 매운 서리[상(霜)]를 견디고 땅속에 잠겼던 한 톨의 보리알이 움을 틉니다. 이것이 바로 민족의 지열(地熱)입니다'라고 스스로를 채찍질하면서 저 유명한 "내 어머니는 레프라(문둥이) 일지도 모릅니다. 그러나 나는 우리 어머니를 '크레오파트라'와 바꾸지 않겠다."며 조국에의 뜨거운 애정을 선지 빛 피보다도 더 진하게 토해내고 있다.

일제 암흑기 단군은 소나기처럼 쏟아지던 한줄기 빛이었다. 그것은 신화다 실존이다 하는 문제 이전의 가장 원초적인 인간의 귀소(歸巢) 본능과도 같은 것 이었다. 단지, 단군의 단(檀)자만 들어도 가슴이 설레고 주체할 수 없이 눈물 흘리며 부르고 부르다가 끝내 목이 메던 그런 이름이었다.

김소운(金素雲)의 「목근(木槿)통신」이 그랬다. 전쟁이라는 극한상황 속에서 피어난 한 떨기 무궁화 꽃향기를 바람결에 실어 보내듯 그 표제어(標題語)의 상큼한 매력에 모두들 흠뻑 취하고 열광했던 것이다.

51. 애끓는 사부곡(思婦曲)

아직은 광복의 뜨거운 함성이 귓전에 메아리치던 1946년 초여름(6월) 어느 날, 강천봉(姜天奉, 본명 강성모(姜聖模) 1916년생)은 히죽히죽 장난기 어린 악동(惡童)의 웃음을 흘리더니 갑자기 돌변하여 이번에는 엉엉 소리 내어 통곡을 터뜨렸다. 도무지 종을 잡을 수가 없었다.

실성(失性)한 당대 최고의 지성

교단의 큰 어른 단애(檀崖) 윤세복(尹世復)이 두 손을 잡고 아무리 달래고 위로를 해도 들은 체도 아니 하더니 느닷없이 '내 식구 내어 놓으라'고 교주에게 종 주먹을 대면서 횡설수설하는 것이었다.

불과 5개월 전 가족들에게는 두 달 후에 꼭 데리러 오겠다는 말을 남긴 채 교주를 모시고 험지(險地: 만주)를 탈출하다시피 환국한 대종교 당대 최고의 지성 강천봉이 정신을 놓아버린 것이다. 평소 그는 근엄하리만큼 과묵한 영락없는 선비였다. 그런 그가 이렇게 완전히 딴 사람으로 돌변한 데에는 애끓는 가족사의 비극이 점철되어 있었다.

그는 독학으로 수재가 아니면 들어가기 어렵다는 베이징대학에 입학하여 철학과를 나온 철학도였다. 대학을 나온 후에는 곧바로 만주국의 국립

사범대학 정 교수로 채용되어 강의를 하면서 다른 한편으로는 대종교에
서도 주로 교육 사업을 선도하는 1인 2역, 3역의 무거운 짐을 진 채 그저
묵묵히 종사(宗事)에 전념하고 있었다.

처 자녀와 함께 학교가 제공하는 관사에서 비교적 안정된 생활을 누리
던 그는 광복을 맞이하여 별다른 준비도 없이 오로지 위기에 빠진 대종교
를 구출하고자 하는 일념으로 가족을 만리타국에 남겨 둔 채 교주를 모시
고 귀국길에 오른 것이다.

급변하는 정세를 미처 제대로 파악하지 못한 그는 곧 다시 돌아와 온
식구가 함께 손잡고 귀국한다는 기약 없는 다짐을 뒤로 한 체 떠나온 길이
었다.

두 달 후에 데리러 온다는 말만 믿고 손꼽아 기다리던 가족들은 약속
날짜가 지나고도 다시 두 달을 더 기다렸으나 오지 않자, 짐 되지 않는
귀금속만 몇 점 몸에 지닌 채 아들 딸 남매의 손을 잡고 무작정 길을 나섰
다. 그리하여 열차까지는 용케 올라타는 데 성공을 했다.

그런데 바로 그 열차 간에서 비극이 기다리고 있을 줄은 미처 몰랐다.
당시 만주와 북한에 진주한 소련군은 대부분 복역 중이던 죄수들로 구성
되어 있어서 살인, 강간, 강도 등 닥치는 대로 만행을 자행하여 주민에게
는 공포의 대상이었다. 그들이 열차 간에 올라타 검문을 구실로 이들 세
모 자녀에게 다가가 여인의 몸수색을 하다가 귀금속을 발견하고는 빼앗
으려 했으나 빼앗기지 않으려고 버둥대자 단 번에 다발총을 난사하여 세
식구를 모두 그 자리서 참살했다. 이 사실을 마침 같은 열차에 타고 있던
한 대종교인이 직접 목격하고 돌아와 교주 윤세복이 보는 앞에서 강천봉
에게 본 그대로를 말해주었는데 이때의 충격으로 강천봉은 이성을 잃고
만 것이다.

동가식 서가숙(東家食西家宿)

그 길로 그가 모시던 교주 곁을 뛰쳐나온 그는 길고도 험난한 망각의 여로(旅路)에 접어들었다. 발길 닿는 대로 팔도강산을 누비며 하늘을 지붕 삼아 동가식 서가숙(東家食西家宿) 하는 방랑의 세월이었다. 그때 그의 나이 갓 서른이었다. 이 방장한 나이에 만리타국에 두고 온 처자식에 대한 사무치는 정을 주체 할 길 없어 그는 한 서린 사부곡(思婦曲)을 부르고 또 부르다 끝내는 목이 메어 지치면 잠이 들곤 하였다.

그래도 신통한 것은 그는 명산대찰만 골라 다니면서 한을 달래고 추스를 줄 알았다. 진안(鎭安) 마이산에서 시작하여 합천 가야산, 충주 월명산, 부여 부소산까지 1년여에 걸쳐 두루 떠돌아다니다가 마지막으로 고단한 발길을 멈춘 곳이 공주 계룡산이다.

이곳에서 그를 알아보는 대종교인을 만났다. 이동보(李東保)의 일가뻘되는 이욱호(李彧鎬)는 계룡산에 천진전을 짓고 선도 사업을 하던 중이었는데, 유랑 걸식하던 초라한 행색의 강천봉을 만나보고 깜짝 놀라 우선 숙식을 제공하고 따듯하게 보살폈다. 그리고 눈만 뜨면 천진전에서 <삼일신고>를 독송하도록 하여 자그마치 3만 독을 시켰더니 거짓말인 듯 잃었던 정신이 되돌아 왔다는 것이다.

이욱호는 강천봉이 한문에 조예가 깊은 것을 알고 있었기 때문에 그에게 침술 관계 서적을 공부토록 하였는데 얼마 안가 침 시술을 하게 되었고 용하다는 입소문을 타고 근동에서 몰려온 환자들로 한 때 문전성시를 이루었다고 한다. 그리하여 그를 보살펴준 이욱호의 신세도 갚고 얼마간의 돈도 손에 쥘 수 있게 되었다는 것이다.

그가 사상 최초로 대종교의 역사를 총 정리한 <대종교 중광60년사> 편찬후기(編撰後記)에 보면 앞에서 본바와 같은 망각의 유랑행각에 대해서는 언급이 없으나 '을사(乙巳, 1965)년 봄부터 무신(戊申, 1968)년 가을까지 4년 동안 이번에는 속죄(贖罪) 여행을 했다.’는 대목이 있어 그의 유랑벽(流浪癖)은 타고 난 것이 아닌가 할 정도였다. 그는 속죄의 길을 찾기 위해서 가권(家眷)을 불고(不顧)하고 빈주먹으로 앞에서 편답(遍踏)한 바 있는 여러 산을 다시 돌면서 회개(悔改)의 삼매(三昧: 한 가지에만 마음을 집중시키는 일심불란의 경지) 과정을 다 치렀다고 적고 있다.

이 사실을 재확인하기 위해서 만난 아들 강현식(姜顯植, 62 재혼한 둘째 부인에게서 낳은 아들)은 그때 일을 이렇게 기억하고 있었다. “가족들에게 아무 연락도 없이 어느 날 갑자기 집을 나간 아버지가 솔직히 원망스러웠어요.” 그리고 4년을 기다리다 지쳐 그로부터 더 이상 아버지를 기다리지 않기로 했다고 한다. 친어머니는 6·25 때 죽고 이때 새어머니와 이복동생 등 세 식구가 아버지 없는 가정을 꾸려나가느라고 말로 이루 다 형언할 수 없는 고통을 겪었다고 말했다.

그리고 아버지가 만주에 두고 온 형과 누나의 이름까지도 또렷하게 대었다. 아마도 그의 아버지로부터 들은 것 같다. 현(顯)자 항렬에 봄 춘(春), 아들자(子)라고 일러주었다. 그러나 그들의 참변 소식에 대해서는 들은 바가 없다는 것으로 보아 아마도 아들에게는 사건(피살)의 전말에 대해 말해주지 않은 것으로 보인다.

이수학적(理數學的) 철리(哲理) 정립

우여곡절 끝에 다시 대종교로 돌아온 강천봉은 그 후 대종교의 이수학적(理數學的) 철리(哲理)를 발전시키고 더욱 굳건히 바로 세우는 데 크게 기여하게 된다.

여기서 말하는 이수학적 철리란 다름 아닌 대종교 교리의 근간을 이루는 3·1 철학을 말한다.

하나로부터 셋이 됨이어
참과 가달(망령됨)이 나누이도다.
셋이 모여 하나가 되니
헤맴과 깨침 길이 갈리네.

<삼일신고> 진리 훈(訓) 예찬송(頌) 첫머리에 나오는 이 구절이 삼일 철학을 한 말로 정리한 푯대(기준)가 되고 있다.

그 연원을 거슬러 올라가면 최치원(崔致遠)의 난랑비(鸞郎碑) 서문에서 이르고 있는 유·불·선(儒佛仙) 삼교를 아우르는 현묘지도(玄妙之道)로부터 비롯되고 있다.

대종교의 종지(宗旨) 또한 이 세교를 포함하고 있으니 불교의 묘법(妙法)과 유교의 역학(易學)과 도교의 현리(玄理)에 관한 오묘한 뜻이 모두 갖추어져 있는데, 대종교의 교리를 과학적으로 증명한 백포(白圃) 종사 서일(徐一)의 회삼경(會三經) 연구가 그 중심을 이루고 있다. 이 무렵 그는 대종교의 철학 연구 기관인 삼일원(三一園) 원장의 직책을 맡고 있었다.

천지 운행의 원리에 따라 연단(煉丹: 체기(體氣)를 단전에다 모으는 수련법)하며 연명 장수의 목적 달성을 역(易)의 원리에 따라 해설한 최초의 책인 참동계(參同契: 후한 때 위백양 魏伯陽)와 서일의 회삼경을 수평 비교하는 경우가 있는데 회삼경은 방술(方術)만을 주로 탐구하는 참동계와는 그 격을 달리한다고 이동보는 두 책의 차이를 곡진하게 일러주었다.

강천봉의 <회삼경> 연구의 바탕에는 타의 추종을 불허하는 그의 주역 공부가 뒷받침되어 있었다. 4년 방랑 생활 끝에 돌아온 그의 학문에 대한 갈증은 더욱 자심하게 타 올랐다. 이 갈증을 풀기 위해 퇴계(退溪)가 성리학의 원조인 송나라 주희(朱熹)의 <역학계몽 易學啓蒙>을 변석(辨釋)하여 역학 원리를 해설한 <계몽전의 啓蒙傳疑> 연구를 일심으로 소원했다.

일찍부터 8년 맏이인 강천봉의 뛰어난 재능을 잘 알고 있던 이동보는
이 절절한 동지의 간청을 기꺼이 받아들여 그의 아버지(이원대)가 쌀 130
가마를 기금으로 하여 모은 섬학계(贍學契) 계돈을 풀어서 1백 일 동안
도산서원 내 역락(亦樂) 서재에서 공부할 수 있는 특전을 제공한다.

이렇게 해서 나온 논문이 그 유명한 <계몽전의 연구>다. 1974년 7월
퇴계학보에 첫 연재를 시작한 이래 1977년 12월까지 3년여에 걸쳐 17회
를 연재하였다.

<계몽전의(啓蒙傳疑) 연구>

"글(논문)을 다 쓰고 나니 태허(太虛: 대자연의 이치, 즉 우주의 진리)
를 볼 수 있겠더라." 강천봉 자신도 드디어 해냈다는 성취감에 고무되어
마치 승려가 해탈할 때 오도송(悟道頌)을 읊듯이 이렇게 '한 말씀' 던졌
다. 보통 세간에서는 이를 두고 도통을 했다고 하는데 다른 말로 표현하면
지혜가 뚫린 것이다.

그의 학문세계를 넘나들다 뿌려진 일화도 많다.

그의 논문을 주제로 하여 학위논문을 쓴 대학원생만도 9명이나 된다고
한다. 역리학 대가로 알려진 김경탁(金敬琢: 당시 역리학회회장)이 그와
대좌하여 1시간 동안 대화를 나눈 뒤에 넙죽 엎드려 큰 절을 하였다는
이야기는 유명하다.

강천봉의 이야기에 관한 한 가장 가까이서 늘 보고 들었던 이동보가
유일한 증언자다. 언젠가는 예의 3인방(강천봉, 이동보, 김일수)이 가톨릭
추기경 김수환을 만나러 간 일이 있었는데, 시간 가는 줄도 잊고 강천봉의
언설(言說)에 취해 있던 추기경이 그만 두 손을 번쩍 들어 올리면서 '당
신은 예수의 할아버지야'라고 찬사를 보내며 경탄해 마지않더라는 것이
다.

그는 <회삼경>의 저자인 서일에 대해 '역학에 도통한 선인(仙人) 풍모를 지녔다'고 한 주간지(주간조선 1974. 5. 5)에 발표한 '나의 백포관(白圃觀)'에서 밝힌 바 있다. 이 글 첫머리에서 그는 '우선 함경도 출신이면서도 동양철학에 상당한 조예를 가졌으며 역학에도 도통하여 <회삼경> <오대종지강연(五大宗旨講演)> 등 대종교의 진리 전파에 중요한 저서를 남겼다고 술회했다. 여기서 '함경도출신이면서'라는 단서를 단 것은 아마도 당시 영호남 등 주로 남도에 집중되어있던 학문(유학) 풍토를 말하는 것 같다.

퇴계(退溪)가 『계몽전의』를 지은 것은 1557년, 그러니까 그의 나이 56세 때다. 당시로는 노년에 속하는 나이다. 이 책 권수(卷首) 소서(小序)에 보면 군데군데서 집필에 체력의 한계를 느낀다고 호소하고 있다. 서문 머리에서 그는 '계몽(啓蒙: 역학계몽)의 글은 깊고 오묘한 이치를 햇빛같이 밝히었으며 여러 선비들의 변론과 해석이 또한 정밀하고 두루 통하여 유감 됨이 없지만 이수(理數)의 학문이란 넓고 미묘하며 착잡하고 긴요하여 연구하기가 쉽지 않다'고 전제하고 '한 겹을 뚫으면 또 한 겹이 있어서 깊이 연구할수록 더욱 끝이 없다'고 이수학적 연구의 어려움을 토로하고 있다. 또한 '그 인용하여 증명한 말들이 혹 구하기 어려운 책에서 나온 것이 있으니 반드시 상고하여 논증하여야만 그 뜻과 유래를 알게 될 것'이라고 후학들에게 당부하면서 '그러므로 의심하고 논란하다 보면 새로 또 의심나고 논란이 생기고 주해한 것에 또 주해를 요하게 된다.'고 『계몽전의』라는 책명의 유래를 금방 알 수 있도록 설명한 대목도 보인다.

그래서 '은밀하고 심오한 뜻을 밝히지 않을 수 없고 인본(印本)의 그릇된 것을 바루지 않을 수 없으며 승제(乘除)의 법을 상세히 하지 않을 수 없다'고 이 책의 생명이라 할 수 있는 이수학적 논지(論旨)의 중요성을 다시 한 번 강조하고 있다.

12장
단군전의 역사

이영재  우원상  소운 김소운  최재인  만재 이동길  유동식

이형석  김석영  일손 박종호  학재 신극범  박경석  한종섭

이재룡  반재원

단군전 건립의 역사 단군신앙운동을 넘어 숭모운동의 불길을 지핀 사직공원 내 단군전. 좌측은 평양 단군릉

52. 단군 민족관

시작은 있으나 끝이 없는 사건, 그것이 '단군 민족관' 건립 프로젝트이다.

원래 이름은 그냥 민족관인데 단군의 영정[천진(天眞)]을 모시는 개천궁(開天宮)이 그 중심에 있고 그것이 곧 국조 단군을 받드는 전당이기 때문에 알기 쉽게 '단군 민족관'이라고 한 것이다. 세간에서도 또 그렇게 부르고 있다.

대종교 영정

조선신궁 자리에 단군전 세우자

광복 직후 대종교의 외곽단체로 출범한 단군 전 봉안위원회(위원장 이시영(李始榮))가 제일 먼저 눈을 돌린 곳은 일제가 남기고 간 남산의 소위 조선 신궁이다. 이를 단군의 전각으로 만들어야 한다는 소리가 국민의 큰 반향을 불러 일으켰고 넓은 공감대를 형성하게 되었다. 억눌리고 차별받던 일제에 대한 반발심리가 그 이름 하나만으로도 가슴이 벅차던 단군의 향수(鄕愁)를 자극하여 봇물을 이룬 것이다.

광복 후 단군 전 건립운동의 효시(嚆矢)를 이룬 남산 단군전은 그러나 기독교 측의 반대로 결실을 보지 못한 채 끝내 좌절되고 만다. 그때가 광복 직후(해방 당년)였으니까 우리나라가 서기 전 미군정 하(下)였다는 점도 적잖은 영향을 미쳤을 것으로 보고 있다. 아무튼 광복의 기쁨과 감격에 찬물을 끼얹은 이 사건을 계기로 우리는 일제라는 큰 벽을 넘어 또 다른 험준한 벽과 마주하게 된 셈이다. 미군정을 등에 업은 기독교 세력을 두고 하는 말이다.

1925년 일제는 조선신궁을 세우면서 소위 그들의 신화 상의 시조라고 하는 아마테라스[천조(天照) 대신]와 근대들어 명치(明治) 유신을 이루어낸 메이지[明治]왕을 주신으로 받들면서 단군도 합사(合祀)해야 한다는 논의가 있었다고 한다. 채택되지는 않았지만 이른바 내선(內鮮: 일본을 내지(內地)라 하여 조선과 두 나라를 가리킴) 일체의 상징으로서 뿐만 아니라 동조동근(同祖同根)의 뿌리로 단군을 활용하려 했던 것이다.

조선신궁은 지금의 남산식물원 자리에 있었다. 그 위 산 정상 잠두봉(蠶頭峰, 262m)에는 천제를 지내던 목멱신사(木覓神祠: 일명 국사당(國師堂))가 있었는데 일제는 저희 신사 위에 있다고 못마땅하게 여겨 이를 옮겼다. 그것이 지금의 인왕산 국사당이다.

국사당이란 남산의 또 다른 이름 목멱산의 대왕인 호국의 신을 모신 신당으로 국가의 공식행사인 기우제(祈雨祭) 또는 기청제(祈晴祭)를 지내던 곳이다. 그리고 봄가을로는 일월성신(日月星辰)께 초제(醮祭)도 올렸다고 『조선왕조실록』은 전하고 있다. 다시 말해서 국사당은 우리나라에 예로부터 전해 내려오는 토속신앙을 받들던 곳으로, 유교를 국시(國是)로 하는 조선 시대에는 음사(淫祠)라고 하여 비판적인 시각을 가지고 격을 낮추어 보았다.

목멱 신사에는 고려 공민왕을 비롯하여 조선조 창건에 공이 많은 승(僧) 무학(無學) 고려 승 나옹(懶翁), 서역 승 지공(指空) 등을 배향하고 있었는데 이는 무속(巫俗)에서 섬기는 신과 일치하고 있다. 즉 무속 신앙의 형태를 갖추고 있는 목멱 신사는 한 마디로 나라에서 행하는 굿을 주관하고 베풀던 사당이다.

남산 단군전 건립이 무산되자 조선신궁 부속 건물(현재의 안중근 의사 기념관 자리)에는 작곡가 현제명(玄濟明)의 경성 음악전문학교(서울대 음대의 남상(濫觴) 사물의 처음)가 들어섰고, 비상사태(공습 등)에 대비하여 신궁의 위패를 피난시키기 위해 일제가 파놓은 방공호에는 대종교인 박효달(朴孝達, 계성여고 교사 출신)이 지하 단군전을 만들어 단군상을 모시었다. 이것이 그 유명한 남산 '단군굴'이다. 지금은 폐쇄되었지만 순환도로를 따라 현 남산 도서관에서 김소월(金素月) 시비 위쪽에 그 입구가 있었다. 옹색하나마 남산 단군전의 연장인 셈이다.

이것은 단군전 건립을 반대하는 기독교 측의 자료를 수집하는 과정에서 발견한 것인데, 1966년(1월) 당시 박정희 정부가 국고 1억 원을 들여 남산에 단군상을 건립하려 했으나 역시 기독교계의 강력한 반발로 이 계획은 백지화되었다고 한다.(단군 전 건립 반대위원회 보고서 중에서)

단기 4300년 기념 사업회

단군 민족관 건립은 대종교로서는 발해 고도 동경성에서의 천진전 건립 시도 이래 세 번째가 되지만 광복 후로는 두 번째다. 그러나 결국은 이것이 마지막 시도가 될 줄 누가 알았겠는가!

이번에는 안호상(安浩相, 초대 문교부장관)이 앞장을 섰다. 처음 발기를 한 것은 1963년 11월, 임시 사무소를 안호상 자신이 창설, 운영하는 배달문화연구원에 두고 3년만인 1966년 '단기 4300년(1967)기념 사업회'(회장 김팔봉(金八峯), 1903~1985 소설가)를 발족시키게 된다.

삼청공원 내에 1만여 평의 대지를 확보하고 민간 차원에서 추진된 민족관 건립 사업은 그 후(1967년 11월) 기념 사업회 산하에 이사회와 별도로 지도위원회를 구성하여 한국의 간디로 일컬어지는 전 민의원 의장 삼연(三然) 곽상훈(郭尙勳, 1898~1980)을 회장으로 영입하면서 더욱 탄력을 받게 된다.

특히 주목할 것은 이때부터 민족관 건립계획안(제4차)을 대통령에게 직접 보고(브리핑)하고 제7차안을 확정, 채택하기에 이르렀다. 민간이 앞장서는 모양새는 갖추었으나 실질적으로는 정부가 주도하는 일종의 국책 사업 같은 것이었다. 그것도 대통령이 배후에서 직접 진두지휘하는 역점 사업 같은 것이었다.

우선 국민의 폭넓은 호응을 이끌어내기 위해 이 사업을 주도하고 있는 대종교의 안호상을 재건국민운동본부 중앙회 회장으로 임명하고 이사진에는 회장에 곽상훈을 비롯하여 박정희의 대구사범 은사이자 단군정신 선양회를 이끌던 박관수(朴寬洙 1907~1980), 소설가 월탄(月灘)박종화(朴鍾和, 1901~1981, 5·16민족상 제1회 수상), 서북청년단의 청원(靑園) 선우기성(鮮于基聖, 1909년생), 사업가 출신 정치인 김성곤(金成坤)의 부인이자 쌍룡그룹 김석원(金錫源)의 어머니인 김미희(金美熙, 1920년생) 등 오리지널 단군 맨들을 전면 배치하였다. 그리고 이들을 이끄는 핵심 역할을 안호상과 5·16 주체의 일원이며 독립운동가(박찬익(朴贊翊)) 2세인 박영준(朴英俊, 대종교 중진), 퇴계(退溪) 직 후손으로 역시 독립운동가(이원대(李源坮))의 2세인 이동준(李東俊, 인천제철 사장) 등에게 맡겼다.

또 한사람 눈길을 끄는 인물은 조효원(趙孝源, 1918년생)인데, 그때만 해도 흔치않던 미국박사(국제정치학)로 재기 발랄한 신진교수(연세대)에서 막 관계로 진출하여 이 때 국무총리실 기획조정실장(장관급)을 맡고 있었다. 그를 이곳에 배치한 것은 아마도 정부의 행정적인 지원과 협조를 얻기 위한 포석이었던 것 같다.

여기서 꼭 하나 짚고 넘어갈 일이 있다. 이사진 중에서 특히 김미희라는 여인에게 주목하는 이유 말이다. 단군 민족관 건립이 역시 기독교의 반대로 무위로 돌아간 다음에 현정회(顯正會)가 이 뜻을 계승하여 서울시 주도로 사직공원에다 단군 전을 건립하려다가 또다시 좌절을 겪게 된다.(1985) 그러나 현정회는 이에 굴하지 아니하고 회원들의 십시일반 성금으로 단군 전 건립을 추진하게 되는데, 쌍용그룹 회장 김석원이 못 이룬 그의 어머니 뜻을 잇기 위해 건립자금(3억원)을 쾌척하여 비록 조촐하나마 반듯한 오늘의 단군성전을 갖게 된 것이다. 현정회 발족 당시부터 겉으로 드러내지 않고 늘 음으로 도움의 손길을 놓지 않았던 김미희가 죽어서도 단군전 건립이라는 민족적 대 역사(役事)를 성사시키는 데 연결고리 역할을 훌륭히 해낸 것이다.

각계 망라한 '지도위원회'

지원기구의 성격을 띤 지도위원회는 마치 국가 원로들의 모임체라고 하는 국정자문회의를 그대로 옮겨다 놓은 듯했다. 정계는 물론 종교계 교육계 언론계 재계 등의 전 현직 수장들이 총망라되다시피 하였다.

먼저 종교계를 보면 최초의 한국인 가톨릭 주교인 노기남(盧基南, 1901~1984)을 비롯하여 기독교 목사 강원룡(姜元龍, 1917~2006, 크리스찬 아카데미), 불교정화를 이끌었던 조계종 초대 총무원장 청담(青潭, 본명 이순호(李淳浩), 1902~1972), 천도교 교령 최덕신(崔德新, 1914~1989) 등으로 당시의 대표적인 종교 교단 수장과 원로들이 모두 자리를 함께하고 있다.

이때 교육계의 대표로 분류되는 미션계의 연세대학교 총장 용재(庸齋) 백낙준(白樂濬, 1895~1985)과 이화여대 총장 우월(又月) 김활란(金活蘭, 1899~1978)은 세상이 다 아는 1세대 기독교인들이다. 그리고 초대 상공부장관에 중앙대학 총장이었던 승당(承堂) 임영신(任永信, 1899~1977) 또한 기독교도로 알려져 있다.

그 중에도 백낙준은 광복 직후 미군정 하에서 '홍익인간'을 우리나라에서 최초로 교육이념으로 채택케 하였으며 서구문화에 대해서도 비판적인 시각을 가지고 있었다함은 앞에서도 누누이 언급한 바 있다.

정계에서는 민주당 총재 박순천(朴順天, 1898~1983)을 비롯하여 초대 국무총리 이범석(李範奭, 1900~1972), 초대 법무부장관 애산(愛山) 이인(李仁, 1896~1979), 제 3공화국의 초대 총리 각천(覺泉) 최두선(崔斗善, 1894~1974), 33인의 1인인 연당(研堂) 이갑성(李甲成, 1889~1981), 신민당 총재 현민(玄民) 유진오(兪鎭午, 1906~1987), 국회의장 한솔 이효상(李孝祥, 1906~1989), 국무총리 정일권(丁一權, 1917~1994), 정치인 박찬현(朴讚鉉, 1917~1991), 법조인으로는 대법원장 조진만(趙鎭滿, 1903~1979)까지 3부의 요인들이 모두 망라되어 있다.

언론계에서도 동아일보 회장 고재욱(高在旭, 1903~1976)을 비롯하여 조선일보의 방우영(方又榮, 1928년생), 한국일보의 장기영(張基榮, 1916~1977), 서울신문의 장태화(張太和, 민간인으로 유일한 5·16주체), 대한일보의 김연준(金連俊, 1914~2008 한양대학 교주), 신아일보의 장기봉(張基鳳, 1927~2008) 등 당시 발행인 협회의 올 멤버가 동원되고 있다.

재계에서는 경제인 연합회의 수장인 홍재선(洪在善, 1906~1980)을 비롯하여 삼성 창업자 호암(湖巖) 이병철(李秉喆, 1910~1987)과 두산 그룹 창시자 박두병(朴斗秉, 1910~1974) 등 당시의 대표적인 두 기업이 참여하고 있다.

　제일 마지막으로 이름을 올리고 있는 한글학자 외솔 최현배(崔鉉培,1894~1970)는 언어주권 회복이 곧 광복의 길이라고 민족 항일기 대종교에서 독립운동을 이끌었던 스승 주시경(周時經)의 가르침을 좇아 한글 연구에 평생을 바친 독실한 대종교인이다.

　민족관 건립 계획안을 브리핑 받을 때마다 대통령 박정희는 "현충사보다는 더 훌륭하게 지어야한다."며 사업회 임원들을 격려했다고 한다.

　민족문화 창달책의 일환으로 집권 초부터 문화재 복원에 온갖 노력을 기울여온 박정희는 국조 단군을 모시는 사당은 그 후손인 다른 어떤 위인 열사의 것 보다 더 크고 멋이 있어야 한다고 입버릇처럼 말하면서 앞으로 신임 대통령의 취임식은 천진궁에서 거행해야 한다고까지 말한 것으로 알려져 있다.

　3개년 계획으로 1970 년 개천절을 기해 준공하려던 사당, 즉 민족관의 건립비는 모두 합해서 8억 7천만 원으로 책정되어 있다. 참고로 그 모금 내역을 살펴보면 재일(1억 5천만원), 재미(5천만원) 교포를 비롯하여 국민(2억원), 경제인(1억7천만원) 모금 등에 극장모금(5천만원)에 2억5천만 원의 국고보조금으로 구성되어 있다. 요즘 가치로 치면 고급 아파트 한 채 값에도 못 미치는 돈인데, 그만해도 거금 42년 전 호랑이 담배 먹던 시절 이야기다.

53. 향화(香火)는 꺼지지 않는다

우연의 일치인지는 모르지만 단군 민족관의 부지를 삼청공원으로 잡은 데는 역사적인 명분이 참으로 절묘하게 맞아 떨어진다. 우선 도심 근린에 이런 빼어난 경관이 보존되어 있다는 것이 신기할 정도이다. 세종 때 학자 용재(慵齋) 성현(成俔, 1439~1504)이 그의 저서 『용재총화(慵齋叢話)』에서 '도성 안에서 제일 경치 좋은 곳'으로 꼽은 바 있는 이 계곡의 경관도 경관이려니와 조선개국 이후 이곳에 자리 잡고 있었다는 소격서(昭格署)의 기능이 1차적으로 일월성신, 즉 하늘에 제사를 지내는 기능을 가지고 있었다는 것이다.

초제(醮祭) 통해 하늘에 제사

공원의 이름으로 되어 있는 삼청(三淸)이란 옥청(玉淸)·상청(上淸)·태청(太淸)을 지칭하는 인간이 추구할 수 있는 도교의 가장 높은 경지의 이상향을 말한다. 원래 소격서에는 삼청전을 두어 성수(星宿: 모든 성좌의 별들)에 관한 초제(醮祭: 성수에 지내는 제사)를 받들었는데 그 삼청전이 있던 자리라 하여 삼청이라는 지명이 유래한 것이다.

사대(事大)의 명분이 뚜렷했던 조선시대, 제후국이었던 조선에서는 천제를 지낼 수 없도록 되어 있었다. 천자국인 중국에서 독점하고 있는 천제권(天祭權)을 침범할 수 없었기 때문이다.

지금 베이징에 있는 제천단인 넓고 장엄하기로 이름난 원구단(圜丘壇: 천지를 제사하는 단)에서 제천할 수 있는 이는 오직 천자 한 사람뿐이었다. 고관들이나 주변 제후국에서 파견된 사절[동지사(冬至使)]들은 제천 행사에 배석할 뿐 결코 직접 참사(參祀)하지 못한다.

궁여지책이었지만 조정에서는 도교의식을 관장하던 소격서를 통해서 하늘에 제사를 지낼 수 있었다. 소격전이 처음 영조된 것은 태조 5년(1396), 특히 재초(齋醮)에 관심이 컸던 태종은 일찍이 고려 말년(공양왕 2년)에 부대언(副代言: 조선조의 부승지에 해당)으로 마리 산 천제의식(초제를 말함)에 참여한 경험을 가지고 있었다. 이때 그는 참성단 아래 재궁[천재궁(天齋宮)]에 기거하면서 '참성단'이라는 제목의 시 두 편까지 남기고 있다.

> 잠룡(潛龍: 임금이 되기 전의 호칭)이 옛날의 재궁을 찾았더니
> 한밤의 별자리는 자미궁(紫微宮: 천자의 자리를 비유해서 하는 말)에 붉었구나.
> 억만년 이어질 홍범도략(洪範韜略: 임금이 지향해야 할 정치도덕의 원칙과 방법)이
> 이에서 비롯됨이니 보라 희왕(義王: 전설상의 임금)이 동쪽하늘에 솟구쳐 오른다.

새 왕조 창건의 야망을 초제와 연결시키면서 천문(天文)의 계시를 스스로에게 환기시켜주고 있다.

하늘의 이치는 헤아릴 길 없고

이어서 조선조 들어서는 제 13대 명종이 참성단에 제사를 지냈다는 기록이 『명종실록』에 처음으로 보인다. 이때 명종은 옥당(玉堂 홍문관) 관원 이이(李珥 율곡(栗谷))에게 명하여 초제(醮祭) 청사(靑詞(제문))를 짓게 하였다는 것이다. 율곡 같은 대유가 지었다는 초제 제문을 이 기회에 한번 음미해보는 것도 의의가 있을 것 같아 옮겨 보기로 하자.

하늘의 이치는 헤아릴 길이 없고
무성무취(無聲無臭: 소리도 냄새도 없는 초월적 존재) 하나니
반드시 정성을 다할 때 나타나는 법이라
밝은 신령께서 이 땅을 굽어보시나니
수레 타고 영접하여 충심을 다하리라.

두 사람의 시문(詩文)을 통해 천재궁에서 올리는 초제가 대외적으로 이름만 달리 할 뿐 실제 내용은 곧 천제라는 것을 확인할 수 있는 증거이다.

마리산 기슭 3부 능선쯤에 자리 잡고 있는 밝뫼[박산 또는 白山], 즉 박산리(현 화도면 문수리) 천재당 골의 천재궁은 고려 시대부터 임금이나 관원들이 천제를 받드는 이름 그대로 궁궐 구실을 하던 성역이었다. 산 정상에 있는 참성단에서 올려야 할 천제를 이곳에서 대신 했던 것이다.

2000년 7월초, 천재궁 터 답사 길에 안내를 맡았던 향토사학가 혈구(穴口) 이호경(李鎬京,1923년 생)에 따르면 강화지방민이 주축이 되어 1980년대 초에 만든 숭조회(崇祖會, 회장 윤철상(尹喆相)) 회원들이 해마다 음력 10월 3일이면 참성단에서 개천제를 거행했었는데, 몇 년이 지나 연로한 회원들이 늘어나자 정상 등정에 부담을 느낀 나머지 그 옛날 선인들

의 예를 좇아 천재궁터에서 지내고 있다고 한다.

원시반본(元始返本)의 교훈

이른바 재야사학의 기본 사서로 통하는『환단고기』의 수서(首書)라고 할 수 있는 행촌(杏村) 이암(李嵓, 1297~1364)의『단군세기』를 보면 무오(戊午), 즉 단군기원 51년(서기전 2283)에 임금(단군)께서 운사(雲師)인 배달신(倍達臣)에게 명하여 혈구(穴口, 강화의 고 지명)에 삼랑성을 쌓고 제천의 단을 마리산에 설단(設壇)토록 하였다고 하였다.(강수원 번역본 '환단고기'에서)

이것이 참성단에 관한 최초의 기록이다. 이암 당시의 연기(年紀)로 쳐도 3600년 전 일인데, 마치 최근의 일을 일기 적듯이 이렇게 소상하게 기록할 수 있겠느냐고 의문을 제기하는 사람도 있다. 그래서 많은 사람들은 그저 아득히 먼 옛날로부터 전해 내려오는 이야기로만 이해하고 있다.

또 다른 한 편에서는 고려가 강화로 천도하여 40여 년 간 대몽항쟁을 벌일 때 민족 단합의 구심점으로 자연스럽게 우러나온 단군 숭모열의 표출로 보기도 한다. 일연의『삼국유사』나 이승휴(李承休)의 <제왕운기> 같은 민족사서가 모두 이와 때를 같이 하여 나왔다는 사실과도 상통하는 말이다.

참성단에 관한 두 번째 기사 역시『환단고기』중의 한 책인 일십당(一十堂) 이맥(李陌, 1455~1528)의『태백일사』에 실려 있는데 그 기사의 주인공이 다른 사람 아닌 이암이라는 사실이다. 그리고 이 책의 저자 이맥은 이암의 직계 현손(玄孫: 고손)이기도 하다.

헌효왕(獻孝王: 충혜왕 忠惠王을 말함) 5년 3월 이암이 왕명을 받들어 참성단에서 제천할 때 그를 수행한 담암(澹菴) 백문보(白文寶, ?~1374)에게 이렇게 말했다고 한다.

신은 사람에게 의존하고
사람 또한 신에게 의존해야만
백성과 나라가 영원히 편안함을 얻는다.
한울(하늘)에 제사 지내는 정성은
마침내는 근본(조상)에 보답하는 것으로 돌아간다.

역사상 우리나라에서 처음으로 단군기원을 사용한 백문보에게 원시반본(元始返本, 감은보본(感恩報本))의 도리를 일깨워 준 것이다.

하늘의 기수(氣數)는 순환하여
한 번 돌면 다시 시작하여
7백 년이 한 소원(小元)이 되고
3천6백 년이 쌓이면 한 대주원(大周元)이 되나니
이것이 황제(皇帝)와 왕패(王覇)의
치난홍쇄(治難興衰)의 기회가 되는 것입니다.
우리 동방은 단군으로부터 지금까지 이미 3천6백 년이라
이에 주년(周年)의 기회가 됩니다.

훗날 백문보는 스승 이암의 깨우침에 보답이라도 하듯 사상 처음으로 단군기원에 대해 언급하면서 임금(공민왕)에게 천인(天人) 도덕의 설을 도도히 강론하고 있다. 그리고 성현의 가르침에 좇아 성학(聖學: 제왕의 도)을 밝힐 것을 엎드려 청하고 있다.

참성단과 이암(李嵒) 4대(代)

경효왕(敬孝王: 공민왕) 12년 9월 밀직사 이강(李岡, 1333~1368)이 역시 하늘에 제사를 지낸 뒤에 읊은 시 '참성단'에서

제물(祭物)을 바쳐 제사 지냄은 중흥된 오늘이요
돌을 모아 영단(靈壇)을 만든 때는
아득히 먼 태고이었어라.

이처럼 유구한 제천의 역사를 노래하고 있다.

이 대목에서 기억해 둘 것은 『단군세기』에서 최초로 참성단을 기록한 이암은 바로 이강의 아버지이며 『태백일사』의 이맥에게는 고조부가 된다. 그러니까 이강은 이맥의 증조부가 되고 조선조 들어 세종 때 좌의정을 지낸 용헌(容軒) 이원(李原, 1368~1430)은 이맥의 조부가 되는데 그 또한 '천도(遷都)'라는 시제(詩題)로 강화를 노래하고 있다. 이들 고성(固城) 이씨 4대는 대대로 강화, 그 중에도 마리산 참성단과 깊은 인연을 맺고 있음을 한 눈에 알 수 있는 대목이다.

이런 정황으로 미루어 고려 말 벼슬이 우정승에까지 이르렀던 이암이 관직에서 물러나 마지막 은거지로 택했다는 강화군 선원면(禪源面, 현 선원면 仙源面) 선행리(禪杏里, 현 선행리 仙杏里) 해운당(海運堂)에서 『단군세기』를 저술했다는 사실이 설득력을 얻는 이유이다. 그의 호인 행촌(杏村)은 바로 이 마을 이름에서 따온 것이라는 움직일 수 없는 실증도 함께 말이다. 민족 사학계에서는 『단군세기』에다 『태백진훈(太白眞訓)』, 『농상집요(農桑輯要)』 등을 더하여 행촌 삼서(杏村三書)라고 부른다.

단군의 자취 천제단 옛터에 머물고

단군유적고단류(檀君遺蹟古壇留)로 시작되는 목은(牧隱) 이색(李穡 1328~1396)의 시 '참성단'이 천재궁터를 둘러싸고 있는 병풍바위 표면 시판석(詩板石)에 새겨져 있다. 이로 미루어 이색은 단군에 대한 이해가 남달리 깊었으리라 짐작이 되는데 어쩐 일인지 그가 찬(撰)한 그의 스승 이암의 묘비문에는 말년의 저서로 알려진 『단군세기』에 대해 한마디도 언급이 없다. 『단군세기』의 실재가 의심받는 이유 중의 하나다.

『태백일사』의 저자인 이맥이 살았던 조선조에서는 우리 고대사 사서는 국법으로 금하고 있는 금서(禁書)였기 때문에 떳떳이 이름을 밝히고 책을 펴낼 수 없었을 것이다. 그러나 학문풍토가 비교적 자유분방했던 고려시대에서조차 『단군세기』가 제대로 된 대접을 받지 못한 이유를 알 길이 없다.

숙종조의 손와(損窩) 최석항(崔錫恒, 1654~1724)이 강화유수 재임 시에 참성단을 중수하고 단 바로 아래 마치 빗돌을 깎아 세운 듯 네모반듯한 자연바위를 쪼아 새긴 중수 비문에는 '마리산은 섶나무 태우며 하느님과 산천 신께 제사 지내는 명산이어니 산 서쪽 가장 높은 곳에 제단을 쌓고 참성단이라 이름한 바 이는 단군께서 제천하던 곳'이라 적고 있다.

천손(天孫)민족의 제천(祭天)권

연산군과 중종 조에 걸쳐 소격서의 혁파문제를 둘러싸고 왕실과 유신들 사이에 극심한 대립이 벌어졌는데 조광조를 선두로 하는 신진사류들의 집요한 혁파요청에 결국 중종은 뜻을 굽히고 만다.(1518 중종 13)

이때 사류들의 주장 가운데 '하늘에 대한 제사는 천자만이 할 수 있는데 일개 제후인 조선왕이 하는 것은 예에 어긋난다.'고 자비사대(自卑事大)의 논리를 아무 거리낌 없이 내세움으로써 고식적(姑息的)인 명분에 얽매어 왕도정치를 표방하는 개혁의 한계를 스스로 드러내기도 했다.

단군 사화를 보면 하느님(환인 桓因)의 아들, 즉 천자인 환웅(桓雄)이 태백산(백두산)에 내려오면서 백두산의 여신(삼국유사에 나오는 웅녀(熊女)는 한자가 의미하는 동물 곰이 아니라 '검[신(神)]'의 이두(吏讀) 식 표현으로 웅녀는 곧 여신으로 해석하는 것이 맞다)과 결혼하여 단군을 낳으셨으니 단군은 곧 천손이다. 따라서 단군의 자손임을 자랑하고 있는 우리 민족은 모두 천손이라는 논리가 성립되는 것이다. 이 같은 논리의 연장선상에서 우리 민족은 모두가 제천권을 가지고 있다고 이항녕(李恒寧 현정회 이사장)은 주장한다. 우리 민족은 해마다 영고(迎鼓) 또는 동맹(東盟) 등의 이름으로 국중 대회를 열어 제천한다는 기록이 『삼국지 三國志』같은 중국 문헌에 나타나고 있는데, 이는 통치자는 물론이요 일반 서민까지도 자유스럽게 제천할 수 있다는 것을 의미한다.

따라서 역대 제왕은 제천단인 원구단을 쌓아 제천하였고 일반 서민은 소도(蘇塗)나 서낭당을 쌓아 제천하였다. 그 뿐만이 아니다. 부녀자들은 집안 뒤뜰에 정화수 떠놓고 제천하였다. 멀리 갈 것 없이 바로 우리 어머니 할머니가 그리하였다.

그런데 조선 왕조 들어 유교가 국교로 채택되면서 천자가 아닌 우리 왕조에서 제천을 할 수 없다는 사대주의적 대의명분론에 사로 잡혀 종묘와 사직단은 세웠으나 원구단은 감히 세우지 못하고 해마다 동짓날 베이징에서 천자가 지내는 제천 행사에 동지사를 보내 곁에서 배석할 뿐이었다.

그러나 역대를 이어 내려오던 국가의 제천 행사를 하루아침에 아주 없앨 수 없어 앞 장에서 말한 그대로 삼청동에 도교의 제천단인 소격전을 두어 성신제로 천제를 대신했던 것이다. 이마저 유림의 반대로 폐지되었으나 국민의 천손의식은 사라지지 않고 서낭당이나 집안 뒤뜰에서 제천하는 풍속은 면면히 이어져 내려왔다.

외세(일본)의 배경으로 고종 때에 청조로부터 완전 독립하여 국호를 대한제국이라 하고 칭제 건원(稱帝建元, 光武) 하게 되면서 지금의 조선호텔 자리에 원구단을 모으고 제천권을 회복했으나 그것도 일제에 합병되자 폐지되고 만다. 제천과 함께하는 나라의 운명이 너무도 기구하다.

54. 박정희와 민족의식

현직 국무총리(정일권 丁一權)가 직접 참여하여 테이프를 끊은 화려한 민족관 기공식은 마치 정부의 한 공식 행사를 방불케 하는 이름 그대로 거족적이고 초종교적 초당적인 성대한 행사였다. 그러나 테이프 커팅의 박수 소리가 귓전에서 채 사라지기도 전에 돌연 공사가 중단이 되었다. 처음에는 어찌된 영문인지 공사가 중단된 정확한 이유도 모르고 추측만 무성할 뿐이었다.

기독교 결사대의 난동

맨 처음에 나돈 소문으로는 기념 사업회를 사실상 주도했던 안호상(安浩相 배달문화연구원 후의 배달학회 창설)의 전횡으로 다른 종교 지도자들이 모두 등을 돌렸기 때문이라는 등 혹은 안호상이 공사를 둘러싼 부정 사건에 연루되어 그리 되었다는 등 안호상 개인에게 초점을 맞춘 스켄들 때문으로 그 원인을 돌리고 있었다. 나도 지금껏 그렇게 믿어 왔다.

안호상 생전에 이 사실을 확인하지 못한 나는 그의 학문적 계승자라고 할 수 있는 정종복(鄭鍾復, 1927년생, 전 서울대 철학과교수)에게 간접적이나마 확인을 구했다. 안호상으로부터 그의 학문연구의 산실인 배달학회를 물려받아 2대 회장을 맡고 있는 정종복은 대학에서는 사제지간으로 사회운동(민족청년단)계에서는 동지로 늘 가까이에서 마지막에는 그의 임종(臨終)까지 지켜야 했던 평생의 반려였다.

그는 단군 민족관이 불발된 것은 원래 원로 국회의원으로 민의원의장을 지낸 곽상훈(郭尙勳)이 민족관 건립에 관한 특별법 제정을 발의하기로 하였으나 그것이 여의치 않았기 때문이라는 것이다. 거기에다 기독교 측의 조직적인 반대가 있었다고 덧붙였다.

세 번째는 대종교의 원로원 의장 이동보(李東保, 1925년생)의 주장이다. 너무 충격적이어서 활자화하기가 망설여지기도 하였으나 어둠속에 묻혀있는 역사의 진실을 밝힌다는 차원에서 40여년 만에 처음으로 공개하기로 하였다.

이동보는 기업인이었던 그의 형 이동준(李東俊)과 함께 일찍이 소년 독립투사로 활약한 아버지 이원대(李源坮)의 뒤를 이어 2대째 봉사하고 있는 열렬한 대종교 맨이다. 그리고 언제나 뜻을 함께 했던 대종교의 대표적 지성이었던 8년 연상의 강천봉(姜天奉), 대종교 중광조 홍암 나철의 손자사위로 당시의 일반적 인쇄방법의 하나였던 등사(謄寫) 인쇄 필사에 뛰어난 재주를 가졌던 김일수(金一洙, 1927년생, 1천 쪽이 넘는 대종교 중광60년사를 필사) 등은 대종교를 이끄는 엘리트 3인방이었다.

민족관 건립 때도 이들은 기념사업회의 중심에서 사업추진의 동력 구실을 했기 때문에 누구보다도 그 내막을 잘 아는 위치에 있었다. 이들 중 두 사람은 이미 고인이 되었고 이동보가 유일한 증언자로 남게 된 것이다.

공교롭게도 당시 종무(宗務: 종교에 관한 업무)를 담당하는 문화공보부의 수장 신범식(申範植, 1923~1992) 또한 독립운동가이자 대종교의 중진이었던 경부(畊夫) 신백우(申伯雨)의 아들로 민족관 사업에 사명감을 가지고 협조하는 사이였다.

이런 기미를 눈치 채고 있던 기독교의 행동대(120명 추산)가 바로 그 장관실로 난입해 닥치는 대로 기물 집기들을 때려 부수는 난동사건이 벌어진 것이다. 대한민국 역사상 초유의 일이었다.

이 행동대는 남동해의 땅 끝 섬 거제도에서 한 젊은 정치인이 조직한 결사대로 장장 천리가 넘는 서울까지 민족관 건립 저지 원정투쟁을 벌인 것이다.

묻혀버릴 뻔한 40년

눈 뜨고 허를 찔린 정부는 그것이 민감한 종교상의 문제라 대외적으로 알려지는 것 자체가 정치적으로 부담스러웠고 정부의 권위에도 타격을 줄 것이라는 판단을 하게 된 것 같다. 게다가 자칫 종교탄압이라는 멍에를 둘러쓸 수도 있다는 판단 아래 더 이상의 확산과 그 파장을 최소화하기 위해 사건 일체를 불문에 부쳐 난동자들의 추심을 더 하지 않기로 하였다. 그리고 언론의 협조(?)로 사건보도를 전면 통제함으로써 이 희대의 사건은 영영 어둠 속에 묻혀 망각의 늪에 버려졌던 것이다.

오랜 사건기자 생활을 한 필자도 이 이야기를 듣고 처음에는 반신반의 했다. 아무리 군사독재 하에서라도 어떻게 이런 일이 묻혀버릴 수 있는가 하고 말이다.

당시 반대의 대열에 섰던 기독교 측 언론에는 혹시 이런 사건을 그들의 투쟁사의 한 페이지로 기록해두지 않았을까 싶어 뒤져보았으나 단 한 줄의 기록도 발견할 수가 없었다. 철저하게 묻혀버린 것이다.

이렇게 해서 단군 민족관 건립문제는 용두사미(龍頭蛇尾)격으로 스스로 잦아들게 되었고 그 후 40여 년 동안 잊혀져오다가 이번에 재 발굴하여 햇빛을 보게 된 것이다.

그 당시 이 사업에 직·간접으로 관여했던 인사는 거의 타계했고 생존해 있는 몇몇 분도 모두 80이 넘은 고령이다. 그들도 기록이라고는 가진 것이 없고 단지 단편적인 기억을 모자이크 하듯 얽어매는 것이니 그 정확도가 어느 정도일지는 상상하고도 남을 것이다.

그렇다고 이미 작고한 임원(이사 16명, 지도위원 29명 중 28명, 생존자 1명은 자민련 총재 김종필뿐이다)도 이 문제에 대해서는 언급한 것이 없는데, 이 사업에 참여하지는 않았으나 요행히도 한 때 대종교 전리(典理 행정 책임자)를 지낸 이재룡(李在龍, 1939년생)이 깊이 보관하고 있던 4300년 기념사업회 발행 소책자『민족관』(20쪽)을 입수하여 그 연혁과 규모(예산 설계도 건평 대지 인적 구성 등)를 비교적 상세하게 알 수 있었다.

이런 소동 끝에 장관직을 사임한 신범식은 그 후 서울신문 사장으로 자리를 옮기게 되었는데 앞에서 소개한 대종교 3인방과의 인간관계는 그대로 지속되었다고 한다.

하루는 신범식이 그들을 초청하여 지난날 마치 도시 게릴라를 방불케 하는 광신도들의 급습으로 민족관 건립이 무산된 것을 안타깝게 생각한다고 위로하면서 기왕에 맺은 인연으로 그의 아버지(신백우) 언행록을 간행, 자식 된 마지막 도리를 다 할 수 있도록 도와달라고 간청을 하더라는 것이다. 이 같은 제의를 받은 세 사람은 그것이 곧 대종교의 취지에도 부합한다고 판단, 함께 책을 간행한 일까지 있다고 이동보(李東保)는 회고 했다. 물 흘러가듯 전개되는 사건의 경위가 여축 없이 앞뒤가 딱 들어맞는 걸 보면 그의 증언이 진실임을 금방 알 수 있었다.

정부가 실제 주도한 민족관 건립

앞에서도 잠시 언급한 것처럼 민족 관 건립은 발의는 대종교 측에서 한 것이지만 실제 추진의 주체는 정부였다. 기념 사업회 임원명단에서도 보았듯이 전 현직 총리를 비롯해서 여야 정당의 수뇌, 종교계 언론계 재계의 수장들이 총망라되었는데, 한국인이라면 그 누구도 거역할 수 없는 국조 숭모라는 대의명분도 한몫을 했겠지만 그에 앞서 이들을 동원할 수 있는 힘의 원천이 과연 무엇이었을까 생각해보지 않을 수 없었다. 그 배후를 두고 하는 말이다.

기념 사업회에서 논의한 민족관 건립계획안은 모두 7차에 걸쳐 수립되었다. 그 중 4차안(1967. 11. 28채택)과 7차안(1968. 3. 9채택)을 대통령(박정희)에게 보고했는데 7차안을 브리핑한 지 4일 만인 3월 13일 개최된 제17차 이사회에서 최종안으로 확정하였다.

최후의 결정권자는 바로 대통령이었다는 말이다. 민족관, 즉 단군 전 건립을 이렇게 범정부적으로 밀어붙인 박정희(朴正熙), 그의 정체는 과연 무엇이었을까?

우선 그를 둘러싸고 있는 그래서 그에게 결정적인 영향을 미친 사람들을 살펴보면 맨 먼저 떠올리게 되는 사람이 범부(凡父) 김정설(金鼎卨)이다. 5.16 초기 대통령의 사부로 알려져 있던 그의 철학은 앞에서도 언급한 바 있거니와 유(儒)ㆍ불(佛)ㆍ선(仙) 삼교에 바탕을 둔 우리 고유의 풍류도(風流道)를 머리로 하여 전개되고 있으며 이는 또한 단군의 건국 이념인 홍익인간의 이상 실현을 국정의 지표로 삼고 있다.

또 한 사람이 이무렵 교문 수석으로 기용된 박종홍(朴鍾鴻)이다. 홍익인간의 이상 실현을 위해 국민교육 헌장을 기초한 바로 그 사람이다. 그리고 안호상(安浩相), 건국 초기 단군기원(紀元)과 개천절 제정 홍익인간 이념의 확산 등 나라의 기초를 단군을 기점으로 하는 역사적 바탕 위에 세운 사람이다. 이때 그는 대종교를 대표하여 민족관 사업을 앞장서서 이끌고 있었다.

다음에는 그의 학창시절로 돌아가 보자.

대구사범 재학 시절 그에게 영향을 미친 스승은 박관수(朴寬洙)를 비롯하여 김영기(金永驥, 1906년생) 김용하(金容河, 1896~?) 등 3사람이다. 수신(修身)을 가르쳤다는 박관수는 과목 자체가 일제의 군국주의 정신을 주입시키는 중심 과목으로 어쩌면 일본인보다도 오히려 더 친일적이라는 말을 들을 정도로 엄격한 교육을 실시했던 것으로 알려져 있다. 그러나 스승에 대한 의리를 중하게 여겼던 시대라 박정희는 그를 반공연맹 이사장에 중임시키는 등 극진히 예우했다고 한다.

박정희에게 영향을 미친 스승들

제주 출신으로 경성제대(서울대 전신) 철학과를 나온 김용하는 광복 후 교과용으로 최초의 한글 습자(習字, 서예)책을 낼 정도로 서예에 능했다고 한다. 1949년 4·3 폭동사건 직후에 제주도지사로 부임한 그는 7개월 만에 사임하고 6·25 직전 전 가족과 함께 서울로 올라가 살다가 납북되었다. 대우 그룹 창업자인 김우중(金宇中)이 그의 아들이다.

박정희가 집권하고 나서 초도 순시차 제주에 들렀을 때 도청 회의실에서 우연찮게 역대 도지사 사진을 훑어보다가 옛 스승을 발견했다는 것이다. 그가 옛 스승임을 밝히면서 가족 관계를 묻는 과정에서 마침 사업차 제주에 내려와 있던 김우중을 불러 만난 것이 계기가 되어 '대우신화'의 단초를 열게 되었다는 것이다.

박정희에게 민족의식을 가장 많이 심어준 스승이 바로 김영기다. 학교에서 한때 조선어를 담당했던 그는 일제 말 조선어학회 사건에도 연루된 적이 있는 숨은 지사였다.

학교에서 봄·가을 철 따라서 담임인 그의 인솔로 대구 근교에 원족(遠足: 소풍)을 갈 때면 모처럼 해방된 기분에서 거나하게 술에 취해 미리 준비해 가지고 간 태극기를 나무에 걸어놓고 한글 책을 펼쳐 보이면서

'이것이 참 글'이라고 일본어보다 우수하다는 것을 되풀이해서 강조하곤
했다. 그리고는 만약 오늘 있었던 일을 발설하면 너희도 죽고 나도 죽으니
알아서 하라고 만일의 사태에 대비해서 단단히 뒷대를 눌러놓기도 하였
다고 한다.

박정희가 대구사범을 졸업하던 1937년부터 일본어를 전용하게 되었으
니까 재학 시절에는 조선어와 병행해서 가르쳤다는 이야기가 된다. 그래
서 김영기는 보는 눈이 없는 조선인들만의 공간을 이용해서 젊은이들에
게 민족의식을 심어주려고 남몰래 노력했던 것 같다.

광복되던 해에 필자가 들어간 중학교(구제 5년제 대전중학, 현 대전고
등학교) 교장이 바로 김영기였다. 그러나 세월이 워낙 많이 흘러 땅딸막
한 키에 빈틈없이 단정한 인상 외에는 생각나는 것이 아무것도 없다. 학교
에 직접 전화로 물어보았는데도 그에 대한 자료는 다만 45년에서 47년까
지 2년 동안 교장으로 복무했다는 것 외에는 역시 아는 것이 없었다.

박정희가 옛 스승에게 보은하기 위해 소원을 물었으나 올곧은 성격의
소유자였던 김영기는 아무것도 바라는 것이 없다고 하자 노년에 옛 동료
들과 어울려 교유나 하라는 뜻에서 전국의 은퇴 교장들의 모임인 삼락회
(三樂會)회장으로 천거하여 3.4 대 회장을 연임하게 된다.(1972~1976)

박정희는 스승(김영기)의 가르침 그대로 그가 첫 부임한 학교(경북 문
경초등학교) 앞 하숙집에서 제자들에게 우리의 역사와 태극기 그리는 법
을 가르쳤다. 바로 그 하숙집 딸이었던 이순희(李順姬, 1927년생, 육영수
여사기념사업회 회장)의 증언에 따르면 당시 4학년생이었던 그는 선생
(담임) 심부름으로 방과 후에 한 반 아이들 중 똑똑한 5~6명을 골라 하숙
방으로 데려오면 이순신 장군이나 나폴레옹 등 동서의 무장에 관한 이야
기를 주로 많이 들려주었다고 한다. 그리고는 태극기 그리는 법을 손을
잡아 함께 그리곤 했다는 것이다.

한 번은 이 자리에 참여했던 한 남학생이 한반의 일본인 아이와 싸우다가 무심결에 '히노마루(일본국기)만 있는 줄 아느냐 우리도 있다'고 자랑 삼아 말한 것이 화근이 되어 곤욕을 치를 뻔 한 적도 있다고 한다.

'거대한 보수의 성채(城砦)' 흠집 내기

박정희의 군관학교 행은 이 학교에서 우연찮게 일어난 한 교사의 폭행 사건이 직접적인 계기가 되었다. 그는 사범학교 재학 시절부터 나팔 부는 취미가 있었다. 그래서 이 학교에 부임해 와서도 그는 아침, 저녁으로 학교 교정이나 뒷동산에 올라가 구성지게 나팔을 불어 마치 때를 알리는 마을의 시계 같은 구실을 할 정도였다고 한다.

이 날은 방과 후 아이들을 데리고 올라가 나팔 부는 법을 한참 가르치고 있는데, 한 일인 교사가 올라와 도에서 장학관이 교육 감사를 하러 왔으니 내려와 참여하라고 전갈을 하였다. 그러나 박정희는 음악교육 중이라는 이유로 이에 응하지 않았다. 그러자 두 번째 올라온 일인 교사가 이번에는 박정희의 멱살을 잡고 끌고 내려가 '이런 놈은 버릇을 고쳐줘야 한다.'며 교장 앞에서 심하게 구타를 했다. 이때 이순희는 그의 담임선생(박정희)이 얼굴이 피범벅이 되어 하숙으로 돌아와 피로 얼룩진 옷을 벗어 가마솥에 집어넣는 것을 목격했다고 한다.

이 이야기는 2년 전(2008년) 박정희연구가로 알려진 언론인 출신 이종립(李鍾立, 1937년생, 박정희와 선산 동향)의 소개로 만난 이순희에게서 직접 들은 것이다.

박정희는 평소에도 일본인의 한국인 차별에 적개심을 품어오다가 이 사건을 계기로 일본인을 응징하는 길은 그들보다 우월한 권력을 갖는 길 밖에 달리 방법이 없다는 것을 알고 학교에 사표를 냈다. 그래서 선택한 카드가 만주군관 학교였고 또 그때로서는 이것이 그가 택할 수 있는 가장 손쉬운 최선의 방법이었다.

그리고 박정희는 그가 처음에 계획하고 다짐했던 대로 이를 실천으로 옮기게 된다. 1940년 만주 신경군관학교에 들어간 그는 이 학교를 최우등으로 수료하고 광복 1년 전인 1944년 일본 육사 위탁교육을 거쳐 육군소위(만주군)로 임관, 관동군에 배치되어 그해 여름 부임하는 길에 문경을 찾았다.

군국주의 시대에 일본도를 찬 육군 장교의 위세는 하늘을 찔렀다. 그가 근무하던 학교로 맞바로 찾아간 박정희는 교장과 관내 서장을 불러놓고 그들이 저지른 과실을 낱낱이 들어 호통을 쳤다. 그러자 전날의 잘못을 빌며 용서를 구하는 일인 교장의 비루하리만큼 납작 엎드린 저자세에 형언할 수 없는 통쾌감을 느꼈다고 이순희는 회고했다.

이후의 행적에 대해서는 앞서 만군(滿軍) 한인 장교들의 광복 전후 동태를 분석할 때 비교적 자세히 말하였거니와 이것이 일부에서 주장하는 박정희 친일의혹의 실체다.

그가 만약 대통령이 아니고 평범한 사람이었다면 친일이라는 문제 자체가 성립이 안 되었을는지 모른다. 대통령 중에서도 인기 있는 대통령이라는 신분이 그의 발목을 잡은 것이다.

일제하에서 빈농의 아들로 태어난(1917) 그는 단지 체재 안에서의 신분상승을 꿈꾸던 인텔리 청년이었을 뿐이다. 그런데 왜 친일파의 기준을 초급장교로 하향조정하면서까지 그를 친일 인명사전에 수록한 것일까?

이에 대해 한신대교수 윤평중(尹平重, 사회철학)은 한국 보수세력의 거대한 성채(城砦)인 박정희를 흠집 내려는 것이라며 대다수 시민에게 신화로 남은 '박정희 현상(신드롬)'을 한국인의 역린(逆鱗, 임금의 분노)인 민족정서를 동원해 해체하려는 것이라고 주장했다.

그렇다고 그의 군관학교 행이나 관동군 복무시절의 몇 가지 언행을 거

론하면서 마치 독립운동가 반열의 민족주의자라도 되는 것처럼 과대 포
장하는 등의 섣부른 속단도 그를 올바로 평가하는 데 도움이 될 수 없을
것이다. 아무리 속으로는 육조배판(六曹排判, 조정 돌아가는 일을 손 끔
보듯 훤하게 꿰뚫어 봄)을 하였다 하더라도 당장 땅에 발을 디디고 사는
이상 그가 처하고 있던 그 당시 그 상황 논리의 지배를 받지 않을 수 없었
을 것이라는 추론이 가능한 대목이다.

55. 기독교는 왜 반대 하는가

앞에서도 살펴 본 바와 같이 해방 이후 몇 차례에 걸쳐 일어난 단군전과 단군 상 건립운동이 모두 기독교 세력의 벽에 가로막혀 좌절되고 만다.

실재하지 않는 단군은 우상이다

일제는 일제대로 자신들의 역사(기원 2600년) 날조에 걸림돌이 되는 단군 말살을 획책하더니 이번에는 서구세력을 등에 업은 기독교가 그 대역으로 등장하여 역시 단군의 실재를 부인하고 나섰다. 기독교는 거기에다 한 술 더 떠서 실재한 인물이 아니기 때문에 우상이라고 단정하고 그들의 교리에 따라 우상을 숭배할 수 없다는 자신들만의 일방적 논리와 역시 자신들만의 잣대를 가지고 재단하고 있다.

1970년 2월 광주 무등산(증심사(證心寺)) 단군 전 건립추진(위원장 이은상(李殷相)) 때 반대투쟁에 나선 광주기독교계는 우상숭배는 국가를 망치는 일이라고 극언을 서슴지 않으면서 심지어 '우리는 곰의 자손이 아니라'고 토템(한 종족이 세습적으로 숭배하는 동물)을 가리키는 일종의 상징동물을 동물 그 자체라고 다분히 데마고기(Demagogie)적인 수법을 구사하기도 한다. 그리고 뜬금없이 일제의 신사참배를 끌어다가 단군신화와 같은 것이라고 결부시키는 등 다시는 기억하고 싶지 않은 지난날 일본 군국주의의 악몽을 다시 떠올리게 하고 있다.

상식적으로 생각해도 만주사변(1931~1937) 이후 발흥한 일본 군국주의가 2차 대전 말기 동화책(同化策)의 일환으로 강요한 신사참배와 늦추잡아도 고려 말 조선 초까지 거슬러 올라가는 강화 참성단의 단군치제(致祭)와는 단순비교의 대상조차 될 수 없는데도 말이다.

이병도(李丙燾), 김재원(金載元,1909~1990, 전 국립박물관장), 김정학(金廷鶴, 1911년생 고고학자) 등이 이처럼 곰을 북방민족의 토템의 표현으로 보고 있는데 대해 신학자 유동식(柳東植, 1922년생 연세대)은 '웅(熊)'을 '곰'의 한자(漢字) 역어(譯語)로 보고 새로운 해석을 시도하고 있다. 즉 우리말에 신령(神靈)이나 높은 어른을 부를 때 '감'(대감) 또는 '검'(왕검)이라고 하며 일본인들이 그들의 신(神)을 '가미'라 하고 고대 선진국이었던 고구려를 '고마'라고 한 것 등이 '곰' 또는 '감'에서 유래한 것으로 본 것이다. 그리하여 단군신화의 '곰'이 상징하는 뜻을 수렵민의 토템이라기보다는 단순히 신적 존재인 지모신(地母神)의 표현으로 보아야 한다고 설득력 있는 해석을 내어놓고 있다.

초등학교 교과서(1997년도 판)에 실려 있는 이 대목을 학생들에게 가르치던 한 초등학교 교사 이충선(李忠先, 1942년생, 인천 만수초등학교)이 잘못된 내용의 시정을 촉구하는 고발장을 1998년(2월 7일자) 당국에 제출하여 화제가 된 일도 있었다.

당시 교육부 산하 교육개발원에서 이 대목의 집필을 담당했던 최석진, 이도영 등을 상대로 낸 이 고발장에 따르면 이들은 교과서 내용 중에서 단군임금의 모친을 '곰이 변한 여자'라 하였고 '단군 성조는 곰이 변한 여자'가 낳았다고 편찬하여 '국조 단군왕검의 모친과 단군 성조'를 모독하였다고 주장하고 있다.

고발자 이충선은 이 같은 기술의 단초가 된『삼국유사』가 우리의 고대 사서인『삼성밀기』(환단고기 중의 안함노(安含老) 찬 삼성기전(三聖紀全)에는 '웅씨(熊氏)의 여인'이라 되어 있어 삼성밀기의 기록과 크게 다르지 않음)『조대기(朝代紀)』에서는 웅족(熊族) 호족(虎族) 또는 양가(兩家)라고 하였는데 족(族)과 가(家)를 빼고 단지 일웅(一熊)과 일호(一虎)라고만 하여 실제 짐승으로 보게 하였다는 것이다. 그뿐만 아니라 '원컨대 한얼님 계율을 잘 지킬 수 있는 착한 사람이 되게 하여 주옵소서'라고 한 원문을 생략하여 '원컨대 사람으로 되게 하여 주옵소서'라고 하여 곰이 사람(여인)으로 변하게 하였다는 황당한 결론(왜곡된)을 이끌어내게 되었다는 것이다.

현정회(顯正會) 등장, 숭조(崇祖)의식 선도

민족관 파동 이래 실로 18년만인 1985년 2월 사직공원 단군전 건립문제가 제기되었다. 대종교를 중심으로 하는 삼청공원 단군전(민족관)이 기독교의 폭력에 의해 와해되던 바로 그해(1968) 사단법인체로 창립된 현정회(顯正會, 이희승(李熙昇))는 대종교의 전철을 밟지 않으려고 처음부터 일체의 종교 색채를 배제하고 순수한 국조숭모단체로 출발하였다.

일단은 기독교의 반대투쟁 표적에서 벗어나려는 현실적 필요도 있었겠지만 마치 종교박물관을 방불케 하는 다종교 사회를 살아가는 지혜라고 할까. 아버지 할아버지의 연장선상에서 만나는 조상할아버지 단군을 향한 천손(天孫)민족의 염원과 숭모의 정이 그 가운데 깃들어 있었다.

숭조(崇祖)의식에서 출발하는 단군 제례 또한 일반 민가에서 지내는 제사와 똑같이 하였다. 그렇다고 따로 제례복을 입는 것도 아니고 정갈한 평상복이면 된다고 현정회 초대 이사장 이희승은 기회 있을 때마다 강조하곤 하였다.

정부는 또 정부대로 개천절을 국경일로 제정하여 해마다 기념식을 거행하면서 정작 개천절의 주인인 단군에 대해서는 홀대를 하거나 무시하는 자가당착적인 자기모순에서 벗어나려는 자구책으로 그동안 여러 차례에 걸쳐 단군전 건립을 시도했었다. 그러나 그때마다 번번이 기독교의 반대에 부닥쳐 좌절되고 말았는데, 그 원인이 바로 대종교라는 종교단체의 속성에 기인한다는 것을 뒤늦게 알게 된 정부가 그 대안으로 순수한 숭모단체인 현정회로 눈을 돌리게 된 것이다.

그 선행(先行) 작업으로 착수한 것이 단군 영정의 표준화다.

표준영정의 모본(母本)으로 숭모사업의 기초가 되는 단군상이 조성된 것은 1967년(단기 4300년) 사직공원 내에 처음 단군전이 건립되고 나서 1년 후의 일이다. 그리고 8년 후인 1977년(11월 26일) 문화공보부에서는 사후심의(심의번호 77~16)를 거쳐 이 소상(塑像 높이 9척의 등신대(等身大) 제작자 신상균(申尙均))을 국민경모 대상으로 지정하게 된다. 표준영정 제작을 위한 일종의 사전 정지 작업이었다.

동시에 정부에서는 소상과 같은 영정의 제작을 현정회에 권고해왔다. 이에 현정회에서는 이 작업을 홍익대 미술대학 교수 홍석창(洪石蒼, 본명 숙호(璹鎬))에게 의뢰하여 제작(사실상의 모사(模寫))하였다. 입체적인 소상을 평면적인 그림으로 재현해내는 작업이었다.

뒤이어 1977년 12월 15일 단군영정제작심의 신청을 문공부에 제출하였고, 이에 따라 당시 국사편찬위원회 위원장 최영희(崔泳禧)를 비롯하여 국립중앙박물관 관장 최순우(崔淳雨), 연세대 역사학과 교수 황원구(黃元九), 이화여대 박물관관장 진홍섭(秦弘燮) 등을 영정심의 위원으로 위촉하고 위원회에 상정된 동양화 1백호 크기(세로 170cm, 가로 115cm)의 전신 좌상 단군 영정을 약 1년간에 걸친 토론과 심의 끝에 정부 표준 단군 영정으로 지정하게 된다.(심의번호 77~27 확인번호 78~21)

뒤 이어 정부는 이 표준영정을 각급 학교 교과서를 비롯한 정부간행 공공 출판물에 사용함으로써 그 정통성을 부여하고 이 사실을 널리 국민에게 홍보 확산시켜 나갔다.

표준영정으로 지정된 현정회 본(本)은 대종교가 민족항일기의 상징으로 이 세상 그 무엇보다도 존엄스럽게 받들어 온 천진(天眞)과는 외양부터가 사뭇 달랐다.

정부 표준 영정

천진(天眞) 대종교 제단으로

한마디로 현대적 감각을 가미시켜 대종교 본의 고(古)티, 예를 들면 어깨와 허리에 두른 나뭇잎을 떼어내고 흰 천 띠를 두르는가 하면 얼굴 또한 전형적인 한국의 위인상(偉人像)을 부각시켜 상의 이목구비, 즉 골상(骨相) 면에서 필수적으로 갖추어야 할 표준치(標準値)를 산출하고 복식 또한 평화를 상징하는 짙은 올리브색을 바탕으로 하여 안정감과 친화감(親和感)을 동시에 드러낼 수 있도록 고려하였다고 현정회 측은 주장했다.

그러나 천여 년 전 신라의 솔거(率居)로까지 그 연원을 거슬러 올려 잡고 일제를 대적하여 벌인 수많은 독립전쟁에서 태극기와 함께 민족 역량을 결집시키는 구심점 역할을 했던 천진의 정통성을 지키기 위한 대종교의 반격도 치열했다. 단군 진영 내부에서 균열(龜裂)이 생긴 것이다.

대종교 측에서는 제헌국회 때에 당시 문교부장관(초대)이던 안호상(安浩相)의 주도로 이미 대종교의 영정이 표준영정으로 지정이 되었는데 다시 지정하는 것은 있을 수 없는 일이라고 주장했다. 이에 현정회 측에서는 3선 국회의원 출신으로 일찍이 국회 대정부 질문을 통해서 국무총리(당시

최규하)로부터 단군의 실재를 확인 받은 바 있는 열혈 단군 맨 박병배(朴
炳培) 부이사장을 동원하여 국회속기록을 샅샅이 열람조사토록 하였다.

그러나 결과는 단 한 줄의 단군기록도 찾아내지 못했다는 것이었다.
그 뿐만이 아니다. 안호상은 『나의 20세기』라는 회고록(1995. 3.3 일자
문화일보)에서 단기연호를 비롯하여 개천절 제정 한글전용 추진 등을 제1
공화국 초대내각 첫 국무회의에서 그의 발의로 의결, 국회까지 통과시켰
다면서 단군영정에 대해서는 한마디도 언급이 없었다. 그럴 수밖에 없는
것이 그 당시에는 아예 표준영정제도 자체가 없었기 때문이다. 표준 영정
제도가 생긴 것은 1973년(5월 8일) 국무총리 훈령 제6호에 의해 구성된
선현영정 심의위원회가 각종 영정과 동상의 모양을 통일시키도록 한데서
처음 시작이 된 것이다.

후에 확인된 일이기는 하지만 대종교에서 정부표준으로 승인 받은 단
군상이 있기는 하다. 현정회 본 표준영정이 지정되기 1년 전인 1976년
6월 9일 자로 문화공보부는 대종교측이 신청한 '국조단군표준성상'을 원
안대로 승인한 것이 있다. 그런데 그것은 전체 높이가 30센티미터(너비
21센티미터, 세로 21센티미터)밖에 안 되는 가정 비치용 소형 동상으로
제작된 것이었다.

결국 대종교가 민족 항일기 독립운동 역량을 결집시키는 응집소(凝集
素) 구실을 했던 그 천진은 시대적 사명을 완수하고 대종교의 제단(祭壇)
으로 돌아가고 그 자리를 현정회의 정부 지정표준영정이 대신하게 되었
다. 초 종교 초 이념을 지향하는 새 시대의 상징으로 자리매김된 것이다.

상고사 연구의 새 지평(地平)

기독교 측의 주장을 비판하는 기독교인도 있다.

1985년 4월 현정회가 주도하는 사직공원 내 단군전 건립운동에서 반대

운동을 주도한 목사 유호준(兪虎濬, 한국기독교지도자협의회 회장)은 당시 성역화 작업을 추진하던 서울시장(염보현(廉甫鉉))을 찾아가 '국민의 세금으로 특정종교의 사당을 세울 수 없으며 중고등학교 학생을 참배케 하면 우상숭배를 조장하는 것이 되므로 반대한다.'는 뜻을 분명히 했다, 현정회가 순수한 단군숭모 단체라는 것은 세상이 다 아는 사실인데도 싸잡아서 종교로 낙인을 찍어 압박하고 나선 것이다. 서양 속담에 '때릴 마음만 있다면 몽둥이론들 못 치겠느냐'고 한다더니 이런 걸 두고 옥석구분(玉石俱焚)이라고 하는 것인지도 모른다.

그런데 이때 반대운동을 주도한 유호준(兪虎濬 호는 우재 愚齋 1914~2003 예장 통합총회장 역임)은 일제 말 전투모에 게토르(다리에 두루는 천 각반) 치고 신사 참배하던 목사라는 사실이 일제 기록뿐 아니라 자신의 고백으로 확인되고 있다. 단군전 건립을 신사참배와 똑같은 반열에 놓고 공격하던 그들이 아니던가! 아이러니가 아닐 수 없다.

그로부터 10년 뒤 유호준은 한 신문(기독교연합신문 1995년 9월 3일자)을 통해 '나는 이렇게 생각한다.'는 제목으로 그의 신사참배에 관한 소신을 밝힌 바 있다.

그는 '자신의 신앙을 지키기 위해 신사참배를 거부하고 옥에 갇혔던 사람의 고통과 더불어 당시의 교회와 교인을 지키기 위해 일제에 강제로 순응할 수밖에 없었던 사람들의 고통도 알아주어야 한다.'면서 '해방 전에 살았던 사람만이 이해할 수 있겠지만 언제나 지도자는 변화하는 환경을 극복해 나가야 한다.'고 신사참배와 거부를 거의 동렬에 놓고 자신의 행동을 정당화하는 듯한 주장을 하고 있다.

이런 와중에서 기독교 측과 민족 단체 간에 치열한 공방전을 벌이고 있던 1985년 여름(7. 13), 세종문화 회관에서 열린 현정회 주최 단군성전 건립촉진 강연회에서는 기독교인인 강국희(姜國熙, 성균관대교수)가 '한국의 기독교인과 국조단군'이라는 주제로 강연하면서 '성경의 어디를 찾아보아도 조상을 숭배하지 말라는 말씀은 없다. 그런데도 불구하고 기독교가 우리나라에 들어와서 조상숭배의 미덕을 우상숭배라고 죄악시하고 배척한 것은 크게 반성해야 할 문제이다. 성경에 우상을 섬기지 말라고 한 기록은 여러 군데 나타나지만 성경에서 말하는 우상은 우리의 조상을 가리키는 말이 아니라 미신의 대상물을 말하는 것'이라고 우선 우상의 허상부터 깨트려야 한다고 주장하고 있다.

그리고 그는 '단군성전을 사직공원에만 세울 것이 아니라 전국의 중요한 공원에는 빠짐없이 세워 우리 국민의 사상적 구심(求心) 역할을 할 수 있도록 하기를 바란다. 뿐만 아니라 모든 종교의 교회당 안에도 단군 원조(元祖)의 영정을 모실 수 있도록 모든 종교인의 마음 문이 열리고 서로를 수용하는 조화의 사고방식과 믿음을 가져야 한다.'고 강조하고 있다. 민족 항일기 독립운동의 메카인 간도 용정(龍井) 중학과 교회당에서 일찍이 단군 영정과 태극기 걸어놓고 민족 교육을 실시했던 선인들의 티없이 맑은 조국애를 떠올리게 한다.

56. 단군과 단일민족

　연일 계속되는 기독교인들에 의한 단군상 훼손 사건으로 온 사회가 벌집을 쑤셔놓은 것처럼 소연하던 1999년 가을이다.

　한국기독교단체의 좌장격인 한국기독교교회협의회, 이른바 KNCC가 발표한 한 통의 성명서(단군상 건립에 대한 우리의 입장)가 단군 관련 단체와의 오랜 적대관계를 해소할 수 있는 희망적인 실마리를 제공하고 있다. 이 성명에서 교회협은 '한국 교회가 상고사에 대한 학문적 검토 없이 단군 실체에 대한 무조건적 부정은 잘못'이라고 지적하고 이는 자칫 반민족적 행위로 비칠 수 있음을 우려한다고 밝히고 있다.

　교회협은 또 한국기독교인들이 민족의 구성원으로서 올바른 역사의식을 가지고 처신할 것과 단군 신화를 하나의 신화나 특정 종교의 교리와 관련된 문헌으로서가 아니라 민족의 중요한 자산으로 받아들일 것을 주장했다. 그러면서 단군상 건립 주체가 단군의 신격화를 꾀하는 등 건립의 도가 순수하지 않은 단군상은 스스로 철거하는 것이 마땅하다고 하여 뒤늦게나마 단군신앙과 숭모의 차이를 인정하기에 이른 것이다.

교과서도 단군 실재 확인

이와 맞물려 지난 2007년에는 교과서 상의 단군 기사가 『삼국유사』를 인용한 간접화법에서 직접화법으로 바뀌어 '단군이 서기 전 2333년에 고조선을 건국하였다.'고 당당하게 기술하고 있다. 이제부터는 고고학적 성과로 이를 뒷받침하는 것이 당면 과제이다.

앞에서 중국의 동북공정을 다룰 때 언급한 바 있지만 요하문명 발상 중심인 우하량(牛河梁) 홍산(紅山)문화의 후신 하가점(夏家店) 하층문화가 『삼국유사』에 나타난 우리 고조선사(서기전 2333년 단군의 개국을 말함)의 연대와 일치하고 있다. 중국인이 명명한 '신비의 왕국'이 서기전 3500년 경 환웅(桓雄)과 단군대(代)에 걸쳐 발달한 고조선 말고는 대체할 수 있는 다른 세력이 없는데도 불구하고 역사 패권주의를 추구하는 중국은 지난 4천년 동안 황하문명의 시조이자 그들의 역사적 정통(正統)으로 떠받들던 황제(黃帝)를 갑자기 동이(東夷)의 수장, 즉 홍산인의 왕으로 둔갑시키면서까지 우리 고대사의 해체작업에 열을 올리고 있다.

지금껏 그들이 동이의 수장으로 구적시(仇敵視)해 오던 치우를 어느날 갑자기 황제 염제와 함께 중화민족의 공동조상이라고 삼조당(三祖堂)에 모시더니 이번에는 동이의 수장까지 바꿔치기 하려는 것이다.

궁극적으로 그들이 노리는 것은 동이의 수장을 황제로 바꿈으로써 단군전사(前史)를 선점, 한민족의 시원인 단군(조선) 자체를 부인하기 위한 것이다.

앞에서도 언급한 일이 있지만 일제가 말살한 단군을 서구세력의 연장선상에 있는 일부 기독교인들이 부인하고 이번에는 중국인까지 이에 편승하여 공공연하게 단군 학살극을 벌이고 있는 형국이다.

어찌 보면 엉뚱하기 이를 데 없는 논리 같지만 중국의 이 같은 폭거(暴擧)를 역(逆)으로 설명하면 홍산문화 지역에서 동이족의 국가, 즉 '신비의 왕국'이 존재했다는 것을 중국학자들이 증명해준 셈이 된다. 그러나 그 주체가 우리라는 것을 증명하는 것은 전적으로 우리 자신의 몫이다.

세계화의 복병에 기습당한 '민족'

'한글날'이 국경일에서 제외되던 1991년 9월 <한글 새소식>이라는 한글학회 기관지에 차라리 개천절 대신에 한글날의 국경일 부활을 제창한 한 전직교사의 글이 실린 적이 있었다. 그러면서 하는 말이 10월 상달에 각 가정에서 대감항아리(부루단지를 말하는 듯)에 고사 지내는 풍속을 양력 10월 3일로 가상하고 제정한 '미신적인 개천절'을 존속시키는 것은 모순이라고 지적하고 있었다. 그 땐 그저 한 열혈회원(한글학회)이 앞뒤 분간 못하고 터뜨린 울분이겠거니 하는 정도로 지나친 일이 있었는데, 그 이듬해 대통령이 주재하는 국무회의에서 정말로 개천절의 국경일 제외를 논의했었다는 한 신문기사를 읽고 사태의 심각성을 비로소 피부로 느끼게 되었다.

우선 개천절의 유래와 사실관계에도 맞지 않을뿐더러 더구나 이를 일본의 기원절(紀元節)을 모방한 것이라고까지 빗대어 말하는 것은 무지하기 이를 데 없는 천방지축(天方地軸)이라고 하지 않을 수 없다. 그런데 이런 담론이 정부차원에서 버젓이 이루어졌다는 사실이 우리를 놀래고 당황스럽게 하고 있는 것이다.

앞에서 말한 그대로 지난 2007년에야 국정교과서에서 단군의 건국 사실을 확인하는 직접화법을 구사함으로써 비로소 단군의 실재가 공식적으로 확인되긴 하였지만 세계화 시대를 구가하는 21세기에 접어들면서 이번에는 단군을 정점으로 하는 단일민족 의식이 새로운 도전에 직면하게 되었다. 즉 다민족 다문화 시대로 가는 새로운 패러다임의 도래를 예고하고 시류(時流)에 뒤질세라 경쟁적으로 우려를 나타내고 위기를 호소하는 등 호들갑을 떨고 있다. 단군하게 되면 마치 편협한 국수(國粹)주의나 배타적 민족주의의 대명사라도 되는 것처럼 백안시(白眼視)하고 심지어는 매도하는 지경에까지 이르렀다.

지금까지 외세에 의해서 부정되고 난도질을 당하여 만신창이(滿身瘡痍)가 된 단군이 이번에는 오늘의 그들을 있게 해준 바로 그 후손들 손에 의해 '확인사살'을 당할 위기에 직면하게 된 것이다.

'세계화'는 일견 인류의 명운을 한 손에 거머쥔 듯한 거대 명분으로 호도(糊塗)되고 있지만 사실은 패권적(覇權的) 팍스(pax 강대국의 지배에 의한 평화)의 또 다른 강대국 논리에 다름 아니라는 우려가 세계 곳곳에서 현실화되고 있는 오늘이다.

세계화란 마치 호랑이와 여우의 칸막이를 뜯어버리고 한 울 안에 가두는 것과 무엇이 다르냐고 항변하던 한 역사 애호가의 말이 생각나는 것은 바로 이 때문이다. 그나마 민족주의라는 칸막이마저 걷어내고 나면 남는 것은 약육강식(弱肉强食)의 정글 법칙밖에 더 남겠느냐는 것이다. 이른바 무한경쟁의 격랑을 헤치고 나갈 민족 생존 전략이 절실한 이유이다.

어떤 의미에서는 지금 우리가 처해 있는 현실이 지난 제국주의 열강시대보다도 오히려 더 심각한 민족적 위기를 맞고 있다고 해도 과언이 아니다. 총칼을 앞세운 무력 침략 대신에 경제와 사상 종교 문화를 앞세우고 밀고 들어오는 신 제국주의 침략 앞에 우리는 속수무책일 수밖에 없다.

속수무책이라기보다는 마치 마약중독자가 금단(禁斷) 현상을 일으키듯 한 번 받아들인 외래 종교와 사상 경제에 목말라 스스로 보다 더 강렬한 것을 찾게 되고 이 덫에 한 번 걸려들면 몸부림칠수록 더욱 옥죄어드는 고통으로 최소한의 자위능력마저 상실하게 되기 때문이다.

3·1 만세운동에서 보았듯이 당장 눈에 보이는 총칼 앞에서는 비록 맨손으로라도 저항하는 생존본능을 발휘했었는데 지금은 그런 의지마자 이미

마비되어 찾아볼 수 없게 되었다는 것이다. 이를 좀 더 리얼하게 표현하면 반듯이 좌파의 '종속이론'이 아니더라도 그들은 이미 정신적 물질적으로 예속 순치(馴致)되었다는 뜻이다. 그런데도 정작 당사자는 그런 줄도 모르고 남의 장단에 신명이 나서 춤을 추고 있는 꼴이다. 한 말로 제 것을 모르고 천대하고 버렸기 때문에 받는 업보(業報)라고 할 수 있다. 일본의 그것(문화수용 자세)과는 여러모로 대비된다.

무력침략 뺨치는 경제침략

근대 일본 지성을 대표하는 종교사상가이자 무교회주의를 창도한 종교 지도자 우치무라(內村鑑三, 1861~1930)는 김교신(金教臣), 함석헌(咸錫憲) 등 한국의 무교회주의자에게는 물론 많은 지식인의 존경을 받는 인물이다. 그가 한국인으로부터 존경받는 이유는 딴 데 있는 것이 아니었다.

일본의 소위 교육칙어(教育勅語) 봉독을 거부하는 이른바 불경(不敬) 사건과 러·일 전쟁의 불가를 주장했던 비전론(非戰論)이 마치 일제의 침략에 항거하는 한국의 입장을 옹호하는 듯한 동병상련(同病相憐)의 정을 느꼈기 때문이다.

그러나 무사 집안 출신의 철저한 일본주의자였던 우치무라의 전쟁반대 속셈은 의외로 전혀 딴 데 있었다. 그는 전쟁에 들어갈 전비(戰費)의 일부 (5천만엔)만 가지고도 서울에서 평양 경유 의주까지, 또한 서울에서 원산 경유 두만강까지 철도를 건설하고 충청도와 경상도 등 인구 밀집지역 여기저기에 일본 농민을 이주시켜 일본인촌을 건설하면 러시아의 침입도 막고 조선 경영도 효과적으로 할 수 있다고 지금으로 말하면 평화라는 이름의 경제 침략을 공공연하게 제안한 것이다.

만조보(萬朝報)라는 당시 신문(1903. 9. 2일자)에 <평화(平和)의 실

익(實益)>이라는 논설을 통해 밝힌 이 제안이 그때는 물론 채택되지 않았다.

그러나 그로부터 1백여 년이 흐른 지금 일본은 숱한 우여곡절이 있었음에도 불구하고 우치무라 류(流)의 그들 선배들로부터 물려받은 교훈과 지혜를 되살려 피 한 방울 안 흘리고 전쟁보다도 오히려 더 값진 수익을 올리는 나라가 되었다.

우리의 대일무역 적자만 해도 그렇다. 지난 10년간(1999~2008)의 경상수지 적자액만도 무려 200조원(1749억 달러)에 이른다. 이는 같은 기간 우리가 유럽 연합(EU)을 상대로 올린 경상수지흑자 993억 달러와 미국에서 낸 흑자 816억 달러를 거의 전부 합친 숫자와 맞먹는다. '재주는 곰이 넘고 돈은 되놈이 먹는다.'는 속담처럼 수출은 한국이 하고 실속은 일본이 챙기는 꼴이 된 것이다. 그런데 이와 같은 악순환은 일시적인 현상이 아니라 차츰 구조화되고 고착화되어가고 있다는데 문제의 심각성이 있다.

무역 적자의 주범은 부품 소재 산업인데 '우선 먹기는 곶감이 달다'고 지난 1965년 이래 대일 청구권 자금으로 사들이기 시작한 일제기계에 들어갈 부품 소재들을 개발은 하지 않고 손쉬운 대로 수입해 들여온 것이 화근이었다. 그래서 결국 우리가 수출을 하면 할수록 대일 적자는 비례해서 늘어날 수밖에 없는 악순환구조가 형성된 것이다. 이른바 '가마우지 경제'라는 것이다. 끈으로 목이 묶인 가마우지란 놈이 고기를 잡아가지고 목으로 넘기지 못하고 주인에게 갖다 바치는 일본 특유의 어법(漁法)에서 유래된 말이다.(2009. 8. 15일자 동아일보)

단군민족주의는 아직도 유효한가

물론 일부는 국산화에 성공한 것도 있고 최근 들어서는 한류(韓流) 바람을 타고 우리 문화가 세계적으로 인기를 누리는 것도 무시할 수는 없다.

그러나 고품질 고가의 핵심기술은 여전히 저들의 손에 쥐어져 있기 때문
에 우리 스스로 각고(刻苦)의 노력을 기울이지 않는 한, 한 번 벌어진
격차를 좁히기는 좀처럼 어려울 것 같다.

이처럼 민족적 위기가 상존하고 있고 그것을 인식하지 않거나 못해서
그렇지 그 심각성은 전보다 오히려 더 깊어가고 있다는 진단이 설득력을
얻고 있는 지금 과연 단군 민족주의는 아직도 유효한가. 아니면 폐기해야
만 할 유물인가.

동명(단군민족주의)의 논문으로 단군연구의 새로운 지평을 연 한국학
중심연구원 교수 정영훈(鄭榮薰, 1953년생, 전 정신문화연구원)이 묻고
있듯이 우리는 과연 단일 민족인가. 왜 단일민족인가 왜 민족을 위해 봉사
해야만 하고 단일민족의식은 강화되어야만 하는가.

그는 단군민족주의를 이렇게 정의하고 있다. 무엇보다도 잠자던 한국
인의 민족의식을 일깨운 촉진제로서의 구실을 그 첫 손가락으로 꼽았으
며 다음으로 민족 자주의 방향으로 역사를 진전시킨 주역의 하나가 바로
단군 민족주의라는 것이다. 그리고 통일과 결속의 방향으로 한국사를 견
인해온 동력의 하나로서 역사를 통하여 한민족 내부의 여러 이질적 대립
적 요인을 융합하고 극복하는 구심력으로 작동해왔다는 것이다.

마지막으로 단군민족주의는 민족사회를 공동운명체로 재구성하는 공
동체의식을 스스로에게 환기시키고 있다. 바로 홍익인간의 대입을 두고
하는 말이다.

보통 단일민족을 말할 때 먼 옛날로부터 우리나라 땅에서 자기 고유의
언어와 문화를 가지고 독자적으로 발전해 온 것을 그 필수요건으로 삼고
있다. 그러나 유전자 분석학자들은 이러한 대전제에도 불구하고 순수한
단일민족은 있을 수 없다고 본다고 말하고 있다.

지난 7월(2010) 국회에서 열린 다민족 다문화문제 세미나에서 주제(고

대 한민족 이동에 관한 고찰) 발표를 한 키스트 박사 이종호(李鍾鎬)는
한민족의 기원에 대해서 북방 기원설과 남북 혼합설, 북한학자 등이 주류
를 이루는 본토기원설 등 세 가지를 들고 있다. 그(연구) 선후를 알 수는
없으나 역사학자 윤내현(尹乃鉉)도 과학적인 근거 제시와 미시적(微視
的)인 접근을 시도하고 있는 본토기원설에 가세하고 있다.

이 설에 따르면 두개골 연구 결과에서도 중국(황하유역, 0.81)과 일본
(쓰꾸모, 2.51) 연바이칼(1.65) 자바이칼(0.79)이 각각 0.4 이상의 평균관
계 편차를 보임으로써 우리 민족이 처음부터 한반도와 만주에서 독자적
특성을 지니고 형성된 민족이라고 설명하고 있다.

이밖에 유전자 조성 순위가 다른 점, 켈시 혈액형의 K+ 인자의 유무(한
민족에서는 발견되지 않음) 그 중에도 특히 다피식 혈액형의 지리적 분포
를 보면 한민족은 그 음성비율이 중국인(화북지역)보다 1.8배, 상해지역
의 중국인보다는 4.3배, 베이징 지역의 중국인보다는 18.1 배나 더 높게
나타난다는 것이다. 이는 인류의 아프리카 기원설을 전적으로 부인하는
것으로 한민족은 한반도(만주포함)에서 형성된 이래 고유한 혈청학적 유
형을 이루고 혈연적 공통성을 발전시킨 민족이라는 결론에 이르게 된다
는 설명이다.

이 단락 서두에서 유전자분석 학자들이 내걸었던 '순수한 단일민족'은
없다는 대전제는 과연 무너질 것인가.

'단일 민족'이라는 합목적적 결론을 이끌어내기 위해서 논리를 비약시
킨 것은 아닌지 일단 의심해 볼 수도 있다. 특히 상대가 단군을 정치적으
로 이용하고 있는 북한이라는 데서 그런 의혹은 더욱 짙을 수밖에 없다.

종교를 외세 침략의 첨병으로 이용

특히 배타적(排他的)이고 교조적
(敎條的)인 성격이 강한 외래 종교나
사상의 경우, 그 배후에는 반듯이 눈에
보이지 않는 목줄이 매어있게 마련이다.
이 줄을 조종하는 스폰서가 있다는 뜻
이다. 역사상 그 대표적인 예를 고구려
말, 당나라로부터 도입한 오두미도(五
斗米道)와 불교와의 불화에서 찾을 수
있을 것이다.

당시 고구려는 왕즉불(王卽佛, 왕이

북한 단군릉 단군영정

곧 부처) 사상에 의해 집권자의 호감을 살 수 있는 장점이 있는데다 어느
나라가 됐건 그 나라의 문화와 전통에 잘 적응하고 토착화하는 성격이
강한 불교를 삼국 중 가장 먼저 도입(372년)하여 국내는 물론 바다 건너
일본에까지 전파하는 전도사 역할을 하고 있었다. 이렇게 이미 뿌리를
내린 불교를 제쳐두고 오두미도라는 당나라의 종교를 새로 들여와 갈등
끝에 650년(보장왕 9) 이에 반발한 열반종의 승려 보덕(普德, 고구려 열반
종의 개조)이 백제로 망명하는 사태까지 벌어졌다. 이 같은 상황에서 국
론분열은 필지(必至)의 사실로 나타났으며 결국은 고구려 멸망의 한 원
인을 제공하게 된다.

일찍이 단재(丹齋) 신채호가 '조선역사 1천 년래의 대사건'에서 지적
한 바 있는 유교사대파와 낭불(郎佛) 국풍파의 대립 쟁투 또한 그 연장선
상에서 고구려의 전철을 그대로 밟은 상징적인 사건으로 볼 수 있을 것이
다.

근대 들어서는 기독교가 서세동점(西勢東漸)이라는 이름으로 서구 제

국주의 세력의 식민지 개척기 첨병(尖兵) 구실을 수행하였으며 뒤늦게 개국한 일본은 자신을 개화시킨 서구열강으로부터 벤치마킹한 학습효과를 실험하듯 왜색불교(대처승)를 앞세워 한국침략의 교두보를 구축하기에 이른다.

이 같은 종교침략의 패턴은 광복과 6.25를 지나 1965년 한일국교 정상화를 전후해서 다시 되살아나기 시작했다. 남묘호렌게꾜(南妙法蓮華經)라는 일본어 주문만 계속해서 외우면 '돈도 벌고 병도 고친다.'는 아주 간단명료한 교리를 앞세워 신도를 끌어 모으는 일본의 국수적(國粹的)인 불교인 일련정종(日蓮正宗)이 그것이다. 일련정종의 전위단체로서 최근에는 정계에까지 진출하여 중의원에서 제3당의 위치를 굳힌 창가(創價)학회, 즉 SGI(Soka Gakkai International)가 전면에 나서 포교전략과 조직 운영을 맡고 있다.

그런데 놀랍게도 그들이 신앙대상으로 삼고 있는 만다라(모든 부처와 보살의 만덕 원만한 경계 또는 그림)에는 실제로 일본의 국조신인 아마데라스 오오미카미(天照大神)와 하치만(八幡) 대보살(일본 16대 오오진(應仁) 천황의 화현 化現으로 풍농 풍어를 기원하는 신)이 나란히 제 천신의 하나로 받들어져 있다. 이처럼 일본 천황과 왕실을 숭배할 뿐만 아니라 심지어는 일본을 향해 동방요배(東方遙拜)를 하는 등 군국주의의 망령을 되살려내는 작태까지 서슴지 않고 있다.

이를 보다 못한 정부에서는 배타적 일본국수주의 색채가 농후한 일련정종이 민족정신을 흐리게 할 뿐만 아니라 간접적인 정신침략을 할 염려가 있다고 판단하고 한국 내에서의 포교금지 조치까지 내린 바 있다.(1965.1.24.국무회의 결의)

그러나 종교의 자유라는 미명하에 교묘히 법망을 뚫고 불길처럼 번진 이 왜색종교 열병은 전국적으로 무섭게 퍼져나가기 시작했다. 1987년 현재 문화회관 또는 불교연구센터라는 이름의 포교원(구 단위)이 서울 시내에만도 26군데, 목포·제주·인천·수원·춘천 등 지방 도시로 뻗어나가고 있는 교세를 누구도 정확하게 가늠할 수 없으나 어림잡아도 1백만 명을 헤아린다는 통계까지 나오고 있는 판국이다. 그 이후 신도집계를 한일은 없으나 광복 반세기를 맞이하던 1995년 세모(歲暮)무렵에 바로 이 종교단체(한국불교 회라는 이름으로)가 임정 주석 백범(白凡) 김구 선생을 비롯한 애국선열들이 잠들어있는 효창공원 내 성역 바로 코앞에다 그들의 소위 포교원(문화회관)을 지으려고 당국의 허가를 받아 기초공사까지 마쳐놓는 등 대담함을 보였다. 선열 봉사(奉祀) 사업에 생애를 바친 김재홍(金在鴻,1925 년생)이라는 한 지사에 의해 가까스로 저지되긴 하였지만 돌이켜보면 이는 우리의 정신을 해체하고 침략하기 위한 완벽한 급소(急所) 공격 전략인 셈이다.

또 다른 창조의 진통을 예비할 때

이 문제는 앞으로 계속 풀어가야 할 과제로 남겨둔다 하더라도 요즘 한창 이슈화되고 있는 다민족 · 다문화문제는 여전히 또 다른 하나의 과제로 우리 앞을 가로막고 있다.

"다민족 · 다문화 논자들을 볼 때마다 천성산 도롱뇽 생각이 난다."고 과학사가 이종호(李鍾鎬)는 조금은 황당하다는 표정을 지었다. 그 이유를 묻자 과대포장을 해도 분수가 있지 우리가 지금 다민족 · 다문화문제를 가지고 고민할 때는 아니라는 것이다. 물론 먼 장래를 생각해서 대비할 필요야 있겠지만 일의 앞뒤 순서가 그렇다는 것이다.

그러면서 그가 오랜 기간 유학생활을 했던 프랑스의 다민족 다문화 실태를 다음과 같이 들려주었다.

1980년대 초에 프랑스에서는 누가 진짜(순수) 프랑스인인가를 가리기 위한 호구조사를 실시한 일이 있었다고 한다. 그 당시 이른바 정통 프랑스인을 가리는 기준은 부모와 조부모까지 3대가 모두 프랑스인인 경우를 의미했는데 이 기준에 맞는 프랑스인이 20%에도 채 미치지 못하는 선뜻 믿기 어려운 결과가 나왔다는 것이다. 프랑스뿐 아니라 전 유럽이 놀란 사건이었다.

우리나라와는 달리 프랑스에서는 미국과 같이 출생지주의(프랑스에서 태어난 사람은 프랑스 국적을 취득하는)를 채택하고 있어 부모가 외국 국적일지라도 프랑스 국토 안에서 태어난 아이는 자동적으로 프랑스인이 된다(19세가 될 때 국적을 신청할 수 있음).

프랑스뿐 아니라 다민족 국가의 전형이라고 할 수 있는 미합중국에서도 보듯이 지구가 1일 생활권으로 변해가고 있는 지금 단일 민족만이 국가 구성의 요건이라고 고집할 수는 물론 없다. 하루가 다르게 변해가고 있는 지구에서 지구적인 차원의 사고가 요구되는 이유이다.

그럼에도 불구하고 우리가 단일민족임을 과시하고 그것을 국민총화의 구심력으로 삼으려는 것은 단순한 과거 지향적 복고(復古)의식 때문만은 아니다.

과거에도 그러했듯이 우리는 지금 안팎으로 끊임없는 도전과 위협에 노출되어 있으며 앞으로도 또한 그러할 것이다. 특히 우리의 지정학적 위치로 보아 우리 민족은 안으로는 분단을 극복하고 밖으로는 쓰나미처럼 밀어닥칠 세계화라는 이름의 경제 전쟁에서 우리를 지킬 최후의 방어선이 될 것이라는 믿음을 저버릴 수 없기 때문이다.

거기에다 우리는 앞에서도 말했듯이 아직 다민족 다문화를 입에 올릴 만큼 순수성과 정통성을 잃지 않은 응집력 강한 '단일 민족'이다.

문명교류사 연구의 세계적 권위자인 단국대 교수 정수일(鄭守一, 1940년생, 본명이 간수인 아랍계 귀화인)은 <우리나라 다문화사회 시기상조

다>라는 특강(마들연구소 초청 2010. 9. 1)에서 이 문제를 구체적인 수치까지 들어가며 심도 있게 다루고 있다.

정수일은 우선 한국에 사는 외국인이 1백만 명(2010. 5. 1일 기준 행정안전부 조사로는 110만6884명)을 넘어섰다는 숫자부터 바로잡아야 한다고 했다.

이 1백만 명 가운데 50만 명은 일정기간 체류하다 돌아갈 일회용 이주노동자이며 그 중 20만 명은 불법의 그늘에서 불안하게 살아가는 미등록자들인데 이들에게 다문화주의가 무슨 의미가 있느냐는 것이다.

그는 실제적인 국내 이주민의 수를 85만 명 정도로 보는 것이 보다 정확할 것이라며 게다가 그 중 57%는 중국에 사는 조선족, 즉 연변 조선족인데 그들을 과연 이(異)문화인이라고 볼 수 있느냐며 다문화 사회의 허구성을 날카롭게 지적하고 있다.

그리고 그는 문화다원주의와 다문화주의는 엄연히 다른데 그 정확한 개념이 아직 정립되지 않아 혼선을 빚고 있다고 정부의 다문화정책을 정면으로 비판했다. 즉 문화 다원주의는 문화의 다양성을 인정하고 사회적인 통합을 추구하는 점에서는 서로 일치하나 주류(문화)의 존재를 인정하고 있는 점이 다르고 다문화주의는 주류의 존재를 인정하지 않고 다양한 문화의 평등을 전제로 하고 있다는 점을 상기시키면서 다양한 민족과 그들의 문화를 창의적으로 수용하여 전통문화를 꽃피운 선조의 지혜를 본받아 진정한 의미의 다문화주의 실천의 모범을 보여줘야 할 때라고 그는 말했다.

일찍이 반만년 민족사의 시원에서 '실로 삼교[유불선(儒佛仙)]를 포함하여 중생을 교화[실내포함삼교(實乃包含三敎) 접화군생(接化群生)]' 시켰듯이 우리는 그동안 다양한 민족과 문화를 한데 녹여[용해융합(溶解融合)] 얻은 동력으로 숱한 국난을 극복하고 그 바탕 위에 찬란한 전통문화를 계승 발전시켜온 용광로처럼 뜨겁고 넓은 품을 지니고 있다. 그래서 지금은 그 품속에서 모두를 하나로 끌어안고 스스로 구안(苟安, 일시적인 안일)의 껍질을 깨고 다시 태어나는 또 다른 창조의 진통을 예비하여야 할 때이다.

'사건 현장 취재를 위해서는 항공모함만 빼고 동원할 수 있는 모든 수단을 다 동원하라'

戰前(전전) 일본의 한 有數(유수) 신문 사건기자가 그의 회고록에서 한 말을 마치 자신의 신념처럼 여기던 시절이 있었다. 벌써 40년도 더 지난 그야말로 먼 옛날 얘기다.

그때나 지금이나 지뢰밭처럼 불안한 서해 5도의 하나인 말도(末島)라는 섬에서 일어난 어민 피랍사건을 취재하기 위해 강화에서 발동선 한 척을 임대하여 현장에 투입되었다. 그런데 현장으로 가는 물길이 북한의 황해도 연백평야 연안 북한 땅 바로 옆을 통과하는 아슬아슬한 항로였다. 선주에게 왜 하필이면 이렇게 위험한 길로 가느냐고 항의했으나 물길이 거기밖에 없어 할 수 없다는 것이었다. 바다에도 길이 있다는 것을 그때 나는 처음 알았다.

하는 수 없이 만일의 경우 북한군의 직격탄이라도 피한다고 배 갑판 위에 드러누워서 마음 졸이며 통과하긴 했으나 지금 생각해도 어설프기 짝이 없는 해프닝 같은 실제 상황이었다.

그런데 정작 문제는 취재를 마치고 돌아오는 길에서 일어났다.

그 유명한 서해 干潮(간조) 물때를 놓치는 바람에 인천항으로 들어가야 할 배가 영종도 앞바다 뻘 위에서 그만 좌초되고 만 것이다. 이른바 데드라인이라고 하는 신문기자의 생명선이나 다름없는 석간 마감시간이 刻一刻으로 다가오고 있는데 말이다. 그렇다고 이 절체절명의 위기에서 탈출할 수 있는 별다른 묘수가 따로 있는 것도 아니었다.

맨발 바람으로 아직은 얼음장처럼 차가운 이른 봄 뻘 바닥에 내려 영종도까지 5백 미터쯤 되는 진 수렁 뻘길을 걸어 나가야만 했다. 그리고 섬에 도착해서는 마침 손님을 기다리고 있던 섬 순환버스를 또 독채로 전세를 내어 인천항 對岸(대안)으로 달려가 거기서 다시 나룻배를 타고 비로소 인천에 상륙하여 이번에는 택시 타고 현지 지사까지 마치 10종 경기하듯 릴레이 역주를 계속해야만 했다. 기사송고도 그렇거니와 현상시설이 있는 지사에서 사진을 뽑아 전송하는 것이 무엇보다도 급선무였기 때문이다. 그러나 그 당시 전송 사진의 鮮明度(선명도)가 워낙 떨어지기 때문에

2판 신문을 위해 다른 한 팀은 뽑은 사진을 들고 다시 본사로 지프를 몰아
야만 했다.

지난날의 취재 여건을 이토록 상세히 밝히는 이유는 이번에 책 제목과
걸맞게 인물 사진을 150매 가까이 수록하면서 디지털화된 현대 전자문명
의 도움이 너무도 크다는 것을 체감했기 때문이다. 막판에 단 한 장의
사진을 구하려고 무주 구천 동행을 하긴 했으나 이처럼 나는 活版(활판)
시대와 디지털시대를 함께 사는 행운아라고 자찬하고 싶다.

그 덕에 적잖은 시간과 거리를 줄일 수 있었고 이렇게 해서 얻어지는
여력을 원고 집필에 그만큼 더 **割愛**(할애)할 수 있었으니 **一擧兩得**(일거
양득)인 셈이었다.

올 컬러가 아니면 선뜻 손도 내밀지 않는다는 요즘 같은 독서 풍토에
올 흑백 판을 내기란 그렇게 쉬운 결정이 아니었다. 그러나 주제 자체가
역사물인데다 더욱이 처절한 수난의 역사를 기록하면서 굳이 컬러를 고
집할 필요는 없겠다 싶어 그리하였다.

편집과정에서 그래도 아쉬우니 컬러화보라도 몇 페이지 넣자는 의견이 있었다. 그러나 구색 갖추기 식으로 넣는 것은 오히려 부자연스러울 수도 있다는 출판사 김남석 사장의 신중론을 따르기로 하였다. 흑백의 여운(餘韻)이 오히려 더 깊을 수도 있다는 나름의 기대를 걸면서…….

2011. 5. 11.

德泉(덕천) 摘記(적기, 추려 씀)